JN199120

アメリカ人の物語2

革命の剣
ジョージ・ワシントン（上）

George Washington : Sword of the Revolution

西川秀和

Hidekazu Nishikawa

悠書館

歴史とは、すなわち人間である。

なぜアメリカは超大国になれたのか。
ここに本当のアメリカ史がある。
アメリカ人の魂がある。

史実に基づく物語。

第2巻『革命の剣　ジョージ・ワシントン（上）』

第1章

大命降下

John Ward Dunsmore, John Adams Proposing Washington for Commander-in-Chief (1913)

物語の舞台

レキシントン＝コンコードの戦いで始まったアメリカ独立戦争が本格的に幕を開ける。アメリカは常備軍も資金も物資もない。そして、敵は強大なイギリス帝国。そんな圧倒的に不利な条件に置かれながらも、アメリカ人はなぜ独立戦争に勝利できたのか。

物語は、ワシントンが大陸軍総司令官に任命されることで大きく進展する。それはワシントンにとって青天の霹靂であった。なぜワシントンは総司令官に任命されたのか。そして、どのようにその責務を果たしたのか。

自由の鐘は高らかに鳴る

ワシントンは、歴史的な場面に常に居合わせるという神秘的な特殊技能を持っている。確かにそれは偶然かもしれない。しかし、それをどう活かすかで人間の命運は決定する。

一七七五年五月四日、ワシントンは安住の地であるマウント・ヴァーノンを離れようとしていた。前回、大陸会議に参加するためにフィラデルフィアまで赴いた時は二ヶ月近くも帰れなかった。おそらく今回の大陸会議もそうなるだろう。これから小麦の収穫期を迎える。小麦は農園の収益を左右する重要な作物だ。そこでワシントンは親戚のルンド・ワシントンに農園の管理を委ねる。

マーサの視線の先には、軍装に帯剣した夫の姿がある。それは淡黄色の縁取りがある紺色の軍服である。フェアファックス郡独立民兵隊の色であり、後に大陸軍の色として認識されるようになる。軍服を纏った夫の姿は威風堂々としている。常であれば、その姿に惚れ惚れすることもできよう。しかし、今回は違う。二週間ほど前に北方で戦いが起きたと聞いている。ヴァージニアでも戦乱の兆しが感じられる。

これから世の中はどうなってしまうのだろうか。なぜ夫は軍服を引っ張り出したのだろう。これから向かう先は会議である。戦場ではないはずだ。何か妻に言えない決意を心の中で秘かに固めているのだろうか。夫とともにフィラデルフィアに向かいたい。でもそれはできない。嫁のエレノアが初産を迎えようとしている。無事に産まれればマーサにとって初孫となる。当時は、女性が初産で亡くなることも多い。マーサはできる限り、エレノアのかたわらに付き添っていたい。

ワシントンは、自分の意中を妻に何も伝えなかった。マーサならきっとわかってくれる。そう信じていた。軍服を纏うことでワシントンの意思は示されている。弁才も文才もないワシントンにとってそれが唯一の表現手段であった。もし自分に何らかの役割が期待されるとすれば、政治的役割ではなく軍事的役割しかない。今はもう武力行使しか選択肢は残されていない。言葉で問題を解決する時期はすでに過ぎ、行動に移るべき時だ。自らを革命の剣に変えて戦塵に身を置こうというワシントンの決意が揺らぐことはない。ワシントンを載せた四頭立ての馬車はフィラデルフィアに向けて出発した。

ワシントンがフィラデルフィアに到着したのは六日後のことである。レキシントン＝コンコードの戦いの報せを受けたフィラデルフィアは喧噪の渦中にある。南部からやって来た代表たちは、街の郊外で数百人の歓迎を受ける。群集に民兵隊が加わり、フィラデルフィアの中心まで練り歩く。まるで凱旋将軍を迎えるかのようだ。

会議に集まった多くの代表たちの中でも軍装で現れたのは、ワシントンただ一人である。それを見たジョン・アダムズは妻に次のような手紙を送っている。

大陸会議に軍服で現れたワシントン大佐は、軍事問題に関する彼の偉大な経験と能力によって我々に大いに貢献してくれるだろう。ああ、私も兵士だったらよかったのに。

五月十日、第二回大陸会議は、ペンシルヴェニア植民地議会議事堂で開催された。ペンシルヴェニア植民地議会議事堂は、後にインディペンデンス・ホールとして知られるようになる建物である。鐘塔に吊るされた自由の鐘がアメリカの将来を祝福するかのように高らかに鳴っている。印紙条例やタウンゼント諸法などに反対する市民を招集する時にも使われている。この自由の鐘には、旧約聖書にある「全地上と住む者すべてに自由を宣言せよ」という言葉が刻印されている。それはクエーカー派の信仰を反映している。自由は神から与えられた恩寵である。鐘の音が響きわたるように、あらゆる人びとに自由が行きわたることを願っている。

自由の福音を聞きながら代表たちは、緊迫した面持ちを議場に並べている。第一回大陸会議が提出した請願は、ことごとく本国に拒絶され、新たなイギリス軍が大西洋を渡ってアメリカに向かっているという。第一回大陸会議で議長に選ばれたペイトン・ランドルフが再び議長に選ばれる。しかし、ランドルフが辞退したために、ジョン・ハンコックが代わって議長になる。

フィラデルフィアの西郊では、数千人が軍事教練を受けている。進軍に使う鼓笛の音が人びとの耳を聾するかのごとく響く。緑の外套に白いズボンを履いた軽歩兵が士官の命令に従って隊列を組んだり素早く散開したりして標的を狙う。見物する市民から喝采が送られる。武器や弾薬の製造が昼夜を通しておこなわれる。ある市民は次のように日記に書いている。

　　私は太鼓が鳴っているのを聞き、戦旗が翻っているのを見た。そして、新しく組織された民兵隊が通りをパレードしていた。全土が軍事的役割を担うことを決意したように見え、この街は平和的な外観をかなぐり捨てた。

すでにニュー・イングランドの民兵から構成される植民地軍がボストンに駐留するイギリス軍を包囲している。ジョゼフ・ウォレンの努力にもかかわらず、植民地軍は統制がとれておらず、包囲とは名ばかりだ。それにニュー・イングランド以外の植民地は、ニュー・イングランドの民兵隊に警戒感を抱いている。その兵力を悪用して他の地方を侵略するのではないかと疑いの目を向けている。全植民地は決して一枚岩とは言えない。まさに呉越同舟であった。

　では全植民地を一枚岩にするにはどうすればよいか。マサチューセッツ植民地総会を主宰するウォレンは考える。大陸会議を望む方向、つまり、一致団結してイギリスに抵抗する方向に向かわせられないか。サミュエル・アダムズもそれを望んでいるはずだ。そこでウォレンは、マサチューセッツ植民地総会から大陸会議に請願を送ることにした。どのような請願か。

　マサチューセッツに新しい政府を樹立したい。さしあたって大陸会議の助力を願いたい。そして、植民地軍の統制を大陸会議に委任したい。

　そのような請願に何の意味があるのか。そう問いたくなる。なぜならすでにマサチューセッツ植民地総会は、実質的にマサチューセッツの政府として機能していたからだ。今さら、大陸会議の助力など求める必要はない。それに植民地軍を大陸会議に委任するとはどういうことか。ウォレンの狙いは何か。

　六月二日、大陸会議でハンコックは、マサチューセッツ植民地総会の請願を読み上げる。ただちにジョン・アダムズが立ち上がって、すぐに請願を認めよと主張する。その一方で多くの代表たちは、そうした主張があまりに急進的だと反対する。とりあえず委員会を設立して請願を検討させることで決着する。

　ウォレンは、請願がきっと認められると思っていた。ウォレンなりのしたたかな計算があったからだ。南部や中部の植民地は、ニュー・イングランドが今、集結させている兵力を使って侵略を試みるのではないかと恐れている。そうした恐れを払拭しなければならない。最善の策は、大陸会議に軍隊を統制できる権限を与えることだ。南部や中部の植民地は、大陸会議さえ抑えておけば軍隊をうまく利用できると考えて請願を認めるはずだ。

六月七日、大陸会議は、マサチューセッツ植民地総会の請願に対して回答を与える。それは、専制的な政府を拒絶して新しい政府を樹立する正当性を認めている。さらに大陸会議は一歩進んで北アメリカ連邦の結成を宣言する。内政をおこなう権限は各植民地に残されたが、宣戦布告する権限、休戦を協議する権限、条約締結の権限など連邦全体の問題を決定する権限が大陸会議に与えられた。これまで各植民地の合議機関でしかなかった大陸会議は、不完全ながら中央政府として機能するようになった。

大陸会議はただちに行動を開始する。兵籍簿の作成、要塞の建造、武器弾薬の準備など、おこなわなければならないことは山積している。当然、資金が必要になる。そこで三〇〇万ドル（八一億円相当）の大陸紙幣が発行される。

ここで一つ疑問が浮かばないだろうか。これまで登場したお金の単位は「ポンド」であったが、なぜ急に「ドル」が登場したのだろうか。言うまでなくポンドはイギリスの通貨である。イギリスからの決別を示すためにドルという通貨を新たに作ったのか。そうではない。大陸紙幣に記された文字をよく見ると、「スペイン鋳造のドル」もしくは同等の「金または銀」と紙幣を交換できるとある。

実は北アメリカ植民地では、正貨が恒常的に不足していたので、イギリスの貨幣の他にもフランス、オランダ、スウェーデン、ヴェネチア、スペイン、ポルトガルなどの貨幣が流通していた。その中で一番、地域間の価値の差が少ないスペイン銀貨（通称「ドル」）が基準として採用された。

これまでワシントンが積極的な役割を果たす機会は限られていた。しかし、第二回大陸会議においてワシントンは、軍事問題に関して主導的な役割を果たす。第一回大陸会議では重要な役割をまったく与えられなかったワシントンであったが、第二回大陸会議ではニュー・ヨークを防衛するための委員会の長に抜擢される。多くの代表たちがワシントンの軍事知識に期待したからだ。ニュー・ヨークの防衛は重要な責務であった。なぜ重要なのか。

レキシントン＝コンコードの戦いによって戦争の火蓋が切られたが、まだ植民地側は、一体となってどのような戦略を選択すればよいのか考えていない。当然である。レキシントン＝コンコードの戦いは、あくまで偶発的な武力衝突である。したがって、植民地側には明確な戦争目的がない。植民地軍は漫然とボストンの周辺を取り巻いているだけだ。

その一方でイギリス側はどうか。ボストンに配置している兵力だけでは早急に反乱を鎮圧できない。ではどうすればよいか。それは誰にでも予想できた。カナダに駐留している部隊がニュー・ヨークに向けて進軍を開始するだろう。なぜカナダからニュー・ヨークなのか。それは地図を見れば一目瞭然である。

カナダからニュー・ヨークに至る経路は主に二つある。海路と内陸水系である。今回の場合、イギリス軍は、シャンプレーン湖を通ってハドソン川を下る内陸水系を使うはずだ。なぜか。ニュー・ヨークに向かってハドソン川を南下すれば、今、まさに抵抗運動の中心となっているニュー・イングランドと他の植民地を分断できる。そうすれば抵抗運動の拡大を防止できる。またニュー・ヨークは、北部で最大の港であり、軍事作戦の拠点として活用できる。

植民地側は抵抗の火が踏み消されないようにするために、カナダからニュー・ヨークへの通路をとにかく塞がなければならない。通路さえ塞げば、北方からの脅威を防止できる。そのために攻略すべき要衝は、シャンプレーン湖の西岸に並ぶタイコンデロガ砦とクラウン・ポイント砦の二つである。

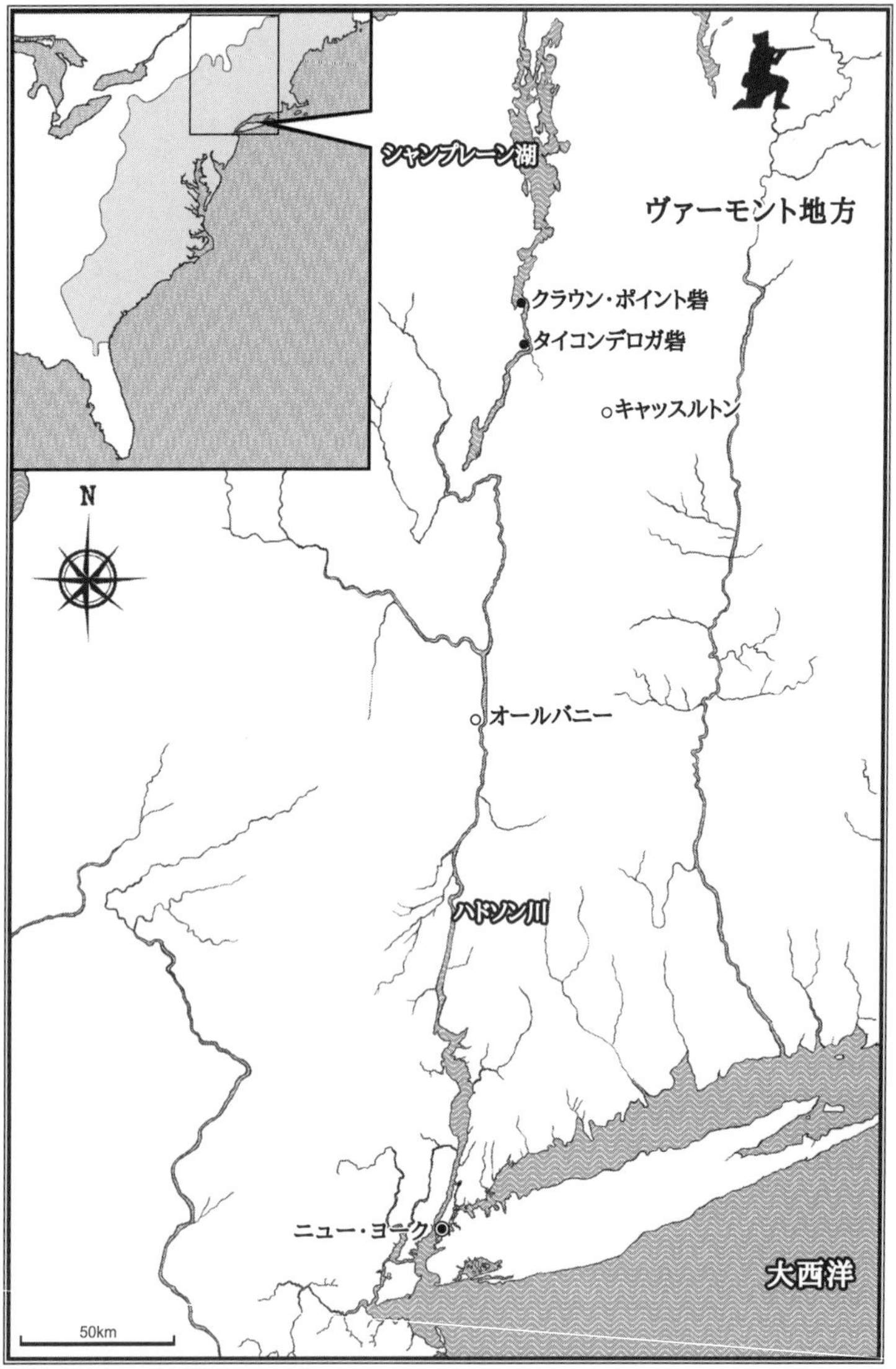
シャンプレーン湖
ヴァーモント地方
クラウン・ポイント砦
タイコンデロガ砦
キャッスルトン
N
オールバニー
ハドソン川
ニュー・ヨーク
大西洋
50km

山男の進撃

タイコンデロガ砦とクラウン・ポイント砦の重要性を早くから認めていた男がいた。イーサン・アレンという身の丈六フィート（約一八三cm）を超える「山男」である。アレンは、シャンプレーン湖の南東に位置するキャッスルトンでグリーン・マウンテン・ボーイズと呼ばれる民兵隊を召集する。一刻も早く二つの砦を攻略するために。

グリーン・マウンテン・ボーイズは、愛国心を抱いて決起したのか。そうではない。これまでも彼らは、土地の争奪を中心に自分たちの権利を守るために戦ってきた。今回は騒乱が起きたのに乗じて、とりあえず手近な重要拠点を分捕っておこうと考えたのだ。のちのち、自分たちの権利を主張するのに役立つだろう。行動した者のみが権利を手にすることができる。

その一方でコネティカットの商人あがりのベネディクト・アーノルドも動き始めていた。アーノルドは生粋の軍人ではないが、剣術、射撃、馬術と士官に必要な技術をすべて身につけている。小柄だが浅黒い肌の精悍な顔立ちは見るからに強健である。

レキシントン＝コンコードの戦いが起きた翌日、アーノルドは民兵隊を召集してケンブリッジにくり出した。そして、弾薬を渡すように治安委員会に求めた。要求が拒まれると、この短気な男は言った。

「神の他に誰も私の進軍を止められる者はいない」

弾薬は民兵たちの手に渡った。弾薬を入手していったい何をしようというのか。アーノルドは、フレンチ・アンド・インディアン戦争の際にタイコンデロガ砦にいたことがあると治安委員会に語る。きっとイギリス軍は油断しているはずだ。今こそタイコンデロガ砦を容易に攻略できる好機だと力説する。

提案が通った後、アーノルドは民兵隊を率いて北方のキャッスルトンに赴く。キャッスルトンには、二〇〇人のグリーン・マウンテン・ボーイズがアレンのもとに集まっていた。アーノルドは、マサチューセッツ植民地総会から得た辞令をアレンに見せる。そして、指揮権を譲渡するように迫る。しかし、アレンは拒絶する。そもそもアレンは独立不羈の男だ。権威を素直に受け入れるような人間ではない。そこでアーノルドは、共同で指揮を執るという妥協で手を打つ。

五月九日夜、アレンとアーノルドは、シャンプレーン湖の東岸にあるハンズ湾に到達する。タイコンデロガ砦は対岸にある。ボートで湖を渡らなければならない。ボートが二隻しかなかったので一回に対岸に運べたのは八三人だけであった。

翌日未明、二人は西岸に聳えるタイコンデロガ砦の麓に姿を現す。インディアンの言葉で「二つの水の間にある土地」を意味する砦に陸続きで侵入できる経路は限られている。フランス統治時代の防衛施設の名残りがあり、堅固な石造りの家が建ち並んでいる。しかし、今、目の前にある砦は荒廃している。警戒網が張られている気配もない。

アレンは今、手元にいる兵力だけですぐに奇襲をかけようとアーノルドに提案する。後続を待っていては好機を逸する。アーノルドは危険だと言って反対する。曙光が差し始める中、アレンは兵士たちに呼び掛ける。

「戦友諸君、恣意的な権力への恐怖と苦難をこれまでずっと感じてきたはずだ。今、我々の前にある砦を奇襲して奪取せよというコネティカット植民地議会の命令に従えば、おまえ達の勇気はきっと広く賞賛されるだろう。おまえ達の先頭に立って俺は砦の門をくぐる。臆病者のそしりを受けるか、それとも数分間で砦を奪取するかだ。勇敢な男であれば死に物狂いでやるだろう。俺はそいつの邪魔をしようとは思わない。俺に続く者は撃鉄を起こせ」

すべての銃の撃鉄が起こされ、朝日をきらりと反射した。それを見てアーノルドも奇襲を決意する。

砦の中にある一室で眠っていたジョセリン・フェルサム中尉は外の喧騒で目が覚めた。「万歳」という怒号が聞こえる。いったい何事か。とにかく上官に指示を仰ぎに行くべきだ。

外に出ると暴徒の姿が見えた。そこでフェルサムはウィリアム・ドゥラプラス大尉の部屋の裏口にこっそりと回る。大尉は起きたばかりのようだった。

「大尉、私は何をすべきですか」

「何とかして兵士たちのもとへ行くように」

フェルサムが表の扉を開けて外階段に出ようとすると、階下に男たちが集まっていた。今にも外階段を上ろうとしている。必死に何かを叫んでいるフェルサムの姿を見て男たちは足を止めた。男たちが静まるのを待ってフェルサムは再び声をかけた。

「どのような権限で国王陛下の砦に侵入しているのか。指導者は誰か。いったい目的は何か」

アーノルドが前に進み出て穏やかな声で答える。

「私はマサチューセッツ植民地総会の指示でここに来た」

続いてアレンが剣をかざして怒鳴る。

「コネティカット植民地の命令を受けている。砦とジョージ三世の物資を即刻、すべて明け渡せ」

男たちは銃を構えてフェルサムに狙いをつけている。回答が得られないことに苛立ったアレンはさらに声

Percy Moran, Ethan Allen at Ticonderoga (Circa 1910)

を張り上げる。

「もし砦を明け渡さず、一発でも銃を撃ったら、砦の中にいる男も女も子供も生かしておかないぞ」

そこへようやくドゥラプラスが正装で現れる。すばやく階段を駆け上がったアレンは剣を高く掲げて言った。

「おまえを捕縛する」

完全に寝込みを襲われた砦の守備兵は、ほとんど抵抗できずに降伏した。グリーン・マウンテン・ボーイズは、砦が簡単に陥落したのにすっかり喜んでしまい、倉庫で発見したラム酒を飲んで陽気に浮かれ騒ぐ。後にアレンは、「この朝に昇った太陽はまるで特別な輝きを帯びているように見え、タイコンデロガ砦は征服者に微笑みかけているように思えた」と回想している。

二日後、同様にクラウン・ポイント砦も攻略される。クラウン・ポイント砦は、タイコンデロガ砦から北に十三マイル（約二一㎞）遡った場所にある。シャンプレーン湖に大きく突き出した岬に砦が築かれていた。砦に配備されていたのは、一人の軍曹と十人の兵士だけであった。アレンが派遣した一〇〇人のグリーン・マウンテン・ボーイズに取り囲まれてすぐに降伏する。

こうして植民地側は、グリーン・マウンテン・ボーイズの活躍のおかげで、カナダとニュー・ヨークを結ぶ経路を首尾良く抑えた。多くの武器弾薬も鹵獲《ろかく》できた。しかし、その量があまりに多かったので運搬できず、そのまま軍需物資は残される。

ただこのような成功を収めたのは、武力衝突が起きたという確報がタイコンデロガ砦にまだ届いていなかったからだ。砦の守備兵にとって寝耳に水の出来事であり、自分たちが誰に襲われているかも、なぜ攻撃を受けているかも理解していなかった。

タイコンデロガ砦とクラウン・ポイント砦の攻略に成功したという報せを受け取った大陸会議であったが、まだ独立達成という戦争目的を定めたわけではない。したがって、積極的に攻勢を展開するつもりはない。防衛に徹しようと考えている。

そもそもタイコンデロガ砦の攻略は大陸会議の命令によるものではない。アーノルドとアレンがそれぞれマサチューセッツ植民地とコネティカット植民地の命令だと言っているように、大陸会議はまったく関知していない。グリーン・マウンテン・ボーイズは自分たちのために動いたのであって、大陸会議のために働いたわけではない。

そこで大陸会議は、タイコンデロガ砦とクラウン・ポイント砦をイギリス軍に返還しようとした。その決定に北部の植民地が猛然と噛みつく。カナダから南下するイギリス軍に対抗するために二つの砦が絶対に必要だからだ。二つの砦を返してしまえば自分たちの身を守れない。

このように大陸会議全体の方針はいまだに不明確であったが、ワシントンが議長を務めるニュー・ヨークを防衛するための委員会は粛々と仕事を進めていた。カナダからの侵攻や海上からの攻撃からニュー・ヨークを守るためにどのような措置を講じるべきか。委員会はその問いに対する解答を出す。マンハッタン島に架かるキングズ橋を要塞化し、ハドソン高地に軍事拠点を設け、三、〇〇〇人の兵士を十二月までに配備する。

さらに大陸会議は、軍需物資を調達する委員会の長にワシントンを任命する。委員会の勧告に従って、大陸会議は、火薬や硫黄を集めるように各植民地に依頼し、硝石の確保を促す。さらに軍需物資を配布する手はずが整えられる。

大陸軍結成

大陸会議が火急に検討するべき軍事的課題は、ボストンを包囲しているニュー・イングランドの民兵隊をどのように扱うかであった。マサチューセッツの請願を受け入れることで大陸会議は、民兵隊を押し付けられる形になった。物資を補給しなければならず、包囲網を維持するために統一した規律を導入しなければならない。もし包囲が失敗に終わって植民地軍が瓦解すれば、イギリス軍に対抗できる手立てが失われる。

植民地軍を強化しなければならない。そこでペンシルヴェニア、メリーランド、そして、ヴァージニアから増援軍を北上させる提案が出る。しかし、そうした提案には一つだけ問題がある。いったい誰が全軍を統括して指揮すればよいのか。まずニュー・イングランド人の中から総司令官を選ぶべきだという意見が出る。現段階で集まっている兵士たちはすべてニュー・イングランド人である。したがって、ニュー・イングランド人を総司令官に戴くのは当然だろう。

ジョン・アダムズは、自分もニュー・イングランド人であるにもかかわらず、そうした意見に危うさを感じる。もしニュー・イングランド人が総司令官になれば、他の植民地はまったく協力しなくなるだろう。そこでワシントンに目をつけた。ワシントンを総司令官にすれば、少なくともヴァージニアは協力するはずだ。最も強大な植民地であるヴァージニアがニュー・イングランドに味方すれば、その他の植民地もそれに倣うだろう。

アダムズは水面下でワシントンを推挙する運動を始める。しかし、なかなかうまくいかない。アダムズがフレンチ・アンド・インディアン戦争で活躍したワシントンこそ総司令官に適任だと述べると、ネセシティ砦やモノンガヒーラの戦いで敗北したではないかと反論を受ける。

ネセシティ砦の敗北は、確かにワシントンの責任である。しかし、モノンガヒーラの戦いの敗北は、ワシントンの責任ではない。それにフォーブズ遠征やフロンティアの防衛で功績を上げている。ただ総司令官としてふさわしい人物だと誰もが認めるような決定的な勝利はない。ヴァージニアの代表たちさえ反対している。彼らが反対していたのはなぜか。人選に不満があったわけではなく、ヴァージニアがニュー・イングランドによって利用されるのが我慢ならなかったからだ。

六月十四日朝、ペンシルヴェニア植民地議会議事堂の前庭をサミュエル・アダムズとジョン・アダムズが歩いている。白色と淡黄色の慎ましい五角形の花が今を盛りと咲き匂っている。カルミアという名のツツジ科の花だ。ただ二人のアダムズは花を愛でるために前庭に来たわけではない。若きジョン・アダムズが年長のサミュエル・アダムズに大陸会議を取り巻く問題を次々に投げかける。年長のアダムズは、若きアダムズの言葉に一つひとつ頷いていたが、やがて質問を口にする。

「では我々はどうするべきか」

年長のアダムズの質問に対して、若きアダムズは自らの決意を述べる。

「ボストン周辺に布陣する軍隊を受け入れて、ワシントン大佐を総司令官に任命するように今朝、大陸会議に提案します」

そう言うと若きアダムズは踵を返して、しっかりとした足取りで議事堂に向かう。

会議が始まる。アダムズは、その言葉通り持説を忌憚なく展開する。ボストンを包囲する植民地軍をこのまま支援せずに放置すれば、イギリス軍は隙を突いて出撃するだろう。もしそうなれば植民地軍は崩壊する。それを防ぐ唯一の手段は、植民地軍を再編して新たな軍を組織することだ。そのために総司令官を任命するべきである。

議長席でアダムズの演説を聞いていたジョン・ハンコックは、思わず腰を浮かして前のめりになる。アダムズが自分を総司令官に推挙するのではと期待したからだ。ハンコックの顔に満面の笑みが浮かぶ。自分が英雄になる時がついに来た。しかし、アダムズが続けた言葉は、ハンコックの期待を完全に裏切る。

「ここで私は、心の中に抱いている一人の紳士の名前を躊躇せずに出したいと思う。その紳士はヴァージニアから来ていて、今、我々とともに会議の椅子に腰掛けている。誰もが彼をよく知っている。将校としての技能と経験、自活するのに十分な資産、偉大な才能、そして、諸事に精通した性質を持つ紳士は、この国のどんな人物よりも、全アメリカの賞賛を受けて、全植民地の尽力を一つにまとめあげるだろう」

「自活するのに十分な資産」が指揮官の資質として挙げられているのは、豊かな財産を持つ人は、それだけ自立心が強いという当時の考え方による。自立心が強ければイギリスから買収を仕掛けられても峻拒できる。

演説の中でアダムズは名前を挙げていない。しかし、アダムズの心の中にある名前がわからない者は誰もいない。満場の目が扉の近くに座っている一人の軍服姿の男に注がれる。

向けられた視線に驚いてワシントンは隣の図書室に出て行く。どのような態度をとればよいのかわからなかったからだ。ワシントンは他人からの評価を非常に気にかける男だが、いざ賛辞を受けると赤面して狼狽するようなところがある。

その一方でハンコックは、困惑の表情がアダムズの顔に浮かんでいるのに気づく。そして、アダムズが最初からワシントンを推薦するつもりであったと悟る。ハンコックの顔に屈辱と憤怒の感情がありありと表れる。さらにハンコックにとって腹立たしいことに、サミュエル・アダムズもワシントンの総司令官選任に賛成する。

サミュエル・アダムズの支持はジョン・アダムズを驚かせる。確かに若きアダムズは、ワシントンを正式に総司令官に推挙するという決意を年長のアダムズに伝えた。しかし、それは同意を求めてのことではなかった。ただ自分の決意を知っておいてもらいたいと思っただけだ。

それにサミュエル・アダムズは今回の大陸会議で発言を控えていた。その急進的な思想は誰もが知っていたので、余計な波風を立てれば、かえって植民地全体の連帯を損なうと考えていたからだ。それにもかかわらず、サミュエル・アダムズが発言するのはよほどのことである。

サミュエル・アダムズが発言を終えると、今度はヴァージニア代表のエドモンド・ペンドルトンとコネティカット代表のロジャー・シャーマンが立ち上がって反対を唱える。ニュー・イングランドから集められた植民地軍には、アーテマス・ウォードという立派な将軍がすでにいる。ウォードは、イギリス軍をボストンにうまく封じ込めている。それで十分ではないか。

さらにマサチューセッツ代表のトマス・クッシングも難色を示す。ニュー・イングランドの部隊がヴァージニア人の総司令官を受け入れるはずがない。ニュー・イングランド人は、自分たちで士官を選ぶことに慣れているからだ。大陸会議が総司令官を任命しても無視されるだろう。

結論が出ないまま議会は休会を迎える。

ワシントンは街にさまよい出た。相変わらず戦争熱が流行しているが、街の雑踏は平時と変わらない様子だ。フィラデルフィアは色彩に溢れている。赤、青、黄、緑などさまざまな色で塗装された商店の軒先には贅を競うかのように趣向を凝らした看板が吊るされている。道行く人びとは赤や緑の鮮やかな装いをしている。時々、姿を現す灰色ずくめの者は敬虔なクエーカー派だ。軍服姿のワシントンにちらりと視線を向ける者もいたが、すぐに関心を失ったようでそのまま歩き去る。行商人が蜜蜂のように忙しく箱や樽を開け閉めして何かを取り出している。職人が手押し車を押している。樽を転がして運んでいる徒弟がいる。駄馬を牽く男がいる。薪を背負って歩く若者がいる。散歩の途中だろうか。一人の紳士が足を止めてパラソルを差した淑女に話しかけている。その横を子供たちが歓声をあげながら犬を追って走って行く。馬がそれに驚いて嘶《いなな》き、御者が馬車を止める。フィラデルフィアでは、この瞬間も日常が繰り返されている。

こうした平和な光景の中で、ワシントンの脳裏にはアダムズの言葉がまるで雷鳴のように轟く。このような日が来るとは誰が予想できただろうか。いったい自分は何ができるだろうか。それよりも自分はどうするべきだろうか。

議場に戻るべきかどうか悩んだワシントンは議事堂に目を向ける。時計塔の先端に反射した陽光がワシントンの目を眩ませる。思わず目を閉じたワシントンが再び目を開けた時、その前に人影が見えた。

少女と言うにはあまりに艶めかしかった。か細く危うげな肩の線は成熟した女のそれとは違っていたが、その瞳は熾《おき》のような輝きを帯びたかと思えば、どこか儚《はかな》げで深遠な光を宿している。移ろわざる者にのみ許

された畏怖が漂っている。

白い陶器のような足の指が緑色に染まっている。そして、少女の繊手《せんしゅ》には重たげな書物が握られていた。

その書物は鎖と鍵で厳重に縛《いまし》めが施されていて、何人にもその内容を覗き見ることを禁じていた。

はるか空の高みから鷲の鳴き声が響く。しかし、不思議なことに、かたわらを通る人びとは誰もこの少女にも響きわたる鳴き声にも気づいていないようであった。

珊瑚の欠片《かけら》のような愛らしい唇が動き、何か言葉を紡ぎ出したが、その声はどこにも届かない。唇の形からするとそれは「運命」と囁いたようだ。そして、瞬きをしている間に、少女の姿は忽然と消えた。


その夜、ジョン・アダムズは、ワシントンの指名に反対した代表たちの間を忙しく飛び回っていた。最初に説得した相手はマサチューセッツの代表たちである。説得は難しくない。

もしワシントンの指名が実現しなければ、マサチューセッツが最も優先すべき課題、すなわち植民地全体が一致協力してイギリスに抵抗するという計画が頓挫する。

アダムズの説得を否定できる者は誰もいなかった。マサチューセッツの代表たちさえ説得できれば、その他の反対は問題ない。ニュー・イングランドで最も大きな影響力を持つのはマサチューセッツである。ニュー・イングランドの他の植民地の代表たちは、マサチューセッツの方針に倣うだろう。ニュー・イングランドの意見さえまとまれば、もう決まったも同然である。

六月十五日、大陸会議は、正式に軍の結成を決定する。軍の名前は「大陸軍」になった。メリーランド代表のトマス・ジョンソンがワシントンを総司令官に指名すると、大陸会議は全会一致で承認する。ジョン・アダムズの予想通り、昨夜の説得によって反対する者はいなくなっていた。

議会が休会に入るまでワシントンは、自分が総司令官に正式に任命されたことを知らなかった。「将軍」と代表たちに挨拶されて初めてそれと知る。代表たちはワシントンを招いて昼食会を催す。その席でベンジャミン・フランクリンが「アメリカ軍総司令官に」と言って乾杯の音頭をとる。このような時は何か気の利いたことを言うべきかもしれないが、ワシントンは、当惑しながら席を立って、一同にただ感謝の念を述べるだけであった。

そこにいた全員が立ち上がって一斉に酒盃を飲み干す。乾杯が終わった後、発言する者は誰もおらず、沈黙が場を支配する。

記念すべき日にもかかわらず、この日のワシントンの日記にはほとんど何も記されていない。心の中で渦巻く思いを整理しきれなかったのか。それともわが身に降りかかった試練を前にすくんでいたのか。

翌日、総司令官の就任式がおこなわれる。まず議長のハンコックが任命を告げる。次にワシントンが席から立って奉答する。

「議長閣下、この指名で私に大いなる栄誉が与えられたことをよくわかっておりますが、私の能力と軍事経験では信頼に十分に応えられないと思うので、大いに困惑を感じております。しかしながら、大陸会議が望むように、私は重大な責務に乗り出して、栄光ある大義を支持するために、持てる力のすべてを尽くして軍務を遂行します。［指名について］はっきりと賛同を示してくれたことへの私の心からの感謝を大陸会議が受け入れて下さるように願います。しかし、私に不当な評価が下されないようにするために、与えられた使命にふさわしくないと私自身が思っていることをこの議場にいる諸君に確かに伝えたことを忘れないで下さい。困難を伴うだけではなく家庭の安逸と幸福を犠牲にするこの仕事を私が金銭的な思惑で引き受けたわけではなく、何らかの利益を得るつもりもないことを大陸会議に知っておいてほしいのです。私は、支出を正確に記録します。そうした支出をきちんと弁済していただけると確信しております。それが私の望むことのすべてです」

ワシントンは名誉を重んじた。それゆえ、高潔な義務感から総司令官の任務を引き受けたと大陸会議の代表たちに理解してほしいと考えた。そうした姿勢を世人は高く評価する。ロンドンの新聞さえ「高貴な模範」だと賞賛している。

大陸会議の代表たちの中でワシントンが最も豊かな軍事経験を持つことは確かだ。しかし、ワシントンの軍事経験は、森林地帯の局地的な戦闘にほぼ限られている。平地で隊列を組んで銃撃を交わす形態の大規模な戦闘経験はほとんどない。

ワシントンの固辞は、あながち謙遜ではなかったと言える。事実、ワシントンは、大陸軍総司令官になることで、これまで築いてきた自分の名声が失われるかもしれないとパトリック・ヘンリーに書き送っている。これまた妻マーサに総司令官就任を次のように伝えている。妻を気遣うワシントンの愛情が溢れ出ている。これは現存する数少ないマーサ宛の手紙である。

わが最愛なる人へ。私は今、ここに座って、とても言葉では表現できないような不安で満たされる問題について君に知らせようとしている。私の不安は、君がそれを知った時に感じる心配を考えると、ますます強くなる。大陸会議は、アメリカの大義を守るための軍を召集して私の指揮下に置くこと、そして、軍を指揮するためにすぐにボストンへ向かうように決定した。愛するパツィ［マーサの愛称］よ、君や家族と離れたくないし、私の能力が過大評価されているという認識から、この任命を願うどころか、どうにかしてそれを避けようと全力を尽くしたこと、たとえ七年間で七回［聖書にある言葉で長い年月を意味する」も滞在することになろうとも、見知らぬ土地でかすかな希望を当てにして過ごすよりも、君とわずか一ヶ月、家で一緒に居たほうが、私は本当の喜びと幸せを感じられることを最も厳粛に君に誓いたい。［中略］。君がこの使命を決して喜ばないと私はよくわかっているし、私自身について見直す契機になった。これまで私を庇護して恩恵を与えてくれた神を心から信じているので、秋には君のもとへ無事に帰れるだろうと確信している。軍事作戦の危険や苦労からは何の痛みも感じないだろう。私の不幸は、君が独りで置き去りにされたと感じるかもしれないという不安から生じる。［中略］。他にも書かなければならない手紙が何通かある。最後に、私が君の良き友人であることを君が忘れないように願っていること、そして、私もそれを決して忘れないことだけを伝えよう。決して色褪せない敬意とともに、わが愛するパツィへ。

マーサの愛娘のパツィはすでに亡く、溺愛する息子ジョンも結婚して家を出てしまっている。マーサがきっと心細く感じるだろうとワシントンは心配した。そこでマーサに手紙を送った翌日、ジョンに手紙を書いてマウント・ヴァーノンにずっと滞在してくれるように頼む。母親を慰められる者はやはり愛しい息子である。親戚にもマウント・ヴァーノン訪問を勧める手紙が送られる。親しい人びとが相次いで顔を見せればマーサも寂しくないだろう。

マーサに宛てた手紙からワシントンがなぜ総司令官を引き受けたかがわかる。武力衝突はもはや避けられないが、この時、ワシントンはそれが独立の達成まで続く険しく長い戦争になるとはまったく予想していない。アメリカの戦争目的は、イギリス本国の植民地に対する圧政を止めさせることだ。多くのアメリカ人はまだ独立を視野に入れていなかった。それにアメリカ人は、イギリス本国が大規模な軍隊を北アメリカに送り出すとは考えていなかった。たとえイギリス政府がそうしようとしても、イギリスの人民は同胞のアメリカ人を屈服させるための軍事費を負担しようとはしないはずだ。北アメリカに駐在しているイギリス軍だけであれば、何とか追い返せるだろう。

ワシントンもその程度であれば戦争はすぐに終わり、十分に任務を果たせると思っていた。だからワシントンは秋までに帰ると妻に約束した。またワシントンは、弟ジョンにも総司令官に任命された時の心境を次のように語っている。

今、私は果てしない広大な大海に船出しようとしている。その海には安全な港はないだろう。私は、全植民地の満場一致の投票で大陸軍の指揮を執るように命じられた。それは、非凡な才能を必要とする責務であり、私の浅い経験ではとてもできそうにない重大な仕事なので、私は決して自分からそれを望まなかった。しかし、大陸会議の恩寵と政治的動機によって、私には他に選択肢が残されていなかった。

ワシントンが言及している「政治的動機」とは何か。実はワシントンの指名は消去法で決まった。まず軍事経験が豊富でも外国生まれの者は除外された。アメリカよりも出身国の利益を優先させる恐れがあるからだ。次にニュー・イングランド人も選から漏れる。全植民地をまとめなければならない。ヴァージニア人であれば最適である。ヴァージニア植民地が最も富強な植民地だったからだ。ジョン・アダムズは次のように妻に説明している。

この任命は、植民地連合を結束させるうえで大きな効果を及ぼすだろう。大陸は国家の防衛について真摯に考えている。〔中略〕。アメリカの自由は彼に委ねられた。

ワシントンはアメリカの自由を守れるのだろうか。その問いに答えられる者は誰もいなかった。なぜならワシントンは才能ではなく、あくまで政治的動機で選ばれたからだ。ただそれが幸運な選択であったことは歴史が証明している。

戦力比

これからアメリカはイギリスを敵に回して戦うことになる。それがいかに無謀なことだったのか。ここで改めてそれを確認しておきたい。戦力比を見れば一目瞭然だ。イギリスの戦力とアメリカの戦力を比べるとどの程度、違っていたのか。

十八世紀当時、イギリスは世界随一の超大国であった。レキシントン＝コンコードの戦いで民兵たちはイギリス軍に大きな痛手を与えたが、正面から挑戦したわけではない。イギリス軍に真っ正面から挑めば勝てないと誰もが思っていた。一七五五年から一七六四年にかけて、イギリス軍は五つの大陸で戦って、立ちはだかった敵を次々と粉砕している。その間に経験を積んだ将軍や士官は独立戦争にも参戦している。さらにイギリス軍はどれくらいの兵数を動員できたのか。独立戦争中、イギリスは、水陸合わせて最大四万五、〇〇〇人もの兵員を一つの作戦で動員している。ただイギリスがそのような大規模な部隊を独立戦争に投入できたのは、ヘッセン傭兵のおかげである。そもそもイギリスという国はその帝国の規模と比べてそれほど大規模な常備軍を擁していたわけではなかった。

ヘッセン傭兵とは、さまざまなドイツの諸侯国から集められた傭兵部隊を指す。特に有名だったのがヘッセン＝カッセルである。ヘッセン＝カッセルだけで一万九、〇〇〇人近くの傭兵を送り出したという。ヘッセン＝カッセルは京都府と同じくらいの面積しかない小国である。初めて耳にした人がほとんどではないだろうか。なぜ聞いたこともないような小国が大軍を派遣できたのか。傭兵の供出がドイツの諸侯国にとって国家産業だったからだ。国家ぐるみで兵士を貸し出して莫大な収益を上げていた。

イギリス国王ジョージ三世はドイツと関係が深い。血統から見ればドイツ人と言ってもよいくらいである。そうした縁でイギリスがドイツの諸侯国から傭兵を集めることは、決して突飛なことではない。

また傭兵には利点がある。お金さえ払えば軍隊の規模を容易に、しかも練度の高い部隊で拡大できる。戦争が終われば契約が切れるので、常備軍の拡大というイギリス人が恐れる事態を避けられる。イギリス人は、国王が常備軍を悪用して臣民の権利や財産を奪うのではないかと常に神経を尖らせていた。十八世紀の慣習では、大国が傭兵で正規軍を補強することは珍しくなかった。イギリスが特別であったわけではない。

イギリス軍は、兵力だけではなく他にも多くの利点を持っていた。まず戦場となった北アメリカ植民地は彼らにとって完全な敵地というわけではない。本国支持派や同盟関係にあるインディアンの支援を期待できたからだ。また強力な海軍で制海権を確保できる。さらに発達した金融制度によって、国家の信用は高く、戦債を発行すれば多額の軍資金を賄えた。

人口でもイギリスはアメリカをはるかに上回る。この当時のイギリスの人口は一、二〇〇万人である。それに対してアメリカの人口はどうか。少し多めの見積もりでも三〇〇万人である。奴隷や本国支持派を除けば、その数はもっと減少する。ジョン・アダムズは、独立支持派の数が三分の一であったと後に述べている。したがって、イギリスに抵抗する人びとの数は多くても一〇〇万人程度である。つまり、アメリカ人は十倍以上の人口を持つ大国に挑まなければならなかった。

武器の性能も一般的にイギリス軍のほうが上である。イギリスの製造業は、精密なマスケット銃と純度の高い弾薬を作ることができた。さらに大砲になると、イギリスとアメリカの格差はもっと開く。大砲を製造するためには、熟練した職人と最高の設備を備えた兵器工廠《しょう》を要する。それに大砲を運用する砲兵士官も必要だ。イギリス軍には高度な専門知識を持つ砲兵士官がいたが、アメリカにはそのような士官はいなかった。アメリカ人は砲術書を読みながら戦場で実地訓練するしかなかった。

一般のイギリス兵は終身制であり、平均で九年の軍務を経験していた。その一方で大陸軍の兵役期間は短かった。再三再四、ワシントンは大陸会議に対して、大陸軍の兵役期間を長期化しなければ民兵に依存せざるを得ないと忠告している。それはワシントンが何が何でも避けたかった事態であった。なぜ民兵に頼りたくなかったのか。民兵が持つ性質を理解すればワシントンの考えがわかる。

民兵はあくまで補助戦力である。その目的は地域の防衛である。したがって、民兵が大陸軍に協力することがあっても、地元の戦闘にほぼ限られる。その他にも、イギリス軍の進路を妨害したり、食料の徴発を邪魔したり、本国支持派の動きを牽制したり、フロンティアで敵対するインディアンと戦ったり、奴隷の暴動を抑えたりしていた。

ただ補助戦力だけでは戦争に勝てない。主戦力となる正規軍が必要である。残念なことに結成当初の大陸軍は正規軍と言えるような軍隊ではなかった。ワシントンは、独立戦争を戦い抜く中で、大陸軍をイギリス軍に匹敵する正規軍に育てていかなければならなかった。

このような圧倒的に不利な条件のもと、ワシントンは大陸軍の指揮を一身に委ねられた。持続する意志。それこそこれから花開くワシントンの偉大なる天稟である。

第2章

ボストン解放

Percy Moran, Battle of Bunker Hill (1909)

物語の舞台

ボストンの戦況が動く。ボストンの北にあるチャールズタウン半島を舞台にイギリス軍とアメリカ軍が激闘を演じる。勝利を収めたイギリス軍であったが、甚大な死傷者を出す。世に言うバンカー丘陵の戦いである。

それからしばらく後、ワシントンが大陸軍総司令官として着任する。大陸軍の前には課題が山積していた。ワシントンは一つひとつ解決に努める。そして、北方からもたらされた贈り物によってボストン解放がついに成就する。

バンカー丘陵の戦い

ニュー・イングランドに点在する街や村では、自由を象徴するリバティ・ポールが至る所に立てられていた。本国支持派はそれを苦々しい思いで眺めている。ただできるだけ平静な態度を取りつくろっている。うっかり表情に出そうものなら民兵に連行されるからだ。そして、植民地の自由を支持する旨を誓約する文書に署名させられる。

中にはそうした誓約を拒否する者もいた。そうするとどうなるか。牢獄に収監されたり、「人民の敵」として新聞に名前が公表されたりする。牢獄が足りないせいで湿気で冷え冷えとした暗く狭い銅鉱に閉じ込められた人びともいる。あまつさえ本国支持派の財産を略奪して回る「暴力の息子たち」と呼ばれる者たちもいた。不当な仕打ちを受けた本国支持派は黙っていない。当然、抗議する。

「あなた達は自由の叫びを反響させている。しかし、あなた達は自分たちと異なる者を卑しい隷属下に置いて、良心に従って行動することも、考えることも認めていない」

それに対して「愛国派」はどのように答えたのか。

「多数者が規則を作るのが自由な政府の第一の原則である。我々は圧倒的に大多数である。イギリスの圧政からわが国の自由を守るという責務に我々は取り組んでいる。[中略]。もしあなたが愛国心や勇気を持って、我々と一緒に奮闘するつもりがなければ、共通の大義を損なおうとするあなたから力を取り上げるのが我々の義務である」

はたして本国支持派の言い分と「愛国派」の言い分のどちらが正しいのだろうか。おそらくどちらも正しい。誰もが認める絶対的な正義など存在しないからだ。正義は立場によって変わる。妥協できなければ互いに信じる正義を貫くのみである。相手の正義をどうしても否定したければ、最後には力を用いなければならない。

レキシントン＝コンコードの戦いの後のボストンはどうなったか。戦いが起きた後、ボストン周辺にニュー・イングランドの民兵が集結したことは前に述べた。その中にはボストンで本屋を営んでいたヘンリー・ノックスもいる。ノックスは有力な本国支持派の家系に属する娘と結婚したばかりであった。縁故を使えばイギリス軍に仕官することもできただろう。しかし、ノックスが選んだのは植民地軍であった。レキシントン＝コンコードの戦いの報せを聞いたノックスは夜陰に紛れてボストンを脱出した。かたわらには妻がいる。実家を捨ててまで自分を選んでくれた妻だ。その妻の外套の中にはノックスの剣が隠されていた。

ボストン周辺に布陣する民兵の数は最終的に二万人に達したとされる。四万人と伝える史料もある。彼らの合言葉は、「奴らを餓死させろ」である。奴らとはもちろんイギリス兵のことだ。イギリス兵はすぐに飢えることはなかったが、近郊から新鮮な食べ物を得られなくなって困ったようだ。ある士官は次のように書いている。

反逆者が我々の街を封鎖して牛肉や羊肉の供給を遮断している。現時点で我々は完全に閉じ込められていて、塩漬け肉の配給で辛うじて生きている。

この当時のイギリス兵の食料は、規定によれば、パンもしくはビスケット、牛肉もしくは豚肉、エンドウ豆、バターもしくはチーズ、小麦粉もしくは米やオーツ麦、そして、酢にラム酒である。ビスケットは、現代の我々が目にしている物とは似て非なる物と言ってよい。小麦粉を焼き固めた物で砂糖は入っていない。あまりに固いので銃床や砲弾で砕いて水と混ぜて粥状にして食べた兵士もいるという。青菜はほとんどない。菜園で野菜を自ら育てるのがこの士官の日課であった。野菜が不足すれば壊血病にかかることを士官は経験で知っていたからだ。包囲は予期しない出来事で事前の準備は何も整っていなかった。

ボストン周辺を囲んでいる植民地軍はどうか。意気盛んである。イギリス軍の「分割せよ、而して征服せよ」という言葉に対して、誇らしげに掲げられた言葉は、「団結せよ、さすれば無敵となる」である。他にも「自由か死か」や「団結か死か」という言葉が軍旗の上で踊っている。

数でこそイギリス軍を上回っているが、統一した指揮系統はない。マスケット銃も弾薬も食料も十分に準備していない。銃剣はほとんど見当たらず、軍服はないも同然であった。マサチューセッツが手配したテントの数はわずかに一、二〇〇張しかなく、急遽、帆布からテントが作られた。一般的な兵卒用テントの大きさは、高さ六フィート（約一・八m）、広さは三六平方フィート（約三・三㎡）である。六人から八人の兵士を収容できたが、実際には四人程度で使っていたらしい。テントが余っていたのではなく、病気や戦死などで戦える兵士の数が減ったからである。

植民地軍ははっきり言って烏合の衆だ。イギリス軍の軍医は、「酔っ払いで偽善的で嘘つきで狂信的で見せかけだけの暴徒であり、秩序も服従の精神も規律も清潔感もない。三ヶ月もすればばらばらになってしまうだろう」と記している。なにしろ「少なくとも一日に一本は飲まないと戦うこともできなければ祈りを唱えることもできない」からだ。それでもボストンにいるトマス・ゲージ将軍を脅かすのに十分であった。ボストン市街を守るだけの兵力しかないと判断したゲージは、他の者たちの提言を無視して、対岸のチャールズタウン半島から部隊を撤退させた。

さらにマサチューセッツ植民地が反乱状態にあるという宣告が出された。「反逆者」であっても武器を置いてイギリス軍の軍旗のもとに服従を誓えば恩赦を与える。しかし、服従を拒んだり、「反逆者」と認定された者と通謀したりする者は、軍法裁判で裁かれることになる。念の入ったことに、恩赦の対象からサミュエル・アダムズとハンコックの両名のみ除かれていた。

レキシントン＝コンコードの戦いの後、イギリス本国は、本格的な戦いが始まることを恐れていた。マサチューセッツを中心とする反抗の炎を早急に吹き消さなければ、北アメリカ植民地全体に飛び火するかもしれない。すぐに反抗を鎮圧できなければ帝国の威信は凋落する。

軍事力でアメリカを屈服させるというノース内閣が下した決定は広く支持を集めたが、誰もイギリス軍が北アメリカ植民地全体を征服するべきだとは考えていない。あまりに戦域が広大すぎる。その代わりにノース内閣が採用した戦略は何か。一度か二度の会戦で植民地軍を粉砕する。さらに海上封鎖でアメリカとヨーロッパの交易を遮断する。そうすればアメリカ人はすぐに屈服するはずだ。

一七七五年五月二五日、イギリス本国からウィリアム・ハウ将軍、ヘンリー・クリントン将軍、そして、ジョン・バーゴイン将軍がケルベロス号に乗って増援軍とともにやって来た。戦艦からボストン周辺の様子を見たバーゴインは息巻く。

「一万人の農民が五、〇〇〇人の国王軍を閉じ込めているとは。何と馬鹿げたことか。何をぐずぐずしている。早く港に入れ。すぐに蹴散らしてやる」

バーゴインは尊大な男であり、植民地人を馬鹿にすることが多かった。敵の実力を見くびることは危険である。後にバーゴインは手痛いしっぺ返しを食う。

その一方で植民地軍の陣営では、イギリス軍が撤退してがら空きになったチャールズタウン半島を占拠するべきか否か議論がおこなわれていた。もしチャールズタウン半島を占拠して要塞化できれば、ボストン市街を北から見下ろせて有利である。イズラエル・パトナム将軍は、そのみごとに発達した下顎を盛んに動かして即時の行動を主張した。

「パトナムは戦闘そのものである」と歴史家に言わしめた猛将、それがパトナムである。大局観にもとづく戦略を立てる軍才はなかったが、局所的な戦闘を指揮する能力には優れている。フレンチ・アンド・インディアン戦争における勇猛な戦いぶりでよく知られていた。反乱軍を捨ててイギリス軍に寝返れば、将軍の地位を与えようとイギリス軍から誘われたほどである。

パトナムに関する愉快な逸話が残っている。レキシントン＝コンコードの戦いの報せを聞いた時、パトナムは畑を耕していた。そこへコネティカット植民地総督ジョナサン・トランブルがやって来て命令を伝えた。トランブルは「総督」という肩書きを帯びていたが、アメリカ生まれであり、植民地の主張を支持していた。

「戦場に行くように」

雄牛を頸木から外しながらパトナムは、自分の野良着をつまんで返答する。

「総督、でもこの服装では」

トランブルは微笑みながら諭す。

「ああ、服装など気にすることはない。君の軍事経験が人びとの役に立つのだから」

それでもパトナムは納得しない。

「総督、でも兵士たちは。兵士たちをどうやって集めれば」

トランブルは、微笑みを崩さずに言葉を続ける。

「ああ、兵士たちのことは大丈夫。君の後から追いかけさせるから」

ようやくトランブルの言葉に納得したパトナムは、そのままボストンに直行した。そして、今、ボストンで軍議に参加しているというわけだ。

すぐに行動するべきだというパトナムの意見に対して、アーテマス・ウォード将軍は、たとえチャールズタウン半島の占拠に成功しても、敵の目前で弾薬や食料を補給するのは困難だと反論する。ウォードは時に臆病と思えるほど慎重な男である。こういう男は議会のようにゆっくりと討議する場には向いているが、迅速な判断を求められる戦場には向かない。

パトナムは、それでも持論を撤回しない。そして、民兵たちの力を信じて啖呵を切った。

「アメリカ人は、決して自分たちの頭を恐れてはいない。アメリカ人は足だけを恐れている。足がなくなったらおしまいだ。頭より足が大切である。足がある限り、彼らは永遠に戦うだろう」

それをかたわらで聞いていたウィリアム・プレスコット大佐は、謹厳な表情を保ちながら、一案を示して議論を締めくくる。武器が十分に揃うまで待って、その後、チャールズタウン半島のバンカー丘陵とボストンの南方にあるドーチェスター高地を占領するという案である。

しかし、そこへイギリス軍が六月十八日に何らかの作戦をおこなうようだという報せが入る。それはチャールズタウン、ドーチェスター高地、ロックスベリー、そして、ケンブリッジを一斉に攻撃するという作戦である。そこで植民地側は先手を打つことにした。

それは六月十六日の夕刻のことであった。残照がニレの木立を赤く染めている。その中をローブをひるがえして一人の男が歩いている。居並ぶ兵士たちの列をかき分けて前に進むと、小さな演壇の上に立った。男

Unknown, Illustration from “The Story of the Revolution” (1903)

を囲む民兵たちは次々に帽子を脱ぐ。

男は何者なのか。牧師である。これから出撃する民兵たちに祝福を与えにやって来た。民兵たちが頭を垂れて一心に祈りを捧げる中、説教がおこなわれる。

民兵たちは行き先がどこかまだ知らない。一日半分の食料と毛布を準備するように通達されたが、それがいったい何のためかは説明されていない。ただ指揮官になったプレスコットはこれから何をするかわきまえている。バンカー丘陵に陣地を構築して援軍が来るまで踏み止まることだ。

夜九時、一、〇〇〇人の先遣部隊はケンブリッジを出発する。先頭に立つプレスコットのすぐ後ろに二人の下士官が続く。彼らの手には、光が漏れないように覆いを施したランタンがある。灯りで民兵たちを導くためだ。チャールズタウン半島と本土をつなぐ地峡には、パトナム率いる部隊が待っていた。塹壕を掘削するための道具を満載した幌馬車を見た民兵たちは初めてこれから何をするのか悟った。

民兵たちが進む道の先に奇妙な物が吊り下がっていた。この付近に住む者であれば、それが何か誰もが知っていた。黒人奴隷の木乃伊《ミイラ》だ。遺骸が鉄の籠のようなものに入れられてさらされている。一人の黒人奴隷が主人を毒殺した罪で処刑されたのはもう今から二〇年以上も前のことだ。闇夜に浮かぶ黒い塊を見ながら民兵たちは、国王に対する反逆罪に問われれば自分たちも同じ運命をたどるのではないかと怖気をふるう。

チャールズタウン半島と本土をつなぐ地峡は非常に狭い。幅は二ロッド（約十m）ほどしかなく、大人が両手を広げて六人も並べばいっぱいになる。もちろんイギリス軍も地峡の重要性を理解している。無防備で放置しておいたわけではない。付近には歩哨が配置され、軍艦が水面を遊弋《ゆうよく》していた。しかし、いずれも植民地軍の動きに気づかなかった。チャールズタウン半島への潜入に成功した植民地軍はさっそく高台の占領に取りかかる。

チャールズタウン半島の高台は主に三つある。地峡に近いほうからバンカー丘陵、ブリード丘陵、モートン丘陵と並ぶ。バンカー丘陵に到着した時、議論が起きた。三つの丘陵の中でどの丘陵を要塞化するかである。もともとの命令はバンカー丘陵の要塞化である。しかし、ボストンのイギリス軍を監視しようとすれば、バンカー丘陵は少し遠い。その一方でブリード丘陵であればちょうど良い位置にある。とはいえバンカー丘陵も確保しなければならない。なぜならバンカー丘陵がもしイギリス軍に占拠されれば、退路を断たれて袋の鼠になってしまうからだ。自由に艦船を使えるイギリス軍は植民地軍の背後に簡単に回りこめる。

パトナムは、ブリード丘陵を中心に防御陣地を構築する一方、バンカー丘陵に援護用陣地を設けるように提案した。確かにパトナムの意見は、耳を傾ける価値があるが、本来の命令にはない。士官たちは躊躇した。命令違反にならないだろうか。しかし、議論している時間はない。夜が明けてしまえばイギリス軍に見つ

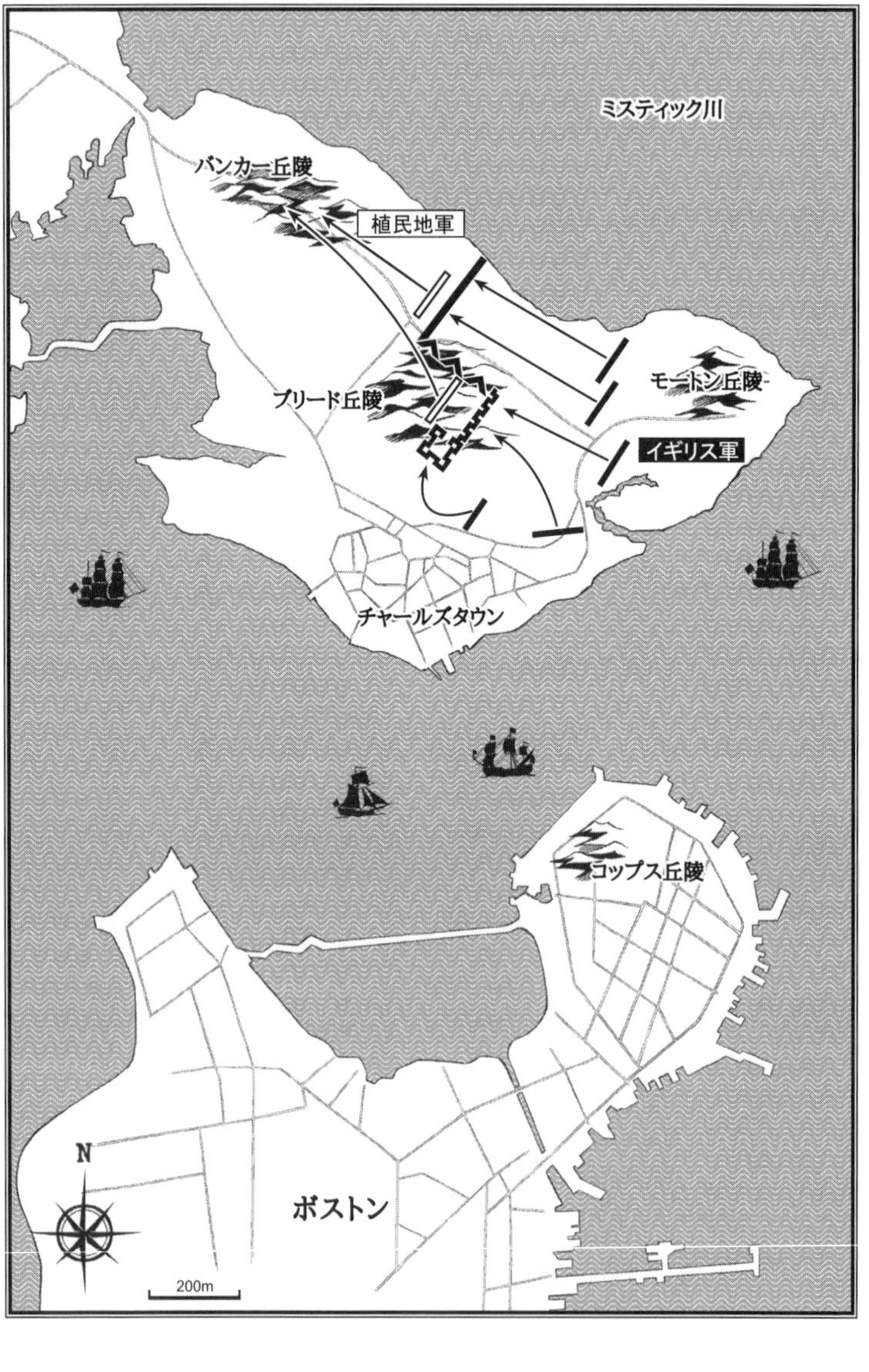
ミスティック川
バンカー丘陵
植民地軍
モートン丘陵
ブリード丘陵
イギリス軍
チャールズタウン
コップス丘陵
N
ボストン
200m

かってしまう。さっそく陣地の構築が開始される。これから起きる戦いの主戦場はこのブリード丘陵に築かれた防御陣地になる。本来であれば「ブリード丘陵の戦い」と呼ぶべきだが、イギリス軍士官がブリード丘陵とバンカー丘陵の名前を取り違えた地図を作ったり、報告が不正確であったりしたために「バンカー丘陵の戦い」という名前が定着してしまった。ただ地元の人によれば、両方の丘陵をまとめた一帯をバンカー丘陵と呼んでいたという話もあるので一概に間違いとは言えない。

プレスコットは岸辺に降りて敵の様子をうかがう。今回の作戦は隠密が要である。もしこちらの動きが露見すれば、すぐに敵が襲来するだろう。そうなれば十分に防衛態勢が整わないまま交戦しなければならない。川幅は五五〇ヤード（約五〇〇m）しかない。もし小型望遠鏡で誰かがこちらを覗いていれば、動きを察知されてしまうだろう。

幸いにもイギリス軍は、真夏の夜の夢をむさぼっているようだ。時おり、艦船の見張りが発する「すべて異常なし」という声と物憂げに響く教会の鐘を除いて物音はない。暖かい夜だった。水面は静まり返り、満天の星空を映し出している。地上に目を移すと、ボストンの街の灯りが瞬《またた》いている。これが戦場の夜でなければ、きっと美しい歌を口ずさむ者がいただろう。

ただプレスコットは詩的な気分にはなれなかった。日が昇るまでに防御陣地が完成しなければ、民兵たちは文字通り木っ端微塵にされる。その夜、休息を許された者は誰もいなかった。

イギリス軍はまったく何も気づかなかったのだろうか。対岸から暗闇を凝視していたクリントン将軍は、敵の動きを察知してゲージの本営に駆け込んだ。そして、すぐに攻撃準備を始めるようにゲージに進言した。しかし、ゲージは夜明けを待って様子を見ようと言ってクリントンの進言を却下した。

「アメリカの運命を決する日」の朝が明けた。夜を徹した不眠不休の作業のおかげでブリード丘陵の頂には凸部を南に向けた凸角堡が完成した。それを発見したイギリス軍の軍艦は警報を鳴らす。一夜にして高さ六フィート（約一・八m）の壁ができているのを見てイギリス兵は驚愕する。さっそく砲門が開かれる。

次々に砲弾が飛来するのをプレスコットは見ていた。目の前で一人の男の頭に砲弾の破片が命中する。男はこの日最初の戦死者となった。泥と血に塗れた脳漿がプレスコットの衣服を汚す。表情をまったく変えずに、プレスコットは土でこすって汚れを払い落とす。

周りの民兵たちは持ち場から離れて仲間の遺体を見に来た。プレスコットはすぐに持ち場に戻るように命じたが、誰もが我を失って呆然としている。ついさっきまで元気に動き回っていた男が今、冷たい骸《むくろ》になって横たわっていることがにわかには信じられないのだ。

プレスコットは、死者のための祈りを捧げずにただちに男を埋葬するように命じる。

「この者は最初に命を落とした男であり、今日、埋葬される唯一の男になるだろう。兵士たちを持ち場に戻らせるために彼をすぐに視界から追いやらなければならない。戦いが終わる前に我々の中でどれだけの人数が命を落とすかは神のみぞ知る。諸君、持ち場に戻ってそれぞれ義務を果たすように」

「今日、埋葬される唯一の男になるだろう」という言葉はどういう意味か。多くの戦死者が出て埋葬する暇がなくなるということだ。プレスコットは、これから激しい戦闘になることを予見している。

初夏にもかかわらずその日は朝から暑かった。風はほとんどなく、空気はそよりとも動かない。掘削作業で土埃が巻き上がり、汗に濡れた肌にまとわりつく。プレスコットは群青の厚手の外套を脱ぎ捨てた。そして、亜麻布の長衣に着替えて、帽子と鬘を脱ぎ捨てた。少し前までニュー・イングランドでは鬘が大流行していたが、この頃は時代遅れになりつつあった。剃り上げた頭が汗で光る。砲撃に身をすくめる民兵たちを尻目に、プレスコットは胸壁の上に悠然と立っている。そして、そこから民兵たちに掘削作業を続けるよう

Frederick C. Yohn, Colonel William Prescott at the Battle of Bunker Hill (Before 1933)

に下知した。冗談を飛ばしながら胸壁の上を歩き回るプレスコットの様子は、まるで砲声を伴奏にして優雅に踊っているかのようであった。このもうすぐ五〇歳になろうとしている男は、砲撃が激しくなっても眉一つ動かさなかった。戦場に慣れていない者たちが恐慌に陥らないようにするためには冷静沈着な態度を示すことが最善である。

対岸のボストンから植民地軍の陣地を小型望遠鏡で見ていたゲージは、砲声が轟く中、胸壁の上を平然と歩いている士官の姿に驚く。そして、隣にいた部下に小型望遠鏡を渡して思わず問いかける。

「あの指揮官は誰か」

小型望遠鏡を受け取った部下は一目見て断言する。

「義弟です」

それは悲しげな口調だった。敵味方に別れなければならなくなった不運な境遇を思ったのだろう。

「あくまで戦うつもりだろうか」

「戦うでしょう。義弟は古参の士官です。最後の血の一滴まで戦い続けるでしょう。しかし、その部下がそうであるかどうかはわかりません」

ゲージはその言葉を聞くと決然として言う。

「それならこちらも断固として戦おう」

すぐに作戦会議が開かれる。まず将軍たちは地峡部に着目した。地峡部さえ抑えれば植民地軍を簡単に孤立させられる。そこでクリントン将軍は、ブリード丘陵の背後に上陸して退路を断つ作戦を提言する。後方からの支援が途絶えれば植民地軍は、防御陣地の中で飢えるか、自暴自棄になって出撃するしかないだろう。出撃した植民地軍を撃破するのは難しいことではない。

ゲージはクリントンの提言を却下する。他の地点の防備がどのように固められているかわからないうえに、挟撃される恐れがある。ではどこを攻撃すべきか。まだブリード丘陵の要塞化は不十分のようだ。今こそ攻撃の好機である。

結局、正攻法が採用される。まず東側に上陸する。そして、北から背後に回りこんで地峡部を制圧すれば、敵は袋の鼠だ。現時点でこの作戦の実行はそれほど難しくない。なぜなら植民地軍の防衛態勢にはまだ間隙があったからだ。


もちろん植民地軍も自分たちが袋の鼠になる危険性を十分に認識していた。そこで士官たちは、後方に増援を求めて疲弊している民兵たちを新手と交代させてはどうかとプレスコットに進言した。それを聞いたプレスコットは強い口調で反駁した。

「防御陣地を自ら構築した者こそ防衛に最適である。兵士たちは敵の銃火に耐えられるようになった。自らの労働の真価を理解している。きっと勝利の栄冠を手にできるだろう」

民兵たちが置かれた状況をプレスコットは理解していなかったのか。否、理解していた。昨夜から一睡もせずに作業に従事していた民兵たちは疲弊している。飢えと渇きが疲れを倍加させる。一日半の食料を携行せよという命令にもかかわらず、十分な食料を持ってきた者はほとんどいなかった。水を蓄えた樽が砲撃で破壊されたせいで、飲み物はラム酒しか残っていない。


兵士たちを満載したイギリス軍の輸送船がチャールズタウン半島に向かって来るのが見えた。上陸がすぐにでも始まるかと思われたが、輸送船は波間に揺られているだけであった。いったい何をしていたのか。潮目を待っていた。こうして時間が六時間も浪費された。

北東端のモートン岬に上陸を試みるイギリス軍は総勢一、五〇〇人。率いるはハウ将軍。二八隻のボートが二列縦隊で岸を目指す。先頭の二隻に据えられた六門の野戦砲が正午過ぎの陽光を反射して輝く。上陸作戦を援護しようと艦隊が配置につく。轟音とともに艦載砲から次々と砲弾がくり出される。守る側のブリード丘陵には二門の小さな野砲しかない。イギリス軍は、ほとんど何の抵抗も受けずに上陸を果たす。

上陸を無事に終えると、ハウは兵士たちを休息させて食事を摂らせた。そして、植民地軍の防御陣地の様子をうかがう。状況は一変したようだ。早朝の時点では、凸角堡の他にほとんど防御施設はなく、簡単に回りこめそうであった。しかし、今は違う。防御施設が張り巡らされ、迂回できる余地が狭まっている。しかもバンカー丘陵にも敵影がある。これは慎重に行動したほうがよい。そう判断したハウは、第二陣が到着するまで待つことにした。

モートン岬に上陸したイギリス軍を遠望したプレストンはその意図を見抜く。おそらくイギリス軍はこのまま北に抜けて背後に回りこもうとしているのではないか。何とか足止めしなくてはならない。そこでプレストンは、トマス・ノールトン大尉に一隊を預けて側面の防御に向かわせる。ノールトンは南北に伸びる横棒柵を発見する。横棒柵とは、牧場や畑を囲むのに使われている横木を並べた柵である。防壁として使える。しかし、それだけでは心もとない。民兵たちは近くにある別の横棒柵を引き剥がして即席の防壁の前に積み上げた。さらに牧草や石、そして、枝などで隙間を埋める。遠くから見ればいかにも丈夫そうに見える。

そこへウォードが派遣した増援軍がチャールズタウン半島に到着した。増援軍の一隊を率いていたジョン・スターク大佐は地峡部に接近する。イギリス艦隊や浮き砲台から発射される砲弾が降り注ぐ中、スタークは歩速を変えず悠然と兵士たちを前進させる。隣にいたヘンリー・ディアボーン大尉は、「部隊の進軍速度を上げるべきではありませんか」と進言する。するとスタークはディアボーンを睨みつけて言った。

「ディアボーン、一人の元気な兵士は十人の疲れ切った兵士に優る」

バンカー丘陵の頂に登ったスタークは、眼下に伸びる横棒柵を見て考える。横棒柵は二〇〇ヤード（約一九〇ｍ）程度の長さがあるが、配置されている兵力はせいぜい二〇〇人しかいないようだ。これではイギリス軍の攻撃を支えきれないだろう。そこでスタークは民兵たちを引き連れてバンカー丘陵を下ってノールトンの部隊に加わる。そして、海岸にまだ空隙が残っているのを見て石壁を築いて備えた。こうして植民地側の防衛線は完成した。防衛線を北から南に順番に見てみよう。

まずニュー・ハンプシャー連隊とコネティカット連隊が横棒柵を守る。次に東西に矢形堡が三つ並ぶ。さらに胸壁が続き、その先にはブリード丘陵に凸角堡が築かれている。胸壁と凸角堡を守るのはマサチューセッツ連隊である。配置された兵士の数は総勢四、〇〇〇人。

戦闘が始まる前に一人の男が姿を現し、民兵たちの喝采を浴びた。ジョゼフ・ウォレンである。ウォレンが少将に任命されたことを聞いていたパトナムは指揮権を譲ろうとした。しかし、ウォレンは、まだ辞令を受け取っていないので一兵卒として戦いたいと断った。そして、パトナムに持ち場を指示するように求めた。そこでパトナムがブリード丘陵に建つ凸角堡を指差すとウォレンは言った。

「最も激しい攻撃を受けそうな場所はどこですか」

パトナムの指は動かない。凸角堡を示し続けている。

「あそこが敵の目標です。もしあそこを保持できれば今日は我々の勝ちです」

ブリード丘陵にやって来たウォレンを迎えたプレストンは、パトナムと同じく指揮権を譲ろうとした。ウォレンはプレストンを遮って言った。

「私は志願兵として戦いに来ました。あなたのような経験豊かな兵士から学べることを嬉しく思います」

陣容を整えたイギリス軍はチャールズタウン半島の制圧を開始する。兵士たちの前に出たハウは演説する。

「諸君のようなすばらしい兵士たちを指揮できて私は非常に幸せである。諸君が良きイギリス人、そして、良き兵士として振る舞うことを私はいささかも疑わない。私が諸君の先頭に立って進もう。誰も私の前に立つな」

続いて士官が兵士たちを叱咤激励する。

「臆病な反逆者どもはすぐに逃げ出すだろう。間抜けなアメリカ人どもを見てみろ。満足に銃剣もなく銃も錆びているぞ。進め、進め。奴らに我々が本国人であることを見せつけてやるのだ。輝く武器と鋭い銃剣をお見舞いしてやれ。そうすれば奴らはきっと尻尾を巻いて逃げ出すぞ」

ハウ将軍率いる部隊が右翼に展開する。目標は最も北にある横棒柵である。筋書きはできている。まず軽歩兵隊が海岸をすり抜けて背後に回る。次に本隊が横棒柵に攻撃を仕掛けて突破する。筋書き通りに作戦が進めば、植民地軍の左翼は崩壊して凸角堡は孤立する。つまり、イギリス軍は正面切って要塞を奪取しようと試みるような強硬策を最初から採用したわけではない。

その一方で、ロバート・ピゴット将軍率いる左翼がチャールズタウンに向かい、凸角堡に立てこもる植民地軍の注意を引きつける。ピゴットの部隊が迫って来るのを見た植民地軍は、チャールズタウンの建物から間断なく狙撃を続けた。

ピゴットはイギリス艦隊に援護射撃を求める。チャールズタウンに焼夷弾が降り注ぐ。建物に身を隠していた民兵は撤退する。火を消そうとする者は誰もいない。あっという間に炎が数百軒の家を舐め尽くす。煙の柱が天に向かって濛々《もうもう》と立ち昇る。

ハウは四列縦隊で兵士たちを西進させる。艦砲射撃とモートン丘陵に配置された十二ポンド砲の援護のもと、兵士たちは膝丈の草をかき分けながら前進する。毛織りの厚手の軍服を着て、三日分の食料、弾薬筒、毛布を担ぎ、マスケット銃を手にして進軍するのは容易なことではない。二つの湿地に挟まれているせいで進路も限られている。行く手に大きな煉瓦窯があり、兵士たちはいったん隊伍を解かなければならなかった。それに砲兵隊が追いつくのを待つ必要もある。その一方で海岸を進む軽歩兵隊は本隊より先に戦場に到着していたが、当初の予定通りにはいかなかった。海岸にも防備が施されていてすり抜けられない。

堅固な石壁の背後からスタークは軽歩兵隊が接近するのを見ていた。一五〇フィート（約五〇ｍ）の距離まで敵が迫った時、スタークの口から一斉射撃の命令が発せられる。銃弾を受けて一瞬、隊列が乱れたが、それでも軽歩兵隊は前進を止めない。後続の兵士が倒れた兵士の穴埋めをする。

石壁から再び銃火が噴き出す。軽歩兵は陣形を保って前進を続けようとしたが、ついに断念して踵を返した。一〇〇人近くのイギリス兵が「囲いの中の羊のように」折り重なって倒れていた。満ちてきた潮が遺体を洗い、浜辺に打ち寄せる波を赤く染めていた。

横棒柵の前では、ハウが擲弾兵《てきだんへい》による銃剣突撃を命じていた。しかし、障害物が多く、突撃を仕掛けられる距離までなかなか接近できない。横棒柵の背後から飛来する銃弾で徐々に死傷者が増え始める。擲弾兵は足を止めてその場で撃ち返し始めるが、遮蔽物のせいで植民地軍に打撃を与えられない。さらに悪いことにそこに後続の部隊がやって来て隊列が乱れた。

秩序を回復するためにハウは部隊に後退を命じる。こうして一回目の攻撃は失敗に終わった。

ハウは作戦を再考する。横棒柵は容易に突破できそうにない。石壁があるせいで迂回も難しい。少し作戦を変えて再度、攻撃を敢行しよう。

十五分後、二回目の攻撃が始まる。今回の作戦は一回目の攻撃と違う。軽歩兵が横棒柵に攻撃を仕掛ける一方で、残りの部隊は凸角堡と胸壁に肉薄する。

対する植民地軍を指揮するのはパトナム。迫り来る敵軍を前にパトナムは檄を飛ばす。

「勇敢な兵士たちよ、敵軍の一団が近づいて来るのが見えるか。奴らは、おまえ達の自由の残酷な敵なのだ。奴らは、おまえ達を奴隷にするためにやって来る。レキシントンで俺たちの友人を奴らが残忍にも殺したことを忘れるな。男らしく戦え。そうすれば奴らを打ち破れる。奴らがすぐ近くに来るまで撃つな。それから奴らをなぎ払え、なぎ払え。そうすれば勝利は俺たちのものだ」

敵軍が接近するまで撃つなという命令は、攻撃の効果を狙ったというよりも、単に弾薬が乏しかったからだ。民兵一人当たりに支給された銃弾は四八発であった。しばらく補給は望めないだろう。そこで大砲用の弾薬筒を空けて中身を分配する。

赤い軍服を着たイギリス兵が隊伍を組んで近づいて来る。まるで壁のような圧倒的な存在感がある。しかもただの壁ではない。マスケット銃を煌めかせて距離をつめて来る。戦場で敵の動きを注視していると実際よりもその姿が大きく見える。恐怖にかられてつい発砲してしまう者がいてもおかしくない。

誤って一人の民兵が発砲した時、パトナムは、もし誰かがまた命令に背いて発砲したら死刑にすると怒鳴った。民兵たちはその命令を忠実に守った。

Ken Riley (National Guard), The Whites of Their Eyes! (20th Century)

イギリス兵の隊伍が乱れ、足が鈍る。怖気づいたのか。そうではない。足場が悪く、思うように進めないのだ。そこへパトナムの発砲命令が下る。一斉射撃だ。その効果は絶大であった。遮る物は何もない。イギリス兵は糸が切れた操り人形のように次々に倒れた。

前線でイギリス兵を督戦していたジョン・スモール少佐が自分の左右を見わたすと、その場に立って指揮を執っている士官は自分だけになっていた。そして、敵陣から銃口を向けられているのが見えた。銃弾がすぐにわが身を貫くだろうとスモールは観念して目を瞑った。

「お願いだから、おまえ達、あの男を撃たないでくれ。私は彼を自分の兄弟のように愛しているのだから」

次の瞬間、そう敵陣で叫ぶ声が聞こえた。声の主は驚いたことにパトナムだった。スモールは、かつてフレンチ・アンド・インディアン戦争でパトナムと生死をともにした戦友であった。その友誼をパトナムは忘れていなかったのだ。

三〇分の間、攻防が続く。最後にイギリス軍は多くの死傷者を出して撤退した。二回目の攻撃も失敗に終わった。

再びハウは作戦を考え直す。バンカー丘陵にさらに多くの植民地軍が集結しているようだ。このまま放置すれば、チャールズタウン半島の制圧が不可能になるどころか、逆に我々が半島から蹴り出されるかもしれない。ここは援軍を仰いで一気に畳みかけるべきだ。ハウは、ボストン市街に残っているクリントンに援軍要請を送った。

ハウが作戦をいったん停止している間、ピゴット将軍率いる左翼は手はず通り凸角堡に陽動を仕掛けた。遠距離からの射撃は凸角堡にほとんど損傷を与えなかったが、植民地軍の弾薬を減らすことには成功した。味方の別働隊が南に回りこむのを見たピゴットは、凸角堡と胸壁を一気に奪取しようと強襲を命じる。

プレスコットは、イギリス軍が三〇ヤード（約二七m）の距離に迫るまで発砲しないように民兵たちに命じる。「奴らの白目が見えるまで発砲するな」という有名な言葉は、この際に発せられたとされている。プレスコットの命令は効果覿面《てきめん》だった。一斉射撃を浴びながらもイギリス軍は二度も突撃を試みたが、いずれもおびただしい死傷者を出して後退を余儀なくされた。

クリントンとバーゴインは、チャールズタウンが炎に包まれる様子を対岸のボストン市街から見ていた。多くのボストン市民も屋根の上から観戦している。軍中に夫や恋人、父や兄弟がいる者も少なくない。ジョン・アダムズの息子ジョン・クインジー・アダムズもボストン郊外にある丘から戦いを見ていた。戦いの記憶は鮮烈であったようで、実に七〇年も経ってから次のように回想している。

私は自分の目で砲火を見た。バンカー丘陵の戦いでイギリス軍が出す雷鳴のような音を聞いた。そして、私の母の涙を見たが、それは私自身の涙と交じり合った。

Howard Pyle, Illustration from "Colonies and Nation" (1901)

艦船から稲妻のように砲火が噴き出す。手前のコップス丘陵からも砲声が轟く。黒煙が陽光を遮る。業火に舐められた教会の尖塔が赤々と照らし出され、波止場に停泊した船が次々と燃え上がる。街の背後に聳える丘陵に目を凝らせば植民地軍の凸角堡が見えた。それはあまりに小さく危うげで、すぐに崩れ落ちそうに思えた。

ボストン市民にとって戦闘は文字通り対岸の火事だ。しかし、続々とボストンに運び込まれる負傷兵の姿が戦争の現実を教える。バーゴインは、「実際、その時にこの目で見て、この耳で聞いた光景以上に恐ろしいものはかつて私の生涯になかった」と記している。

ハウが派遣した伝令が到着する。援軍要請を読んだクリントンは、すぐに新たな部隊を編成する。前線に向かうという伝言をゲージに送った後、クリントンは輸送船に乗り込んでチャールズタウン半島に渡る。


クリントンが到着するまでハウは時間を無駄にしたわけではなかった。チャールズタウンから撤退したマサチューセッツ連隊を追撃するとともに、付近の敵兵を掃討した。

イギリス軍が態勢を立て直しつつあるのを見た植民地軍は、至る所に散乱する死体から弾薬を抜き取って集めた。昨夜から弾薬どころか水も食料も補給を受けていない。後方のウォードも何もせずに手をこまねいていたわけではない。ブリード丘陵に軍需物資を輸送しようとした。しかし、敵艦の監視をかいくぐってチャールズタウン半島の地峡を突破しようと申し出る者は誰もいなかった。軍需物資を満載した荷馬車は動きが鈍く、容易に大砲の的になるので危険である。

それにウォードには別の心配があった。イギリス軍がボストンの地峡から出撃してロックスベリーに駐屯する部隊を襲うかもしれない。そうなれば援軍を送らなければならない。しかし、幸いなことに、砲撃を受けたものの、ロックスベリーが本格的な攻撃にさらされることはなかった。

態勢を立て直したハウは三回目の攻撃を仕掛けることにした。ハウの部隊が横棒柵と矢形堡に攻撃を仕掛ける。その一方でピゴットの部隊が凸角堡に突撃する。その他の部隊は、凸角堡への突撃を側面から援護する。もしブリード丘陵さえ占領できれば、どのような攻撃を受けても容易に反撃できる。そして、続いてバンカー丘陵を奪取できるだろう。

四時半に命令一下、総攻撃が各方面で開始される。野砲が一斉に砲門を開き、胸壁を一気に吹き飛ばす。

植民地軍の兵士たちは凸角堡に逃れる。イギリス兵は坂を登り始める。斜面のところどころに赤い斑点のようなものが見える。先の戦闘で倒れた兵士たちだ。生者は「死体をまるで丸太のように乗り越えて」登坂を続ける。一人のイギリス兵が陣地への侵入に成功する。

「勝利は我々のものだ」

歓声が上がったのも束の間であった。その勇敢なイギリス兵はすぐに朱に染まって倒れる。

「敵は防壁を放棄したぞ」

叫び声を上げながらトマス・ピトケアン少佐も凸角堡に吶喊《とっかん》する。すると凸角堡の中から声が聞こえた。

「俺たちはまだ逃げていないぞ」

次の瞬間、黒人兵士のマスケット銃が火を噴く。銃弾に貫かれたピトケアンは同行していた息子の腕の中で息を引き取る。

最前線に立って指揮を執っていたプレスコットは民兵たちの様子を見る。まだ戦えそうか。すでに弾丸は撃ち尽くした。そこで釘や金属片を拾って弾丸代わりにする。弾薬がない者は石を投げたり、銃尾を振り回したりして抵抗する。銃剣がほとんどなかったので他に抵抗の術がない。ただ必死の抵抗は、「人間というよりも悪魔に見えた」とイギリス兵に言わしめるほど苛烈なものであった。

我々は正規軍を敵に回して十分に善戦した。これ以上戦っても、無駄に生命を落とすだけだ。そう思ったプレスコットは、ついに退却を命じる。

戦場を覆う硝煙は闇のように濃い。凸角堡の出口は一つしかなく、民兵たちは手探りで壁をなぞりながら脱出を試みる。ただ視界の悪さは民兵たちに幸いした。同士討ちを恐れてイギリス兵が発砲しなかったからだ。隊列の後尾に残ったプレスコットは、銀の柄の小剣を振るってイギリス兵の銃剣と渡り合う。ウォレン

John Trumbull, The Battle of Bunker's Hill (1786)

も最後まで踏み止まる。多くの死傷者を出しながら植民地軍はバンカー丘陵に向かって後退する。

これで勝利は確実だと満足気に戦場を見わたしていたハウは、流れ弾を踵に受けてよろめく。崩れ落ちようとするハウを支えたのは、先ほどパトナムに命を救われたジョン・スモール少佐である。

助けられたハウは、前方を指差してスモールに言う。

「あの優美な若者が倒れたところを見たか。彼が誰か知っているか」

ハウの指が示したのは凸角堡から二〇ヤード（約十八m）ほど離れた場所であった。その地点を見てスモールは驚く。

「閣下、あれは私の友人のウォレンに違いありません」

「私のことは大丈夫だから、あそこまで走って兵士たちを遠ざけよ。できれば彼を救ってやるといい」

ハウの許しを得てスモールは、すぐにウォレンのもとに駆けつける。

「わが親愛なる友よ、君の傷があまり深くなければよいが」

ウォレンの光を失いかけた目がスモールに向く。友の姿をそれと認めたのだろうか。微かに頬が震えたかと思うと、次の瞬間、戦いの中で死ぬことを望んだ男の命は天に召された。

ウォレンの死後、その遺体は長らく行方不明になっていたが、ポール・リヴィアのおかげで発見された。すでに白骨と化していたが、入れ歯を確認することでウォレン本人だと特定された。友人のために入れ歯を作ったのはリヴィアだったからである。

何とかバンカー丘陵に民兵たちを撤退させたプレストンは険しい表情でパトナムに詰め寄っていた。

「なぜ我々を支援してくれなかったのか」

プレストンの言い分は至極もっともである。ブリード丘陵とバンカー丘陵は六〇〇ヤード（約五五〇m）程度しか離れていない。すぐに救援に駆けつけられる距離である。

「犬どもを駆り立てられなかったのでね」

パトナムは弁明する。「犬ども」とは命令を聞かない民兵たちのことだ。

「彼らを駆り立てるのではなく、先頭に立って率いるべきであった」

プレスコットは厳しい表情を崩さずパトナムを責める。しかし、今は内輪でもめている場合ではない。チャールズタウン半島から一刻も早く脱出しなければ袋の鼠になる。兵士たちは地峡を目指して移動を始める。ノールトンの部隊は横棒柵を盾にして殿軍《しんがり》として踏み止まり、イギリス軍の追撃を阻む。殿軍の奮戦のおかげで植民地軍は撤退に成功する。しかもノールトンの部隊で命を落としたのはわずかに三人のみであり、助かりそうな負傷者をすべて回収している。あれだけ植民地軍を馬鹿にしていたバーゴインさえ、殿軍の

「勇気と軍事技術」を賞賛している。

後方から新手の部隊が到着していたが、植民地軍はこれ以上の抵抗を断念した。後退する味方と新手の部隊が地峡でぶつかれば混乱を招く。そこをイギリスの軍艦につけこまれて砲撃を浴びせられれば、甚大な被害が出る。それよりも今は後退してケンブリッジを固めるほうが得策である。

クリントンは、地峡まで軍を進めたが、ハウから停止命令を受ける。イギリス軍に植民地軍を追尾する余力はない。その一方で植民地軍は、地峡から少し離れた場所にあるウィンター丘陵とプロスペクト丘陵に腰を据えた。そして、地峡の周辺にある家屋に狙撃兵を配置してイギリス軍を牽制する。さらに一晩中、哨兵をくり出して警戒に当たった。ある士官は「もし奴らが地峡を渡ろうとするなら、ここで我々は死か勝利か決するまで戦う」と息巻いている。艦砲射撃を命じて植民地軍のささやかな抵抗を封殺したハウであったが、それ以上、手を出さなかった。イギリス軍は、チャールズタウン半島に恒久的な陣地を築いて防備を固めた。

その夜、クリントンは「法外な値段の勝利だった。もう一度こんなことがあれば、我々は破滅するだろう」と記した。ハウも同様に感じたようで「勇敢な士官を多く失ったことで成功を購《あがな》うのに非常に高くつきました」と本国に報告している。クリントンとハウの表現は大げさではない。九〇分にわたって繰り広げられた激戦で、イギリス軍は二二六人の死者と八二八人の負傷者を出した。作戦に参加した兵士の約四割である。死傷率の高さは、いかに戦闘が激しかったかを物語っている。

ボストンの街に運び込まれて治療を受けた負傷者たちの運命は過酷であった。当時は麻酔もなければ輸血もない。現代であれば助かる者も助からなかった。毎日、十回から三〇回の葬儀があったという。あまりに葬儀が多いので、ゲージは弔鐘を鳴らすのを止めさせた。ある兵士が故郷で帰りを待つ妻に宛てた手紙を見てみよう。

鼠蹊部と胸部の近くに二発の銃弾を受けた。失血で弱っているのでもう数行しか書けない。最期に変わらぬ愛を君に。あと三時間の命だと医師に言われた。

多くの死傷者を出したのは植民地軍も同じである。死傷者は約四五〇人を数えた。その大部分は、撤退中に受けた損害である。死傷者だけを比べればイギリス軍よりも少ないが、無事に逃れた民兵たちの中から、そのまま家に帰ってしまう者が続出した。

軍事的観点からすれば、バンカー丘陵の戦いは植民地軍にとって無益な戦いであった。十分な数の大砲を揃えられない状態でチャールズタウン半島を占拠しても何の利点もなかったからだ。しかし、正規軍と互角に渡り合えたという強い自信を植民地軍に与えた。それはアメリカ人だけの思いこみではない。ゲージは、アメリカ人が「これまで思われてきたような軽蔑すべき烏合の衆ではない」と本国に報告している。さらに報告は、アメリカ人が「軍事的精神」と「異常な熱狂」を持つので「この国の征服は簡単なことではない」と締めくくられている。

バンカー丘陵の戦いの模様を知って、民兵隊に身を投じようと決意する多くの若者が現れた。その中の一人である軍医のジェームズ・サッチャーがどのような思いで軍に身を投じたのか、本人に語らせてみよう。

私は、植民地軍の兄弟とともにこの高潔な戦いに自らの運命を委ねることにした。わが国が置かれている極めて困難な状況から、数多くの克服し難い難問が私の前に立ちはだかった。成熟した判断を下すには私はまだあまりに若いかもしれない。しかし、この時代をいろどる熱狂の衝動に抗えない。

このようにバンカー丘陵の戦いは人心を鼓舞したが、問題が何もなかったわけではない。バンカー丘陵の戦いでは、各方面に展開した部隊が独自の戦略で戦っただけであった。プレスコットはプレスコットの判断で、パトナムはパトナムの判断で戦っただけであり、全軍を統制する者は存在しなかった。戦いを有利に進めるためには一貫した戦略が必要である。では誰がそうした戦略を立案するのか。大陸軍総司令官である。

戦いの地へ

一七七五年六月二三日、ワシントンはフィラデルフィアを発とうとしていた。街を出る前にマーサに宛てた手紙を綴る。

わが最愛なる人へ。数分もすれば私はこの街を出発する。君に一筆書いて旅立とうと思う。ボストンに到着するまでまた手紙を送れるかどうかわからない。私は恵み深い神に完全に身を委ねている。秋にはまた君に会えると信じている。これ以上、書く時間がない。私の周りに別れを告げに来ている人びとがいる。変わらぬ愛情を君に抱いている。それは時間が経とうとも距離があろうとも決して変わらない。

羽ペンを置くとワシントンは、チャールズ・リー将軍とフィリップ・スカイラー将軍とともに四輪馬車に乗り込んだ。トマス・ミフリン少佐とジョゼフ・リード中佐が馬に乗って随行する。二人はワシントンの最初の幕僚として働くことになる。大陸会議の代表たちが一行を見送る。その中には、ジョン・アダムズや三日前にフィラデルフィアに到着したばかりのジェファソンの姿もあった。盛大な送別を見たアダムズは、そ

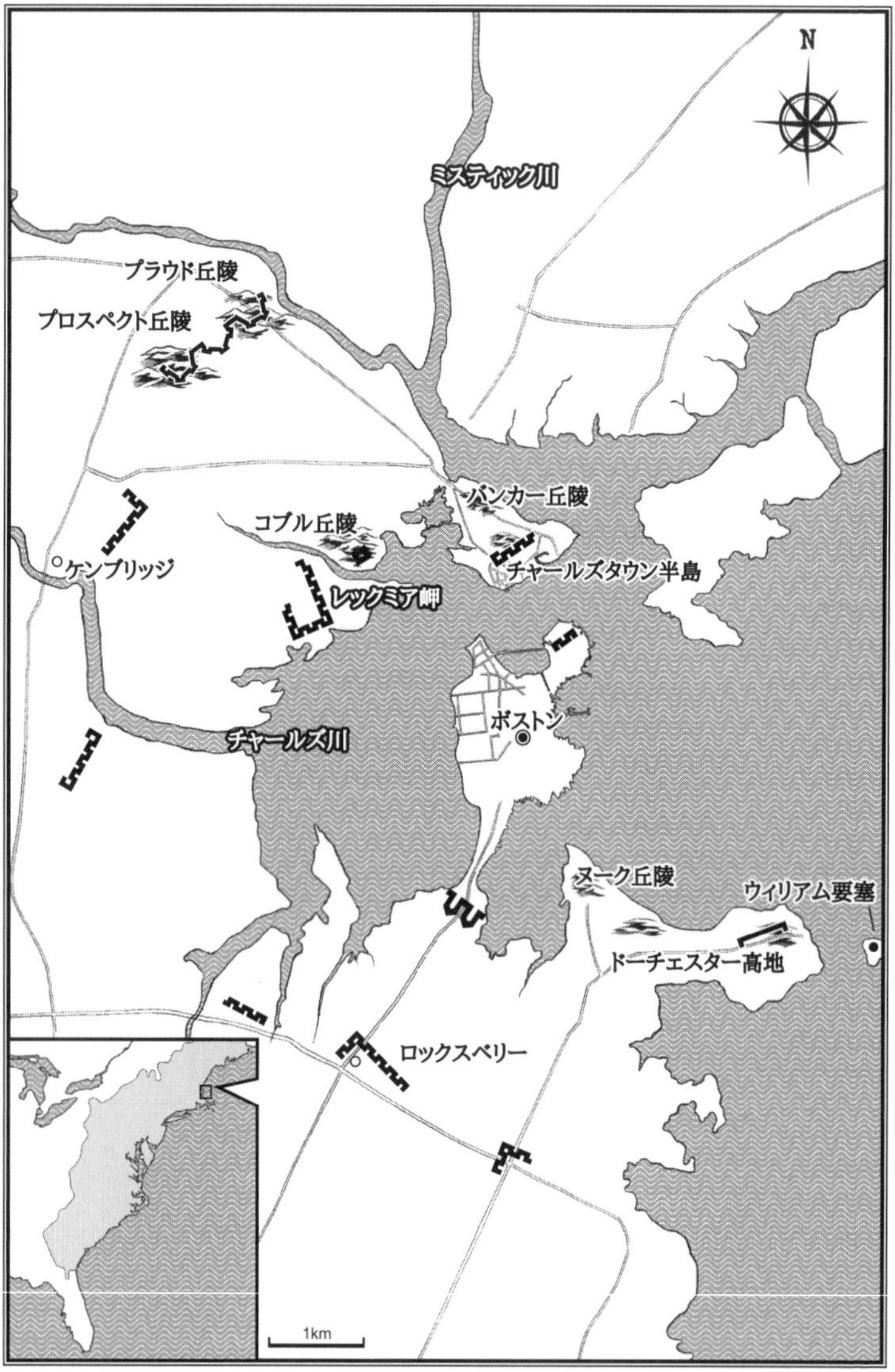
N
ミスティック川
プラウド丘陵
プロスペクト丘陵
バンカー丘陵
コブル丘陵
ケンブリッジ
チャールズタウン半島
レックミア岬
ボストン
チャールズ川
ヌーク丘陵
ウィリアム要塞
ドーチェスター高地
ロックスベリー
1km

の日の様子を妻アビゲイルに書き送っている。そして、残念そうにアビゲイルに心情を吐露した。

私はパンと自由を得るために駆けずり回って疲れ切った哀れな生き物だ。精神は鈍く健康状態も良くない。だから私が編んだ勝利の栄冠を他の者たちに渡さなければならない。

ただアダムズは自分が身を置くべき戦場を知っていた。大陸会議である。議場こそアダムズの戦場である。後にアダムズはジェファソンとともに独立宣言を起草することになる。

その一方でワシントンは、これから銃弾が飛び交う戦場に向かう。多くの者が新しい総司令官を「閣下」と呼んだが、それはアメリカでは珍しい称号であった。紳士たちは、帽子を脱いで尊敬をこめて「ワシントン将軍」という名前を口にした。それを耳にしたリーは不快感を覚えたようで「大陸軍総司令官に対して『閣下』などという虚名を最初に付けた人でなしは誰だろう」と手紙で知人に語っている。リーが目くじらを立てるのも仕方ないことだ。本当は自分こそ総司令官にふさわしいと思っていたのだから。

ワシントンが随行の者たちと別れを告げて二〇マイル（約三二㎞）ほど進んだ時のことである。北方から疾駆してくる早馬の姿が見えた。それは大陸会議への急報を携えた使者であった。使者からバンカー丘陵の戦いの第一報を聞き取ったワシントンは、「わが国の自由は安全である」と朗らかに言った。

六月二五日、ワシントン一行はニュー・ヨークに入った。新たに任命された総司令官を歓迎するために建物という建物が空っぽになったほどだ。群集の目に映る将軍の姿は、実際の年齢よりも若く見えた。引き締まった身体はいかにも軍人にふさわしいように思えたし、何よりもその日焼けした顔はこれまで長い時間を戸外で過ごしてきたことを意味していた。髪の色は薄い榛色《はしばみ》で頭頂部が少し薄くなっていたが、仔細に見なければわからない程度である。顔の真ん中には高く隆起した鼻が聳え、かすかに天然痘の跡が残っている。そして、何よりも人目を引いたのは、その灰色がかった青い瞳である。それは、ユーモアを微かにたたえながらも強い意志の力が宿っていることをうかがわせた。

総司令官一行を見送る群衆の中にアレグザンダー・ハミルトンという青年がいた。すらりとした体型で見るからに颯爽としている。目は心の窓と言う。青年の瞳を見れば、驚くべき才気に満ち溢れていると誰もがきっと認めるはずだ。しかし、「これまでで最も優れたアメリカの政治家」とセオドア・ローズヴェルトに言わしめたハミルトンも、この時はまだあり余る野心を抱く無名の青年にすぎなかった。

青年の目の前をワシントンとスカイラーが通り過ぎて行く。後に自分が大陸軍総司令官と分かち難い運命を共有するとは夢にも思わなかっただろう。そして、スカイラーが将来、自分の舅になるとは思いもよらなかっただろう。人生の交錯とは、かくも不思議なものである。

本国支持派の蠢動《しゅんどう》に備えるために、スカイラーはニュー・ヨークに残留することになった。スカイラー家は、広大な所有地と莫大な富を有するニュー・ヨーク有数の名門であり、強い影響力を持っている。この方面の諸事はスカイラーに任せておけば安心である。

大陸軍総司令官をボストンに送り出した後、大陸会議は、イギリス本国から提示されたノース卿の和解案を拒否することを決定する。ノース卿の和解案の骨子は、植民地自身が植民地統治の経費を負担する代わりに課税を免除することだ。これまでの植民地の不満が解消されているように見える。なぜなら植民地側がこれまで強く訴えてきた「代表なくして課税なし」という基本的原理が尊重されているように見えるからだ。それは、至高の優越性を重視するイギリス議会からすれば大きな譲歩である。

イギリス議会の譲歩にもかかわらず、なぜ大陸会議は和解案を拒否したか。同時に付けられた条件が問題だった。イギリス本国による貿易統制を解除しないという条件である。アメリカ人は、貿易統制を受け入れることで植民地統治の経費を実質的に負担していると考えていた。航海法による貿易統制をアメリカ人に課すことで、イギリス本国は植民地から莫大な利潤を得ている。したがって、その利潤の中から植民地統治の経費を捻出するべきだ。つまり、アメリカ人が言いたいのは、植民地統治の経費を出すように求めながら、同時に貿易統制を課すことは二重の負担になるので、とうてい応じられないということだ。

その一方でアメリカ人から和解の試みがまったくなかったわけではない。穏健派のジョン・ディキンソンを中心に、オリーブの枝請願が国王に宛てて提出される。「オリーブの枝」という名前は、ノアの箱舟の故事に由来している。大洪水が起きた後、ノアは外の様子を確かめるために鳩を外に放った。そして、鳩が持ち帰ったオリーブの枝を見て、神の怒りが解けて地上から水が引いたことを知った。そのことから平和の象徴とされる。

オリーブの枝請願の内容は、簡単に言えば、課税と貿易統制という二重の負担を解消するように求めるものだ。つまり、税を課す代わりに自由貿易を認めるか、それとも貿易統制を課す代わりに税を免除するかイギリス本国に迫った。したがって、単なる宥和ではなく、植民地経営の基本方針を転換するようにイギリス帝国に求める提案である。オリーブの枝請願がいくら和解を目的にしているとはいえ、そのような提案をイギリスが呑めるだろうか。イギリスにとって植民地は重要な富の源泉だからである。

ジョージ三世は強硬姿勢を示す。使者に面会さえしない。それどころか八月二三日、国王は反逆宣告を発令する。それは植民地の指導者に反逆の咎で「然るべき刑罰」を与えるものであり、実質的な宣戦布告であった。国王の考えでは、反逆を起こしたのはごく一部の急進派のみである。早急に軍を送りこんで急進派を根こそぎ逮捕すれば反逆はすぐに終息するはずだと国王は思いこんでいた。

国王がそう思いこむのも無理はない。アメリカに関する正しい知識が欠如していたからである。文書以外に通信の手段がない時代なので、遠く大西洋を隔てた植民地の情報は極めて乏しかった。たとえばあるアメリカ人がイギリスを旅行した時、ロンドン近郊に住む淑女が次のように話すのを聞いたという。

「不思議な光景を見たんですよ。北アメリカのボストンとかいう場所で生まれた小さな女の子がいましてね。とても驚いたんですが、私の言葉は本当だとあなたに誓いますわ。その女の子がイギリスの子供と同じように英語を話したのよ。それに完全な白人なんです」

もちろん国王はこの淑女よりもはるかに多くの情報を得られる立場にあったが、そのアメリカ理解は大差なかったのではと思われる。それはイギリス議会も同じであった。いつの世もわずかな情報の断片から本質を見抜ける具眼の士は必ず存在するが、得てしてそういう者は少数派である。したがって、間違った情報にもとづく判断がまかり通っても不思議ではない。


七月二日、ワシントンはニュー・ヨークを経てボストン郊外にあるウォータータウンに到着する。マサチューセッツの人びとは、軽騎兵を従えた大陸軍総司令官を歓声を上げて迎える。人垣の中にいた、人の牧師は、「彼の外見は強い感銘を誰にも与えたので、私は何か偉大なる運命が彼に宿っていると思った」と記している。ワシントンとリーに対して歓迎の辞が述べられた。祝宴が終わると、ワシントンは再び馬に跨ってさらに三マイル（約四・八㎞）東のケンブリッジに進む。

ケンブリッジに駐屯していた兵士たちは、市民と同様に総司令官を歓迎する。その一方でイギリス軍は、鳴り響く祝砲の音でワシントンの到着を知った。嵐のために閲兵は翌日に延期された。ケンブリッジにある一軒の邸宅が本営として選ばれた。後にその邸宅の主になった詩人ヘンリー・ロングフェローは次のように歌っている。

在りし日に、ああ、在りし日に、この壁の中にしばしば記憶に甦る建国の父が住まう。そして、遥か向こうの広く湿った平原で包囲の軍営の火が炎の帯のように輪を作っていた。心労の重みに耐えながら軋む階段を昇り降りする堂々とした足音が響いていた。まさにこの部屋で「ワシントンは」心も頭も倦み疲れて陰鬱な時間を座って過ごしていたのだ。

翌日、晴れわたった空のもと、ワシントンは大陸軍を閲兵した。鼓笛兵による演奏が流れる中、閲兵が始まる。近隣から多くの住民たちが見物に来ている。軍中には、彼らの父、兄弟、息子、そして夫などがいる。たいした戦闘は起こらないだろうと高を括っているので悲壮感はない。まるで劇でも見るかのように嬉々として閲兵を眺めている。

閲兵という言葉を聞いてあなたはどのようなイメージを抱いただろうか。威風堂々と兵士たちが行進する。そういうイメージが心の中に浮かんだのではないか。実はワシントンの目に映っている兵士たちの姿は、お世辞にも立派とは言えない。マスケット銃を持っている者はましな部類である。銃がなくても手斧をぶら下げていればまだましな部類だ。中にはナイフを棒に括り付けただけの代物しか持っていない者もいる。全軍で統一された軍服はない。軍服どころか普段着の者も多い。まさに「雑兵」と呼ぶにふさわしい存在だ。戦闘経験もフロンティアの小規模な戦闘に限られ、ヨーロッパの大規模な正規軍と交戦した経験は皆無である。それは総司令官も同じであったが。

N. C. Wyeth, Washington Salutes the Flag (1919)

　ワシントンの着任から数日後、軍医のジェームズ・サッチャーは初めてワシントンの姿を見た。黒い三角帽を被り、紺色の外套に淡黄褐色の折り返しの軍服を着用している。その他の者たちと大陸軍総司令官を見分けることは難しくなかった。なぜなら評判通り、その容貌は非常に高潔で威厳があり、背が高く均整がとれていたからだ。

　そこはボストン一帯を見晴らせる丘の上であった。ワシントンはいったい何をしているのか。小型望遠鏡を手にボストンの様子をうかがっている。

　ワシントンの目が見ているボストンの地形は、現代の我々の目に映る地形とまったく異なっていた。現代のボストンの中心街は、三方を海に囲まれた半島だが、南部は完全に陸続きである。十八世紀のボストンの中心街は、ほぼ孤立した島で南部の陸橋で辛うじて本土とつながっていた。

　ボストンの対岸にあるバンカー丘陵とブリード丘陵には、イギリスの勝利を喧伝するかのように軍旗が誇らしげに翻っている。その防備は非常に固く、ワシントンの見積もりでは一、〇〇〇人を配置すれば二万人の攻撃に耐えられる。丘陵の麓には、戦火で焼け落ちたチャールズタウンが広がっている。イギリス軍の歩哨は、地峡から一五〇ヤード（約一四〇m）も押し出して警戒に当たっている。さらにミスティック川には、数隻の軍艦がいつでも砲門を開けるように遊弋《ゆうよく》している。

　通常、包囲は両軍の戦力比が隔絶している場合におこなわれる。しかし、ボストンの包囲には当てはまらない。なぜなら大陸軍がイギリス軍に対して圧倒的に優勢だったとは言えないからだ。兵数だけを比較すると、確かに大陸軍のほうが多い。大陸軍の数は一万五、〇〇〇人から二万人である。その一方でボストンに立てこもるイギリス軍は五、〇〇〇人程度であった。三対一から四対一である。

しかし、イギリス軍には有利な点が他にたくさんある。まず兵力の集中。大陸軍が長大な半円の外周に分散していた一方で、半円の中心に駐留するイギリス軍は艦船を利用してどこにでも全兵力を投入できた。兵力を必要な場所に集中させることは戦闘に勝利する重要な条件である。それにイギリス軍は練度の高い正規兵で構成されている。練度の高さで兵力差を覆えせる。さらにイギリス軍は制海権を握っているので補給に困らない。いくらでも外部から物資を運び込める。現状では、アメリカ側はそれを指をくわえて見ていることしかできない。なぜなら海軍力を持たないからだ。

ボストン包囲をわかりやすくまとめてみよう。猛虎を退治しようと檻の中に何とか閉じ込めた。しかし、今にも檻は壊れそうだ。何とか退治できる機会を周りで怖々《こわごわ》

U.S. Army Center of Military History,
The American Soldier, 1775 (20th Century)

とうかがっている。たとえ壊れそうな檻であっても、ずっと閉じ込めておけば、猛虎は飢えるだろう。しかし、餌を与える者がいればどうか。いつまで経っても退治できない。その一方で猛虎も檻を壊さない限り何もできない。そうした膠着状態についてイギリス軍士官は、「今、我々は強固な防衛線の背後にいるので拠点を維持できているが、反乱を鎮圧するために何もできないでいる」と記している。

ニュー・イングランド以外からも部隊が到着し始める。その中にはダニエル・モーガンの姿もある。狩人のシャツを着て足に鹿皮の靴を履いている。同じような姿をした男たちが六〇〇人も従っている。モーガンのライフル銃兵として勇名を馳せる男たちである。

ライフル銃兵とはいったいどのような存在か。ライフル銃兵は独立戦争で数々の伝説を生んだ兵種である。ジェームズ・マディソンによれば、その狙撃能力は、二五〇ヤードの距離（約二三〇m）で人の目の大きさの的に命中させられ、一五〇ヤード（約一四〇m）から二〇〇ヤード（約一八〇m）先の敵を殺傷できたという。ライフル銃兵の中には、九インチ（約二三㎝）四方の板を一人が膝の間に挟んでもう一人が一〇〇ペース（約七六m）の距離から銃弾で撃ち抜く芸当をやって見せる者たちもいたという。

ライフル銃を使えばマスケット銃の射程外から攻撃できる。イギリス軍の標準装備であるロング・ランド・パターン・マスケット銃（愛称「ブラウン・ベス」）の射撃性能は最大でも一五〇ヤード（約一四〇m）であったからだ。殺傷可能距離になると、八〇ヤード（約七二m）から一〇〇ヤード（約九一m）まで落ちる。ライフル銃兵が恐れられたのも無理はない。

ただライフル銃にはいくつか欠点がある。その中でも最大の欠点は発射にかかる時間が非常に長いことだ。マスケット銃が一分間に三回も発射できるのに対して、ライフル銃の発射は熟練した兵士でも一回に四五秒はかかる。走りながら銃弾を再装填できる者もいたが、誰もがそんな器用な真似ができたわけではない。狙撃には向いているが大規模な戦列を組んで使うのには向いていない。

ケンブリッジに到着したモーガンのライフル銃兵は、総司令官の閲兵を受ける。幕僚を従えて馬を進めるワシントンの目が不敵な男の傷だらけの顔に注がれる。

馬が歩みを止める。足が地に着く。ワシントンは、かつて自分と同じくヴァージニアのフロンティアを守るために戦った男に手を差し出す。固い握手が交わされる。それからワシントンは隊列の中に入って兵士たちとも握手を交わす。総司令官の目に涙が光る。同郷の人びとが駆けつけたことに感謝する涙なのか、それとも若者たちがこうして遠く戦地まで来なければならなくなった境遇を嘆いての涙なのか。総司令官の胸の裡を知る者は誰もいない。

こうして新たに加わったライフル銃兵たちであったが、すぐに単調な軍営生活に倦み始める。もともと彼らはフロンティアで独立不羈で生きてきた男たちだ。憂さ晴らしにイギリス兵を狙撃する。男たちの腕は確かである。イギリス兵は誰も胸壁の上に立たなくなった。

少しでも敵の士気を挫くことは悪いことではない。しかし、ワシントンは狙撃を止めさせた。弾薬が不足していたからである。

ワシントンは各部隊を視察して歩く。兵士たちは出身地ごとに集まってテントを張っている。そして、自分たちの陣地だけに通じる規則を各々が作っていた。軍全体に統一感をもたらすような規則はない。これが同じ軍隊かと思えるほど各部隊は異なっている。ある従軍牧師は次のように記している。

兵営の間を歩くことは気晴らしになる。衣服は各自が郷里から持って来たものなのですべて違っている。そして、それぞれのテントがそのテントを立てた人びとの気質を如実に示している。あるテントは木材で、別のテントは布切れで作られている。また石や煉瓦、そして、薪で作られているテントもある。あるものは大急ぎで作られ、別のものは馬鹿らしくごていねいにも花輪や細枝で飾られている。

ボストン周辺に布陣する兵士たちの大半はニュー・イングランドの民兵である。したがって、彼らはなぜワシントンのような余所者が総司令官に任命されたのか不信感を抱いている。その任命は政治的理由によるものだが、彼らにとってそのような理由は関係のないことだ。当時のアメリカの地域間の差異は、互いに異国と言っても過言ではない。二〇世紀の小説家ジョン・スタインベックは、アメリカが「それぞれ多かれ少なかれ自給自足の十三の小国」から成立したと言っているが、まさにその通りである。同じニュー・イングランド内でさえ仲が良いとは言えない。ワシントンは次のように書いている。

コネティカット人は、自分たちの部隊にマサチューセッツ人がいてほしくない。その一方でマサチューセッツ人は、ロード・アイランド人を自分たちの部隊に招き入れる必要はないと思っている。

大陸会議の権威のもと、発令されたワシントンの最初の命令は、すべての部隊がもはや各植民地ではなく、「北アメリカ連邦」の一部であると宣告するものであった。

今、全軍は北アメリカ連邦の連合軍となった。各植民地のすべての違いを脇に置くように。全体を活かすためには同一の精神が必要だからである。そして、この大きな試練において競い合うべきことは、我々すべてが従事する偉大な共通の大義に殉ずるために勝利を得ることである。

ワシントンは、偏狭な地域主義を排除して大陸軍に統一感を持たせようと務めた。軍に統一感を持たせることは極めて重要である。なぜなら軍という集団は、構成員のすべてが集団と強い一体感を持つ時に極めて大きな力を発揮するからだ。軍と強い一体感を持った兵士は、軍全体の目標のために自己を犠牲にすることを厭わず、軍の成功や失敗を自分のものとして受け止める。それはすなわち規律を軍にもたらす。

次に必要なことは、現状を正確に把握することであった。ワシントンは三六の連隊に報告を求めた。当初の見積もりでは、約二万人の兵士がいるはずであった。しかし、実数は大幅にその見積もりを割り込んでいた。報告は一時間もあれば済むはずであった。しかし、報告を集めるだけで八日間もかかった。ワシントンは、軍が十分に組織化されていないことに落胆する。

報告によれば実働兵士数は一万三、七四三人である。ワシントンは軍を三軍に再構成する。一つの軍は二つの旅団から構成され、さらに旅団はそれぞれ六つの連隊から構成される。

次は三軍の配置を決める。北からプロスペクト丘陵、ケンブリッジ、そして、ロックスベリーに配置する。指揮官はそれぞれイズラエル・パトナム将軍、チャールズ・リー将軍、そして、アーテマス・ウォード将軍である。イギリス軍とアメリカ軍の距離は非常に近く、互いの歩哨の姿を容易に目視でき、大声を張り上げれば会話さえ可能な距離であったという。

当面の目標は、イギリス軍の糧道を絶つことだ。もちろん制海権を持つイギリス軍が完全に飢えることはなかったとはいえ、陸上封鎖がまったく効果がなかったわけではない。ボストン市内にいた一人の市民は次のように記している。

我々はとても奇妙な生活をしています。どこもかしこも兵士たちで溢れ、どこにも陣地があります。もう新鮮な食物もなくなりました。絶え間のない警報と攻撃のために我々植民地人は、しだいに戦線近くに追いやられています。ワシントンとリーが植民地軍を指揮するようになって情勢が変わってきました。

名将の条件

『戦争論』で有名なクラウゼヴィッツの指摘によれば、戦争に属する活動は二つに分けられる。すなわち「戦争の準備」と「戦争自体」である。まずワシントンは戦争の準備に多くの時間を割かなければならなかった。

植民地軍は「大陸軍」という立派な名前を与えられたが、名前が変わったからと言ってその内実が変わるわけではない。かき集められた兵士は訓練が行き届いておらず、軍需物資も不足しがちである。ワシントンは、将兵の状態に衝撃を受ける。士官たちはこれまで見た中で最も無頓着な人びとであった。有能な士官がいなければ、兵士は満足に戦えない。残念ながら士官たちは自分たちの職務について何もわかっていない。

ワシントンは綱紀粛正に着手する。まず不適格な士官たちを罷免する。一人の大佐と二人の大尉がバンカー丘陵の戦いで卑怯な振る舞いに及んだとして罷免された。二人の大尉が指揮下にいる兵士たちの実数よりも多く食料や給料を水増しして請求していた罪で処罰された。そして、敵軍が迫って来た時に部署を離れていた者たちや何の理由もなく家屋に放火した者たちも処罰された。その他、三人の士官と二人の下士官が逮捕されて軍法裁判にかけられた。

士官たちだけではなく兵士たちも非常に不潔で手に負えない存在であった。歩哨さえ満足に務められない。飽きてしまうと勝手に持ち場を離れてしまうのだ。友人宛の内密の手紙で、ワシントンは次のように嘆いている。

適当に訓練すれば兵卒は立派に戦えるようになるかもしれません。しかし、非常に無知で粗野で下賤な者たちばかりです。彼らは、胸に銃剣を突き付けられるまで危険をまったく理解できません。

そもそも兵士たちは一般市民であり、命令に服従する経験がなかったので士官の命令をほとんど聞こうとしない。それに士官は、兵士たちの手によって選ばれる場合が多い。したがって、兵士たちに命令を強制できない。軍という組織は、上から下への指揮系統が明確にならなければ有効に機能しない。ではワシントンはどのようにして規律を徹底させようとしたのか。従軍牧師が軍営の様子を記録している。

毎日、ワシントン将軍とリー将軍は前線に出る。毎朝、祈祷の後に閣下からの新しい命令が各連隊の前で読み上げられる。厳しい統制が課され、士官と兵士は明確に区別される。誰もが自分の立場をわきまえ、違反に応じて三〇回から四〇回の鞭打ちを受ける。

最初、ワシントンは汚い人の群れのようにしか見えない兵士たちのことを理解できなかったし、兵士たちもワシントンを理解できなかった。もしワシントンが自ら兵士たちの間に交じれば、相互理解がすぐに進んだかもしれない。しかし、ワシントンはそうしなかった。その代わりに威厳を保ったまま、時間を掛けて相互理解が生まれるまで静かに待った。
威厳を保つにはどうすればよいか。ワシントンなりのやり方があった。服装を正すことだ。自らデザインした軍服を仕立て屋に作らせた。さらに青緑色の光沢ある絹の肩帯を着用して一目で将軍だと見分けがつくようにした。階級によって肩帯の色は異なっていて、少将は紫、准将はピンク、そして、副官は緑と決まっていた。総司令官の姿を見たある女性は、「彼の横に並べばヨーロッパの王侯さえ従者に見えるでしょう」と記している。

規律の問題に加えてワシントンを悩ませたのは、軍需物資の不足である。英米の伝承歌謡である『マザー・グース』に次のような歌がある。

釘がないので蹄鉄が打てない。蹄鉄が打てないので馬が走れない。馬が走れないので騎士が乗れない。騎士が乗れないので戦いができない。戦いができないので国が滅びた。すべては蹄鉄の釘がなかったせい。

この歌から得られる教訓は何か。物資がなければ戦えないということだ。しばしば戦争を語る際に華々しい戦略ばかりに目が向けられてしまい、補給という地味な面は疎《おろそ》かにされてしまう。しかし、ワシントンの戦いは敵軍との戦いだけではなかった。慢性的に不足する軍需物資を何とか調達する不断の戦いでもあった。
軍需物資の中で特に不足したのが弾薬である。戦争が起きる前、植民地は弾薬の大部分をイギリス本国からの輸入に頼っていた。なぜなら弾薬の原材料の一つである硝石がアメリカでは手に入らなかったからだ。

したがって、弾薬を自前で製造できない。アメリカ人が硝石の作り方をフランス人から学ぶのは少し後のことである。独立戦争の初期には弾薬をほとんど輸入もできず、製造もできないという状況であった。そうなると弾薬が不足するのは当然である。

ワシントンがケンブリッジに到着した時、三〇〇樽の弾薬があるという報告を受けていた。八月初旬、ワシントンはその報告が間違いであることを知った。実はバンカー丘陵の戦いで消費された分を数えていなかった。改めて弾薬の量を点検してみると、わずか三六樽しかない。すべての兵士が九発の弾丸を発射すればなくなってしまう量だ。報告を担当士官から受けた時、ワシントンは半時間も一言も発することもなく黙り込んだという。弾薬がなければ戦えない。戦略以前の問題である。

大陸軍は弾薬の確保に奔走する一方で、九ポンド砲一門だけは定期的に砲撃を続けた。弾薬が足りないのになぜそんな無駄なことをするのか。イギリス軍を欺くためだ。もし実情を知られれば包囲どころではない。兵士たちは、イギリス軍から撃ち込まれる榴弾の導火線を爆発前に踏み消すという荒技まで駆使して弾薬を回収している。ワシントンは、「大陸軍の存続と迅速で効果的な国家の救済は我々の状況をいかに秘匿できるかにかかっている」と記している。

ワシントンから命令を受けて一人の士官が、ケンブリッジから二マイル（約三・二㎞）離れた場所にある弾薬庫に向かった。そこからケンブリッジに弾薬を移す作業を監督するためだ。その様子を見ていた商家の徒弟が士官に話しかける。エルケイナ・ワトソンという青年だ。

「ここに非常にたくさんの弾薬の樽があるのを見て安心しました」

すると士官はあわてた様子でワトソンの耳に口を寄せる。

「この樽には砂が詰めてあるだけだ」

「どうしてそのようなことをするのですか」

「敵を欺くためさ。密偵がどこかで見ているかもしれないだろう」

樽を砂で満たして偽装するという作戦はワシントンの発案によるものである。さらに一、八〇〇樽の弾薬があるという偽情報も流された。実際はその五〇分の一しかない。それでもイギリス軍の密偵は偽装に騙されて、大陸軍は十分な弾薬を持っていると思いこんだ。

その間にワシントンは弾薬を調達する算段を整える。幸いにもバミューダ島から一〇〇樽の弾薬が届く。さらにイギリスの船を襲撃した私掠船が、奪った積荷の中から弾薬を発見する。しかし、慢性的な弾薬不足は結局、解消されなかった。

もしあなたが大陸軍総司令官なら、弾薬の次にどんな物資を確保するだろうか。ワシントンが出した答えは塩であった。古代から塩は重要な交易品であっただけではなく、軍隊になくてはならない物資であった。当時は冷蔵庫もなければ缶詰もない。塩漬けで食品を長期保存していた。肉を塩漬けにする場合、肉と同量の塩を使用することもあったという。塩が必要なのは人間だけではない。牛馬も塩を消費する。馬は人間の五倍、牛は人間の十倍も塩を消費する。それに消毒薬、鎮痛薬、整腸薬など医療にも塩は使用される。ナポレオンがロシア遠征で敗北して撤退する時に多くの兵士が命を落とした原因の一つとして塩不足を指摘する者もいる。

とにかく塩がなければ戦えない。日常生活を送れない。ある者は、「塩が非常に不足していて、もしまったく手に入らなければ、人びとは暴動を起こすだろう」と日記に書いている。民間でも皮革の保存、煙突の掃除、陶器の釉薬など塩はさまざまな用途に使われていた。クルミから作った灰汁《あく》を塩の代用品にしようとしたが、あまりうまくいかなかったようだ。

あなたは不思議に思ったのではないか。塩のようないかにも簡単に入手できそうな物資がなぜ不足したのか。現代のアメリカは世界最大の塩の生産国であり消費国でもある。しかし、当時のアメリカは、塩の国内生産量が非常に少なかった。それはイギリスの植民地政策の結果であった。植民地時代、アメリカは塩の自給を目指したが、イギリスは本国産やカリブ海産の安い塩を大量に流通させた。その結果、アメリカでは製塩産業が発展しなかった。

独立戦争が始まった後、イギリスが強力な海軍で海上封鎖をおこなったうえに、本国支持派が塩田を破壊して回ったので、アメリカは塩断ちに苦しむ。アメリカ人は、イギリス海軍の目を盗んで海水を煮詰めて何とか塩を作っていた。しかし、そうした製塩法は効率が悪く、莫大な需要を満たせない。

物資の不足の他にも悩みはある。兵士の脱走である。ワシントンによれば、「軍に加わってから数日で家に帰ってしまう」者もいた。ワシントンは死刑を含む厳罰で兵士の脱走に対処しなければならなかった。ただ厳罰にもかかわらず脱走が完全に止むことはなかった。なぜ兵士は脱走するのか。主な原因は報酬がなかなか支払われないことにあった。ワシントンは、兵士の待遇改善の必要性について次のように断言している。

軍事行動において、兵士たちがその義務を正しく果たすように促すものが三つある。もともと備わった勇気、報酬への期待、処罰への恐れである。

三つの中で一つでも欠ければ兵士たちはすぐに脱走してしまう。他にできることは軍隊生活のあらゆる側面について規律を正すことだ。身だしなみ、装備の点検、便所の管理まで兵士たちは事細かに命令を受けた。特に便所の管理は、衛生状態を改善させ、疫病の蔓延を防止するために非常に重要なことであった。優れた指揮官は、日常の細々としたことも疎《おろそ》かにしない。いざという時に備えて兵士たちを最善の状態に保つ。それこそ指揮官の最も重要な責務である。

次に検討すべき問題は飲酒である。古くからタキトゥスが「もし彼ら［兵士たち］が渇望するだけ酒を与えて、彼らの酩酊欲を満足させれば、彼らは武器によるのと同じくらい易々とこの悪癖によって征服されるだろう」と言っているように、飲酒は軍隊生活の中で深刻な問題であった。適度の飲酒は兵士の士気を高めるのに効果があるが、過度の飲酒は軍務の妨げとなる。

ワシントンは、兵士たちの飲み過ぎを取り締まるために、許可証がない兵士に酒類を供する者は厳罰に処すと布告している。許可証を偽造して飲酒した兵士をワシントンは笞刑に処した。それでも過度の飲酒を止められなかった。そこで酒類の販売を連隊付きの指定商人に限り、それ以外の商人による販売を禁止した。そして、「持ち場を泥酔して離れて他の者を敵に脱走せしめた者」に対して死刑が科されることが定められた。

飲酒には衛生状態が悪い水の代用という実用的な意味もあったが、軍中の退屈を紛らわせる効果があった。なにしろ戦闘よりも待機の時間のほうがはるかに長い。兵士たちは酒の代わりに何で憂さを晴らしていたのか。おとなしい趣味として書き物、読書、彫り物、絵などがあったようだ。チェスやボードゲームもあったらしい。ただ最も人気があったのは賭博である。賭博は禁じられているが、真面目に守る者はほとんどいなかった。

戦いが長期化するにつれ、兵士たちの他にもワシントンを悩ます存在があった。兎皮のポーチをぶら下げて兵士たちにどこにでも追従する女性たちである。兵士たちの妻や恋人である。彼女たちは、配給物資と引き換えに、洗濯や裁縫、食事の用意など家事をこなした。彼女たちとともに移動すれば進軍速度が落ちる。

さらに密偵が紛れこむ恐れもある。しかし、兵士たちに妻や恋人を置いていくように説得することは誰にもできなかった。それに兵士たちは洗濯や裁縫に慣れていない。軍中で兵士たちに快適に過ごしてもらうためには女性たちの力を借りるしかなかった。女性たちも家に残っていても略奪に遭ったり生活苦に悩まされたりする。それなら夫のかたわらにいたほうがよい。

他に軍隊を維持するうえで常に問題となるのは兵士による略奪である。歴史上、略奪は軍隊と切り離せない。敵地で略奪をおこなえば敵の生産力を奪えるうえに、兵士たちの士気を上げられる。しかし、略奪を受けた住民から敵意を向けられる。独立戦争の場合、戦場は敵地ではない。したがって、住民の反感を買うような略奪は論外である。それでも兵士の略奪は止まず、ワシントンは大陸会議議長に宛てて次のように嘆いている。

［略奪、襲撃、そして、放火を戒めるという］精神をわが軍に示さなければ、公私を問わず、財産の安全は保障されないでしょう。わが軍の兵士たちによる破壊に対する強い抗議が毎時間、寄せられます。貧しい農夫たちや住民たちは、わが軍の兵士たちを敵よりも恐れているようです。大陸軍の戦列から馬が持ち去られ、士官たちの荷物や軍病院の備蓄品、そして、将軍たちの営舎も略奪から免れられません。

もちろんこうした惨状を放置することは許されない。略奪は厳しく処罰された。たった一つのチーズを盗んだだけで兵士は三〇回以上の笞刑に処された。場合によっては、拷問に思えるような過酷な刑罰が科された。

このようなありとあらゆる仕事をワシントンはどのように処理していたのだろうか。高祖劉邦は「馬上で天下を取った」という言葉で有名だが、ワシントンは机の前に座り続けて独立戦争を戦い抜いたと言ってよい。なにしろ独立戦争期間中に数万通の手紙や命令書を書いている。そのように大量の文書を一人で書いていたのだろうか。もちろん違う。幕僚の助けがあった。

幕僚の中でも最も重要な存在が副官である。命令を伝達したり、折衝に赴いたり、戦況を検分したり、副官の責務は多岐にわたる。中でも最も重要なのが文書の作成である。ワシントンの副官を務めた者はのべ三二人である。副官に選ばれる者は、有能であるだけではなく、信頼できる人物でなければならなかった。そのため多くの場合は有力者の推薦で副官が採用された。もちろんワシントン自身も副官の能力をつぶさに見ている。

大陸会議が満足に行政機能を果たしていなかったので、ワシントンの幕僚は実質的に官僚の役割を果たしていた。優れた副官たちの支えがなければワシントンは大陸軍を勝利に導けなかっただろう。

ワシントンが将軍として優れていた点は何か。軍隊の維持に伴う煩雑な事務処理を円滑におこなう幕僚制度を構築した点、そして、雑多で規律を持たない集団を大陸軍として一つに統合したという一見すると地味な点であった。優れた戦略を実行できることは確かに名将の条件である。しかし、いかに優れた戦略であれ、軍隊がそれを実行できる状態でなければ意味がない。ワシントンは、軍隊を維持するという基本中の基本を堅実に守った将軍だと言える。軍隊を十分に戦える組織に変えることも名将の条件ではないか。

総司令官の苦悩

フィラデルフィアを出発した時、ワシントンは明確な目標を持っていた。まずイギリス軍を何とかしてボストンから引きずり出す。そして、バンカー丘陵の戦いのように深手を与えれば、イギリス軍は耐えきれなくなってボストンを放棄するだろう。そうなればイギリス本国の世論は、イギリス議会の政策に反対を唱えるようになる。その結果、イギリス議会はこれまでの強硬策を撤回せざるを得ない。

着任してから一週間後、ワシントンは、ロックスベリーとケンブリッジに配置した部隊を撤退させるように作戦会議に提案した。もちろん本気で撤退を考えたわけではない。イギリス軍を誘い出す罠である。しかし、将軍たちは全会一致でその作戦に反対した。

次にワシントンはドーチェスター高地に目をつける。ドーチェスター高地はボストンの南に位置する。大砲をうまく配置すれば、ボストンを直接脅かせる。

ドーチェスター高地を占領する作戦がワシントンから作戦会議に提案される。将軍たちはこの作戦にも難色を示す。ドーチェスター高地を占領するには兵力が足りないし、イギリス軍の攻撃から守りきれない。それに作戦の実行に必要な弾薬が不足している。それればかりはいかに巧妙な作戦を立案しても解決しようがない。結局、作戦会議では戦局を変えるような重大な決定は何も下されなかった。

そのまま何の進展もなく数週間が過ぎる。ワシントンは再度、作戦会議に提案する。いくら陸からボストンを包囲しても海からの補給を絶たなければ、イギリス軍が飢えることはない。したがって、ボストンの港を封鎖すべきだ。

提案自体は悪くない。しかし、実質的に海軍力を持たない大陸軍にとって港の封鎖は不可能である。大陸軍には膠着状態を打破する決め手がない。とにかくイギリス軍を防御陣地から引きずり出さなくてはならない。

八月二六日夜、大陸軍の陣営から一、二〇〇人の作業部隊が二、四〇〇人の護衛部隊とともにプラウド丘陵に向けて出発する。目的は砦の建設である。プラウド丘陵は、チャールズタウン半島の地峡から半マイル（約〇・八㎞）ほど離れた場所にある。建設は滞りなく終わる。

夜が明ける。当然ながら新しい砦はイギリス軍の目に入る。

イギリス軍はきっと砦を奪いに来るはずだ。ワシントンは五、〇〇〇人の兵士を集結させてイギリス軍の出撃を待つ。しかし、ワシントンの期待とは裏腹にイギリス軍はただ陣地や軍艦から砲撃するのみである。それに対して弾薬が不足していた大陸軍は、たった一門の大砲で弱々しく反撃することしかできない。誘い出し作戦は失敗だ。マウント・ヴァーノンの留守を預かるルンド・ワシントンに宛ててワシントンは次のように書いている。

敵は防御陣地を離れて出撃する気がないようだ。こちらから敵の防御陣地に攻撃を仕掛けることもできない。毎日、［プラウド丘陵とバンカー丘陵の間の］一マイル［約一・六㎞］の距離を隔てて、互いの行動を監視し合っているだけだ。

無策のまま時間がただ過ぎる。停滞する戦線を前にしてワシントンは思い悩む。イギリス軍は何を考えているのか。本国から援軍が到着するのを待っているのか。大陸軍の軍備は貧弱であり、補給体制も十分に整っていない。はたして無事に冬を越せるだろうか。イギリス軍は安全なボストン市内でぬくぬくと冬を越せるが、大陸軍は吹きさらしの中にいる。これから必要になる軍需物資をどのように調達すればよいのか。兵士たちは、困窮に耐えられず家に帰ってしまうのではないか。

九月十一日、諸将を集めたワシントンは水陸両面作戦を提案する。どのような困難があろうとも、冬になる前に乾坤一擲《けんこんいってき》の勝負を挑まなければならない。そうしなければ大陸軍は戦わずして瓦解する。ワシントンの決意は固かった。

総司令官が今度は何を言い出すのだろうかと緊張の面持ちを諸将は並べている。無謀な作戦が提案されれば、それを阻止するのが作戦会議の務めであると諸将は信じていた。まずワシントンは地図を広げてケンブリッジを指し示す。将軍たちは無言でワシントンの指先を見つめている。

「ここケンブリッジから海を渡ってボストン市街に上陸する」

誰も口を挟む者がいなかったのでワシントンは、南のロックスベリーに指先を滑らせて言葉を続ける。

「そして、同時にロックスベリーから地峡部を突破する。諸君、この水陸両面作戦はどうか」

将軍たちは困惑しているようであった。最初に口火を切ったのはナサニエル・グリーン将軍である。

「もし一万人の兵士を上陸させられなければ作戦は成功しない。どうやってそれだけの数の兵士を渡らせるのか。必ず敵軍は砲撃してくるだろう。わが軍にはまともな大砲がないので援護できない」

さらにジョン・サリヴァン将軍がグリーンの意見を補足する。

「ケンブリッジの南を流れるチャールズ川が凍結するまで待つべきである。そうすればボストン市街に攻撃を仕掛けるのが容易になる。とにかく今は、軍を動かさず包囲を続けるのが得策である」

その他の将軍たちも異口同音に反対意見を述べる。無理やり意見を通すことはできない。将軍たちの中には、ワシントンよりも年長で経験豊富な将軍もいる。それに他所から来た新参者としてワシントンを疑っている将軍もいる。最終的にワシントンは、将軍たちの意見に従ったが、大陸会議に次のように報告している。

私はこの計画を完全に撤回したわけではありません。新しい情勢には新しい作戦が必要です。

十月十五日、大陸会議の委員たちとニュー・イングランド各植民地の代表たちがワシントンの本営に集まって今後の方針を協議した。その中にはベンジャミン・フランクリンの姿もある。フランクリンとは何度も顔を会わせているが、最初に会ってからもう二〇年になる。フランクリンは太って腹が出たうえに生えぎわが後退して白髪がめっきりと増えている。ただ何か楽しいことをいつも考えているような茶目っ気を浮かべながら、時に鋼鉄のような鋭さを帯びる瞳はまったく変わっていない。

もし可能であればボストンを攻撃するように。大陸会議はそう命令している。では命令をどのように実行すべきか。今回も将軍たちは口々に反対意見を述べた。攻撃命令にはボストン市街に対する砲撃も含まれているのか。ボストンはアメリカ人の街だ。市民の財産を損なうような決定を勝手に下してよいのか。大陸会議から派遣された委員たちも、自分たちにはそのような問題を決定する権限がないので帰って協議する必要があると答えた。

都市の包囲戦となると、必ず市民生活が犠牲になる。ボストン市民はどのような生活を送っていたのだろうか。大陸軍はイギリス軍を飢えさせようとしていたが、それはボストン市民にも影響を及ぼす。海路は開かれていたが、陸路から流入する物資がほとんど途絶した。野菜、小麦、そして、肉が不足する。肉の不足を補うために馬が犠牲になる。軍用馬を除いて、馬という馬が食べられてしまって市内から姿を消す。イギリス軍の兵士たちは塩漬けの食料にうんざりしている。大半の物資はイギリス本国から輸送船で運ばれて来る。輸送船は船足が遅く、私掠船に襲われやすい。それに長い航海で船荷が腐ってしまうこともよくあった。一、八〇〇樽の小麦の中で八〇〇樽が食用に耐えずに廃棄された例もある。輸送の難で小麦やジャガイモは恒常的に不足し、新鮮な野菜や果実は無いのも同然であった。

物価の高騰はすさまじく、薄っぺらい羊肉に通常の十倍の値がつくこともあった。あるイギリス軍士官は、「もし今、ここで快適に暮らそうとすれば、ロンドンにある最高級の宿屋に住むのと同じくらいの費用が必要だ」と嘆いている。

他にも不足している物がある。薪である。暖房や調理に必要である。チャールズタウンのまだ焼け残っていた家屋が破壊され薪になった。市内の立木や古い船も燃料と化した。

鬱憤を晴らすためか、兵士たちは、市民の大切な信仰の場であるオールド・サウス礼拝堂を接収する際、説教壇や信徒席を乱暴に取り除き、軍靴で床を踏みにじって泥まみれにした。それだけではない。礼拝堂の中で馬を走らせて大騒ぎする始末である。

さらにイギリス軍は、ボストン市民を束縛する布告を発する。曰く、ボストン市民は許可なく市外に出てはならない。許可を受けて市外に出る場合も五ポンド（六万円相当）以上のお金を携行してはならない。もしそれ以上のお金を携行しているのが発見された場合は没収する。さらに市民はイギリス軍に協力して市内の秩序を維持するために自警団を結成せよ。布告に逆らう者は軍法裁判にかけられる。

ボストン市民を悩ませていたのはイギリス軍の布告だけではない。大陸軍の砲弾によって絶えず危険にさらされた。もちろんボストン市民が標的になったわけではないが、イギリス軍がボストン駐留を続ける限り、そうした危険は避けられなかった。当時、ボストン市内に住んでいた少年は次のように回想している。

ボストンはワシントンによって厳重に包囲された。僕たちの家の庭に落ちた砲弾が炸裂した。その衝撃で美しい鏡が粉々になった。

この回想によれば、大陸軍の砲弾はボストンまで届いていたようだ。しかし、イギリス軍をボストンから追い出すことはできなかった。

包囲をただ続けることに満足できなかったワシントンは打開策を思案する。このまま冬を迎えればどうなるか。本国から増援を得たイギリス軍が氷結した水面を渡って一気に攻勢に出るだろう。大陸軍はイギリス軍の総攻撃を支えきれるだろうか。援軍が到着する前に何か先手を打つ必要がある。

十一月、ワシントンは、ウィリアム要塞の攻撃を作戦会議に提案する。島に築かれたウィリアム要塞は、今、本国支持派やイギリス軍が家族の避難地として利用している。ウィリアム要塞さえ制圧できれば、ボストンに入ろうとする船を妨害できるはずだ。作戦自体は単純である。捕鯨用のボートを調達して一、〇〇〇人の兵士を島に上陸させる。そして、三〇〇人の守備兵を攻撃して捕虜にする。

ワシントンは、要塞の攻略に成功すれば膠着状態を打破できると思った。それだけではない。ウィリアム要塞を陥落させれば、イギリス本国に政治的かつ心理的に大きな打撃を与えられる。目の前のボストンだけが戦場ではない。しかし、将軍たちの戦術眼では、多数の死傷者が出る恐れがある危険な作戦を実行するべきではない。将軍たちの反対を受けて、作戦の実行は今回も見送られた。

とにかく冬に入る前に決着をつけなければならない。ワシントンの胸中で焦燥感が募る。ワシントンは軍の窮状を大陸会議議長に訴えている。

冬将軍が裸の兵士たちにすばやく近づきつつあるのを見て、私は言い表せないほど困窮しています。兵士たちの兵役期間は二、三週間もすれば期限を迎えますが、そうした重要な機会のために必要な軍需物資はまだ調達できていません。さらに軍資金は完全に尽きました。主計官の手元には一ドル［二、七〇〇円相当］も残っていません。

ただここでワシントンが言っている「裸」というのは、現代の我々の感覚と違っている。当時のアメリカ人の感覚では胴着を着用しないシャツ姿でも「裸」なのだ。つまり、薄着一枚と考えればよいだろう。ワシントンを悩ませたのは軍需物資や軍資金の不足だけではない。人材不足も深刻であった。士官たちの実に半数が軍務を去りたいと希望している。多くの士官たちにとって軍務はあまり魅力がない。俸給は安く、軍隊生活も快適とは言えない。

このまま士官たちを軍営から去らせるわけにはいかない。彼らを慰留できなければ、兵士たちを募ることもできなくなる。なぜなら兵士たちは、部隊の士官が誰であるか判明するまで軍務に就こうとしなかったからだ。ワシントンは大陸会議に宛てて次のように書いている。

私は、各自が私利私欲しか考えていない驚くべき状況を生まれて初めて見ました。神に誓って、このような忌まわしい状態を二度と見たくはありません。こういう結果、どういうことが起り得るか考えただけでもぞっとします。［中略］。このような状態では、どのような悲しむべきことが起こっても私は驚きません。こういうことが以前から予想されていれば、どのようなことがあっても、私は総司令官の職務を受諾しなかったでしょう。

半ば泣き言になっているのも無理はない。先に大陸会議は大掛かりな募兵を決定していたが、ほとんど進んでいなかった。イギリス本国に対する人びとの敵愾心は、単調な日々が過ぎ行くにつれて、冷める一方である。十分な衣服も食料もテントも与えられない軍務に誰が喜んで就くだろうか。兵士たちが望むのはただ温かい家庭に戻ることであった。

そうした兵士たちを戦場に戻す手段は高い報酬しかない。それも難しかった。その報酬は誰がどのように払うのか。それは政治が解決すべき問題である。もちろん大陸会議は問題を放置したわけではない。しかし、どのような施策を打ち出しても、実質的な権限をほとんど持たない大陸会議の決定を誰が信用するだろうか。

十一月十六日、マーサは北方に向けて旅立つ。秋までにマウント・ヴァーノンに帰るというワシントンの約束は守られなかった。本営を離れるどころではなかったからだ。そこでマーサが本営に赴くことになった。マーサの決意を促したのは新聞に掲載された記事であった。

ワシントン夫人は熱烈な本国支持派であり、今回の紛争が勃発して以来、夫と離れてニュー・ヨークの街で優雅に暮らしている。

これをたわいない噂だと片づけられるだろうか。当時の人びとはマーサに疑念の目を向けていた。本国との対立が顕在化して以来、マーサは抵抗運動に進んで参加した形跡はない。しかも実家のダンドリッジ家にはイギリス海軍に仕官した者もいる。マーサと親しかった人びとはその多くが本国支持派だ。マーサは自分のせいで夫の評判が落ちることを恐れた。総司令官の妻としてふさわしい行動と態度を示せば、根も葉もない噂は雲散霧消するだろう。それはマーサにしかできない戦いである。

当時、女性が旅をする場合、同行者を伴うのが常であった。息子夫婦に親戚の若者、そして、数人の家内奴隷が同行する。何か用事がなければ自分の植民地を離れることはまずなかった。マーサもこれまで南部から出たことがなかった。北部に初めて足を踏み入れる。南部とはまったく違う世界だ。マーサはただ旅をしたわけではない。イギリス製の舶来品が好きなマーサであったが、今回の旅では自家製の簡素な服を着用した。髪粉を付けるのも止めた。それは本国支持派ではないと目に見える形で示すためだ。そして、これから大陸軍の本営に向かうことをできる限り広く伝えた。

こうした努力の甲斐あって、マーサは各地で歓迎を受けた。「ジョージ・ワシントン」と名付けた赤子を抱えた母親がマーサに挨拶する。歓迎の証に教会の鐘が打ち鳴らされる。マーサは夫がヴァージニアだけではなくアメリカ全体を導く象徴になろうとしていると実感した。マーサも総司令官夫人としてふさわしい行動を取らなければならない。

十一月二一日、マーサ一行はフィラデルフィアに入った。総司令官夫人を迎えて舞踏会を開催する企画が持ち上がったが物議を醸す。まず本国支持派に属する淑女たちは、反逆者の妻を歓迎できないので舞踏会に参加できない。それに戦時なので華やかな行事を慎むべきだという意見もある。結局、舞踏会は中止になったが、それを告げられた時、マーサは嫌な顔一つせずに衆意に従うと答えた。こうしたマーサの態度は多くの人びとに好感を抱かせた。

総司令官としてワシントンはまだ安定した地位を築いていなかった。いつ引きずり降ろされるかもしれない。マーサの粗探しをすることでワシントンの名声を傷つけようと企む者がいてもおかしくなかった。マーサにできることは、総司令官の妻として適切に行動して夫の名声を守ることであった。

フィラデルフィアに一週間滞在した後、マーサは旅を再開した。マーサが無事に旅ができるかワシントンはかなり心配していたようだ。わざわざ副官を派遣してマーサの馬車を護衛させたり、少し前に幕僚から去ってフィラデルフィアに戻っていたジョゼフ・リードに安全な道をマーサに助言するように依頼している。

十二月十一日にマーサはケンブリッジに到着した。ケンブリッジにはハーバード大学があることで知られているが、今は閉鎖され、学舎は兵営として使われている。街の広場も訓練場に姿を変えている。マーサの新しい生活の場は本営として使われていた邸宅である。ある日の様子を少し覗いてみよう。

一人の少年が本営に軍務を帯びてやって来た。階下にいる副官が対応に出る。

「所用が何か告げてから上に行くように」

「総司令官に直接伝えるように命じられています」

声を聞きつけたワシントンが階段の上に顔を出す。

「少年に上がるように伝えよ」

ワシントンの前に出た少年は預かった命令を伝えた。それを聞き終えたワシントンは質問する。

「君の階級は」

「砲兵連隊の副官補佐です」

「そうか。でも君の若さではちょっと荷が重いのではないか」

「確かに私は若く未熟ですが、日々、成長しています」

少年の率直な答えを聞いたワシントンは、かたわらにいたマーサに目を向けた。健気な少年を見つめていたマーサの顔には自然と笑みが浮かんでいた。それにつられてワシントンの顔にも微笑みが浮かぶ。

もちろんマーサはただ総司令官のかたわらに座っていただけではない。文書作成を手伝っている。それに本営には幕僚として務める若い士官たちが詰めている。まるで寮母のようにマーサは激務に勤しむ副官たちの面倒を見た。実際に世話を焼くのは副官たちが連れて来た奴隷や召使であったが。さらに本営にはさまざまな人びとが訪ねてくる。マウント・ヴァーノンの女主人としてマーサは接待に慣れている。将軍たちの歓心を買えれば軍事作戦が円滑に進む。大陸会議の代表たちや各地の有力者たちを喜ばせれば大陸軍を支えてもらえる。

マーサが本営の生活になじみ始めた頃、パトナム将軍は戦線の膠着に苛立ちを募らせていた。このままでは何も変わらない。まず自分が動いて戦局を打破しよう。パトナムは霧に紛れてレックミア岬に進軍した。塹壕が築かれる。レックミア岬を抑えれば、ボストンの北を固めるチャールズタウン半島を腹背から攻撃できる。

十二月十八日正午、立ちこめていた霧が晴れる。視界が開けるとともに、対岸のチャールズタウン半島に配置されているイギリス軍の大砲が火を噴く。せいぜい一マイル（約一・六㎞）程度しか離れていない。十分に射程範囲内だ。

砲弾が降り注ぐ中、パトナムは砲兵陣地の建設を兵士たちに命じる。敵から奪った大砲が完成した砲兵陣地に据えられた。大陸軍は、自前で大砲を満足に揃えることさえできなかった。

さてここでイギリス軍に一矢報いたいところだが、大砲だけでは砲撃できない。砲弾と火薬も必要だ。砲弾はある。しかし、火薬の備蓄がほとんどなかった。パトナムがいかに切歯扼腕しようとも、イギリス軍にまったく反撃できなかった。

一七七五年の聖誕祭の日、ケンブリッジは、降り積もった雪で厚く覆われていた。厳しい寒さのために歩哨を一時間ごとに交代させなければならなかった。周囲の木々は暖を取るために切り払われ、兵士たちは吹きさらしの雪原で黙々と演習に励む。兵役期間が切れて軍務を離れる兵士たちが増えるにつれ、防衛線は虫に食われたように綻び始めていた。

ただ兵役期間は契約なので守らなければならない。兵士たちからすれば、契約が切れたから帰るのは当然のことだ。コネティカット連隊は手続きの不備で所定の期限よりも十日早く兵役期間が終わってしまった。兵士たちはさっさと帰り支度を始める。離隊を四日間延期してほしいという懇願にも耳を貸さない。腹を立てたチャールズ・リー将軍は怒鳴った。

「なあ、おまえ達をどう呼んだらよいかわからないぞ。おまえ達は最低の奴らだ。もしおまえ達が待ってくれないならバンカー丘陵に行かせるぞ。おまえ達にライフル銃をぶっ放しても行かせるぞ」

「バンカー丘陵に行かせる」というのは、イギリス軍の要塞に突撃させるということだ。ようやく兵士たちは出発の延期に同意した。ただし十分な量のラム酒を貰うという条件付きで。

ワシントンも何とかして兵士たちをつなぎ止めようと説得を試みる。

「もし新たな増援を得る前に何か不測の事態が起きれば、兵士として永遠の不名誉となるばかりではなく、避けられない破滅が国家と家族に降りかかるだろう」

もちろん言葉だけで兵士たちの心は動かない。ワシントンは、二週間の休暇と報奨金を交換条件に、帰郷せずに再入隊するように兵士たちに求めた。

兵士たちの答えを待つ間に新しい年が明けた。総司令官から門出の言葉が布告される。

今日は新しい軍、すなわちあらゆる点から大陸軍と呼べる軍の始まりである。我々が従事している大義の重要性が諸君の心に深い感銘を与えるように願う。

その日の合言葉は「大陸会議」と「アメリカ」である。一七七六年はいったいどのような年になるのだろうか。幸先が良いことに、多くの兵士たちが総司令官の呼びかけに応じて再入隊した。それでも兵力は一万人を切っている。集まった新兵の数も少ない。軍需物資も絶望的に不足している。弾薬の量は、すべての兵士に分けてしまうと、一人当たりわずか四発分にしかならない。

このような状態でどうやってボストンを解放できるのか。ワシントンは、リードに次のように心情を吐露している。手紙の内容はほとんど愚痴のようなものだが、本来の目的はリードに幕僚に復帰するように要請する手紙である。

夜、周りのすべての人びとが寝静まっている最中に、私は自分の立場や軍隊の状況を思い悩んで不安な時間を過ごします。しかし、我々が今、陥っている苦境を知っている者はほとんどいません。[中略]。こうした状況下で指揮を引き受ける代わりに、マスケット銃を担いで自ら軍列に入るか、もしくは、後世や私自身の良心に正しく弁明できれば、田舎に引っ込んで粗末な小屋に住むほうがどれだけ幸福だろうかと私は何度も思いました。

静まり返った真夜中の本営でただ一人、暗闇の中で懊悩する総司令官の姿が目に浮かぶようだ。人間は自力でどうしようもない状況に直面した際に最大のストレスを感じるという。ワシントンが置かれた苦境は、まさにそれに当てはまる。

軍需物資の補給にいかに心を砕こうとも、大陸会議や各植民地が協力してくれなければどうしようもない。協力を求めていくら説得に努めようとも、大陸会議や各植民地にはそれぞれの事情があり、常に協力が得られるとは限らない。それに士官や兵士も総司令官の意向に従ってくれるとは限らない。ワシントンは、人びとの心を勝利に向けて粘り強く変えていかなければならなかった。それは一朝一夕にできることではない。振り切れない苦悩に執拗にまとわりつかれながらも、ワシントンは前に進むことを決して諦めなかった。戦争はまだ始まったばかりである。これから先も多くの苦難が待ち受けている。

海軍の始まり

ワシントンが総司令官に就任した時、海軍力は皆無に等しかった。したがって海軍の結成が急務であった。一七七五年九月二日に最初の海軍将校が任命され、さらに十月十三日、大陸会議によって二隻の船を武装してイギリスの補給船を襲撃する許可が与えられた。このささやかな「ジョージ・ワシントンの海軍」が実質上、アメリカ海軍の発祥となった。

大陸会議は、商船や漁船の武装に加えて十三隻のフリゲート艦の建造を開始する。しかし、そのような些細な戦力では、世界に冠たるイギリス海軍に抗し得ない。とはいえ大陸会議には、大規模な艦隊を建造するような資金はない。

自らの懐を痛めずに「海軍」を結成する妙案がある。私掠免許状の発行である。私掠免許状は敵船捕獲認可状とも呼ばれ、敵国船舶の拿捕を個人に認可した政府発行の免許状である。書面の空欄に船名、船長と船主の署名、全長全幅、武装、乗組員の数などを書き込みさえすれば、晴れて私掠船として登録される。簡単に言えば政府公認の海賊だ。ただ私掠船免状を持っていれば何でも自由にできたわけではない。一定の規則がある。たとえば敵国以外の船舶を間違って拿捕した場合、損害賠償の責任を負う。

大陸会議が認めた私掠船の数は一、六九七隻に上った。正規の海軍の約三倍のイギリス船舶を拿捕する成果を出している。拿捕された船舶の中には、二、〇〇〇挺もの銃を運搬している船もあり、「神の恩寵」としてワシントンを喜ばせた。

私掠船の船長は、必ずしも愛国心を持って行動していたわけではない。海運を生業とする者たちは、アメリカの勝利を危ぶんでいて、自分たちの船を軍船として大陸会議に提供したがらなかった。もしアメリカが敗北すれば自分たちの船がどうなるかわからない。しかし、私掠船となると話は別である。船舶を拿捕できれば確実に儲かる。まず出資者を募って私掠船を建造する。そして、幸いにもその私掠船が敵国の船舶を拿捕できたとする。その船舶は港に曳航され、積荷とともに競売にかけられて換金される。そうして得られたお金は船長、出資者、乗組員の間で分配される。どれくらいの比率で分配されるかは事例によって異なるが、相場は乗組員全員の分が六割であったらしい。なかなか良い稼ぎになったようだ。その結果、港の周囲では、民兵を募集しても満足に集まらないということが頻繁に起きた。民兵になるよりも私掠船の乗組員になったほうが、実入りがはるかに良いからだ。同じ命を賭した危険を冒すのであれば、実入りが良いほうを選ぶのが当然だろう。

船長と乗組員がせっせと敵船を襲って換金する一方で、大陸会議は座ったまま私掠免許状を書くだけで戦果を得られる。悪い取り引きではない。しばしば戦争というものは、国家によって国民の愛国心が鼓舞されるが、利己心が戦争に貢献することもある。多くの人間にとって、愛国心よりも利己心のほうがずっと重要だろう。こうした私掠船の活動は、イギリス海軍にとって直接的な脅威とはならなかったが、自国の船舶を保護するためにイギリスは莫大な戦費を投入しなければならなかった。

ジョン・ポール・ジョーンズのような英雄も出現したが、生まれたばかりのアメリカ海軍が活躍した機会はあまりなかった。独立戦争を通じてアメリカは、大規模な水陸連携作戦に投入できるような海軍力を持っていなかったと言える。したがって、後に同盟国となるフランスに海軍力を依存せざるを得なかった。それは著しく戦略の幅を狭めたが、ワシントンは試行錯誤を繰り返しながらフランスの海軍力をうまく活用できた。それはまた後に語ることになるだろう。

北方からの朗報

ボストンは独立運動のさきがけとなった街であり、その解放は大陸軍にとって最優先課題である。しかし、十分な軍資金も弾薬も大砲もない中でボストンを解放する見込みはまったくないように思われた。もちろんワシントンはただ手をこまねいていたわけではない。作戦会議で将軍たちの反対に遭ったワシントンは、まず信頼関係を築く必要があると悟った。どうすれば信頼を得られるだろうか。そこでワシントンは将軍たちを順番に本営に招いて一緒に夕食を楽しんだ。

将軍たちの軍才は、ワシントンの目からすれば満足できるものではない。しかし、有能な者たちもいた。ヘンリー・ノックスとナサニエル・グリーンの二人である。

ロックスベリーの戦線を視察中、ワシントンはノックスと親しく会話を交わしている。ノックスはすでに登場しているが、改めてその人となりを見てみよう。身長六フィート二インチ（約一八八㎝）、体重二八〇ポンド（約一二七kg）。ちなみに当時の男性の平均身長は五フィート五インチ（約一六五㎝）である。兵士たちの中にいれば頭一つ分だけ飛び出して見える。事故で左手の指を二本失い、ハンカチでいつも隠していた。よく笑い、青い目を輝かせながら愉快な話を大声で語る二〇代半ばの好青年だ。

ノックスの本業は書店主である。店では軍事書を幅広く扱っていた。どうやらそれは半ば店主の趣味だったらしい。仕事のかたわら店に並べている軍事書を読み耽り、お客としてやって来たイギリス軍士官を質問攻めにした。その結果、商売はうまくいかなかったようだが、ノックスは独学で軍事工学や砲術を身につけてしまった。軍に身を投じるために店を閉じる前、最後に新聞に掲載した広告は、『反駁された農夫』という小冊子の販売を伝えるものであった。その作者は、奇しくも後にワシントン政権でともに閣僚を務めることになるアレグザンダー・ハミルトンであった。

Gilbert Stuart, Henry Knox (1806)

軍に入ったノックスはさっそく軍事工学を活用してロックスベリーを要塞化する。視察に訪れたワシントンは砲兵の配置に感心する。イギリス軍もノックスの巧みな配置を遠望して、みだりに攻撃を仕掛けようとはしなかった。ワシントンは「これ以上、優れた資質を持った者はいません」という最高の賛辞とともにノックスを大陸会議に推薦する。なぜなら砲術や軍事工学を修めているアメリカ人は極めて珍しかったからだ。兵種の中でも砲兵は地味で敬遠されがちであった。

ワシントンの推薦で大佐に任じられたノックスは、独立戦争中、砲兵連隊を率いて各地を転戦して大きな戦果を上げる。ワシントンとともにほぼすべての戦火をくぐり抜けたことがノックスの生涯の誇りであった。

ロックスベリーでワシントンは他にも優れた人材を発掘している。ロード・アイランド連隊が駐屯する陣地では、掘り込み便所が整然と掘られていた。陣地の清潔さにワシントンは目をみはる。きっと優秀な指揮官がいるに違いない。陣地の様子を見れば、指揮官が兵士たちの行動を隅々まで掌握しているかどうかわかる。人の上に立つ者は、たとえ小さなことでも部下の能力を判断できる物事を見逃してはならない。そして、自分の目で現場の本当の姿を知らなければならない。現場を知らない将軍は、軍全体を危うくするだけではなく、部下の信頼を得ることもできない。

ワシントンを感心させた陣地の指揮官は誰か。ナサニエル・グリーンである。グリーンは、ロード・アイランド植民地で鍛冶屋や製材所などを手広く運営する事業家であった。戦争が始まると、イギリス軍の脱走兵からマスケット銃を買って一兵卒として従軍した。幼少時にラテン語を習得した早熟ぶりでよく知られていた。無類の本好きである。実はノックスの書店の上得意でたくさんの軍事書を購入していた。喘息持ちでいつも足をひきずっていたので、最初、仲間の兵士たちはグリーンの実力をなかなか認めようとしなかった。しかし、グリーンの勤勉な働きぶりと朗らかな性格はしだいに認められるようになり、ロード・アイランドの民兵隊を指揮する士官となった。そして、大陸会議から准将の辞令を得た。その当時、グリーンは三三歳で最年少の将軍である。

後年、「何か問題が起きた時に指揮権を譲るとしたら誰か」と質問されたワシントンは、ためらうことなくグリーンの名を挙げたという。諸将の中でグリーンを最も高く評価していたからだ。さらに「もしグリーン将軍を中傷するような報告があっても、そのような報告は決して信じない」とワシントンは断言している。ワシントンによれば、グリーンの行動の動機は常に「純粋で非難すべき点がない」からだ。

グリーンもワシントンを深く敬愛している。自分の息子に「ジョージ・ワシントン・グリーン」と命名している。ワシントンとグリーンの関係は、歴史上に類例を求めるとすれば、アレクサンダー大王とその幕僚であり親友であったヘファイスティオンに比することができるだろう。アレクサンダー大王は、「クラテロス［マケドニアの将軍］は王の友人だが、ヘファイスティオンはアレクサンダーの友人である」と言ったと伝わっている。ワシントンとグリーンの関係も同様であり、ヘファイスティオンが若くして亡くなった時にアレクサンダー大王が嘆き悲しんだように、ワシントンもグリーンの夭折を哀惜している。

歴史の女神の悪戯《いたずら》で軍才が何の素養も持たない者に宿ることも稀にあるが、通常は常備軍で培われる軍事知識や軍事教練といった軍事的伝統によって軍才は養われる。しかし、植民地には常備軍が存在しなかったので、軍才を宿した者、すなわち将軍や士官が輩出する余地はほとんどなかった。その結果、大陸軍は、有能な将軍や士官の欠乏に絶えず悩まされた。そのような厳しい状況の中でノックスとグリーンのような優秀で忠実な部下の協力を常に得られたことは、ワシントンにとって非常に幸運なことであった。

大陸軍の本営に届いた一通の手紙がボストン包囲に転機をもたらす。手紙の送り主はノックスである。

私は四二台の橇を準備して、八〇頭の雄牛にそれを牽かせ、スプリングフィールドに向かっています。スプリングフィールドで私は、本営まで橇を牽引するために新しい牛を調達するつもりです。［中略］。そこから私は、橇と人員を確保して、サラトガに向かって水曜日から木曜日に出発できそうです。その間に雪がかなり降れば橇で運搬するのが楽になるでしょう。

いったいノックスは四二台もの橇で何を運んでいるのか。将軍たちがボストンを攻撃しようというワシントンの提案を拒否した主な理由は、攻撃に必要な十分な大砲がないことであった。そこでワシントンは、ボストン攻略に必要な大砲と弾薬を調達するようにノックスに命じていた。

一七七五年十二月五日、ノックスは弟のウィリアムと召使を連れてタイコンデロガ砦に入った。タイコンデロガ砦は先にイーサン・アレンとベネディクト・アーノルドが奪取した砦である。十分な輸送手段がなかったので、大砲と弾薬はそのまま残されていた。老朽化した砲架から取り外された大砲が冬の太陽に照らされて鈍い輝きを放つ。ここにある大砲と弾薬を大陸軍の本営まで届けなければならない。ボストン解放の成功は、大砲と弾薬を無事に運搬できるか否かにかかっている。

一つひとつ愛おしむように大砲を点検すると、ノックスは船に積み込むように命じた。こうしてタイコンデロガ砦からボストン郊外まで実に三〇〇マイル（約四八〇km）の旅が始まった。

タイコンデロガ砦はシャンプレーン湖のほとりにある。まずシャンプレーン湖からラ・シュート川を経てジョージ湖の北端に向かう。ラ・シュート川には急湍がある。そこで雄牛が牽く荷車に大砲と弾薬を積み替える。ジョージ湖の北端には、別の船が待機していた。十二月九日午後三時、大砲と弾薬を積載した船は、南下を開始する。夜九時頃、ノックスは湖の中途までやって来たが、困ったことに凪いでしまった。一行は、船を着岸させて近くにあったインディアンの小屋で火を借りる。インディアンは一行に炙った肉をご馳走する。

そこへ悪い報せが届く。後続の船が暗礁に乗り上げて進めなくなったという。どうにかして船を前に進めようと引っ張り出そうとしたが、あまりの重量にロープがすべて切れてしまう。そのまま放置するわけにはいかない。新しいロープと人手を手配しなければならない。

とりあえずノックスは、先に準備を整えるために旅程を進めることにした。さらに一夜を湖岸で過ごした後、十二月十一日、一行はジョージ湖の南端に到着する。幸いにも気候が穏やかで、湖面が凍結する前に渡ることができた。

ジョージ湖の南端にはジョージ砦がある。運搬に必要な橇と雄牛の準備が整うまで、ひとまずそこで待機する。気がかりであったのは、後に残してきた座礁した船であった。その時、すでに湖面は氷結し始めていたが、間一髪で後続の船もジョージ砦の波止場に到着した。

次に目指す先はニュー・ヨーク植民地北部の要であるオールバニーである。運搬を円滑に進めるためにノックスは先に出発する。その道中、ノックスは降雪を見て喜ぶ。この辺りには整備された道がほとんどない。橇で重い荷物を運ぶには雪が厚く積もったほうが好都合である。もっと雪が降るように願いながらノックスは眠りに就く。

翌朝、ノックスが目を覚ますと、戸外には二フィート（約六一㎝）の雪が積もっていた。深い森の中を縫う道は誰も通った跡がない。新雪が積もった道は踏み固められた道を進むよりも難しい。馬は雪に脚をとられて疲れ切ってしまい、それ以上、進もうとしなくなった。馬をなだめながら午後二時頃、一行はようやくオールバニーに到達する。

オールバニーでは、北部方面の指揮を担うフィリップ・スカイラー将軍が待っていた。スカイラーとノックスは四〇台の橇と八〇組の雄牛をかき集めて北に向かわせる。ジョージ砦に保管されていた大砲と弾薬を回収した運搬部隊は南に踵を返す。

最大の難所はモホーク川とハドソン川の合流地点である。川面に氷が厚く張っていなければ、一、八〇〇ポンド（約八二〇kg）の重さに耐え切れない。しかし、上から見ただけでは、氷に十分な厚みがあるかわからない。そこでノックスは、厚みを少しでも増やそうと、バケツで川の水を汲み上げて氷にかける。厳寒の中、冷たい水を汲み上げようとしても、手がかじかんでなかなか力が入らない。どれほど効果があるかはわからない。しかし、もし大砲が川底に沈めば、引き揚げは困難を極める。たとえ気休めであろうとも、今、できることをしたほうがよい。

一七七六年一月四日、無事に渡河を終えた大砲がオールバニーに到着する。その翌日、ノックスは一日千秋の思いで到着を待っているワシントンのもとに手紙を送って状況を報告した。

オールバニーに集められた大砲と軍需物資が次に向かう先は、ハドソン川の対岸にあるレンセラーである。渡河の最中に一門の大砲が水中に没した。幸いなことに、オールバニーの市民の協力のおかげで、大砲は川の中から引き揚げられた。

一月九日、橇の一団が東岸に渡ったのを確認して、ノックスはさらに南に向かう。その後、ノックスの日記にはめぼしい記述がない。したがって、一行がどのような旅程をたどったかは判然としない。ただ大陸軍の本営に到着したのが一月二四日であることは確かである。

橇から次々と荷物が降ろされる。四三門の大砲、二門の野戦砲、十四門の臼砲と小型砲弾発射器、七、〇〇〇発の砲弾、二、〇〇〇挺のマスケット銃、三一トンの銃弾という途方もない量であった。一躍、軍の英雄になったノックスは、親しみをこめて「雄牛」と呼ばれた。

雌雄を決すべき時

一月に入ってボストンの市街はにわかに活気づいて見えた。軍需物資が輸送船団に積み込まれ、兵士たちも出港の準備を整える。そうした動きを注意深く監視していたワシントンは、イギリス軍がボストンから南進してニュー・ヨークを突こうとしていると大陸会議に警告した。ワシントンの読みは正しかった。本国からボストンのイギリス軍に指示が届いていた。

曰く、ニュー・ヨーク植民地総督と一致協力して、ニュー・ヨーク市とオールバニーを占領せよ。さらに周辺水域に艦隊を配置して、ニュー・ヨーク市と外部の連絡を完全に遮断せよ。植民地側が占拠しているクラウン・ポイント砦とタイコンデロガ砦を奪還するように。さらにカナダ民兵とインディアンの応援を得て、ニュー・イングランドに攻勢を仕掛けよ。

大がかりな作戦である。もしイギリス本国の思惑通りに戦局が進めばどうなるか。ボストンを包囲している大陸軍は補給を絶たれ崩壊する。そうなれば植民地側に残された選択肢は屈服しかない。

ワシントンと同じくニュー・ヨーク市に迫る危機を感じ取ったチャールズ・リー将軍は、その防衛の任を買って出る。リーは、喧嘩好きで不格好な鷲鼻が人目を引く痩せぎすの軍人である。身長五フィート八インチ（約一七三㎝）。ヨーロッパ各地で戦歴を積み、五カ国語を操る。決闘で二本の指を失っていて、どこへ行くにも愛犬の一群を連れ回すという奇癖を持つ。「犬たちは好きだが人間は嫌いだ」と公言している。部屋の中にも愛犬たちを連れ込んで一頭一頭紹介しようとするので、淑女たちからしばしば顰蹙《ひんしゅく》を買っていた。インディアンから「沸騰水」という渾名で呼ばれていた。短気で怒りっぽいからだ。リーの性格を一言で表せば、過信と傲慢である。リーは、ワシントンの軍才をまったく認めず、自分のほうが格段に優れていると思っていた。それも無理はない。リーのほうが軍事経験が豊富である。それは誰もが認めることであったが、大陸会議は外国生まれという理由でリーを総司令官の選から外した。独断で軍を動かして軍功を上げたいと考えたリーは、ワシントンに募兵の許可を求める。

ニュー・ヨークを敵に渡してはなりません。大陸会議の命令など待っていられません。戦々恐々としている大陸会議を勇気づける必要があります。あなたの名のもとに募兵する権限を私に与えて下さい。コネティカットに行って志願兵を集めたいと思います。私には必ずそれをやり遂げる自信があります。［中略］。閣下が少しでも早く承認下されば、それだけ事態は改善されるでしょう。一日遅れれば、それだけ運命は致命的なものとなります。

リーの要請を受けたワシントンであったが、すぐに返事を出せなかった。大陸会議から許可を得ずにニュー・ヨークに部隊を派遣してもよいのか。そこでワシントンは、大陸会議でマサチューセッツの代表を務めていたジョン・アダムズに手紙で相談する。

アダムズは、大陸会議の許可を求める必要はないとワシントンに答えた。さらにアダムズの自論が展開される。ニュー・ヨーク市とハドソン川流域は最も重要な戦略拠点である。南北の植民地をつなぐ通廊となっているだけではなく、カナダへの通路としても五大湖に至る経路としても鍵となる地域だからである。どのような手段を使っても守るべきである。したがって、リーの提案を認めるべきである。

アダムズの返事を読んだワシントンは、ニュー・ヨークの防衛を固める任務にリーを送り出す。もしニュー・ヨーク市内で本国支持派がイギリス軍の到着を待って蜂起しようと企んでいれば、ニュー・ヨーク市を占領する好機は今しかない。イギリス軍が到着する前に先手を打つべきだ。リーには、ニュー・ヨーク市の各所に要塞を築き、本国支持派を武装解除させ、軍需物資を鹵獲《ろかく》する権限が与えられた。

ボストンでも停滞していた戦線が動き始める。一月八日、レックミア岬に陣取るパトナムは士気を高める作戦を考えつく。チャールズタウン半島の哨所に奇襲を仕掛けて歩哨を捕虜にしようというのだ。夜の闇を隠れ蓑にトマス・ノールトン少佐率いる二〇〇人の兵士が秘かに進発する。ノールトンは、バンカー丘陵の戦いで殿軍《しんがり》を務めてイギリス軍の手から友軍を救った勇敢な大尉である。その功績が認められて少佐に昇進していた。

兵士たちは哨所に忍び寄って、付近の家屋に火を放つ。驚いて出てきた五人のイギリス兵をすかさず捕虜にする。敵軍の接近を察知したイギリス軍の陣地から砲弾が飛来する。

その夜、ボストンに立てこもるイギリス軍の士官たちは、腹を抱えて笑っていた。笑いの種は『ボストンの封鎖』という劇である。脚本家はバーゴイン将軍である。劇を演じる俳優はどこで見つけたのか。士官たちが俳優を務める。それはイギリス軍の伝統的な余興であった。

劇を演じるには脚本と役者の他にも必要なものがある。舞台だ。ファニエル・ホールが舞台に選ばれる。かつてファニエル・ホールは、本国に抵抗を呼びかける者たちによって集会所として使われていた。そして、今、その者たちを反逆者として捕えようとしているイギリス軍によって使われている。運命の皮肉としか言いようがない。

ごていねいにも劇の上演を伝える案内状は、ワシントンにも届けられていた。もちろんワシントンは、招待状がいかに丁重で慇懃な文面であっても、一度も招待に応じようとはしなかったが。

観劇者の記録によれば、『ボストンの封鎖』は大陸軍を馬鹿にした滑稽劇だったという。登場人物はワシントンとその兵士たちである。

無骨な田舎者のワシントンがぶかぶかの鬘に錆びついた剣を腰に下げて舞台に登場する。それだけでもずいぶんと滑稽な情景だが、さらにぼろを着て銃身の長さが八フィート（約二・四m）という途方もない年代物の火打ち式銃を担いでいる田舎者の老軍曹が後に続く。間抜けな将軍としてワシントンは徹底的にやっつけられる。

拍手喝采のうちに第一幕が終わり、第二幕が始まった時のことである。一人の士官が舞台に上がって静粛を求めた後、「集合せよ。集合せよ。奴らが攻撃を仕掛けてきたから打ちのめせ」と叫んだ。その士官が舞台衣装を着たままだったので、観客の士官たちはてっきりそれが第二幕の最初の台詞だと勘違いして拍手で迎えた。『ボストンの封鎖』は初演だったので観客は筋書きを知らなかった。

割れんばかりの喝采の中、ハウ将軍は笑みで緩んでいた顔を強張らせ、すぐに配置につくように士官たちに命じる。警報が本物だと悟った士官たちは、各自の持ち場に向かうために蜘蛛の子を散らすようにファニエル・ホールから出て行った。にわか俳優たちも大急ぎで舞台衣装を脱ぎ、化粧を拭いながらあわてて同僚の後を追う。ホールに残ったのは呆然とした女性たちだけであった。まるでそれは喜劇のような場面であった。士官たちにとって幸いなことに、大陸軍の攻撃は本格的なものではなかった。それでもパトナムはイギリス軍の心胆を寒からしめた。

一七七六年一月十日、アメリカ史に残る一冊のパンフレットが発行される。トマス・ペインの『コモン・センス』である。ペインの前半生はぱっとしない。いくつか職を転々としているが、どれもうまくいっていない。イギリス南東部にあるルイスの街でヘッドロング・クラブという政治クラブに入ったことがペインの命運を変える。ペインは政治談議が性に合っていたらしく、すぐに頭角を現す。ある日、ルイスの街の徴税人たちから請願を書くようにペインは依頼される。完成した請願を持ってロンドンに出たペインは、コーヒー・ハウスでベンジャミン・フランクリンと出会う。いろいろと厄介事を背負い込んだペインは、イギリス本国に見切りをつけて、フランクリンの紹介状を懐にアメリカに渡る。そして、フィラデルフィアで執筆業を始め、『コモン・センス』で大当たりを取る。

『コモン・センス』とは何か。それは植民地とイギリス本国の戦いが、もはやイギリス帝国内の権利獲得をめぐる戦いから、植民地がイギリス帝国から独立を獲得する戦いに変わったことを高らかに宣言するものだ。植民地人は、国王がイギリス議会に騙されているだけで本当は慈愛溢れる君主なのだという幻想を抱いていた。ペインはそうした幻想を打ち砕き、独立こそ真の自由を手に入れる正しい道であると断言する。

アメリカ人は『コモン・センス』をどのように受け入れたのか。商家の徒弟として各地を渡り歩いていたエルケイナ・ワトソンは、「ペインの『コモン・センス』は発表されてから数週間で雷鳴のようにまたたく間に全土に広がった」と記している。ペイン自身の説明によれば、最初の一〇〇日間で十二万部が売れたという。当時の印刷技術や流通経路を考えると、実数ははるかに少ないと思われるが、それでもたくさん売れたことは間違いないだろう。

『コモン・センス』が広く流通した要因の一つがアメリカ人の識字率である。アメリカ人の識字率はヨーロッパと比べて高かった。地域差や階層差はあるが、白人男性に限れば少なくとも七割の者が新聞を読んだり手紙を書いたりできる識字力を持っていた。その一方で女性は教育を受ける機会が少なかったので、男性よりも識字率は著しく低かった。

『コモン・センス』が独立運動に大きな影響を与えたのはなぜか。後にカレッジ・オブ・ニュー・ジャージー（現プリンストン大学）の学長となるアッシュベル・グリーンは次のように回想している。

Auguste Millière, Thomas Paine (Circa 1876)

　すべての中で最も顕著な出版物は、ペインの『コモン・センス』であった。このパンフレットは、これまでに出版された他のどのような出版物よりも多く売れたと私は考えている。それは匿名で印刷され、その著者が判明するまでかなりの時間がかかった。その間に多くの版が重ねられた。新聞や居酒屋などあらゆる公共の場には決まって、「コモンセンスが十八ペンス［九〇〇円相当］で」という広告が躍っていた。［中略］。それは［アメリカ人の］琴線に触れたのだ。少し触れるだけで琴線は揺れ動いたのだ。独立の機は熟していて、ただ誰かが人民に決然と大胆にうまくそれを伝えるだけでよかった。

　グリーンが言う「誰か」がペインだったというわけである。もちろん『コモン・センス』に不信感を抱く者もいた。ある本国支持派は次のように一月十九日の日記に記している。

『コモン・センス』と呼ばれるパンフレットが喧噪を引き起こした。これまで世界に公表された出版物の中で最も下劣なものの一つである。

続けて二月二六日の日記には「独立がもうすぐ宣言されるだろうと私は思っている」と苦々しげに書かれている。その一方でワシントンは「反論の余地がない論理が『コモン・センス』に含まれている」と高く評価している。

ワシントンは思索の人ではなかった。行動の人である。しかし、時代の流れでどのような政治思想が重要であるかはよく理解していたし、その変化に対応する柔軟な精神も持っていた。独立という明確な目標がワシントンの心の中で固まりつつある。

さてボストンに話を戻そう。ニュー・ヨーク市の防衛をリーに委ねたワシントンは、目の前のボストン包囲に集中できた。ノックスのおかげで大砲と弾薬は揃った。ただボストン攻略に必要なものがもう一つある。厳しい寒さである。ボストンを囲む水路が凍結すれば、ボートを使わずに一気に市街に突入できる。

毎日、水面に浮かぶ氷に目を向けるのがワシントンの日課になった。気温はしばらく低下の一途をたどったが、やがて寒気が和らぎ、なかなか水面は氷結しない。二月十六日、ようやく氷が十分な厚さに達したと確信したワシントンは作戦会議を開く。

「氷上を渡ってボストンに総攻撃を仕掛けよう」

それが総司令官の第一声であった。しかし、将軍たちは気乗り薄であった。ワシントンの言葉が続く。

「危険を伴うのは十分に承知している。しかし、それよりも勝利を収める見込みのほうが重要である」

全植民地の人びとの目が大陸軍に注がれている。これ以上、何の戦果もなく無駄に滞陣を続ければ、誰も大陸軍に期待しなくなる。そうした思いを胸にワシントンは熱弁をふるったが、将軍たちの反応は鈍い。一人の将軍が立ち上がって意見を述べる。

「イギリス軍の大砲によって甚大な被害を受ける可能性がある。したがって、そのような危険な作戦を受け入れることはできない。少なくとも作戦の実行前に数日間、砲撃する必要がある」

さらにもう一人の将軍が立ち上がって強い語気で言い放つ。

「閣下はわが軍を過大評価する一方で、敵軍を過小評価しているのではないか」

ワシントンは、動員できる大陸軍の数を一万六、〇〇〇人とした一方で、イギリス軍の数を五、〇〇〇人と想定した。しかし、将軍たちはその見積もりが甘いと考えた。将軍たちがワシントンの意見を受け入れようとしないのは当然である。将軍たちの目からすれば、ワシントンはまだ総司令官として何も目立った業績を上げていない。たとえ個人的に親しみを感じるようになったとしても、実績がない総司令官の見解を信用できるだろうか。

将軍たちの疑念にもかかわらずワシントンは、「もし固い決意で作戦を遂行すれば、きっと成功する」と信じていた。作戦会議から二日後、ワシントンは大陸会議に詳細を報告している。

敵の増援が到着する前に、議会軍［イギリス軍］に攻撃を仕掛けるべきだと私は確信しています。確かに敵軍は地勢と大砲に関して有利かもしれません。しかし、氷結がこのまま続き、諸将が私に賛同してくれれば、私は強い確信のもと、攻撃準備を整えておきたいと思います。

攻撃準備とは具体的に何をすることか。大砲を戦略的に有効な場所に配置することだ。作戦会議は総攻撃を否決したものの、次善の策としてそれを認めていた。

どこに大砲を配置すべきか。高い場所が望ましい。高い場所に砲兵陣地を築けば敵軍よりも優位に立てる。候補地は二つしかない。チャールズタウン半島とドーチェスター高地である。

まず海を挟んでボストンの真北に位置するチャールズタウン半島はどうか。残念ながらチャールズタウン半島は、バンカー丘陵の戦いの後、イギリス軍によって鉄壁の防御陣地が構築され、簡単に手を出せない。

ではドーチェスター高地はどうか。ドーチェスター高地は海を挟んで南からボストンを見下ろす位置にある。もしドーチェスター高地が大陸軍の手に落ちれば、イギリス軍は砲撃にさらされる。そうなればボストンを放棄するか、それとも出撃して戦いを挑むか、選択を迫られる。

ワシントン自身の表現によれば、ドーチェスター高地は「市街の大半と港のほぼ全域を一望に収められる」場所である。しかも大陸軍にとって幸いなことに、ドーチェスター高地にはほとんど何も防備が施されていなかった。なぜか。もちろんイギリス軍もドーチェスター高地の戦略的重要性を見逃していなかった。その証拠に、イギリス軍の偵察部隊が出動してドーチェスター高地の家屋をすでに焼き払っていた。しかし、奇妙なことにイギリス軍はそれ以上、何も行動に出なかった。地面が凍結していたせいで要塞化を諦めたようだ。自軍が要塞として利用できなければ、敵軍も要塞として利用できないだろう。そう考えても不思議ではない。

それでもワシントンはあえてドーチェスター高地を占領しようと考えた。ドーチェスター高地に陣地を築けば、バンカー丘陵の戦いのようにイギリス軍が大挙して押し寄せて来るはずだ。そこを迎え撃つ。それだけではない。ワシントンは、パトナムに四、〇〇〇人の兵士を預ける。そして、もしイギリス軍がドーチェスター高地に向かう動きを見せれば、すぐに作戦を開始せよと命じる。いったいどのような作戦か。イギリス軍の出撃を知らせる合図を確認したらボートに乗り込み、大砲の援護のもと、ボストン市街に上陸する。そして、内側からボストンの地峡を突破して味方を招き入れる。

手はずを整えたワシントンは、来るべき挑戦に備えて布告で兵士たちを鼓舞する。

我々が従事しているのは高貴な大義である。美徳と人類の大義である。我々自身と我々の子孫の幸福と繁栄は我々がいかに積極的に行動するかにかかっている。つまり、我々の行動の結果しだいで自由か隷属かが決まる。人間が行動する動機が他に何かあるだろうか。もし作戦に参加する者が義務を放棄して身を隠すか、指揮官の命令を無視して敵に背を向ければ、卑怯な振る舞いの見せしめとしてその者をすぐに撃つ。

たとえ兵士たちがやる気になっても解決すべき問題がまだ二つ残されている。どうすればイギリス艦隊の監視をかいくぐってドーチェスター高地に大砲を運び上げられるのか。そして、どうすれば凍結している地面を掘り起こして陣地を築けるのか。

まず一つ目の問題の解決策である。ワシントンは三夜にわたって激しい砲撃を続けた。三月四日の夜だけで一五五発の砲弾と十三発の榴弾が発射されたという。これは敵軍の注意を逸らせるための陽動作戦である。ボストン郊外に住むジョン・アダムズの妻アビゲイルは、夫に次のように書き送っている。

私は十二時頃に就寝しましたが、一時過ぎに起き上がりました。もし自分が戦場にいたらと考えるとそれ以上、寝られなくなってしまいました。窓の震え、家の軋み、二四ポンド砲の絶え間のない咆哮、そして、砲弾の炸裂のせいでそのようなことを考えてしまうのでしょう。

三月四日、夜陰に乗じて一、二〇〇人の作業部隊と八〇〇人の援護部隊、そして三〇〇組の牛からなる別働隊がロックスベリーを出発する。あらかじめ組み立てておいた構造物を積んだ荷車には、音を消すために藁が巻かれている。さらに遮蔽に用いる干草が積み込まれた。敵軍の視界を遮れば、銃撃で受ける被害を減らせるうえに作業自体も隠せる。

その夜は煌々と月が輝く晴夜であった。月光は高地を明るく照らし出している。しかし、幸いなことに麓に靄がかかり、別働隊の姿は黒い影となって完全に溶け込んでいる。馬に乗って命令を下すワシントンの姿は、影となってもそれと認めることができた。時々、稲妻のように光る砲火の他にはっきり目視できるものは何もない。

午後八時頃、別働隊は何の抵抗も受けずにドーチェスター高地に到達できたが、もちろんそれで終わりではなかった。まだ作戦は始まったばかりである。

地面は地中深くまで凍っていて岩のように硬い。そこで大量の燭台や粗朶《そだ》を使って凍土を溶かす。それはフレンチ・アンド・インディアン戦争中、厳寒の地で要塞を築いた経験を持つ士官の発想によるものだ。そうした経験を持った士官がいたことは、大陸軍にとって幸運であった。

基礎さえ構築できれば、運び上げた構造物を適当な場所に据えるだけだ。一種のプレハブ工法である。この作戦で犠牲者は一人も出なかった。軍医として従軍していたジェームズ・サッチャーは、「地面が十八インチ（約四六㎝）まで凍っていたことを考えると、作業が夜間におこなわれたとはにわかに信じ難い」と記録している。

三月五日未明、イギリス軍の兵士たちはわが目を疑った。ボストンを凝然と見下ろす六つの堅固な要塞が一夜にして姿を現していた。あるイギリス軍の士官は次のように記している。


アラジンの魔法のランプの精霊のような迅速さで夜間に壁がすべて築かれた。こうした丘陵から彼らは街全体を見下ろすことができ、我々は彼らをその位置から追い出すか、その場所を放棄させるかしなければならない。


またハウも、「わが全軍が数週間もかかるようなことを反逆者がわずか一夜でやってのけるとは、私はどうするべきかわからない」と思わず漏らしたという。そして、「少なくとも一万二、〇〇〇人を投入したに違いない」と本国に報告している。実際に作業に従事した者の数はハウの見積もりの十分の一である。要塞が突如、出現したことはそれほど驚きであった。

朝まで本当に誰も気づかなかったのだろうか。少なくとも一人の士官が大陸軍の動きを察知して「反逆者どもがドーチェスター高地で何か作業中」と上官に報告している。午後十時頃のことである。しかし、上官は何も対策をとらなかった。

ドーチェスター高地に築かれた砲兵陣地は、ボストン市街だけではなく、ボストン港内を通るイギリス艦隊や沖合に浮かぶウィリアム要塞まで射程に収めていた。ワシントンは、「朝、敵が我々の陣地を最初に発見した時、彼らは大混乱に陥っているようであり、彼らの動きから攻撃を企てているようであった」と記している。

さっそく、ドーチェスター高地に砲弾が飛来する。要塞が完成したことに安心したのか、大陸軍の兵士たちはまったく怯む様子がない。この日は奇しくもボストン虐殺事件の六周年であった。ワシントンは兵士たちの間に入って、「三月五日を忘れるな。同胞の死に復讐を」と激励して回る。兵士たちは轟くように唱和して同意を示す。

こうしてドーチェスター高地の占領に成功した後、ワシントンは抜かりなく次の手を打つ。もしイギリス軍がドーチェスター高地に肉薄しようとすれば、事前に決めた方針に従ってボストンを突くように各部隊に通達が行きわたる。

Gilbert Stuart, Washington at Dorchester Heights (1806)

ドーチェスター高地の要塞の中には、後に「革命の絵師」として名を馳せるジョン・トランブルがいた。ボストン周辺の絵図をワシントンに献上してすでに画才を発揮している。トランブルは次のように書いている。

我々は高揚して迫り来る攻

撃に対して備えている。険しい二つの丘陵の頂上に陣取る我々の拠点は自然の要害であり、十分に要塞化されている。我々は少なくとも二〇門の大砲を据えている。弾薬も十分にあり、十分に武装した歩兵がたくさんいる。我々は攻撃を待ちわびている。バンカー丘陵の栄光と競って、できればそれを翳《かげ》らせたい。夜になって最高司令官が我々を訪れて、防衛準備をすべて点検した。

総司令官の目が注がれているのを知った兵士たちは、持ち場で最善を尽くそうと臨戦態勢に入る。胸壁が補強され、石と砂を詰めた樽がその前に据え付けられる。もし敵が要塞に取りかかれば、その樽を転がして撃退しようという工夫である。イギリス軍を迎える準備は整った。要塞の中にいた一人の兵士は次のように記している。

流血と虐殺の準備が整った。［中略］。我々の苦痛と流血が報いられんことを。そして、祖国のために勝利が与えられますように。

ヤドカリを殻から引きずり出すためにはどうすればよいか。無理やり手で引きずり出そうとすれば、はさみで指を挟まれる。うまい方法がある。殻の先端を火で炙る。そうすればヤドカリは這い出てくる。イギリス軍はボストンという殻に閉じこもったヤドカリである。迂闊に手を出せば怪我をする。ワシントンは、ドーチェスター高地の要塞化でイギリス軍の尻に火を付けた。熱さに耐え切れずに出撃するに違いない。

ボストンを占領しているイギリス軍の総司令官は、昨年十月にトマス・ゲージ将軍からウィリアム・ハウ将軍に変わっていた。ゲージの更迭は仕方がないことだ。何しろ多くの犠牲者を出しながら獲得した戦果は小さな丘が二つである。その他に強いて挙げるならチャールズタウンを焼失させたことくらいだろうか。

新たに総司令官になったハウは四〇代半ばの歴戦の将軍である。一貫して北アメリカ植民地に対する厳しい措置に反対していたが、国王から親しく要請を受けて大任を引き受けた。肌は浅黒く精悍そのもの。身長は六フィート（約一八三㎝）。ワシントンと同じ背格好だ。ハウは賭博や漁色に目がない享楽主義者であり、「いつも陽気に」というフランス語が口癖であった。快楽を好むとはいえ、無能ではない。戦術の要諦を心得ているうえに十分な経験も積んでいる。ただあまりに慎重すぎて、時に緩慢に見えることもあった。

ボストン包囲は、ハウとワシントンの一回戦と言える。これからワシントンは、ハウと何度も対峙することになる。ワシントンと対峙した将軍たちの中で最強の好敵手は誰かと問われれば、私は真っ先にハウの名前を挙げる。

今、ハウは岐路に立たされている。ドーチェスター高地に総攻撃を仕掛けて奪取を試みるか、それともボストンから全面撤退するか。ハウにとって撤退は屈辱でしかない。ドーチェスター高地を攻略するしかない。二、五〇〇人の兵士たちが次々に輸送船に乗り込む。

ついに戦機が訪れたとワシントンは心の中で快哉を叫ぶ。イギリス軍がドーチェスター高地への攻撃を開始すれば、手はず通りにその隙を突いて大陸軍の残りの部隊がボストンに殺到する。いつイギリス兵を載せた輸送船が動き出すかと各部隊は固唾を呑んで合図を待つ。今、まさに数ヶ月にわたって睨み合っていた両軍の雌雄を決する時が到来する。

突如、強風が吹き荒れ、戦機をうかがう両軍の兵士たちに襲いかかる。雨混じりの強風は嵐に変わり、水面に浮かぶ輸送船を木の葉のように弄ぶ。あるボストンの市民は「ハリケーン、もしくは恐ろしく激しい嵐」と日記に綴っている。柵がなぎ倒されたというから凄まじい。これでは兵を動かせないと判断したハウは、翌日に攻撃を延期するように命じる。

ハウを嘲笑うかのように翌日も荒天は続く。暴風が吹く中、車軸を流すような大雨が降る。その間にも大陸軍は孜々《しし》として陣地の強化に努めていた。

暗雲が去って空が晴れわたった時、ハウの目の前には大陸軍が築いた堡塁や砲台が延々と連なっていた。防備が手薄なうちに要塞を奪取するという作戦は断念せざるを得ない。両軍の激突は回避された。ワシントンは、「最も幸運な状況が彼らに、そして、最も不運な状況が我々に起きた。我々は彼らを撃退するあらゆる準備を整えていたというのに」と悔しがった。しかし、冷静に考えれば大陸軍のほうが分が悪かった。防衛線が短く制海権を手中に収めているイギリス軍は、たとえドーチェスター高地に攻撃を仕掛けている間に後方に異変が起きても天候さえ良ければ容易に転進できる。その一方で、もし大陸軍がボストン突入に失敗すれば、整然と後退することは至難である。袋の鼠になって壊滅させられる。そうなれば大陸軍は戦力の大部分を失って瓦解する。

結局、両軍は互いに決定打を与える機会を失った。このまま再び膠着状態に戻ってしまうのか。

解放

ハウは今後の策を思案する。まず現在、イギリス軍が置かれている状況を確認しなければならない。ボストン市街に大陸軍の砲弾が降り注ぐようになった。目立った被害はないが、座視しているわけにはいかない。大陸軍がドーチェスター高地を抑えている限り、イギリス艦隊の動きが制限される。もし港内にとどまれば格好の的になってしまう。

ハウ将軍の悩みはもう一つある。アメリカの私掠船が海上からの補給を脅かし始めている。それに荒天のせいで補給物資を積んだ船がなかなかボストン港に入れない。船舶から落下した家畜の死骸が遠くアイルランドの海岸まで漂着したという。

これ以上、ボストンで粘っても利点はない。そう判断したハウは撤退を検討し始める。どのように兵士たちを輸送船に乗り込ませればよいか。多くの兵士たちを乗船させるには時間がかかる。そうなると大陸軍の砲火に身をさらす時間が長くなる。輸送船が撃沈されれば元も子もない。大陸軍を攪乱する妙案はないか。ハウが下した結論は放火である。ボストン市街に火を放ってその混乱に乗じて撤退しようという策である。

それを知ったボストンの市民は驚愕する。戦闘だけならまだしも、火を放たれてはボストンは灰燼に帰す。市民の代表が連名でハウに嘆願書を提出する。もし大陸軍が妨害しなければ、イギリス軍はおとなしく何もせずに撤退すると約束してほしい。

嘆願書に目を通したハウはまさに渡りに船だと思う。ボストンがどうなろうと気にかける必要はないが、妨害を受けずに撤退できるという申し出は魅力的だ。そこで大陸軍に話を持ちかけてみることにした。

三月八日、嘆願書を携行したハウの副官が休戦旗を掲げてロックスベリーの陣営を訪問する。ケンブリッジの本営で使者を迎えたワシントンは、手紙には明確な宛名がないので受領できず、ハウ将軍から直接手紙をもらったわけではないので公式に返信できないと伝えた。

交渉が決裂すれば、ボストンは戦火に焼かれる。無辜の市民が犠牲になる。それは杞憂ではない。実はワシントンは大陸会議にボストンを砲撃する許可を求めていたからだ。

大陸会議でワシントンの要請が読み上げられた時、代表たちは事態が深刻であることを認識して沈黙した。

今、大陸軍はイギリスの圧政に抵抗して戦っていると多くの人びとが信じている。横暴な本国が植民地人の自由と財産を侵害するのを阻止するために我々は立ち上がったはずである。もしボストンの砲撃を許可すればどうなるか。それは大陸会議が市民の財産を侵害することになる。そうなると大陸会議の大義名分が失われかねない。

代表たちの視線は、大陸会議議長を務めるジョン・ハンコックに注がれた。なぜならボストンに最も多くの財産を持つハンコックにこそ発言する資格があると考えたからだ。ハンコックは決然とした表情で言い放った。

「確かに家屋や土地など私のほぼすべての財産はボストン市内にあります。しかし、もしボストンからイギリス軍を追放し、わが国の自由を得るために市街を焼き払う必要があるなら、ただちにそう命じましょう」

こうしてハンコックが大見得を切ったにもかかわらず、大陸会議はボストンの砲撃を認めなかった。住民の反感を買うべきではない。それに、たとえイギリス軍を壊滅させられても、かえってイギリス本国の態度を硬化させることになり、和解の可能性がなくなってしまう恐れがある。大陸会議の政治的判断は間違っていない。

諜報によれば、すでにイギリス軍は退却の準備を進めていた。ワシントンは最後の一手を打つ。三月九日夜、ボストンの地峡に最も近いヌーク丘陵に大陸軍の分遣隊が向かう。砲兵陣地を築くためだ。ヌーク丘陵の砲兵陣地が完成すれば、イギリス軍の喉元に刃を突き付けたに等しい。

分遣隊を援護するためにドーチェスター高地から激しい砲撃がおこなわれる。それに対抗してイギリス軍はドーチェスター高地に軽砲で七〇〇発もの砲弾を撃ち込む。イギリス軍の砲撃に負けじとコブル丘陵、レックミア岬、ケンブリッジ、ロックスベリーに配置された大陸軍の砲門が一斉に開かれる。

此方に火花がぱっと閃いたかと思えば、彼方から轟音が殷々と響く。夜空に弧を描いて黒い影が水面を挟んで飛び交う。砲撃は夜通し続き、翌朝六時になってようやく止んだ。味方の援護のもと、ヌーク丘陵に向かった分遣隊であったが、大砲が暴発して自壊してしまったので、砲兵陣地の構築を断念せざるを得なくなった。

イギリスは着々と撤退の準備を進める。ボストン市内には、あらゆる物資を軍に供出するように命じる布告が貼り出された。物資を残せば大陸軍に利用されるだけだ。それならできる限り運び出したほうがよい。市民の私有財産を略奪した者を銃殺刑に処すという布告がすぐに出されたが、それは建前にすぎなかった。

ワシントンはイギリス軍の動きを油断なく見張っていた。イギリス軍の撤退が虚構の可能性もある。そこで再び大陸軍の分遣隊がヌーク丘陵の占拠に向かう。ヌーク丘陵さえ抑えておけば、たとえイギリス軍がボストンに居座ろうとしても、砲撃で叩き出せる。

激しい砲撃にさらされながらも兵士たちは胸壁を築くことに成功する。さらにワシントンは、イギリス軍がドーチェスター高地に襲来した場合に備えて、ジョン・サリヴァン将軍とナサニエル・グリーン将軍に四、〇〇〇人の兵士を預ける。そして、もし合図があればすぐにボストン市街に侵攻せよと命じる。雌雄を決したいという思いをワシントンはまだ捨て切れていない。

三月十七日午前八時、プラウド丘陵から敵陣を視察していたサリヴァンは、ボストン港内に数十隻の軍艦や輸送船が浮かんでいるのを見た。ボートが次から次へと兵士たちを船に運んでいる。どうやらイギリス軍はボストンから撤退を開始したようだ。ただ不思議なことにバンカー丘陵に目を移すと、まだ歩哨が配置されている。

港は混乱の最中にあった。船に乗り込む順番を待っていたのは兵士たちだけではない。実に一、一〇〇人近くの本国支持派もその場に悲愴な顔を並べている。本国支持派に割り当てられた船は非常に少なく、しかも自前で水夫を雇わなければならなかった。一つの船室に三七人が押し込まれたこともあったという。もちろんベッドは足りず、床に雑魚寝である。

なぜ本国支持派はそうまでしてボストンを去ろうと考えたのか。本国支持派は、サミュエル・アダムズや今は亡きジョゼフ・ウォレンなど急進派を憎悪していた。急進派がボストン市民を扇動してイギリス本国に歯向かわせたと信じていた。人間は誰かを憎む場合、その誰かも同じくらい強く自分を憎んでいると思いがちである。だからこのままボストンに残れば身に危険が及ぶと判断して故郷を捨てることにした。絶望して冷たい水面に身を投げる者もいた。

大陸軍は砲弾を一発も発射せず、目の前で繰り広げられる混乱を遠巻きに静かに見守っていた。ワシントンは、「今、ここにいる哀れな人びとよりも惨めな存在は他にはいない」と本国支持派の受難について記している。

サリヴァンは馬に一鞭入れてバンカー丘陵に向かった。下から見上げても歩哨は微動だにしない。近寄って確認すると、それは人形であった。人形は軍服を着せられ、頸章代わりに蹄鉄が掛けられ、レースに見えるように紙の襞飾りが付けられている。さらに「ようこそブラザー・ジョナサン」と書かれた板まで吊るされている。ブラザー・ジョナサンとは、イギリス人によるニュー・イングランド人の呼び名である。少しでも大陸軍の接近を遅らせようという偽装工作であった。サリヴァンは念のためにブリード丘陵まで足を伸ばしたが、人影はまったくなかった。

ボストンの家々の扉が次々に開く。扉から飛び出した少年たちは歓声を上げながら通りを走り、地峡を抜け、ロックスベリーの陣営まで駆け込んだ。そして、ボストンがついに解放されたことをアーテマス・

ウォード将軍に伝えた。

さっそくウォードは、五〇〇人の一隊を選抜して街に送りこんだ。この一隊の兵士たちは痘痕を持つ者ばかりだ。まず天然痘が流行していないか確認するためである。通りのあらゆる場所で撒き散らされた鉄菱が鈍く光っている。それはイギリス軍の置き土産であった。確認が終わった後、続けて他の部隊も太鼓を打ち鳴らしながら開け放たれた門から堂々と入市する。軍医のジェームズ・サッチャーは市民の様子を次のように記している。

通りを行進していると住民たちが扉の前や窓に姿を見せた。長い監獄生活から解放されて彼らは生き生きとした喜びを示していたが、退屈な十ヶ月間の包囲による憂鬱が彼らの表情に浮かんでいて、それから完全に解放されていないように見えた。

ウォードに続いて入市したパトナムは、「北アメリカ十三植民地連合」の名のもとに軍事拠点を占領した。大陸軍の軍旗が翻る。ボストンは民政下に置かれ、大陸軍の士官が秩序の維持に協力する。

ワシントンは、大陸軍を優位な地勢に置くことでボストン解放をほぼ無血で達成した。ワシントンが着任してからボストン解放までの八ヶ月間で命を落とした兵士は二〇人である。ボストン解放という目標の達成と失われた人命の少なさ、そして、この時点の戦力を考えれば、最善の策だったと言える。

三月十八日、ボストンに入市したワシントンは、解放の喜びに浸る間もなく街の様子をつぶさに検分する。多くの建物が破壊され、薬莢、砲弾、砲車などが街の至る所に散乱していたが、街の荒廃は思いのほか軽微であった。しかし、街の中心部にある広壮な煉瓦造りのオールド・サウス礼拝堂は大きな被害を受けていた。

信徒席は一つも残っていない。かつて堂内にあった信徒席は、彫刻と絹張りで飾られた豪勢なものであったという。

ボストン解放の報せを聞いて、市外に避難していた市民たちが帰還し始めた。長い間、離れ離れになっていた人びとは親しい者の顔を見つけると嬉しそうに抱き合う。それこそ本当にボストンが解放された瞬間であった。

ボストンの街にはまだ多くの本国支持派が残っていた。彼らは、どのような仕打ちを受けるかと戦々恐々としていた。ある本国支持派の家の前に檻車が止まった。家に押し入った険しい顔の者たちは、一人の男を引きずり出した。膝を突いて慈悲を乞う妻と泣きわめく娘たちを意にも介せず、侵入者たちは男を檻車に閉じ込めて連れ去った。そして、街外れまで来ると、男を叩き出して永久追放する旨を告げた。

街が不穏な空気に包まれる中、一頭の駿馬がワシントンに贈られる。それが街を出て行った本国支持派から盗まれた馬であることを知ったワシントンは、すぐに持ち主に返却するように求めたという。ワシントンは、本国支持派の処遇をマサチューセッツの官憲に委ね、何も手を出さないように将兵を厳しく戒めた。

こうしてボストンは解放されたが、脅威が完全に去ったわけではない。突然、イギリス軍がどこかに再上陸して襲って来るかもしれない。念のためにワシントンは、ボストン市内にあるフォート丘陵に要塞を構築するように命じた。

その一方でイギリス艦隊は、潮目を待つためにボストン近海をしばらく遊弋《ゆうよく》していた。そして、三月二七日、北方に去った。ハウ将軍は、捲土重来を期して、しだいに遠ざかる陸地を見つめていた。その手には本国から届いた急信が握られていた。何が書かれているか。増援が到着するまでボストンを維持せよという本国の決定が書かれていた。それはハウ自身が提案したことであった。しかし、今、ハウは不本意にもボストンを離れなければならない。次に備えていったん退こう。きっと不名誉を挽回してみせる。そうハウは自分を納得させた。

船上でハウが雪辱を誓っていた一方、ワシントンは暗澹たる気持ちに浸っていた。イギリス軍を無傷で逃したことによって、決定的な一撃を与えて戦争を早期終結させようという目論見は潰えた。しかし、大陸会議はボストン解放を明るい兆しと見なしたようで、ジョン・アダムズの動議にもとづき、ワシントンに感謝の意を全会一致で捧げる。大陸会議の賛辞を受けてワシントンは次のように答えた。

私の成功は将兵の勇気と義務への献身によるものです。そして、わが同胞の愛情と評価を受けることこそ私が受け取りたいと思っている唯一の報酬なのです。

第3章 極北の地へ

物語の舞台

大陸会議は英領カナダ侵攻を決定する。もしカナダを征服できれば、イギリス本国はアメリカが手強いことを悟って要求に応じるはずだ。カナダは交渉のカードになる。

北征が開始される。主力部隊を率いるのはフィリップ・スカイラー将軍とリチャード・モンゴメリー将軍。その一方で、ベネディクト・アーノルドも一隊を率いて東の荒野からカナダを目指す。はたしてカナダ征服は成功するのか。

十四番目の植民地

ボストン解放から少し時は遡る。アメリカ人はボストン解放の他にも重要な作戦を同時に進めていた。カナダ遠征である。フレンチ・アンド・インディアン戦争でイギリスは、フランスの根拠地であるカナダを攻略して勝利した。そうした経緯を覚えていたアメリカ人は、今度は自分たちがイギリスに対して同じ手を使えばよいと考えた。カナダを攻略すれば、イギリス本国も植民地の実力を認めて我々の主張を素直に受け入れるはずだ。

当時のカナダは、未開の原野が多く残る土地であった。主な都市は、ケベック、トロワ・リヴィエール、そして、モントリオールの三つである。三大都市は、オリオン座のベルトのように北東から南西へほぼ等間隔で並び、水路に加えてフランス統治時代に敷設された「王の道」でつながれていた。三大都市を攻略すること、それがカナダ攻略の最初の目標である。

カナダに至る通廊は開いていた。イーサン・アレンとベネディクト・アーノルドのおかげでタイコンデロガ砦とクラウン・ポイント砦が陥落していたからだ。そこからシャンプレーン湖を経て北方に向かえばモントリオールは目前だ。

しかし、大陸会議は二つの砦をイギリス軍に返却しようと考えていた。なぜか。まだ和解の望みを捨てていなかったからだ。しかし、北部の植民地は猛然と反対する。自分たちの身を守るためだ。タイコンデロガ砦とクラウン・ポイント砦さえ抑えておけば、もしイギリス軍が大挙してカナダから南下しようとしても阻止できる。

さらにアーノルドの提言が大陸会議の代表たちの心を動かす。二、〇〇〇人の兵力さえあれば、カナダを征服できる。アーノルドが示した計画の詳細は次の通りである。まず七〇〇人の兵士でシャンプレーン湖の北に位置するセント・ジョン砦を包囲する。その一方で一、〇〇〇人の別働隊がモントリオールに向かう。支援者が内通すれば、すぐにモントリオールは陥落するだろう。残り三〇〇人の部隊は補給線を維持しながらイギリス軍の連絡を絶つ。最後にケベックを急襲して陥落させる。それでカナダ征服は完了する。

一七七五年六月二七日、大陸会議はカナダ遠征の実行を決定する。フィリップ・スカイラー将軍が司令官に任命される。スカイラーは、ワシントンとともにフィラデルフィアを旅立った後、途中でニュー・ヨークに残っていた。四〇代半ばの壮年である。暗褐色の髪に鋭い眼差しを持つ。繊細で優雅な性格は、荒野で剣を握るよりも廟堂でペンを執るほうが向いている。

副将はリチャード・モンゴメリー将軍。モンゴメリーは、北アイルランドの武門に生まれ、フレンチ・アンド・インディアン戦争でイギリス軍の一員としてカナダ方面で戦った経験を持つ。苦難に耐えられる心身と危険を恐れぬ勇気を持つ武人であった。ニュー・ヨークの名門と姻戚関係にある。スカイラーとモンゴメリーというニュー・ヨーク植民地の実力者を遠征軍の頂点に据えたことは、大陸会議がいかにカナダ遠征の成功に期待を託していたかを示している。

大陸会議の期待は、遠征の開始当初から裏切られる。七月十八日、タイコンデロガ砦に着任したスカイラーは遠征軍を視察した。その結果は、スカイラーを愕然とさせる。兵士の数は期待していた数に遠く及ばない。各地に分散している部隊をかき集めても一、三〇〇人程度である。兵士たちは非常に衛生状態が悪い兵営に押し込められている。軍規も無いに等しい。階級の上下が軍規の基本だが、上官の命令に素直に従う兵士はほとんどいない。

他に当てにできそうな兵力はアレン率いるグリーン・マウンテン・ボーイズである。しかし、スカイラーの期待はまたもや裏切られた。グリーン・マウンテン・ボーイズは、ある作戦で失敗したアレンを見限って指揮官から外した。彼らは自分たちの手で指揮官を選ぶことを許されている。結局、アレンは単身でタイコンデロガ砦に姿を現して、志願兵として従軍したいとスカイラーに申し入れた。スカイラーは残念に思いながらもアレンを軍に加えた。

遠征では補給線の確保が鉄則であるが、兵站を担う組織が実質的に存在しない。小麦は絶えず不足している。兵士たちはラム酒を求めて怨嗟の声を上げている。弾薬も十分に無い。シャンプレーン湖を渡るためにボートを建造しなければならないが、釘もタールも木材も見当たらない。まずスカイラーは兵站の整備から始める。補給線を確保せずに進軍することは自殺行為だからである。

八月十七日、スカイラーは諸事を協議するために後方のオールバニーに赴く。留守を預かることになった副将のモンゴメリーは、カナダで情報収集に当たっていたジョン・ブラウンという男から手紙を受け取った。ブラウンの手紙によれば、カナダの防備は手薄であり、今こそカナダ征服の好機であるという。

果断なモンゴメリーは上官の許しを待たずに進撃を決定する。リシュリュー川に浮かぶノワ島を先に抑えれば、イギリス軍の船は一隻もシャンプレーン湖に入れなくなる。こうした判断は完全な越権行為である。しかし、モンゴメリーの報告を受けたスカイラーは咎めなかった。むしろ喜んだ。体調が悪くなったせいで陣頭指揮を執れるか不安を感じるようになっていたからだ。

八月二十八日夕刻、モンゴメリー率いる兵士たちは船に分乗して北上を開始する。こうしてカナダ遠征の幕が切って落とされた。

遠征軍を迎え撃つのはカナダ総督ガイ・カールトン。カールトンは、アイルランドの武門の出であり、オーストリア継承戦争とフレンチ・アンド・インディアン戦争に従軍して負傷している。その後、カナダの行政に携わり、フランス系住民と友好関係を築いてきた。こうしたカールトンの優れた行政手腕と宥和的なケベック法の制定もあって、カナダのフランス系住民はイギリスの統治におおむね満足していた。

カールトンは、ケベックの管轄をヘクター・クラマへ副総督に委任して、モントリオールに移る。その時、カールトンの配下には、六〇〇人のイギリス兵と少数のカナダ民兵しかいなかった。使えそうな武装船はなく、包囲に耐えられるような要塞もなく、増援軍が到来する見込みもない。それに一部の住民が敵に内通しているという噂もある。

こうした状況のもと、カールトンはカナダ防衛の全責任を負わなければならない。カールトンが最初におこなったことは戦力の増強である。付近の住民を民兵としてかき集める。

次に考えなければならないことは、どこに防衛の重点を置くかである。モントリオールの防衛は脆弱である。守るには不向きである。そこでセント・ジョン砦に防衛の重点を置く。敵軍の侵入を出鼻で挫く作戦だ。さらに船大工をすぐに手配して艦船の建造を始める。最後にボストンにいるゲージに使者を送って、カナダから派遣した部隊を返すように求めた。

モンゴメリーが出発した二日後、スカイラーはオールバニーからタイコンデロガ砦に戻った。そして、リューマチの痛みをこらえながら総勢八〇〇人の部隊を編成して副将の後を追う。九月四日朝、リシュリュー川の流出口付近で待機しているモンゴメリーの部隊を発見する。合流した二人はそのまま下流のノワ島に上陸して号砲を放つ。それはカナダの協力者に集合を求める合図である。しかし、応答する者は誰もいない。

九月五日、船団はリシュリュー川を下り始める。両岸は深い森に覆われて見通せない。午後三時、二マイル（約三・二㎞）先にセント・ジョン砦が見える。砦から白煙が上がるのが見えたかと思うと、轟音とともに水柱が立つ。遠征軍は手荒い歓迎を受けたが、被害はなかった。

上陸地点は砦から一マイル（約一・六㎞）離れた湿地帯である。上陸後、砦に向かって進軍を開始した遠征軍であったが、一〇〇人のインディアンによる奇襲を受けた。インディアンの戦士たちは奇襲に成功したものの、砦から支援が何もなかったので、反撃を受けると三〇分ほどで逃げ散った。夜になるまでに遠征軍は胸壁を築く。そこへイギリス軍の砲弾が飛来する。スカイラーは安全な距離まで後退するように命じる。

その夜、一人の男がスカイラーを訪ねて来た。男の名前はわからない。スカイラーがワシントンに送った手紙の中にはその名前が記されていたが、よほど知られたくなかったのか、削り取られている。

謎の男はスカイラーに状況を説明する。セント・ジョン砦には十分な兵力と物資があり、完全武装の艦船が支援に向かっている。さらに地元の住民の支持を得られそうにないので撤退したほうが賢明である。

翌朝、作戦会議が開かれる。スカイラーは士官たちと相談してノワ島まで後退することを決定した。ひとまずノワ島で守りを固めてイギリスの艦船がシャンプレーン湖に入って来ないように阻止すべきだ。さらにクラウン・ポイント砦まで軍を返すつもりだと大陸会議に告げようと報告書を書く。そこへジェームズ・リヴィングストンというアメリカ人商人が訪ねて来る。

リヴィングストンは、謎の男とはまったく異なる情報をもたらす。リヴィングストンによれば、もしセント・ジョン砦に積極的な攻勢を仕掛ければ、カナダ人はこぞって遠征軍の旗下に馳せ参じるに違いないという。モンゴメリーが陣頭に立ってセント・ジョン砦の攻略に再び向かう。

九月十日午後十時、モンゴメリー率いる八〇〇人の部隊は先に築いた胸壁を再び確保する。そして、セント・ジョン砦と後方のシャンブリー砦の連絡を断とうと一隊が背後の森に分け入る。前回のようにインディアンの奇襲を受けるのではないかと神経を尖らせていた一隊は、誤って味方の部隊と同士討ちを演じてしまう。それればかりか、今度は本当に敵の奇襲を受けて追い散らされる。

モンゴメリーは、自ら馬を進めて兵士たちを何とか落ち着かせた。「男らしく振る舞え」という将軍の叱咤を受けて、兵士たちは前進を再開する。そこへ大砲を積載した平底船が襲来する。砲弾を浴びた兵士たちは踵を返して逃げ去る。踏み止まった兵士はほとんどいなかった。

翌朝、軍議でノワ島への撤退が決定された。船隊は南下を開始する。しばらく進んだ所でモンゴメリーは船を岸につなぐように命じる。そして、セント・ジョン砦に引き返して攻略を続けようと兵士たちに呼び掛ける。そこへイギリスの艦船が姿を現したという報せが入る。モンゴメリーの言葉に耳を貸す者は誰もいない。

ノワ島で留守を預かっていたスカイラーであったが、病気が重くなってテントから出ることさえできなくなっていた。再征の準備を整えるが、無情にも雨が降り続き、何度も延期される。結局、健康状態が悪化したスカイラーは前線で指揮を執るのを諦めてノワ島を去った。遠征が成功するか否かはモンゴメリーの双肩に委ねられた。

ノワ島では六〇〇人近い兵士が病に伏している。先行きが見えない兵士たちは不満を募らせる。士官に銃を向ける兵士さえいる。徒党を組んだ兵士たちが数少ない島の住民から物資をかすめ取る。軍法裁判が開かれても証言台に立つ者は誰もいない。これでは処罰の下しようがなく、軍規を保てない。

もう遠征を断念すべきかと士官たちが思った時、ようやく増援が到着し始める。新たに司令官になったモンゴメリーは、二、〇〇〇人の兵士たちを船団に満載してセント・ジョン砦に向けて出発する。散発的に浴びせられる銃火をくぐり抜けて遠征軍は、セント・ジョン砦を取り囲む。

対するセント・ジョン砦には、チャールズ・プレストン少佐率いる五〇〇人の正規兵と二〇〇人のカナダ民兵が立てこもっている。カールトンの手持ちの兵力は多くない。兵力が少ない場合、防衛線を縮小して守るべき拠点の数を減らしたほうが有利である。それにもかかわらず、セント・ジョン砦に大部分の兵力を配置したのはなぜか。もし戦線をすぐに後退させれば、カナダ人やインディアンに侮られて助力を仰げなくなると考えたからだ。

残念なことに、モンゴメリーの部隊には十分な数の大砲がない。南側の川岸に胸壁を築いて、砦を遠巻きに囲んでいることしかできない。

膠着状態を打破するにはどうすればよいか。先にモントリオールを落とすのも一つの手だ。モンゴメリーの命令を受けて、ブラウン率いる分遣隊は北西に進んでラ・プレーリーを占拠する。ラ・プレーリーは、セント・ローレンス川を挟んでモントリオールのすぐ南にある。重要な補給拠点になっている。さらにイーサン・アレン率いる部隊がラ・プレーリーの北にあるロンゲールを占拠する。

アレンが率いている兵士たちはいったい何者か。というのもアレンはグリーン・マウンテン・ボーイズの指揮権を失って、一兵卒として遠征に参加していたからだ。グリーン・マウンテン・ボーイズさえ手元にいれば、モントリオールを簡単に陥落させられるのにとアレンは嘆いている。その代わりにここにいるのは、道々集めたカナダ人である。アメリカ人に協力すればうまい汁を吸えるのではないかと考える者たちだ。少数ながらヴァーモント人の姿もある。

作戦の打ち合わせをするためにブラウンとアレンは、ラ・プレーリーから北に伸びるセント・ローレンス川を眺めている。ケベックから二〇〇マイル（約三二〇km）も上流だが川幅は広い。狭い所で一マイル（約一・六km）、広い所であれば四マイル（約六・四km）はあろうか。この地に住まうモホーク族は「大水路」と呼び慣わしていた。

ブラウンとアレンが見わたす先には、ロイヤル山がなだらかな山容をなしている。その山麓にモントリオールの街が広がる。歴史は古く一六四二年に最初の基礎が築かれた。インディアンの襲撃に耐えるために防壁と空堀が設けられていたが、大砲の脅威に備えた造りではない。火事で何度も焼失したために、街の中心部はほとんどが石造の建物に占められている。

さて、モントリオールを遠望する二人はどのような作戦を立てたのか。作戦はブラウンが提案した。

「私がロンゲールに戻ってカヌーを調達してモントリオールの北からセント・ローレンス川を渡り、あなたは二〇〇人をボートに乗せて街の少し南から渡河する。そうすれば我々がモントリオールの主人だ」

手はずを整えた二人は、再会を期して別れた。次に会う時は勝利の盃を交わそうと約束して。

九月二五日夜、男たちを引き連れたアレンは打ち合わせ通りに出発の準備を進める。セント・ローレンス川に浮かぶボートにアレンの叱咤が響く。

「おまえ達、うまくやれ。静かにやれ。そうしないとひどい目に遭うからな」

アレンの声を背に、先発隊のボートは闇に溶けて姿を消す。水面を叩くオールの音がしばらく聞こえていたが、それも夜の風にかき消される。アレンはかたわらの兵士たちに声をかける。

「おまえ達、我々の前には非常に困難な仕事が待ち受けているが、赤服［イギリス兵］どもに我々の強さを思い知らせよう」

マイク・ハンターという不敵な面構えの大男はアレンの言葉を不満そうに聞いていた。指揮官が相手でも遠慮などしない。それがヴァーモントの荒くれ男たちの気風である。

「大佐、あてにするなら俺たちヴァーモント人にしてくれ。カナダ人は森の中に慣れていないからフクロウにだってびっくりする。言わせてもらうが、カナダ人のような甘ちゃんなんていけ好かねえ。本物の青い血をしたヴァーモント人なら数が半分でも奴らを叩きのめせる」

それを聞いたカナダ人が黙っているはずがない。

「畜生め、厄介事を引き起こさないように礼儀というものを教えてやろう」

こうなっては売り言葉に買い言葉である。

「かかって来いよ、ぶちのめしてやる。おまえのような野郎なら束になってかかって来てもぶちのめせるぞ」

憤激したカナダ人が腕を伸ばしてハンターに飛びかかろうとした時、アレンの雷が落ちる。

「おまえ達は何のために戦うのだ。戦いなら朝になるまでに十分に味わえるぞ。それからマイク・ハンター、おまえの戯れ言はもうたくさんだ。まだ言うなら、おまえを川の中に叩き込むからな」

ハンターはなおも引き下がらない。

「でも大佐、そうは言いますが、もし自分が正しいと信じられなけりゃ絞首刑になったほうがましというもんですぜ」

「黙れ」

アレンは青筋を立てて一喝する。指揮官の怒りに恐れをなして誰もが口をつぐむ。静まり返った夜の闇にオールの音がかすかに響いてきた。そして、おぼろげにボートの影が見える。いぶかしんだアレンは誰何する。

「そこを行くのは何者だ。友軍か敵軍か」

「ジョー・キャディ」

それは仲間の兵士の声であった。

「よしボートが来たぞ、おまえ達も準備して後に続け」

ボートを岸に寄せたキャディは、噛みタバコを吐き捨てながら言う。

「何か元気づけをやったらどうですか」

「ああ、そうだな。ラム酒を持って来い」

そう言うとアレンは、ラム酒を兵士から受け取ってあおった。そして、キャディの手にラム酒を渡した。ラム酒は手から手に渡る。兵士たちの間にラム酒が一巡したのを見てアレンは言う。

「おまえ達、準備はいいか」

「もちろん」

兵士たちは声を合わせて答える。

「では乗り込め。出発だ。モントリオールに立とう。さもなければ死出の衣を着るだけだ」

そして、アレンと兵士たちを乗せたボートは、モントリオールに向けて漕ぎ出す。ボートの舳先に座って暗い水面に視線を這わせながら、アレンは考えている。

今回の作戦は成功するだろうか。モントリオールを同時に北から攻撃するはずのブラウンからの合図がまだない。それに街の中にいる内通者から首尾良い返事が届いていない。

アレンは迷っている。作戦を中断すべきか、それとも続けるべきか。

アレンの迷いをよそにボートは静かに進み、目的地に到着した。もう前に進むしか道は残されていない。

岸に立った兵士たちは、先発隊と無事に合流する。アレンは状況を確認した後、周囲に歩哨を配置して、近くを通り過ぎる者は誰であれ拘束するように命じた。

朝日がモントリオールの街を赤く照らし出す。街のかすかなざわめきが聞こえる。アレンはずっと耳をすませていたが、合図は響いてこない。いったいどうしたのか。合図はまだか。

一人の男がこちらに忍び寄って来る。遠目で男の姿を確認したアレンは、歩哨が男を見逃したのかと思ったが、よく見ると仲間の一人であった。ブラウンのもとに使者として赴いていた男であった。アレンは、男に歩み寄って聞く。

「ブラウンは何と言っている」

「彼はまだ来られません」

「まだだと」

その声には失望と憤激が入り混じっている。

「大佐、いまいましいモントリオールの奴らに遭遇すれば、俺たちは川に叩き込まれます」

「ああ、何てことだ。畜生め。わが部隊だけで切り抜けなければならないとは」

時すでに遅しであった。モントリオールから敵の一隊が出撃して迫って来る。おどろおどろしい戦鼓の音が響く。豪胆なアレンさえ呆気にとられて命令を出すのを忘れてしまった。すると兵士たちの間から声が上がる。

「ボートに戻れ、ボートに。奴らはたくさんいるぞ」

それを聞いたアレンは、我に返ってピストルを振りかざして怒鳴る。

「無駄口を叩くな。赤服に背を向ける奴は弾薬の匂いを嗅ぐことになるぞ」

兵士たちはまるで横っ面をはたかれたようであった。逃げ腰だった彼らは、気を取り直してライフル銃を手に取る。ラム酒が回され、彼らの血管に灼熱のような勇気を注ぎ込む。

U.S. Army Center of Military History, Montreal, 1775 (20th Century)

「野郎ども、踏み止まれ」

一人の兵士がライフル銃を構えて言う。

「来い。ぶちのめしてやる。大佐、ご命令を」

「撃て」

しかし、それはアレンの口ではなくイギリス軍士官の口から出た命令であった。アレンに命令を求めた兵士は叫び声を上げて倒れた。兵士の身体から鮮血が流れ出る。それを仲間の兵士たちは黙って見ていた。誰も動こうとしない。彼らの耳にアレンの声が響く。

「撃て。奴らに好きなようにさせるつもりか」

それからイギリス兵とアレン率いる男たちの戦いが始まる。一本の木、一つの岩をめぐって死闘が繰り広げられる。一人、また一人と男たちは倒れる。生き延びた者たちは戦場から離脱してしまう。勝機がないことを悟ったアレンは、イギリス軍士官に向かって呼びかけた。

「おまえ達の数は俺たちの数よりもはるかに多い。もし俺と仲間たちに適切な処遇を与えるなら降伏しよう」

「そうしよう」

イギリス軍士官がアレンに歩み寄る。アレンは、士官に短剣を差し出して降伏を誓う。それは少し湾曲した刀身と金銀で細工された柄を持つ愛剣であった。先に逃げた兵士たちもほとんど捕えられた。この小競り合いの結果、アレンは三六人の兵士たちとともに捕虜になった。

そのままアレンはモントリオールに連行され、リチャード・プレスコット将軍の前に引っ立てられる。尋

Frederick C. Yohn, Ethan Allen before Prescott (1902)

問が始まる。

「おまえの名前は」

「イーサン・アレンだ」

「タイコンデロガ砦を奪ったアレン大佐か」

「まさにそうだ」

　答えを聞くなりプレスコットは、アレンを杖で打ちすえて悪罵を投げつけた。プレスコットから見れば、アレンは重要な拠点を騙し討ちで奪取した反逆者だったからだ。

「俺を杖で打たないほうがいいぞ。打たれるのは慣れていないからな」

　そう言いながらアレンは拳を突き出して後を続ける。

「これで一撃すればおまえはいちころだぜ」

　怒りに震えるプレスコットにイギリス軍士官がすばやく耳打ちする。

「捕虜を打つのは名誉を汚すことになります」

　深く頷いたプレスコットは、アレンに協力したカナダ人を銃剣で処刑せよと兵士たちに命じた。それを聞いたアレンは、兵士たちとカナダ人の間に割って入り、胸をはだけて言い放つ。

「俺の胸に銃剣を突き立てろ。カナダ人が武器を取ったのは俺のためなのだから」

兵士たちは動きを止めて将軍の顔を見つめた。プレスコットは銃剣を降ろすように兵士たちに合図しながら言い捨てた。

「おまえを今、処刑してやりたいができない。でもおまえはロンドンで絞首台のお世話になるのさ、畜生め」

勝利の報せはすぐに広まる。近隣の住民が民兵として続々と馳せ参じる。その結果、カールトンの指揮下には、正規兵、民兵、そして、インディアンを合わせると約二、〇〇〇人もの兵力が集まった。

誰もがセント・ジョン砦を救出するために一気に攻勢を仕掛けようと主張する。これだけ兵力があれば敵を撃退できる。しかし、カールトンはあまりに慎重に徹しすぎた。モントリオールから頑として出ようとしない。やがて収穫の時期が来て、民兵たちはそれぞれの畑に帰って行った。

民兵で著しく増強された兵力を有効活用しなかったのは、カールトンの失策であったのか。注意すべき点がある。アメリカ軍の戦力がどの程度であり、現在、どこに展開しているのか正確な情報が得られていなかった。状況を十分に見きわめずに重要な拠点であるモントリオールを放置して出撃することは危険である。こうした点からカールトンの判断は決して間違いとは言えない。今、カールトンにできることは、モントリオールの防備を固めることと内通者の炙り出しであった。

セント・ジョン砦の包囲はまだ続いていた。荒れ狂う天候が落ち着いたかと思えば、砦から砲弾が降って来る。砲声が止んだかと思えば、また天候が悪化し始める。日増しに寒さが厳しくなり、軍営は雨のせいで乾いた場所がどこにもないありさまだ。「我々は沼地を這う溺れかけた鼠のようだ」とモンゴメリーは記している。物資が不足し始める。小麦はほぼ底を尽き、豚肉の配給も半分に減らされた。

軍中で険悪な雰囲気が蔓延するのをモンゴメリーは不安そうに見ていた。ニュー・イングランド人とニュー・ヨーク人はそもそも反りが合わない。ニュー・ヨーク人のモンゴメリーからすれば、「兵卒がすべて将軍」といった感じのニュー・イングランド人の平等主義は異質な文化である。あるニュー・イングランド人の士官は、砲兵陣地を築くように指示したモンゴメリーの命令を拒否した。スカイラーに宛てた手紙でモンゴメリーは、「私がここにいる意味がまったく見いだせない」と嘆いている。

九月二二日、ようやく砲兵陣地の構築が始まる。しかし、砦から飛来する砲弾に妨げられて作業が難航する。モンゴメリーは、砦を兵糧攻めにしようとしたが、兵力が足りず周囲を完全に封鎖できない。守将のプレストンは、警戒網をくぐり抜けてカールトンと連絡を取ることができただけではなく、近くの畑でかすめ取った牛を砦に搬入することさえできた。

事態が変化したのは、後方のタイコンデロガ砦から新たに迫撃砲が届いてからである。迫撃砲の轟音がリシュリュー川に響きわたる。セント・ジョン砦の中にあった建物が砲弾を受けて崩れ落ちる。守備兵は地下倉庫で身を寄せ合って眠るしかない。

さらに守将のプレストンを窮地に追いこんだのは、北方にあるシャンブリー砦の陥落である。シャンブリー砦は高さ十六フィート（約四・九ｍ）の防壁を持つ要塞である。見かけは立派だが、壁は非常に薄く砲撃に耐えられない。それでも降伏はあまりに呆気なかった。包囲戦が始まってわずか二日間、それも砦の煙突が吹き飛ばされただけで降伏してしまった。大量の武器弾薬がアメリカ軍の手中に落ちた。

プレストンは、敵船がシャンブリー砦で捕虜になった兵士たちを満載して、リシュリュー川を上って行くのをなす術もなく見ているしかなかった。もちろんその光景は守備兵も見ている。仲間たちの運命を見て士気を失ったカナダ民兵は、できれば自分たちだけで降伏させてほしいとプレストンに懇願する。もしカナダ民兵が去れば、少数のイギリス兵だけが残される。

モントリオールでも事態は深刻であった。民兵が去ったせいで兵力は減少する一方であった。そこでカールトンは事態を何とか打開しようと策を練る。まずケベックに駐留するアラン・マクリーン中佐に使者を送る。来援要請である。次にセント・ジョン砦を救出する準備を始める。十月三〇日、カールトンは、一、〇〇〇人の兵士を率いて出撃した。

その前に三五〇人のグリーン・マウンテン・ボーイズが立ちはだかる。グリーン・マウンテン・ボーイズはライフル銃で巧みな射撃をおこなう。さらにシャンブリー砦から運び出された大砲が火を噴く。

被害が広がるのを恐れて、カールトンは作戦続行を断念する。マクリーンの部隊もそれを知ってケベックに軍を返す。こうして救援の望みが絶たれるとともに、セント・ジョン砦の状況はますます悪化していた。砦を包囲するアメリカ軍は二、〇〇〇人に達しようとしている。容赦のない砲撃が三方向から浴びせられる。食料も残りわずかである。八日分の食料しかない。

モンゴメリーはプレストンに降伏勧告を送る。曰く、このままでは死傷者が無駄に増えるばかりである。もし突撃が敢行されれば、さらなる犠牲者を生むことになる。すみやかに降伏されよ。

十一月三日、プレストンは降伏に同意する。そして、守備兵は砦から出た。スカイラーの最初の攻撃から数えて六〇日間に及ぶ抵抗であった。

モンゴメリーは、捕虜となった砦の守備兵を粗略に扱わなかった。配下の兵士たちに略奪しないように厳しく戒めた。自軍の兵士たちがまともな衣服さえ纏っていない状態であるのに、砦の倉庫から発見された衣服を捕虜に与えた。そして、遠征軍が満足な食料を支給されていないにもかかわらず、捕虜に十分な食料を与えた。もちろんアメリカ人から怨嗟の声が上がったが、モンゴメリーは捕虜を大切に遇することが軍の品位を保つために重要であるとして決して譲らなかったという。

カールトンがセント・ジョン砦の陥落を知ったのは、十一月四日のことであった。さらにアメリカ軍の別働隊がケベックに向けて進軍中という報せも入る。その一方で、ボストンにいるゲージに返すように求めていた部隊は一向に帰還せず、イギリス海軍からは冬が迫っているので船をケベックに回航できないという通知が届く。

状況が好転する兆しは一つもない。モントリオールを放棄するしかないとカールトンは決断する。モントリオールを去る前に一連の処置を済ませなければならない。大砲は使用できないように火門が塞がれた。弾薬はセント・ローレンス川に投棄された。軍営を焼き払うべきだという意見もあったが、カールトンは市民の家屋に延焼する恐れがあると言って却下した。十一月十一日、カールトンと兵士たちを乗せた船は、ケベックに向けて出航した。モントリオールは主がいないままに残された。

セント・ジョン砦を陥落させた後、モンゴメリーは次の作戦を考える。冬になって行軍が難しくなる前に、モントリオールとケベックを掌握しておく必要がある。来春になれば、カールトンは本国から増援を得て巻き返しを図るだろう。その前に占領地域を拡大して、盤石の迎撃態勢を築いておかなければならない。

遠征軍は、セント・ジョン砦を早々に発ってモントリオールに向かう。モンゴメリーがモントリオールの対岸に到着したのは、カールトンが去った直後であった。モントリオールには十分な防壁もなく、何よりも戦う意思を持つ者がいない。二日後、市民の財産を尊重するという約束が交わされ、アメリカ軍は入市を許された。軍営と公庫が接収される。こうしてモントリオールは無血開城した。

モンゴメリーの前にアメリカを支持すると公言する者たちが姿を現す。彼らは、自分たちの言うことだけに耳を傾けるようにモンゴメリーに要求する。それだけではない。被征服民の言うことに耳を貸す必要はないと断言してはばからない。まさに虎の威を借る狐である。遠征軍の力を背景に街の実権を握ろうという奸悪な陰謀であった。こうした狐たちが多くの市民の反感を買ったことは言うまでもない。

船でケベックに向かったカールトンは無事に逃げられたのか。途中、風向きが悪かったせいで三日間も足止めを食っていた。そこへモンゴメリーが差し向けた追手が現れて降伏を要求した。カールトンは作戦会議を開く。そして、どのように対応するか協議する。ある者は、自分が囮になるのでその隙にケベックに落ちのびよとカールトンに勧める。水先案内人は、この周辺は流れが入り組んでいるので簡単に敵をふりきれると助言する。カールトンは、水先案内人の助言を採用する。そして、小作人の姿に身をやつすと、一人の士官に後事を託して姿をくらませる。

初雪が降る中、モンゴメリーはお金を借り集めて、冬に備えた衣服と武器弾薬の調達に取りかかる。補給の手配が終わるとアメリカ軍はケベックに向けて進発した。モントリオールの管轄はリヴィングストンに委ねられた。

モンゴメリーの旗下には、わずか八〇〇人の兵士たちしか残っていない。多くの兵士たちが兵役期間の終了を迎えて故郷に帰ってしまったからだ。十分な兵力もないままでモントリオールを保持しつつケベックを攻略できるのか。モンゴメリーは不安を募らせながら東に向かう。そうした不安は、立場こそ違えど、ケベックにいるカールトンも同じである。十分な兵力もないままでケベックを守りながらモントリオールを奪還できるのか。

さて勝利の女神はどちらに微笑むのか。

人跡未踏の荒野

ある日の朝、アーロン・バーは兵士たちが興奮気味に話しているのを聞いた。バーは十九歳の青年だ。三年前に大学を卒業した後、続けて法学を学んでいたが、ボストン包囲が始まると大陸軍に身を投じた。美しく濡れたような黒い瞳はその知性の鋭さをうかがわせる。しかし、注意深い者の目には、その瞳に激しい野心の炎が宿っているのが見えたはずだ。

兵士たちの話は、長引く包囲戦に飽き飽きしていたバーの心を躍らせるものであった。どのような話だろうか。ベネディクト・アーノルドが進言した作戦が認められ、参加する兵士を募っているという。ケネベック川、ショディエール川をたどってケベックに侵攻する。モンゴメリーが使った経路を表玄関とすれば、こちらは裏口とでも言えばわかりやすいだろう。もちろんこの経路は以前から知られていたが、イギリス軍は軍隊が通るには不向きだとして特に警戒していなかった。

その足でバーは志願に向かう。名を上げるまたとない機会だ。それを聞いた友人はバーの身を心配する。厳しい行軍に耐えられるのか。それは杞憂であった。バーは身長五フィート六インチ（約一六八㎝）でほっそりしていたが、その見た目とは裏腹に頑健である。

一七七五年九月五日、アーノルドの旗下に一、〇五〇人の兵士たちが集結する。その中には、バーの他にも精鋭を率いるダニエル・モーガンの姿が見える。遠征隊の選から漏れた者は、仲間たちがすぐにケベックを攻略して「修道女と一緒に浮かれ騒いで冬を過ごす」ことになると思って羨ましそうに見送った。アーノルドは兵士たちを引き連れてニューベリーポートに移動する。バーはニューベリーポートから姉のサリーに手紙を書いている。

私の次の手紙はケベックから出すことになるでしょう。

このように楽観的なバーであったが、ケベックはまだ遙か先である。ニューベリーポートから海路でケネベック川の河口に向かう。九月十九日、にぎやかに鼓笛が演奏される中、戦旗を翻して船団が北上の途につく。

船に慣れない兵士たちは船酔いに苦しむ。「生きているのか死んでいるのかわからないくらいだ」と一人の兵士は記している。激しい時化《しけ》と濃い霧のために、船団の一部の船が進路を見失うという事故はあったが、九月二〇日、すべての兵士が無事に上陸を果たす。二〇〇隻の平底船が河口から少し上流に遡ったガーディナーで兵士たちを待っていた。しかし、思ったよりも小さく、軍需物資をすべて積載できないので、アーノルドはさらに二〇隻作るように命じる。

九月二四日、遠征隊はガーディナーから三〇マイル（約四八㎞）遡ったウェスターン砦（現オーガスタ）に至る。ウェスターン砦はフレンチ・アンド・インディアン戦争時に使用されていた拠点で、その後、放棄されていた。防御施設は寂寥《せきりょう》としていて人影もない。ここから本格的に荒野が広がる。

ウェスターン砦からわずかに半マイル（約〇・八㎞）進んだ所で早くも難所にぶつかる。急流が行く手を阻んでいて進めない。そこで近くの住民から借りた荷車や橇に平底船と荷物を積んで進む。十八マイル（約二九㎞）先のハリファックス砦（現ウィンズロー）に到着するまでに二日が過ぎる。ハリファックス砦はウェスターン砦と同じく放棄された拠点である。

ハリファックス砦を越えてしばらく進むと、滔々と流れ落ちる滝が姿を現す。平底船では遡れない。水路と水路をつなぐ道を探すしかない。まず平底船から積み荷を降ろす。四人の男が二本の棒を担ぎ、その間に食料が入った樽を吊るして運ぶ。平底船も同じ方法で運ばれる。

今度は延々と続く急湍に差しかかる。バーは仲間たちと一緒に平底船に乗っている。並んで岸を歩いている男たちが何かを叫んでいるが、轟々と流れる川のせいでかき消される。男たちは川の先を指しているようだ。いったい何があるのかと思う暇もなく、平底船は大きく斜めに傾き、バーは水中に放り込まれた。逆巻く奔流に呑まれまいと必死に手足を動かす。ようやく岸に泳ぎついたバーが後ろを振り返ると、鋭利な刃物で断ち切られたような落差が見えた。

浅瀬に差しかかると船が川底につっかえて動かなくなる。男たちは身を切るように冷たい水の中に入って船を押す。さらに冷雨が男たちの体温を容赦なく奪う。翌朝、気づいたら服が凍結していた。

いくつかの滝を越えた後、一行はノーリッジワックという集落にたどり着く。集落にある一軒の家には生後十四ヶ月の赤子がいた。ノーリッジワックで初めて生まれた子供だという。ここはまだほとんど白人の手が及んでいない地なのだ。

同行する職人が平底船の修理に取りかかる。浅瀬を無理に押し通った時に川底の鋭い岩や沈んだ丸太のせいで船底が傷ついてしまった。損傷を受けたことに加えて、十分に乾燥させていない生木で平底船を作ったために支障が出始めた。生木はたわんでしまって隙間ができてしまう。船は何とか修理できるが、問題は食料である。水が漏ったせいで塩漬けの鱈や牛肉が劣化していた。パンや乾燥豆も水を吸って膨れ上がっている。駄目になった食料は捨てるしかない。塩漬けの豚肉と小麦以外にまともな食料は残っていない。

十月九日、船の修理が終わり、一行は前進を再開する。もともとアーノルドは二〇日間で全行程を踏破できると見積もっていた。現時点ですでに十一日間が過ぎている。それにもかかわらず、踏破できた距離は三分の一である。ここまでは一面の荒野とはいえ、少数ながらまだ人が住む土地であった。ここから先は人跡未踏の森林地帯が北に向かって延々と広がっている。

二日後、遠征隊はケネベック川とデッド川をつなぐ道に入る。インディアンしか通らない道だ。天候は悪くなる一方だ。激しい風に煽られた雪が男たちの顔を叩く。トウヒやスギがまばらに生えた湿地がある。緑の苔に覆われた地面は一見すると固そうに見える。しかし、一歩足を踏み入れると膝まで泥に埋まる。泥の中に隠れた切り株や木の根が靴を破って男たちの足を傷つける。足を取られて倒れては起き上がり、落とした物を拾うために屈んでは立ち上がる。そんなことを何度も何度も繰り返すうちに、男たちは頭の上から爪先まで泥塗れになった。

湿地の中央には、黄色く濁った水をたたえた池がある。渇きに苦しむ男たちは泥水をすくって飲む。体調を崩す者が続出したために病院が建てられる。立派な建物ではない。単なる丸太小屋である。

湿地の先にようやくデッド川が見えた。滔々《とうとう》と黒い水が流れている。男たちはここまで何とか運んできた平底船を降ろす。男たちを乗せた平底船は川面を滑り始める。

十月十九日から降り始めた雨はしだいに勢いを増して、二一日には暴風雨と化した。倒木が川を塞ぐ。食料もテントも流されてしまった。木の枝を編んで作った即席の天幕でしのぐ。

深夜、雨が弱まる。しばらくすると空が晴れわたって星の光が見えた。翌朝、男たちの目には信じられない光景が広がっていた。六〇ヤード（約五五m）しかなかった川幅が二〇〇ヤード（約一八〇m）に広がっている。水位も八フィート（約二・四m）上昇している。荒れ狂う奔流に船を浮かべても木の葉のように揉みくちゃにされて人間も積み荷も投げ出されてしまうだろう。遠征を断念するしかない。誰もがそう思った。

軍議が開かれる。アーノルドは決断を迫られる。食料がまだ残っている間に引き返すか、それともこのまま前進を続けるか。アーノルドの口から不退転の決意が示される。男たちはアーノルドを信じてその決意に従った。指揮官は、全員が無事にたどり着く方策を考えなければならない。まずアーノルドがサルティガンに先行する。サルティガンはカナダ側にある最初の集落である。そこで物資を調達して本隊まで戻る。そうすれば何とかサルティガンまでたどり着けるだろう。

降り続く雨の中、アーノルドは北方に向けて旅立つ。翌朝、アーノルドが寒さで目を覚ました時、うっすらと雪が積もっていた。

後に残った兵士たちは惨めな境遇に置かれていた。一人当たり四ポンド（約一・八kg）の小麦しか残っていない。それで何とか食いつながなければならない。「我々の最高の贅沢品は今や水で溶いた小麦粉だ」と軍医は記している。それではあまりに味気ないので、獣脂蠟燭を溶かし入れて飢えをしのぐ。靴を作るのに用いる生皮を刻んでスープを作る者もいる。前進を諦めて半数近くの兵士が南に引き返してしまった。

諦めなかった六〇〇人はアーノルドを信じて前進を再開する。最初の目的地はメガンティック湖である。メガンティック湖から南にデッド川が、北にショディエール川が流れ出ている。そこに至るまでに無数の細流や沼地、密生した森林が広がっている。もし足を挫けば死を意味する。仲間を背負って歩けるような余裕がある者は一人もいないからだ。こんな場所に置き去りにされれば待つのは死のみである。

苦難のすえに男たちはメガンティック湖のほとりに這い出た。美しい草原を見た男たちの口から万歳三唱が発せられる。しかし、最終目的地のケベックはまだ遥か遠くだ。多くの男たちが明日の分まで考えずに割り当ての食料を食べてしまった。石鹸や軟膏を呑み込んだ者さえいる。士官が連れていたニューファウンドランド犬は骨を除いて跡形もなくすべて男たちの腹に収まる。弾薬箱を覆う皮革も剥がされて食べ尽くされる。靴を食べてしまった者も多い。男たちが歩いた後には雪の上に点々と赤い血の跡が残された。

身体が弱ったせいで朝を迎えても起き上がれない者が続出する。何とか起き上がれた者も、まるで酔っ払いのようにふらふらしながら歩を進める。頭は垂れ、目は半ば閉じ、さながら幽鬼のようであった。「我々全員が頭から足まで震え、狼のように飢え、少しばかりの小麦を除いて何も食べる物がなかった」と一人の兵士は記している。

男たちの命運はついにここで尽きるかと思われた。そこへ牛を引き連れた一隊が姿を現す。

「食料が来た」

男たちの口から我知らず叫び声が上がる。アーノルドが約束を守ったのだ。牛を囲んだ男たちはさっそく火を熾して盛大な饗宴を開く。士官はあわてて肉を食べないように諭したが耳を貸す者は誰もいない。飢餓状態から急に食べすぎたせいで三人が、せっかく拾った命を落とした。

男たちがようやく行軍の疲れを癒やせたのは、サルティガンに到着してからである。出発してから六週間近く経っていた。そのうち三一日間も人家を見ず、自分たち以外に人影を見ることがなかったという。

男たちを休ませている間、アーノルドは周囲のインディアンを集める。そして、アメリカ軍が解放者であり、イギリス軍を打ち破った後、インディアンの平和を乱さないように故郷に帰ることになっていると告げる。その場で五〇人の戦士たちがアメリカの旗のもとで戦うことに同意する。次にアーノルドは、地元の住民を教会に集めてワシントンから預かった手紙を読んで聞かせる。それは、地元の住民を慰撫するとともに、アメリカ軍への協力を呼びかける手紙であった。

行軍の苦難を報告で読んだワシントンは、アーノルドの勇気を手放しで賞賛する。カナダ侵攻の成功をワシントンは大いに期待していた。もしケベックの攻略に成功すれば、鹵獲《ろかく》した軍需物資を送ってくれるようにアーノルドに依頼している。

その一方でモンゴメリーからセント・ジョン砦の奪取を知らせる手紙がアーノルドのもとに届く。アーノルドは今後の方針を考える。おそらくモンゴメリーは、続けてモントリオールを陥落させ、ケベックに向かっているに違いない。早急にケベックに向けて軍を進めなければ活躍の場がなくなる。

十一月九日、アーノルドはセント・ローレンス川の岸辺についに立った。三五〇マイル（約五六〇㎞）を四五日間で踏破した。兵士たちの姿はまるで「オランウータン」のようであったという。髭は伸び放題で帽子も無く服もぼろ切れのようになっていたからだ。

吹雪の中の強襲

ケベックの防衛を担うクラマヘ副総督は、アーノルドの部隊の接近にまだ気づいていなかったものの、警戒を怠っていなかった。カナダ民兵が街路を巡回し、城の門は午後六時に閉ざされた。そして、住民以外の者を見つけたらただちに報告することが義務づけられた。さらにクラマヘは、内通が疑われる者たちを戦艦の中に閉じ込めて、万が一の事態に備えた。

十一月三日、フリゲート艦がセント・ローレンス川を遡上して到着する。フリゲート艦には、軍資金と一〇〇人の増援部隊が積まれていた。さらにモントリオールに救援に向かっていたマクリーンが引き返してきた。文官で軍事経験がないクラマヘに代わって、ケベック防衛の任はマクリーンに委ねられた。

ケベックの対岸でアーノルドは船を集めていた。さらに付近の鍛冶屋に攻城梯子を作らせる。幸いにも四〇隻のカヌーが集まった。これで渡河の準備は整った。

十一月十三日午後九時、遠征隊は闇夜を隠れ蓑にイギリス軍の軍艦の警戒網をかいくぐって対岸に渡る。

上陸地点は奇しくも十六年前にジェームズ・ウルフが選んだ場所と同じであった。ケベックから一マイル（約一・六㎞）上流である。カヌーは残りの兵士たちを運ぶために対岸に戻った。

兵士たちはアブラハム高原に至る道を登る。登り切ればケベックは目前である。大きな邸宅を占領した遠征隊はそこで作戦会議を開く。すぐに突撃を仕掛けるか否か。モーガンは強襲あるのみだと威勢良く主張する。しかし、他の士官たちは、まだ南岸に一部の兵士たちが残されているうえに攻城梯子も届いていないので突撃は時期尚早だと反対する。反対があるのは当然である。それはケベックという都市の性質を知ればわかる。

ケベックは城塞都市である。当時の旅行者が「堅固な天然の要塞」と言っているように、セント・ローレンス川に突き出た台地をうまく利用して築かれている。川面に浮かぶ船から見晴かすと、まるで軍艦が凝然と浮かんでいるように見える。北はサン・シャルル川、東と南はセント・ローレンス川に囲まれている。Dという字を思い浮かべてほしい。陸続きの西側、つまり、Dの字の直線部分に堅固な城壁が築かれている。曲線部分はすべて川に面している。市街は台地の上にあるアッパー・タウンと台地の辺縁にあるローワー・タウンに分かれている。港に入る船から眺めれば、まるで上顎と下顎に生え揃った歯のように建物が狭い土地に並んでいるのが見える。街の主要な施設が集中しているアッパー・タウンの攻略が最終目標である。

ケベックで見逃してはならない点は、急峻な台地を縁取るように、言い換えればDの字の曲線部分を細い紐のように取り巻いている川岸である。その川岸を延々とたどれば、ローワー・タウンに到達できる。ローワー・タウンとアッパー・タウンは高低差があるうえに、尖った杭を並べて作った防御柵で仕切られている。曲がりくねった幅の広い馬車道と急勾配で幅の狭い歩道が二つの地区を結んでいる。東側からアッパー・タ

N
サン・シャルル川
アーノルドの部隊
サン・ロック
セント・ローレンス川
パレ門
サン・ジャン門
ローワー・タウン
アッパー・タウン
アブラハム高原
サン・ルイ門
モンゴメリーの部隊
ダイヤモンド岬
レヴィ岬
400m

ウンに至る経路はそこしかない。

敵軍を誘い出そうと目論んだアーノルドは、城壁からよく見える場所に布陣して堂々と姿を現す。そして、兵士たちに万歳三唱させる。挑発である。

ケベックの守備兵は、城壁の上に鈴なりになってその様子を見ている。モーガンの命令でライフル銃兵が前に出て城壁の上の守備兵を狙撃する。距離が遠く、ほとんど命中しない。さらに一人の士官が隊列から走り出て、城壁まで一〇〇ヤード（約九一m）まで接近する。そして、かすり傷も負わずに無事に隊列に戻る。

城壁の上からアーノルドの部隊を観察していたマクリーンは、サン・ジャン門の外にある建物に火を放つように命じる。狙撃拠点として利用できないようにするためだ。

その一方でアーノルドは、降伏を要求する使者をクラマへ副総督に送る。太鼓の音とともに白旗を掲げた使者が城壁に向かう。一〇〇フィート（約三〇m）まで近づいた時、轟音が鳴り響き、十八ポンド砲が火を噴く。使者のすぐ近くに砲弾が落下する。蒼惶《そうこう》として使者は引き返した。翌日、アーノルドは再び使者を送ろうとしたが、結果は同じであった。

十一月十六日、使者を追い払ったクラマへは作戦会議を招集する。マクリーンはケベックの防衛態勢が万全だと言ってクラマへを安心させる。これまでの戦いで出払ってしまったせいで、ケベックに残っている正規兵はわずかに七〇人にすぎなかった。そこでマクリーンは、民兵と艦船から引き抜いた水兵を守備兵に加えて、総勢一、二〇〇人をかき集める。約五、〇〇〇人の市民が城壁の中に残っているが、物資は十分にある。それにアメリカ軍の戦線を突破していくらでも食料や薪を持ち込める。援軍が到着する春まで持ちこたえることは可能である。

二日後、アーノルドは、マクリーンが城壁から突出しようと企んでいると脱走兵から聞き取った。しかし、困ったことに一〇〇挺以上のマスケット銃が故障していて修理できず、しかも弾薬は一人当たり四回発砲できる分しか残っていない。銃剣もなければ野砲もない。このままではケベックを陥落させるどころか、守備兵に蹴散らされてしまう。そこで二〇マイル（約三二㎞）上流にあるポワント・オー・トロンブルに退避してモンゴメリーの部隊が到着するのを待つことにした。

ポワント・オー・トロンブルに移った兵士たちは暖かい屋根の下で英気を養う。アーノルドは、ますます厳しくなる寒さに備えて帽子や手袋、そして、ラム酒を手配する。兵士たちにとって無為な時間が過ぎる。苦難を乗り越えてケベックまでようやく来たのにこのままなす術もなく本格的な冬を待つのか。兵士たちの憂鬱な気分を嘲笑うかのように、ケベックの方角から祝砲が鳴り響くのが聞こえた。モントリオールから逃れたカールトンがケベックに入城したのだ。

悪い報せばかりではない。十二月一日、セント・ローレンス川を船団が下ってきた。ランタンと松明に照らされた岸辺に丈高く典雅な雰囲気を身にまとった武人が降り立つ。モンゴメリーである。

モンゴメリーがモントリオールから引き連れてきた兵士は三〇〇人にすぎなかったが、十分な弾薬と物資を携えていた。小さな教会の前に整列した兵士たちに向けてモンゴメリーは熱意溢れる演説をおこなった。

待避していたアメリカ軍はケベックに再び向かう。モンゴメリーは、ケベックの西郊にあるサント・フォアに本営を置く。その一方でアーノルドの部隊は、ケベックの北郊のサン・ロックに布陣して砲兵陣地の構築に着手する。そして、ライフル銃兵は、さらに北のサン・シャルル川のほとりに展開する。こうしてケベックの包囲が始まった。

ただ「包囲」という表現が妥当なのかという疑問が残る。城攻めの場合、攻撃側が守備側よりも数が多いのが普通である。しかし、奇妙なことに、この包囲戦は兵数が完全に逆転している。包囲する側よりも包囲される側のほうが多い。

部隊の配置を終えた後、モンゴメリーは、ケベックの有力者に宛てた手紙を地元の老婆に持たせて城内に忍び込ませた。手紙にはすぐに降伏すれば悪いようにはしないと書かれている。さらにカールトンに降伏を呼びかける手紙が添えられていた。カールトンは、最後通牒を一瞥すると火中に投じ、それを持って来た老婆を送り返した。反逆者から手紙を受け取るつもりはないという言葉とともに。

十日後、モンゴメリーは再びカールトンに降伏勧告を送る。今度は脅迫であった。カールトンは脅迫に屈しない。市民に降伏を呼びかける矢文が城外から射ち込まれたが、それに応じる者は誰もいなかった。カールトンが降伏勧告を拒んで着々と防衛準備を進めていた一方で、モンゴメリーはサン・ロックに設置した五門の臼砲で砲撃を開始する。しかし、ほとんど損害を与えられず、かえってイギリス軍と市民の士気を高めただけであった。

モンゴメリーは、サン・ロックの砲兵陣地に加えて新たに砲兵陣地を築くように命じる。選ばれた場所はサン・ジャン門から七〇〇ヤード（約六四〇ｍ）離れた地点である。その間に何軒かの家が散在しているので防衛にも都合が良い。しかし、地面が固く凍結しているために掘削できず砲兵陣地を築けない。そこで兵士たちは束柴を地面に置いて隙間に雪を押し込む。さらに堡籃《ほうらん》と呼ばれる円筒形の籠に雪と少量の土を詰めて積み上げた。最後の仕上げに水を注ぐ。しばらくすると氷の壁に囲まれた砲兵陣地が姿を現した。

城内のイギリス軍は、新たに出現した氷の砲兵陣地を激しく攻撃する。しかし、手前にある何軒かの家が視界を奪って正確な狙いを付けられない。そこでカールトンは、邪魔な家を破壊するように砲兵に命じる。砲兵は、手っ取り早く破壊するために家に火を放つ。これは失敗であった。強い風に煽られて火が市内に燃え移ったからだ。ただ家を破壊するという目的は果たされた。

正確な狙いを付けられるようになった砲兵は、アメリカ軍の砲兵陣地を完全に沈黙させる。氷の砲兵陣地は名案であったが、砲弾には耐えきれなかったようだ。大砲が破壊されることを恐れたモンゴメリーは、砲兵陣地を引き払う。

その一方でアーノルドから再び降伏勧告が送られる。すぐに一人の士官が顔を出して、総督は降伏勧告を読んでもいないし、反逆者と取り引きするつもりもないと告げた。

このままなす術もなく時間が過ぎれば、敵軍を利するだけである。兵役期間がもうすぐ切れる。手元にある物資は尽きつつある。補充は難しい。なぜなら金庫には大陸紙幣しかないからだ。敵地では大陸紙幣は紙切れ同然である。それに春になってセント・ローレンス川の氷が溶ければ万事休すである。イギリス軍の増援部隊を満載した艦隊がケベックに到着するだろう。今、強襲を試みるしかない。

モンゴメリーは、ワシントンに手紙を送って、戦況を知らせるとともに次に雪が激しく降る機会があれば突撃を敢行するつもりだと決意を述べた。おそらく守備兵は、城壁の各所に分散しているので、攻め手の兵力を集中すれば突破も不可能ではない。すばやくアッパー・タウンまで侵入すれば、きっと城内は混乱に陥って抵抗を諦めるだろう。モンゴメリーの座右の銘は「運命は大胆なる者たちを助ける」である。

聖誕祭の日、モンゴメリーは兵士たちに強襲の計画を明かす。確かに兵士たちは戦線の膠着に飽き飽きしていた。しかし、強襲はあまりに無謀だと考える兵士たちもいた。そこでモンゴメリーは兵士たちを前にして熱弁をふるう。将軍の言葉を聞いた兵士は、「愛国主義の炎が我々の胸を焦がし、我々は彼が導く所であればどこへでも行こうと決意した」と記している。

十二月二七日、吹雪が荒れ狂う中、作戦の準備が開始される。荒天は好都合だ。目くらましになるからである。しかし、夜になると風が衰え始め、空に星が輝いた。さらに脱走兵が作戦を敵に漏らしたという報告

E. C. Peixotto, Illustration from "The Story of the Revolution" (1903)

が入る。急遽、突撃が延期される。

　モンゴメリーは焦燥を募らせる。早くケベックを陥落させなければならない。天然痘が蔓延している。急がなければ軍は自壊してしまうだろう。二つの病院が建てられたが、すぐに収容可能人数を超える。感染を恐れた兵士たちは自分たちで種痘をおこなった。

　十二月三〇日午後、再び吹雪が吹き荒れる。最後の好機であった。夜になっても吹雪は一向に止む気配を見せない。積雪は多い所で六フィート（約一・八m）に達した。午前四時、モンゴメリーは兵士たちに戦闘陣形をとるように命じる。作戦は次の通りである。

　モンゴメリー率いる三〇〇人が、ダイヤモンド岬をすり抜けて、南からローワー・タウンに侵入する。その一方でアーノルド率いる六〇〇人は、北から狭い川岸をたどって、同じくローワー・タウンを目指す。そこで合流してアッパー・タウンに侵入する。できるだけ妨害を受けずに済むように同時に陽動を仕掛ける。リヴィングストンが西側のサン・ジャン門を攻撃する一方で、ブラウンがダイヤモンド岬にある稜堡に吶喊する。その隙に本隊がアッパー・タウンに侵入できれば、きっと城塞内が恐慌状態になって、カールトンは降伏を余儀な

Frederick C. Yohn, Illustration from “The Story of the Revolution” (1903)

くされるだろう。

午前四時、信号弾の発射とともに作戦が開始される。北西からの強風が兵士たちの顔に雹と雪を吹き付ける。モンゴメリーは兵士たちを先導して氷塊を乗り越え、時には断崖をよじ登って、まずダイヤモンド岬を目指す。副官に任命されたアーロン・バーも将軍のすぐかたわらに付き従う。

信号弾に気づいたのはアメリカ軍だけではない。城内にこもるイギリス軍にとっても作戦開始の合図となった。戦鼓が打ち鳴らされる。ノートル・ダム・デ・ヴィクトワール教会の鐘が鳴り響く。「勝利の聖母」の意味を持つこの教会の鐘の音が、両軍のどちらの勝利の福音となるかはまだ誰にもわからない。通りに飛び出した士官たちは「出動、出動」と叫びながら持ち場に向かう。棒の先に吊されたランタンが城壁に並べられる。大砲が轟音とともに火を噴き始める。

城下のモンゴメリーはダイヤモンド岬の端まで進む。行く手をバリケードが阻んでいるのが見えた。特に抵抗はないようだ。モンゴメリーは、自ら鋸を手に取ると障害物を破壊して前進する。その後に兵士たちが続く。

目の前に防塞が聳え立つ。ここを何とかして通り抜けなければ、ローワー・タウンに侵入できない。まず一人の士官が様子をうかがいに前進する。緊張が走るが、防塞は沈黙を保っている。一〇〇ヤード（約九〇m）先のバリケードも難なく突破された。狭い道の先に一軒の住居が見えた。兵士たちの遅れに苛立ったモンゴメリーは声を上げる。

「進め」

さらにモンゴメリーは叫ぶ。

John Trumbull, The Death of General Montgomery in the Attack on Quebec, December 31, 1775 (1786)

「勇敢な兵士たちよ、進め。おまえ達の将軍が進めと呼びかけているのだ」

バーは、戦場の興奮に頬を紅潮させた将軍の顔を見た。副官と目が合うとモンゴメリーは快活な声で言った。

「二分以内に防塞を落とせるだろう」

その時、将軍の声をかき消す轟音が鳴り響く。二〇ヤード（約十八m）先の住居から銃弾や散弾が炸裂する。それは春を迎えて花が一斉に満開になったかのようであった。敵兵が身を潜めていたのだ。熱い血潮が雪の上に広がる。十人余りが朱に染まってその場に倒れていた。

バーは崩れ落ちたモンゴメリーを見た。左頬には散弾、両足には銃弾を受けていた。まだ助かるかもしれない。そう思ったバーは将軍を引きずって歩こうとしたが、雪に足を取られてよろめく。とても運べそうにない。仕方なくバーはモンゴメリーの遺体をその場に残して後退する。

こうしてモンゴメリーは極北の地で落命した。享年三七歳。大陸軍の中で最高位の戦死者として記録に留められた。指揮権はドナルド・キャンベル大佐に引き継がれる。敵兵が待ち構えているにもかかわらず、マスケット銃は吹雪で湿って役に立たない。協議した士官たちはキャンベルに撤退を勧める。士官たちの言葉に従ってキャンベルは撤退を命じる。兵士たちは元来た道を撤退する。いくつかの遺体と血溜りだけが後に残された。

後にモンゴメリーの遺体はイギリス軍によって発見され、軍礼をもって城内に埋葬された。その遺体は長く異国の地で眠っていたが、四三年後にニュー・ヨークの聖ポール教会に改葬されている。その時、五、〇〇〇人の市民が参列したという。

アーノルドが率いる部隊はどうなったのか。少し時間を遡って作戦開始直後から見てみよう。三〇人のライフル銃兵が先頭を進む。橇に載せられた六ポンド砲、モーガンが率いる残りのライフル銃兵、そして、その他の部隊が後に続く。最後尾はカナダ人とインディアンである。兵士たちの帽子を見ると、同士討ちを避ける目印のために「自由か死か」と記された白い紙が縫い付けられている。銃は濡れないように外套で覆われている。

アーノルドの部隊はサン・ロックを抜けてパレ門の前を過ぎる。そこで歩哨に発見され、城壁から激しい銃火を浴びせられる。六ポンド砲が雪の吹き溜まりにはまった。兵士たちは、何とか大砲を引き出そうとしたが放棄せざるを得なかった。

しばらく進むと、行く手にバリケードが現れた。三〇人のカナダ民兵と三門の大砲がバリケードを固めている。アーノルドの部隊は、正面切ってバリケードに挑む。強襲を指揮していたアーノルドの左の踵に跳弾が当たる。負傷したアーノルドは攻城梯子に載せられてすぐに後方に送られた。部隊には指揮官が必要である。すべての兵士たちの目がモーガンに向けられる。モーガンが指揮を引き継ぐ。

モーガンは、兵士たちの先頭に立ってバリケードに突進する。攻城梯子を立てかけてすばやく登る。銃弾が頬を掠め、モーガンはもんどりうって倒れる。しかし、すぐに立ち上がるとまた梯子を登り始める。

今度はうまくいく。二人のライフル銃兵とともにモーガンは、大砲の砲座に飛び上ると巧みに敵兵の銃剣をかわす。新しい指揮官の勇敢な行動によって奮い立った兵士たちは、われ先にと後に続く。わずか数分で第一のバリケードは制圧された。

ローワー・タウンの奥に向かって曲がりくねった通りが続いている。二〇〇ヤード（約一八〇m）ほど進むと第二のバリケードにぶつかった。不思議なことにバリケードの門は開いていた。守備兵は抵抗する様子を見せず、「自由万歳」とフランス語で叫んだ。どうやらイギリスの支配に反感を抱く者たちらしい。モーガンは先頭に立って門をくぐる。

闇の中、狭い通りが先に伸びている。それがどこにつながっているか知る者は誰もいない。士官たちは後続部隊を待つように忠告する。忠告に従ってモーガンは足を止める。

後続部隊が到着する。モーガンは第三のバリケードの前まで部隊を進める。水兵たちを引き連れた海軍士官がバリケードの門から姿を現す。威儀を正すと、海軍士官はモーガンに降伏するように勧める。モーガンは銃弾で無言の答えを返す。海軍士官が崩れ落ちると、水兵たちは門の向こうに逃げ去った。

モーガンの部隊は、「ケベックは我々のものだ」と叫びながらバリケードに殺到する。その時、周囲の家の窓から銃弾が礫《つぶて》のように降り注いだ。仲間が倒れるのも構わず兵士たちは、梯子をバリケードに立てかけて乗り越えようとする。しかし、何度、試みても跳ね返された。迂回路を探し回った兵士たちもいたが、銃剣を持って待ち構えていた敵兵の餌食になった。戦況の不利を悟ったモーガンは、建物の中に退避するように兵士たちに命じる。

モーガンの部隊が苦戦しているのを知ったカールトンは反撃に出る。まず五〇〇人の部隊が第一のバリケードを奪い返すべく、パレ門から出撃する。第一のバリケードを奪い返せば、モーガンの部隊の退路を完全に断てる。思惑通りカールトンは、バリケードの奪還に成功する。

モーガンの部隊は最後まで抵抗を諦めなかったが、やがて弾薬が尽きる。多くの砲門が向けられているのを見て兵士たちは武器を降ろした。ただ一人モーガンは、悔しさと無念の思いに耐え切れず滂沱と涙を流している。壁に背を預け、抜き放った白刃を手に傲然と立ち尽くす。近づく者は誰であれ、冥土の道連れにしてやろうという魂胆だ。

先に降伏した兵士たちは、指揮官の命を救おうと剣を収めるように懇願する。しかし、モーガンは頑として動こうとしない。そこへ僧衣を来た男が通りかかる。

「あなたは聖職者か」

穏やかな口調でモーガンが問いかける。

「そうです」

答えを得るとモーガンは構えを解き、愛剣を聖職者に渡して言う。

「では俺はあなたに剣を渡そう。そうすれば悪党どもが俺の手から剣をもぎ取ることはできない」

厳粛な面持ちで聖職者はモーガンから剣を受け取る。刀身に刻印された言葉が聖職者の目を引く。片面に「栄誉なくば我を抜くなかれ」、もう片面に「理由なくば我を抜くなかれ」とある。モーガンが敵の手に渡したくなかったのも無理はない。その後、モーガンはおとなしく捕虜になって神学校に軟禁される。

勇猛な戦いぶりを見て感心したイギリス軍士官は、モーガンに帰順を説く。母国に反逆しても何も得るところはない。それよりも我々と一緒に戦うつもりはないか。大佐の地位を与えよう。モーガンは、自分を悪党にするような汚らわしい申し出で侮辱するなと峻拒したという。

さらに城内からもう一隊が出撃して、サン・ロックの砲兵陣地から大砲を奪い取る。これまでカールトンはあまりに慎重すぎたが、さすがに勝機を見逃さなかった。危機は去り、カールトンはケベックの防衛に成功した。

後方に送られて捕虜にならずに済んだアーノルドは、敗報を聞くと枕元にピストルと剣を持って来るように命じた。そして、「もし奴らがこの部屋に入って来たら、できるだけ多く殺してやる」と息巻いた。残された兵士はわずか六〇〇人にすぎないが、アーノルドに撤退するつもりはない。病床から妹に手紙を送っている。

勝利を収めて私が最初に入市するまで、この堂々たる街から離れるつもりはない。

ケベック攻略の失敗とモンゴメリーの戦死を伝えるためにモントリオールに残っているデイヴィッド・ウスター将軍のもとに使者が送られる。すぐに救援に駆けつけられるのはウスターしかいない。救援を要請したにもかかわらず、ウスターがモントリオールから動く様子はない。そこでアーノルドは、遥か南のオールバニーに戻っていたスカイラーにも救援を求める。しかし、スカイラーも多くの兵士を兵役期間の終了で見送ったばかりであり、近郊のモホーク渓谷で不穏な動きがあったので、兵を割く余裕はない。

南への撤退

一七七五年から一七七六年にかけての冬は、アーノルドにとって苛酷な冬になった。気温は華氏マイナス二八度（摂氏マイナス三三・三度）まで下がった。約三倍の敵を前にしてアーノルドにできることは、敵が薪や食料を集めるのを妨害することだけであった。カールトンはケベックにこもり続け、捕虜交換に応じることさえ拒んだ。アーノルドは、捕虜交換で何とかして経験豊富な砲兵を取り戻そうとしたが、無駄に終わった。

年が明けてしばらくすると、アメリカ軍の増援が少数ながら到着し始めた。しかし、厳しい冬の旅で兵士たちの衣服は擦り切れ、健康状態も最悪だ。以前から蔓延していた天然痘が猖獗《しょうけつ》を極める。そのせいで四〇〇人の兵士たちが軍務に就けなくなった。

さらに軍資金の枯渇も問題であった。正貨、つまり、金貨や銀貨の不足が深刻である。仕方なくアーノルドは軍票を発行する。それでしばらくの間は何とかしのげた。しかし、軍票はいつまでも使えるわけではない。返済される当てがない軍票など誰が信用するだろうか。軍票が使えなくなった兵士たちは略奪に手を染めるようになった。軍規は完全に崩壊する。士官たちはアーノルドの統率能力に疑念を抱くようになった。

地元の住民が略奪を黙って見過ごすわけはない。三〇〇人の住民が決起してレヴィ岬に駐屯する一隊を襲撃した。アーノルドはすぐに援軍を送って住民を追い散らす。そして、レヴィ岬に砲兵陣地を築く。セント・ローレンス川の交通を遮断するとともに、ケベックを砲撃するためだ。さらにアーノルドは、サン・ルイ門の正面に二つ目の砲兵陣地を、さらにサン・シャルル川を跨いで三つ目の砲兵陣地を築く。しかし、熟練した砲兵のほとんどが捕虜になっていたために、うまく砲撃できない。

それに比べてカールトンは、圧倒的に有利な状況にあったが、慎重な姿勢を崩そうとしない。食料を調達するために城外に出た部隊が、最近作られたばかりの攻城梯子を見つけた。そこでカールトンは、川から運び上げた氷塊でバリケードを築くように命じる。さらに城壁の外に防塞を新たに二つ設ける念の入れようである。城内では街路の舗装が剥がされた。砲弾を土にもぐらせて勢いを削いだほうが安全だからだ。

捕虜となってケベックに収監されている兵士たちはどうなったのか。彼らは脱獄計画を練っていた。しかも、ただ逃げるだけではない。行きがけの駄賃にケベックを奪取するつもりだ。計画は単純である。まずサン・ジャン門を占領して、そこにある大砲を街の中に向ける。砲声を合図に外にいる友軍と示し合わせてケベックを一気に落とす。

残念なことに計画は露見して失敗する。首謀者を厳重に監視するように命じたカールトンは、捕虜たちの計画を逆手に取ろうと企む。

四月一日、その日は本来であれば計画の決行日であった。カールトンは、全軍をサン・ジャン門の周囲に伏せる。牢獄の前に薪が積まれる。午前二時、空砲が撃たれ、薪に火が放たれる。鐘の音が響く。兵士たちは、マスケット銃を撃って、空騒ぎに花を添える。しかし、いつまで経ってもサン・ジャン門の前に誰も姿を現さない。カールトンが仕掛けた罠は無駄になった。おそらく捕虜たちの計画がアーノルドに伝わっていなかったのだろう。

五月一日、一、二〇〇人の増援部隊を率いてジョン・トマス将軍がアーノルドの部隊に合流する。軍が置かれた状況を視察してトマスは全軍撤退を決定する。アメリカ軍の撤退を察知したカールトンはすぐに出撃を命じる。イギリス軍は、トマスの軍営を襲撃して戦略的撤退を潰走に変える。

地元の住民から襲撃を受けたにもかかわらず、大陸会議は、カナダ人がアメリカ軍を「解放者」として歓迎していると楽観的に考えていた。しかし、住民感情は、大陸会議の予想とは裏腹に悪化の一途をたどっていた。その大きな原因を作ったのがモントリオールを預かっていたデイヴィッド・ウスター将軍である。まずウスターは、イギリス軍に情報が漏れないように各地との交通を遮断する。街の商人にとってそうした規制は迷惑でしかない。お金の問題も商人の反感を買う。正貨が不足していたのでアメリカ軍は軍票を使っている。もしアメリカ軍が敗北すれば、軍票は単なる紙屑となってしまう。

こうした経済的な問題に加えて宗教的な問題も住民に不安を与えた。厳格なプロテスタントのウスターは、イギリスへの支持を公然と表明するカトリックの聖職者を追放しようとした。これは、カトリックを信奉する大部分の住民にとって宗教的迫害である。当然、反発が強まる。頑迷な住民に手を焼いたウスターは、聖誕祭の日に教会の扉を閉ざしてしまう。

モンゴメリーの訃報を受け取ったウスターは、モントリオールに不穏な動きが広がらないように先手を打って有力者から人質を取る。さらに地元の民兵隊の士官たちから国王の辞令を取り上げ、新たに大陸会議に忠誠を誓わせる。個人財産である国王の辞令を奪うのは横暴だと訴えた者がいた。ウスターはその者をシャンブリー砦に収監した。地元の住民は誰もが遠征軍を敵視するようになった。

状況の悪化をようやく把握した大陸会議は、フランクリンを筆頭とする三人の委員団と聖職者を派遣する。四月二九日、モントリオールに入った委員団は、街の代表者たちと面談する。しかし、対策は完全に後手に回っていた。モントリオールに駐留するアメリカ軍は、実に一万四、〇〇〇ドル（三、八〇〇万円相当）もの負債を抱えていたが、委員団はそれを完済するだけの十分なお金を準備してこなかった。フランクリンの健康状態が悪化したこともあって、結局、委員団は何も解決できずにフィラデルフィアに引き返した。

委員団が去った後、全軍の指揮を執っていたトマスが天然痘を発症して亡くなった。その前日、五、〇〇〇人の援軍を引き連れて到着していたジョン・サリヴァン将軍が指揮権を引き継ぐ。

手始めにサリヴァンは、ウィリアム・トムソン将軍に二、〇〇〇人の一隊を預けてトロワ・リヴィエールを攻略するように命じる。トムソンの部隊は、セント・ローレンス川を下ってトロワ・リヴィエールの七マイル（約十一㎞）上流に上陸する。ボートを守るための一隊を残してトムソンは、部隊を四つの隊列に分けて森の中に身を潜めながらトロワ・リヴィエールを目指す。

トムソン自ら指揮する隊列は、地元の農夫の案内で森の中を進んでいたが沼地に迷い込む。何とか沼地から抜け出してセント・ローレンス川に再び出た時、イギリス軍の艦船が姿を現して散弾を浴びせてきた。トムソンはあわてて隊列を森の中に戻す。

その一方でアンソニー・ウェイン大佐率いる隊列は、無事に森を抜けてその先に教会と修道院を発見する。そこへイギリス兵が姿を現す。交戦が始まる。イギリス軍が六ポンド砲を引っ張り出して砲撃を開始すると、アメリカ軍は浮足立って森の中に逃れる。前方から逃れて来る兵士たちを見てトムソンは、何とか踏み止まるように命じたが、残った兵士はわずか五〇人だけであった。トムソンは最後まで抵抗を試みたが捕虜になった。

全軍の指揮はウェインの双肩に委ねられる。後にその果敢な性格から「狂気のアンソニー」と呼ばれるウェインが黙ってこのまま引き下がるわけはない。部隊を再編成して後衛をすばやく形成するとともに、トロワ・リヴィエールへの突撃を準備する。

そうした動きを察知したトロワ・リヴィエールの守備兵が一斉に突出する。しかし、ウェインが巧妙に配置したライフル銃兵に進軍を妨げられる。その一方で街の周辺に配置された大砲やセント・ローレンス川に浮かぶ艦船が猛烈な砲撃をアメリカ軍に叩き込み始める。突撃を敢行すれば犠牲を増やすだけだと悟ったウェインは部隊を解散する。兵士たちはばらばらになってソレルまで落ちのびた。

ソレルで敗残兵を迎えたサリヴァンは自軍が置かれた状況を検討する。天然痘の猛威と敗北による士気の低下は深刻だ。これ以上、戦闘を続けられるか否か。司令官の諮問を受けた士官たちは、南方に撤退するように提案する。サリヴァンは提案を受け入れて撤退を決定する。

アメリカ軍が去った後、カールトンは軍を率いてソレルに入る。そこで軍は二つに分かれた。ジョン・バーゴイン将軍が一隊を率いてサリヴァンを追う。その一方でカールトンがもう一隊を率いてモントリオールの解放に向かう。うまくすれば、モントリオールに駐屯するアーノルドの虚を突けるだろう。結局、急襲は失敗して、カールトンはアーノルドを取り逃がす。

六月十六日、サリヴァンの部隊はシャンブリー砦を焼き払った後、さらに南に向かう。翌日、サリヴァンはセント・ジョン砦でアーノルドと合流する。二人は協議のすえ、クラウン・ポイント砦まで後退することにした。戦えるような状況ではないからだ。食料は腐臭が漂う塩漬け豚肉と小麦粉しかない。軍中で天然痘、赤痢、マラリアが猛威を振るっている。軍医も医薬品も足りない。傷病兵は「軍病院」とは名ばかりのテントや丸太小屋に押し込められ、ほとんど治療も受けられずに呻き声を上げている。その様子を見ていた士官は、「私がテントを覗き込むと、死者や瀕死の者を見ないで済むことはまったくなかった」と記録している。辛うじて戦える者も「歩く亡霊」にすぎない。

アーノルドは副官を伴って焼け落ちたシャンブリー砦の近くまで戻る。そして、迫って来るイギリス軍を遠望した。アーノルドと副官は馬を疾駆させてセント・ジョン砦に移る。セント・ジョン砦には一隻のボートが残っていた。

何を思ったのかアーノルドは、いきなりピストルを抜くと乗馬を撃ち殺し、副官にも同じようにせよと命じた。そして、副官を先にボートに乗せた後、セント・ジョン砦を一瞥すると、自ら川岸を蹴ってボートに飛び乗る。カナダに最後まで残ったのは自分であることを示したかったのだ。先に戦死したモンゴメリーを除けば、その栄誉はアーノルドに与えられて然るべきである。

アーノルドが去ってから二時間後、バーゴイン率いるイギリス軍が到着する。セント・ジョン砦に再びイギリス国旗が翻る。アメリカ軍はカナダから完全に蹴り出された。

ヴァルカー島の戦い

アメリカ軍をカナダから追い出すことに成功したカールトンであったが、今後の課題は再びアメリカ軍がカナダに侵攻しないように予防策を講じることだ。主要な侵攻ルートさえ塞いでしまえば、簡単に攻めて来れない。そうなると狙うべき拠点はクラウン・ポイント砦とタイコンデロガ砦となる。

二つの砦を奪還するためにはシャンプレーン湖の制圧が欠かせない。シャンプレーン湖は、北アメリカでも屈指の山間湖である。ニュー・ヨーク植民地の北東端に位置し、南北の長さは一二〇マイル（約一九〇㎞）もあるが、東西の幅は最も広いところでも十二マイル（約十九㎞）しかない。面積は琵琶湖の約二倍である。シャンプレーン湖は重要な輸送路である。陸路では難しい兵員の大量輸送が水路を使えば可能になるだけではなく、補給も容易になる。カールトンは、早くからこの点に目をつけて艦船の建造に必要な物資を集めていた。

建造の任にあたったのはウィリアム・フィリップス将軍である。フィリップスは、海軍士官の助けを借りてセント・ジョン砦を一大造船所に変える。艦隊が勢揃いした頃には、季節は秋になろうとしていた。その一方で陸軍の準備も整う。本国から派遣された増援部隊を迎えて、カールトンの指揮下には、正規兵とヘッセン傭兵を合わせて一万二、〇〇〇人が入っていた。

大陸会議は、カールトンに対峙するべく、北部方面の指揮権をホレーショ・ゲイツ将軍に委ねる。そもそもカナダ遠征の総指揮を任されたのはスカイラーである。敬愛するスカイラーの降格に腹を立てたサリヴァンは、自ら大陸会議に乗り込んで異議を申し立てる。異議を受け入れた大陸会議は、ゲイツにタイコンデロガ砦の指揮権を与える一方で、スカイラーにオールバニーの指揮権を与える裁定を下す。この裁定では、ゲイツとスカイラーのどちらが北部方面の最高指揮権を持っているか明確に定められていない。そうした欠陥は禍根を残した。

七月五日、クラウン・ポイント砦で作戦会議が開かれる。ゲイツは、スカイラーやアーノルドと協議の末、クラウン・ポイント砦を放棄して、タイコンデロガ砦に兵力を結集させることにした。完全に腐敗した塩漬け豚肉は廃棄され、兵士たちは残された小麦粉を平たい石の上で焼いて空腹を満たす。

タイコンデロガ砦までようやく兵士たちが撤退した時、実働兵員は三、〇〇〇人になっていた。一、〇〇〇人の傷病兵のうち半数が異郷の地で命を落とした。ニュー・イングランド各地から民兵隊が到着する。タイコンデロガ砦の兵力は九、〇〇〇人余りに増強される。しかし、その中で実際に戦えそうな者は五、〇〇〇人を割り込んでいた。

ゲイツが次に目を向けたのは、カールトンと同じくシャンプレーン湖である。シャンプレーン湖がイギリス軍の手に落ちれば、クラウン・ポイント砦とタイコンデロガ砦は危機にさらされる。そして、もし二つの砦を失ってしまえば、カナダへの再征は難しくなるだろう。

イギリス軍がシャンプレーン湖を制圧するために艦船を建造しているのをアメリカ軍は黙過していたわけではない。ゲイツの命令でアーノルドは、イギリス軍に対抗するために造船を始める。アーノルドには商船主の経験がある。

造船と一口に言っても簡単なことではない。まず立ち木を切り倒して肋材、竜骨、船板に加工しなければならない。ところが鉞、手斧、鋸、ハンマー、砥石、鑿、錐などあらゆる工具が足りない。近隣に三つの製材所があったが、長い間、放置されていたので修繕しなければ使えない。たとえ工具と木材が揃っても帆、帆柱、索具、ボルト、釘、槙皮《まいはだ》、錨、塗料など必要な物は数え切れない。

必要な物が揃っても、それを誰が組み立てられるのか。船大工や縫帆工、索具工が都合良く軍中にいるはずがない。地元に残れば私掠船の艤装でいくらでも稼げる。わざわざ僻地までやって来て安い手当で働く酔狂な者などいるだろうか。そこで高額の報酬で船大工が募集される。一日五ドル（約一万四、〇〇〇円）の正貨支払いという破格の賃金だ。一般的な兵卒の一ヶ月の給料は六ドル（一万六、〇〇〇円相当）であることからいかに優遇されているかがわかる。他にも同じ条件で各種の職人が募集される。

艦船をいくら作っても船員がいなければ満足に動かすことすらできない。そこでアーノルドは船員を募集する。しかし、募集に応じる者は誰もいない。なぜなら船員は私掠船に乗って一儲けすることに忙しく、わざわざシャンプレーン湖まで行く気になれなかったからだ。仕方なくアーノルドは、大陸軍のニュー・ハンプシャー連隊から船員の経験がある者を引き抜いた。引き抜いたと言えば体裁は良いが、実際はアーノルドによれば「各部隊の厄介者」を押し付けられたにすぎない。

艦隊の建造が進捗する間、兵士たちは滞りなく届くようになった食料で英気を養っていた。お金を払えば、酒保商人から野菜、砂糖、バター、チーズ、チョコレート、ラム酒、ワインなども購入できた。

八月下旬、ようやく完成したアーノルドの艦隊は、リシュリュー川を下ってイギリス軍の様子を探る。どうやらイギリス軍は強い火力を備えた艦船を建造しているらしい。そこでアーノルドの艦隊は、シャンプレーン湖の西岸に近いヴァルカー島の陰に船体を潜める。

圧倒的に優勢なイギリス艦隊を前にして防御に有利な場所を選ぶのは当然である。ヴァルカー島の陰は、東側は島に、西側は湖岸に守られた海峡になっている。南北にのみ警戒すればよい。

その一方でセント・ジョン砦を発ったイギリス艦隊は、リシュリュー川を経てシャンプレーン湖を南進する。しかし、十分な偵察をおこなわなかったので、ヴァルカー島の陰に潜むアメリカ艦隊に気づかず、そのまま二マイル（約三・二㎞）先まで進む。

Unknown (Circa 1925)

イギリス艦隊の接近に気づいたアーノルドは、海峡の南側に数隻の船を出してわざと発見されるようにした。なぜそんなことをしたのか。南側で迎え撃ったほうが有利だからだ。当時はまだ実用的な蒸気船が登場していない時代である。したがって、海戦では風向きが勝敗の大きな鍵を握る。シャンプレーン湖では常に北から南に風が吹いている。もしイギリス艦隊が北に回りこめば風を背負う形になる一方で、アメリカ艦隊は逆風となって不利になる。それならイギリス軍に南から攻撃させてアメリカ艦隊にとって有利な形に持ち込んだほうがよい。

アーノルドの思惑通り、船影に気づいたイギリス艦隊は南側からアメリカ艦隊に接近する。アメリカ艦隊は東西を陸地で守られた狭い海域に戦列を展開してイギリス艦隊を待ち受ける。

ヴァルカー島の戦いは、十月十一日午前十時頃に始まった。イギリス艦隊は急旋回して舳先を南から北に向け、風に逆らいながらアメリカ艦隊に迫る。小型艦が先に突出する。逆風で船足が鈍った大型艦がその後に続く。最大の火力を誇るサンダラー号は出遅れる。サンダラー号のような鈍重な浮き砲台は機敏な動きについていけない。

迎え撃つアメリカ艦隊は散弾を乱射する。熟練した砲手が少なかったためにアーノルドは、自ら旗艦を駆け回って大砲を操作する。散弾は射程が短い対人兵器である。それで船体を撃沈することは難しい。しかし、身を隠す場所がほとんどない小型艦には効果覿面であった。たとえ船体が沈まなくても操船する兵士がいなくなれば戦力を奪える。

弾幕に恐れをなした小型艦は、アメリカ艦隊から七〇〇ヤード（約六四〇ｍ）の距離を保って遊弋する。狭い海域で砲撃を交わしたので、硝煙が立ちこめて視界が著しく悪化する。

インディアンの戦士たちがヴァルカー島に上陸して森の中を突っ切り、アメリカ艦隊の左側面に出る。さらにカナダ民兵の一隊がシャンプレーン湖の西岸に上陸して右側面からアメリカ艦隊を攻撃する。彼らにできることは沖に浮かぶアメリカ艦隊に銃弾を浴びせることくらいであったが、一定の心理的効果はあった。包囲されて退路が断たれるのではと不安を覚えた兵士たちは戦意を喪失した。

午後五時、イギリス軍の大型艦が主戦場にようやく到着する。そして、雷火のように強力な打撃をアメリカ艦隊に叩き込み始める。小型艦も勢いづいて砲撃を続ける。

猛烈な集中砲火に反撃できずアメリカ艦隊は沈黙する。次々と被弾するアメリカ艦隊を救ったのは夜の帳であった。イギリス艦隊は少し後退して半円形の陣形を作って翌朝の再戦に備える。その一方で満身創痍になったアメリカ艦隊はヴァルカー島の陰に戻る。弾薬は底をつきかけている。勇敢な士官たちも多くが戦死を遂げている。再戦すれば艦隊の壊滅は免れない。作戦会議で退却が決定される。

闇夜と厚い霧に紛れてアメリカ艦隊は、南に向けて音もなく移動を開始する。各船は衝突を防止するために船尾にランタンを一つだけ灯している。少し離れた場所から見れば、ランタンが間隔を保ちながら縦に一列に並んでいる様子が見えただろう。海峡の入り口を固めるイギリス艦隊の封鎖線を一列縦隊ですり抜けようという作戦である。

それならば南ではなく北に向かって逃げればよいのではないかとあなたは思うかもしれない。南は封鎖されているが北は開いている。しかし、その夜は北から南に強風が吹いていた。風に逆らって北に向かうのは至難の業だ。それにアメリカの勢力圏は南である。北に向かっても敵地しかない。

アメリカ艦隊にとって幸いなことに、イギリス艦隊は西岸から少し離れた場所に停泊していた。それに湖岸に歩哨をほとんど配置していなかった。新月で濃くなった夜の闇、西岸に漂う霧、そして、敵の不注意という偶然の幸運が重なって、アメリカ艦隊は虎口を脱する。

翌朝、イギリス艦隊はアメリカ艦隊の姿がどこにも見えないことに気づく。舳先を南に向けてアメリカ艦隊を追尾し始める。あいにくと風が逆風であったために船足が鈍る。もちろん逆風という条件は逃げる側のアーノルドも同じだ。ようやく南方に浮かぶスカイラー島まで到達した時、十二時間で踏破した距離は、わずかに八マイル（約十三km）であった。クラウン・ポイント砦まで二八マイル（約四五km）も残っている。スカイラー島で数時間の休息を船員たちに与えた後、アーノルドはさらに南に向かう。航行に適さない船は放棄された。

十月十三日、風向きが変わる。風を背に受けたイギリス艦隊はアメリカ艦隊に追いつく。アーノルドは、病人を乗せた船を先に逃して戦列を整える。迎撃を試みようとしたアーノルドであったが、包囲の環が閉じられようとしているのを悟って抵抗を諦めた。このままでは敵艦隊の火力に圧倒されて自艦隊が壊滅してしまう。そこでアーノルドは、水深の浅い湾に逃げ込むように全船に命じる。そうすれば喫水が深い大型艦は追って来れない。

ひとまず安全地帯に逃げ込んだアメリカ艦隊に最後の命令が下された。自船に火を放って退去せよ。アーノルドは、すべての船員が下船したことを確認する。そして、燃え上がる炎に狂ったようにはためく戦旗を目に焼き付けると最後に旗艦を去った。すぐにイギリス艦隊の砲弾が飛来して、アメリカ艦隊を湖底に沈める。

約二〇〇人の生存者を引き連れたアーノルドは、陸路でsクラウン・ポイント砦にたどり着く。そして、建物と残っている物資をすべて焼き払う。それからタイコンデロガ砦に向けて再び落ちのびる。数日後に書かれたアーノルドの報告は次のように結ばれている。

私はこの場所［タイコンデロガ砦］に到着しました。ここ三日間、睡眠も食事もほとんど摂っていなかったせいで非常に疲れていて体調が悪いです。

戦況の報告を受けたワシントンは憂慮を深める。このままカールトンがニュー・ヨーク北部の重要都市であるオールバニーに進撃すれば万事休すである。オールバニーがイギリス軍の手に落ちればハドソン川が制圧される。その結果、アメリカは南北に分断されかねない。しかし、それはワシントンの杞憂に終わる。初雪を見たカールトンが全軍の北帰を命じたからだ。

こうしてアメリカ軍のカナダ遠征は完全に失敗に終わったが、湖上でのアーノルドの奮闘は無駄ではなかった。アメリカ軍がイギリス軍の南下に備える時間的余裕を持てたからだ。それは後の勝利につながる。また今度、語ることになるだろう。

第4章

血塗られた夏の日

Alonzo Chappel, Battle of Long Island (1858)

物語の舞台

戦場はニュー・ヨーク。史上最強のイギリス軍がロング島に上陸する。圧倒的な戦力で迫るイギリス軍。独立戦争中、最大規模の戦闘が起きる。

ワシントン率いる大陸軍は窮地に立たされる。前にはイギリス軍、後ろには簡単には渡れない川。武器も弾薬も足りず、兵士たちは疲れ切っている。はたしてワシントンは絶体絶命の危機から無事に脱出できるのか。

高丘の島

「出来事はもう決着がついたように見える時、実際はやっと始まったばかりのことがよくあるものだ」という言葉がある。ボストン解放は終わりではなく、長く続く戦争の序章にすぎなかった。次の舞台はニュー・ヨークである。

北方のノヴァ・スコシア地方に後退したハウ将軍は態勢を立て直す。イギリス本国が大規模な遠征軍の編成に取りかかったという報せがハウのもとに届いていた。増援軍を迎えれば、圧倒的な兵力でニュー・ヨークを攻略できる。岩石で卵を砕くようなものだ。

かねてからの方針に従って、ニュー・ヨークを制圧し、交通や輸送の大動脈であるハドソン川を抑える。英領カナダへの通廊を確保するとともに、北部と南部を分断してニュー・イングランドを孤立させることがイギリス軍の狙いである。アメリカ全土の征服は不可能である。それならば、戦力を限定した局面に集中的に投下して、早期の成功を目指すのが得策である。またニュー・ヨーク市周辺は本国支持派が多く、支援を当てにできる。何よりもニュー・ヨークを奪取できれば、イギリス本国での戦争懐疑論を抑えられる。

本国の議会では、戦争をめぐって意見が対立していた。植民地に好意的な一派がいる一方で、「反逆者」を厳しく弾圧するべきだと主張する一派もいる。では国王の態度はどうか。国王にとって反乱の鎮圧は帝国の威信を保つために絶対に必要なことであり、容易に諦められることではない。

ボストン解放の喜びに浸る間もなく大陸軍は、イギリス軍のニュー・ヨーク侵攻に備えなければならない。一七七六年四月四日、ワシントンは後事をウォード将軍に託して、ボストンからニュー・ヨークに向けて旅立つ。

ここで少しニュー・ヨークについてまとめておく。青年将校の頃、ワシントンがニュー・ヨークを訪れてからずいぶんと時間が経っている。再び紹介するのは無駄ではなかろう。ニュー・ヨークの土地柄を示す言葉がある。

何を信じてもよいが、ただし黙って信じよ。何よりも商売を優先せよ。

これはオランダ統治時代にオランダ西インド会社が住民に伝えた信条である。富の追求という信条に同意する者であれば誰でも歓迎される。ニュー・ヨークの街ではそれが唯一の信条である。商業を愛好して世俗的利益を肯定する気質は、ニュー・イングランドの厳格な清教徒とも、ペンシルヴェニアの平和主義的なクエーカー派とも、そして、南部の権威主義的な国教徒とも異なっていた。

もう一つニュー・ヨークの特徴として忘れてはならないのは多様性である。ニュー・ヨークはさまざまな出自を持つ人びとで構成されている。実に十八種類もの言語が飛び交っていた。イギリス系が多いのはもちろんのこと、オランダ系やフランス系も多い。そうした人びとは、市民的自由と宗教的自由の伝統を持っていて、イギリス本国に対して自らの権利を積極的に主張した。

この頃のニュー・ヨークは、フィラデルフィアに次ぐアメリカ第二の都市である。人口はおよそ二万五、〇〇〇人。八〇万人の人口を抱えるロンドンに比べればずいぶんと少ないが、港には多くの水夫や商人が行き交い、四〇〇軒以上の居酒屋が甍を争う商業の中心地だ。ニセアカシアやポプラの街路樹が緑陰をなす。そして、煉瓦造りに白い破風壁の瀟洒な建物が舗装街路を挟んで並ぶ。北アメリカ植民地で最も洗練された都市の一つである。

ヴォクソール庭園と呼ばれる社交場もある。誰もが自由に使える公園ではない。富裕層を相手にした高級料亭のようなものだ。豪華な食事を楽しみ、思い思いに庭園を散策するという趣向である。蠟人形の展示、大道芸、コンサート、そして、花火など富裕層を楽しませる催し物がおこなわれた。

富豪の邸宅が集まる街区では、玄関に鯨油ランプが吊され、毎日、奴隷が点灯する。もちろん邸内にも照明がある。至る所に突き出し燭台が設けられていて蠟燭が灯されている。絶えず蠟燭の火を絶やさないようにするのも奴隷の仕事である。ビャクシンの樹液が混ぜてある蠟から清新な香りが漂う。夜の照明は、最もわかり易い文明の尺度である。光によって闇を払うこと、それが文明に他ならない。

もちろん誰でも文明の恩恵を受けられたわけではない。それに街は今も昔も美しい場所ばかりではない。ホーリー・グラウンドと呼ばれる一帯には売春婦の巣窟がある。五〇〇人以上もの売春婦が毎夜、妍を競ったという。人間の欲望が尽きない限り、そういう場所がなくなることは決してない。背徳的な商売がおこなわれている茅屋が壮麗なトリニティ教会のすぐ横に建ち並んでいる様子は何とも皮肉な眺めである。マサチューセッツからニュー・ヨークにやって来た士官は次のように書き留めている。

先週、私は何回かにわたってホーリー・グラウンドを訪れた。売春婦を訪問した時、私は彼女たちが厚かましく下品である他にたいしたことはあるまいと考えていたが、彼女たちを知るにつれて非常に残酷であることがわかった。［中略］。友人の健全な助言にもかかわらず、わが軍の兵士たちや士官たちが、致命的な病気にかかって過ちを悟るまで彼女たちに溺れてしまうのは不思議なことである。［中略］。もし［ワシントン］将軍がこうした忌まわしく恥知らずな者どもをどうにかしなければ、軍隊は［病気で］すぐに大きな損害を被るだろう。

「致命的な病気」とは梅毒のことである。当時、梅毒は「王の悪疾」という名前で知られていた。かつて王が病人に触れれば治ると信じられていたからだ。都市部の水夫、兵士、そして、売春婦に梅毒の患者が多いことに当局も気づいていたが、できる対策はほとんど何もなかった。患者の実数は不明だが、梅毒に効果があると謳う薬品の新聞広告が増えていることから、かなり蔓延していたようである。

ニュー・ヨーク入りの前からワシントンは、防衛の準備に取りかかっている。昨年の夏にベネディクト・アーノルドをカナダ攻略に送り出したのもニュー・ヨーク防衛の一環である。カナダさえ制圧できれば、シャンプレーン湖からハドソン川を通ってニュー・ヨークに南下しようとするイギリス軍の意図を挫ける。しかし、カナダ制圧が成功する見込みは薄い。イギリス軍の南下に備えておかなければならない。ワシントンは、手持ちの兵力の中から十連隊を割いてシャンプレーン湖の周辺に配置する。

さらにチャールズ・リー将軍がワシントンよりも先にニュー・ヨークに入って防衛準備を進めていた。リーの防衛準備を見る前にニュー・ヨークの地理を概観しておこう。ニュー・ヨークは、マンハッタン島、ロング島、そして、スタテン島などの島々で構成される。その中でも最も重要な島はマンハッタン島である。マンハッタン島はアルゴンキン語で「高丘の島」という意味である。その他にも多くの島々があり、七〇〇マイル（約一、一〇〇㎞）の汀線をハーレム川、イースト川、そして、アッパー湾などが構成している。

ニュー・ヨークという要害の特性についてワシントンは、「航行可能な深い水域に囲まれているので、水域を支配する者が街を支配するに違いない」と述べている。制海権を握るイギリス軍が海軍を思う存分に活用できる地形だ。古代ギリシア人が海のことを「液体の道」と言ったように、イギリス軍にとっても海は

「液体の道」である。

イギリス海軍に備えるためにリーは、マンハッタン島南部の要塞化を提案する。要塞化が実現すれば、もしイギリス軍が部隊を上陸させようとしても撃退できる。市街戦を有利に戦うためにイースト川を封鎖し、ロング島のブルックリン高地に要塞を築く。さらにマンハッタン島と本土を結ぶキングズ橋に防備を施し、近隣の本国支持派を武装解除させる。こうした計画をリーは自信満々で大陸会議に提案した。

リーの自信とは裏腹に、この計画には欠陥がある。二つの要所を見落としているからだ。ヘル・ゲートとゴーワヌス高地である。ヘル・ゲートは、イースト川とハーレム川が合流する位置にあり、そこさえ抑えればイギリス海軍はマンハッタン島東部を自由に航行できない。またゴーワヌス高地は、外郭としてうまく利用すれば、ロング島のブルックリン高地を効果的に守れる。

欠陥があったにもかかわらず大陸会議はリーの計画に承認を与える。無理もない。リーのことを経験豊富な軍人だと信じ切っていたからだ。結局、リーの計画に従ってニュー・ヨークの防衛準備が進められた。リーが南部戦線に転出したせいで計画の実行は中断されたが、ウィリアム・アレグザンダー将軍が後を引き継いだ。

四月十三日、ワシントンはニュー・ヨークに入った。そこで待っていたのは殺人事件の報告であった。ホーリー・グラウンドの売春宿で、二人の兵士が喉を切り裂かれて惨殺されているのが見つかったという。それを知った仲間の兵士たちは、売春宿を叩き壊して快哉を叫んだ。数日後、ホーリー・グラウンドの屋外便所でさらに一人の遺体が見つかる。それは売春婦のものだった。結局、殺人事件の真相は闇の中である。

事件の詳細を知ったワシントンは、綱紀粛正が必要だと考えた。そこで戒厳令が布告された。ただあまり効き目はなかったようだ。軍の法務官は、「あらゆる粗暴な欲求がここでは簡単に満たされるので、軍が堕落するのに、ケンブリッジであれば十二ヶ月かかったとしても、ここなら一ヶ月もかからないだろう」と嘆いている。

ニュー・ヨーク防衛に加えてワシントンの脳裏を占めていたのは、北部方面の状況である。カナダを制圧できなければ、北部からの脅威を排除できない。そこへ大陸会議から新たな指示が届く。ニュー・ヨーク方面からカナダ戦線に増援に割くべきか否か検討せよ。指示を受けたワシントンは大陸会議にすぐに返答を送っている。

カナダ方面に増援を送るべきか否かに関して、私は何と助言すべきか本当に途方に暮れています。というのは現時点で敵の計画を知ることは不可能だからです。

判断に迷ったワシントンは、フィラデルフィアに赴く。大陸会議と今後の戦略を直接協議するためだ。五月二三日、ワシントン一行がフィラデルフィアに到着する。一行の中にはマーサも含まれている。大陸会議とワシントンがカナダ遠征に関する協議を始めた一方、マーサは医者にかかっていた。天然痘の予防接種を受けるためだ。軍隊とともに行動していれば天然痘に罹患する恐れがある。そこでワシントンはフィラデルフィアの名医に妻の予防接種を依頼した。なぜわざわざフィラデルフィアで予防接種を受けるのか。当時の予防接種は危険性が高い人痘法であり、命懸けであったからだ。評判の良い医師に頼むのが最善である。

大陸会議では今後の方針に関する協議が進んでいた。妻の予防接種が無事に済むか心配しながらもワシントンは、戦略について持論を述べている。納得できる条件が示されるまでイギリス本国と和解すべきではない。なぜならイギリス本国がアメリカ人を完全に屈服させようと決意しているからだ。その証拠に今、大規模な遠征軍が編成されている。したがって、戦争の長期化は避けられない。そうなれば現状の兵力と兵役期間の短い兵士たちでは対応できない。

持論を述べ終わったワシントンは最終決定を委員会に任せて議場を去った。フィラデルフィアには訪問したい知人が多くいる。

フィラデルフィアの街中に一軒の小さな家具店がある。女主人のベツィ・ロスが子供たちに囲まれながら縫い物をしていると数人の紳士たちが店内に入って来た。その中の一人は、亡夫の叔父であるジョージ・ロスである。さらに馴染みのワシントンの顔もある。ワシントンはベツィのお得意さんであり、しばしばシャツの刺繍を頼みに来ていた。

紳士たちは、新しい国旗を制定するために助言を求めに来たとベツィに告げる。とりあえずベツィは紳士たちを応接間に案内する。紳士たちはしばらくそこで話し合う。

話し合いが終わると、ワシントンはポケットから折り畳まれたスケッチを取り出してベツィに見せる。そのスケッチには、赤と白の十三本の横縞と十三個の六芒星が描かれていた。

「このような旗を作れるだろうか」

「できるかどうかはわかりませんが、とにかくやってみます。作ったことはありませんが、もし見せられた通りの模様であれば、作れると思います」

それからベツィは、いくつかの点についてデザインの変更を求める。ワシントンは、鉛筆を取り出してスケッチに描かれたデザインを変更する。この当時の鉛筆は焼き入れが施されていなかったので柔らかすぎて細かい字を書くには不向きであったが、まったく使えないわけではなかった。デザインにどのような変更が

Jean L. G. Ferris, Betsy Ross, 1777 (Circa 1912)

加えられたかはわからないが、ベツィが六芒星を五芒星に変えるように提案したことは確かである。その提案に対してワシントンは旗を作るのが難しくなるのではと懸念を示す。するとベツィは、「とても簡単ですよ」と言って、鋏で器用に五芒星を切り出して見せた。結局、星は五芒星になった。

ベツィ・ロスと星条旗誕生の逸話だが、根拠が疑わしいとする歴史家も多い。少なくとも一七七七年になるまで大陸会議が星条旗の制定について議論した痕跡がないからだ。またワシントンもこの件について何も言及していない。

たとえ史実でなかったとしても、ベツィ・ロスという名前がアメリカ人にとって建国神話の重要な一部分となっていることは間違いない。その名前が人びとの心の中で生き続けていることが大切である。今でもベツィ・ロスの家を訪ねる者は後を絶たない。

最終的に大陸会議はワシントンの提言をおお

むね受け入れる。新規募兵と兵役期間の延長が認められた。それだけではない。兵士一人当たり一〇ドル（二万七、〇〇〇円相当）の報奨金支給が決定された。また兵站を担う戦争・軍需品局が設立された。他にも大陸会議はワシントンの要請に応じてリードを軍務局長に任命している。軍務局長は日々の軍隊生活を管理する要職である。要職に就けることでワシントンはリードを前線に復帰させようと考えたのだ。リードは総司令官の好意を受け入れて軍務に復帰することを約束した。

ワシントンも大陸会議も一戦も交えずにニュー・ヨークを明け渡そうとはまったく思っていない。もしニュー・ヨークを戦わずに放棄すれば、アメリカ軍の士気は地に落ち、中立的な立場の人びとは失望して本国支持派に転向してしまうだろう。ニュー・ヨークを防衛するという決定は、純粋に軍事的な判断にもとづく決定ではない。政治的な判断にもとづく決定であった。

大陸会議との協議を終えたワシントンは、弟ジョンに五月三一日付けの手紙で次のように語っている。

我々はニュー・ヨークとカナダで血塗られた夏の日を迎えることになる。残念ながら兵力の面でも武器の面でも、我々は十分に準備できていない。しかしながら、もし我々の大義が正しければ、我々の前に多くの模範を示された神が慈悲を与えてくれるはずだと私は強く信じている。

はたしてこの夏は「血塗られた夏の日」になるのか。

ジョージ三世が一万七、〇〇〇人の傭兵を雇い入れたという確報が届く。国王は植民地の抵抗を粉砕するつもりだ。アメリカ植民地大臣のジャーメイン卿も決定的な一打を大陸軍に与える必要があると考えていた。そうすれば植民地人は震え上がって抵抗を断念するだろう。また海軍大臣のサンドウィッチ伯爵は、「たとえ植民地が豊富な戦力を持っていたとしてもそれがなんだというのだ。奴らは未熟で規律のない臆病な兵隊ではないか」と断言している。このように本国では、植民地を捻じ伏せることなど簡単だという楽観論が漂っていた。

ワシントンは、マーサを予後観察のためにフィラデルフィアに残してニュー・ヨークに戻った。そして、防衛態勢を整え始めた。まずアメリカ軍を大きく五つに分けて各所に配置する。三部隊はマンハッタン島南部に布陣する。そして、一部隊がマンハッタン島北部に築かれたワシントン砦を守り、さらに残りの一部隊はロング島を固める。

イギリス軍よりも少ない兵力を五つに分散させることは、一見すると戦略的誤りのように思える。しかし、それは制海権を奪われているために仕方がない措置であった。制海権を掌握しているイギリス軍は、軍隊をどこにでも自由に上陸させられる。そのためワシントンは兵力を分散させることで、とりあえず各所でイギリス軍の上陸を足止めし、その間に他の場所から兵力を集めてイギリス軍を撃退するという戦略を立てた。

イギリス軍の動きの他にも気がかりなことがある。本国支持派の動向である。不安を感じた過激派は、本国支持派に対して非道な暴力をふるう。多くの本国支持派が角張った横木に跨るように強制され、そのまま市内を引き回されて嘲笑を浴びる。ある目撃者は次のように記している。

今日、この街で本国支持派の横木乗せがあった。［中略］。その何人かはかなり手荒に扱われていた。背中が露わになるまで服をずたずたにされ、身体を埃だらけにされたまま、横木に乗せられ、街中を引き回された。

この当時、「タールと羽毛」という私刑も流行していた。人間の身体に熱したタールを一面に塗りたくって羽毛を貼り付けてさらすという辱めである。

ニュー・ヨーク植民地総督ウィリアム・トライオンは、すでに市内から脱出していたが、残留している本国支持派と内密に連絡を取り合っているようであった。もし本国支持派がイギリス軍に呼応して決起すれば、ただでさえ劣勢の大陸軍は窮地に追いこまれる。怪しげな小舟が周辺に出没しているという報せが頻々と入る。ワシントンは、厳重な警戒態勢を布くようにニュー・ヨーク治安委員会に通告する。

本国支持派が何かを企んでいるというワシントンの不安は杞憂に終わらなかった。六月二一日、本国支持派の陰謀が暴露された。「アメリカの植民地連合の権利と自由を侵害する危険な計画と大逆の陰謀を企てた罪」でニュー・ヨーク市長デイヴィッド・マシューズが捕縛される。いったいどのような陰謀か。イギリス艦隊が砲撃している間に、武器を持った本国支持派の一隊がロング島の要塞を奇襲する。そして、艦隊がハドソン川とイースト川を遡上する一方で、イギリス軍の上陸部隊が本国支持派の一隊と協力して、マンハッタン島北端に位置するキングズ橋を破壊する。そうすることでニュー・ヨーク市と周辺地域の連絡を完全に遮断する。さらに総司令官を誘拐する。

秘密作戦に参加する者は決まっていたが、まだ計画は煮詰まっていなかった。ワシントンは、「幸いにも適切な時期に発見できたことで陰謀を弾圧できました」と大陸会議に報告している。

ではどのようにして陰謀は発覚したのだろうか。舞台はニュー・ヨークの牢獄である。アイザック・ケッチャムという男が収監されていた。贋金造りに手を染めたらしい。ニュー・ヨークでは通貨偽造は死刑である。牢屋の中でケッチャムは他の罪人が陰謀について話しているのを偶然、耳にした。そして、どうやら減刑と引き換えに当局に密告したらしい。

密告を受けた当局はケッチャムを召喚して事情を聞き取った。その後、ケッチャムは牢屋に戻って新しい友人を作った。友人の名はトマス・ヒッキー。ワシントンの護衛隊の一員を務めていたヒッキーであったが、贋金を使用した嫌疑で収監されていた。この新しい友人からワシントンの誘拐計画を聞き出したケッチャムはすぐに通報する。その結果、軍法会議にかけられたヒッキーは、反乱、暴動、通敵の罪状で絞首刑を宣告された。

六月二八日朝、非番の将兵たちがすべて集められる。さらにその中から一つの部隊につき二〇人の兵士が選抜される。兵士の一団は、銃剣を装着して人垣を作り、ヒッキーを処刑場まで連行する。処刑場には二万人の群衆が集まっていた。群衆の前でヒッキーは悪びれる様子も見せず、牧師の立ち会いを断って従容と刑を受けた。

ワシントンは、祖国を辱めるような行動を慎むようにすべての兵士たちに布告する。さらにナロウズ海峡の巡視が強化される。市中から共謀者が逃亡するかもしれないからだ。イギリス軍の支配下にあるスタテン島に夜間に渡ろうとする者は誰でも捕らえるようにという命令が下された。

迫り来る危機

危機はすぐに現実となる。六月二八日、ハウ将軍を乗せた旗艦グレイハウンド号がサンディ岬に姿を現した。一三〇隻の艦船が旗艦に続く。この大艦隊を阻める海軍などアメリカには存在しない。私掠船もわが身が大切なので大艦隊に戦いを挑むような愚か者は誰もいない。まともな海軍さえあればワシントンの戦略の幅も広がっただろうが、無い物ねだりである。

スタテン島からやって来た急使がイギリス艦隊の船影を確認したという報せを大陸軍の本営にもたらす。

ワシントンは、もし艦隊がハドソン川を遡上しようとすれば全砲門をただちに開くように各所に命じる。警戒を促す銃声が鳴り響き、兵士たちは武器を手に各自の持ち場へあわてて向かう。ワシントンは、「防衛任務を任されているすべての兵士たちは冷静さと勇気を持って行動し、みだりに発砲しないように」と訓戒する。

臨戦態勢を整えよ。各部署に命令が飛ぶ。配置についた兵士たちは、イギリス軍の来襲に備えてあらゆる場所で土嚢を積み上げる。ボートが集められる。多くの市民が戦火を恐れて街を出て行く一方で、召集を受けた民兵隊が各地から市街に流入する。兵士たちの悲壮な歌が街中を流れる。

来たれ、勇壮なる雷の息子ども。おまえ達の傲慢な敵を粉砕して死に至らしめろ。奴隷の縛《いまし》めをばらばらに引き裂け。本国支持派が反抗できなくなるように。いまいましい暴君が嬉々として我々を絶対的な統制で支配しようとしているぞ。でも奴は決して我々を騙すことなどできない。叫べ、勇者よ、戦いの魂よ。

一七七六年七月二日、大陸会議は、ジョン・アダムズによれば、「アメリカにおいてかつて論じられたことの中で最も重要な議題」を論じていた。その結果、「これら連合植民地は自由かつ独立の邦であり、また当然そうでなければならない」という決議が、ニュー・ヨーク植民地が棄権したものの、全会一致で高らかに宣言された。独立宣言である。ここにアメリカは独立国家としての歩みを始める。独立に合わせて本書では、以後、各植民地を「邦」と呼ぶ。独立宣言についてはいずれまた詳しく語る。今は先を急ごう。

大陸会議が独立を決議した日、イギリス艦隊はスタテン島に部隊を上陸させた。続いて周辺水域を完全に

Henry A. Ogden, Illustration from "The Story of the Revolution" (1903)

制圧する。ハウは本国に宛ててその時の状況を次のように報告している。

　我々は、三隻の軍艦と最初の輸送部隊とともに、河口のナロウズ海峡を通り抜け、岸に近づき、擲弾兵と歩兵を上陸させました。反乱軍の圧政のもと、長い間苦しんでいた市民は、我々を歓呼して迎えました。ニュー・ヨーク、ニュー・ジャージー、そして、コネティカットの住民も我々の到着を待望していることは明白な事実です。

ニュー・ヨーク市街からも艦隊の動きは遥かに望めた。マストが林立する様子は、まるでロンドンの街がそのまま引っ越してきたかのようであった。

イギリス軍がそれ以上、特に動きを見せず不気味な沈黙を保つ中、ワシントンは大陸会議から独立宣言の写しを受け取る。そして、七月九日、「栄えある大陸会議は、道義、政策、そして必要に迫られて、謹んでわが国とイギリスの間で存続していたつながりを解消し、北アメリカ植民地連合が自由で独立した国であることを宣言した」ことを群衆に告知せよという指示が下される。

その日の様子をワシントンの副官は次のように記している。

　各部隊の前で［独立］宣言が読み上げられ、兵士たちの万歳三唱で迎えられた。かつての臣民たちを隷属させようとする国王と完全に縁を切れたのだとすべての者が非常に喜んでいるように見えた。神がこの我々の新しい局面に成功をお授けにならんことを。

今ここに大陸軍は、反乱軍ではなく独立という大義名分のもとに戦う軍隊に変貌した。明確な目的意識を持つ者こそ成功する。「あなた達は何のために行動するのか」という質問に対してはっきりと答えられない組織はいずれ破綻するからだ。

その夜、興奮冷めやらぬ兵士たちは、鼓笛を騒々しく打ち鳴らして群衆とともに行進する。本国の支配を想起させるものは片っ端から破壊される。王室の紋章が描かれた居酒屋の看板さえ叩き落とされる。最後に兵士たちが目をつけたのはジョージ三世の騎乗像だった。古代ローマ様式の騎乗像は金めっきの月桂冠で飾られた優美な作品である。六年前に印紙法の廃止を祝して奉献された。兵士たちは騎乗像から首をもぎ取って喝采を上げ、悪党行進曲を陽気に奏しながら街を練り歩く。悪党行進曲は軍中から違反者を放逐する時に演奏する曲である。

ただすべての者が独立を喜んでいたわけではないことは一言断っておくべきだろう。ある本国支持派は「ならず者たち」が国王の騎乗像を打ち倒したことを嘆き、「このいまいましい独立が私に大きな不安を与えた」と日記に書き留めている。

翌日、ワシントンは、兵士たちの行きすぎた振る舞いを叱責しながらも、像に使用されていた鉛を溶かして銃弾に用いるように命じた。四、〇〇〇ポンド（約一・八トン）の鉛は四万二、〇〇〇発の銃弾に変わる。「奴ら［イギリス軍］は溶かされた陛下を食らうことになるだろう」という冗談が兵士たちの間で流行する。月桂冠と鼻をもぎ取られた像の頭は居酒屋でさらされていたが、イギリス軍によって盗み出され本国に運ばれた。ロンドンに流寓していたトマス・ハッチンソン元総督は、アメリカ人の反逆を示す証拠として国王像の頭を見せられたという。

ハウ将軍の兄リチャード・ハウ提督が増援軍とともに本国からニュー・ヨークへ向かいつつあるという報

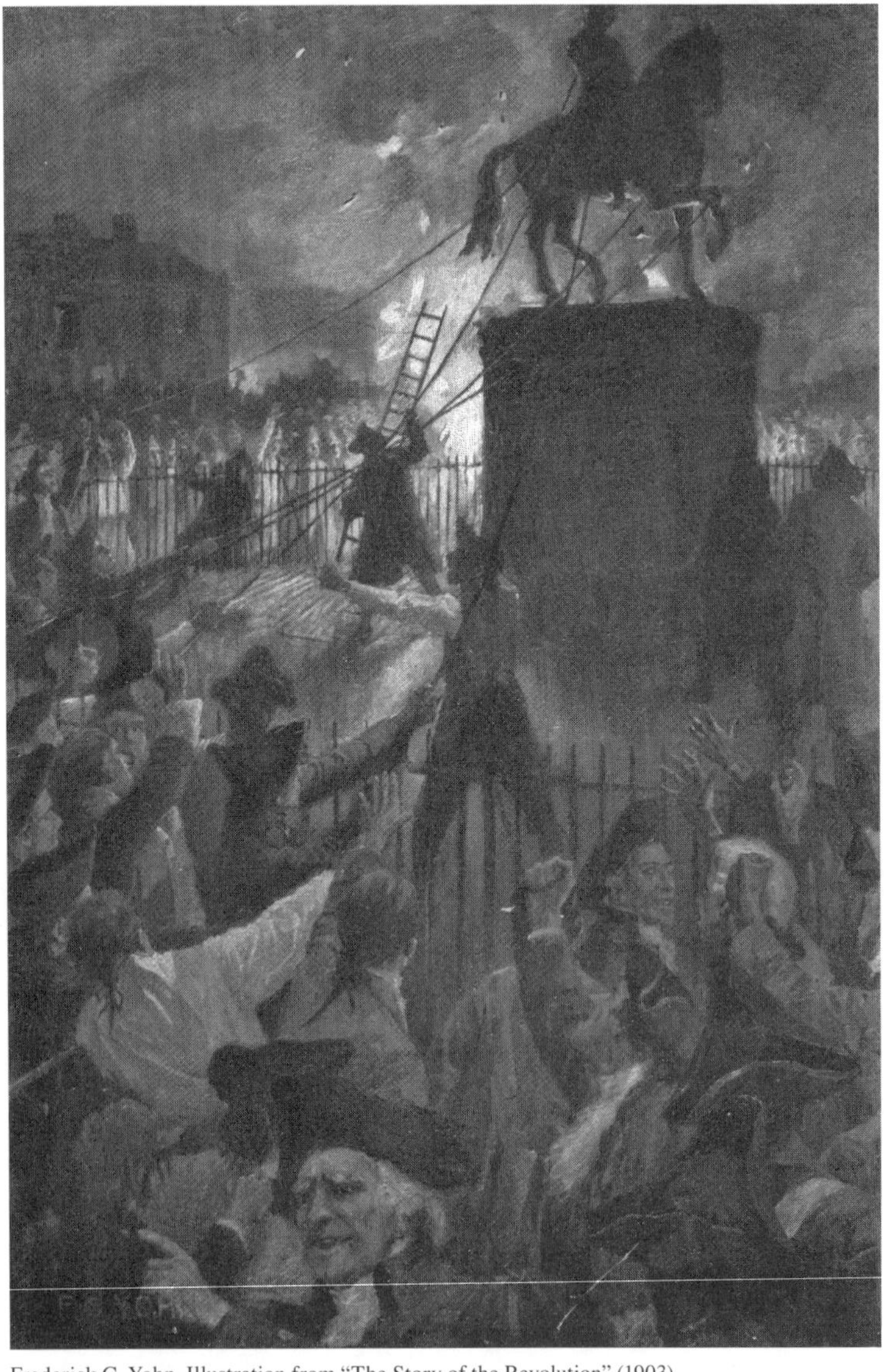

Frederick C. Yohn, Illustration from "The Story of the Revolution" (1903)

せが届く。イギリス軍がすぐに動こうとしなかったのは、援軍を待って一気に攻勢を仕掛けるためであった。ハウがなぜ援軍を待っていたかはわからない。大陸軍の兵力を過大に見積もっていたのか、それともバンカー丘陵の戦いの轍を踏まないように慎重を期したのか。

その一方でワシントンは、イギリス軍が増援軍を迎える前に打撃を与えておこうと考える。圧倒的な兵力を誇るイギリス軍に対して機先を制しなければ、アメリカ軍に勝機はない。

七月十二日、作戦会議が開かれた。ワシントンは、スタテン島に上陸したイギリス軍を多方面から奇襲する大胆な作戦を提案する。ところが将軍たちは、全会一致でワシントンの提案を否決した。ただこのまま何もせずに手をこまねいていればどうなるか。その結果は火を見るよりも明らかである。

大部分の人びとは、自分が見たいように現実を見ることしかできない。そうあってほしいと願う潜在意識が現実をありのままに見ることを妨げる。したがって、大部分の人びとは危機が表面化して身近に迫るまで気づかない。状況の的確な判断から、危機は危機として正しく認識される。危機自体が存在するのではない。危機は、人間がどのように状況を認識するかによって決まる。

ワシントンは大陸軍に突き付けられた危機、すなわちニュー・ヨークの失陥とそれが及ぼす影響を最初から認識していた。破滅に至る危機を回避するために、たとえ周囲の意見に反しても果断な決断を下す。それは、指導者に求められる重要な資質である。しかし、成功の見込みが十分ではない作戦を実行するように将軍たちに強いることはできない。まだ将軍たちは総司令官の判断力を完全に信頼するまでに至っていないからだ。

作戦会議がおこなわれた日、強い風を背に受けた五隻のイギリス艦船がニュー・ヨーク市街の南端に襲来した。イギリス軍は小手調べをしようと思ったようだ。それは、ニュー・ヨーク防衛をめぐる最初の試練であった。

正しい配置についた砲兵は半分にも満たず、他の兵士たちも呆然と敵船を眺めるだけであった。そうした中、酩酊した砲兵の誤操作によって大砲が暴発して六人の命を奪う。どうやら砲弾の発射後に砲身をきちんと清掃しなかったことが原因らしい。大陸軍では、高度な訓練を必要とする砲兵が不足していた。

軍艦はさしたる抵抗も受けず、そのまま悠々とハドソン川を遡上して砲門を市街に向ける。それから二時間にわたって激しい艦砲射撃がおこなわれた。次から次へと風で流されてくる硝煙のもと、市街はたちまち恐慌に陥る。

砲撃を終えた後、軍艦は奇襲を警戒して川幅が広いタッパン入江に停泊する。そして、北方に向かおうとする船を片っ端から妨害し始めた。水路を使えなくなったアメリカ軍の補給が滞る。

その夜、新たな艦隊がこの海域に滑り込む。各所の艦船や陣営から喝采が響きわたる。ハウ将軍の兄であるリチャード・ハウ提督が、旗艦イーグル号に乗ってイギリス本国から到着したのである。ハウ提督は、享楽的な弟とは対照的であり、近づき難い印象を与える人物であった。年齢は五〇歳で「岩のように沈黙している」と評されたことがある。優れた海将として知られていた。

ハウ提督の到着を皮切りに、南方に遠征していたヘンリー・クリントン将軍とチャールズ・コーンウォリス将軍が帰還し、さらに本国からヘッセン傭兵が到着する。こうした援軍を迎えてイギリス軍は、約三万二、〇〇〇人の兵士と約一万三、〇〇〇人の水兵を数えた。これまでのイギリス史上、最大級の海外派兵である。その様子を視察したリードは、妻に次のように書き送っている。

ここ十日間で敵は一〇〇隻もの増援を迎えたようだ。恐るべき壮観である。［中略］。まるで全世界が我々に敵対しているようだ。

リードの表現は誇張ではない。水陸合わせて総勢四万五、〇〇〇人という兵数がいかに多いか。その数はアメリカ最大の都市であるフィラデルフィアの人口に匹敵する。そして、イギリス軍が擁する艦隊も十八世紀の戦史の中で最大級の艦隊である。一人の艦長は「その強大さにヨーロッパの強国さえ恐れおののくだろう」と誇っている。

対するワシントン率いるアメリカ軍は、約一万九、〇〇〇人である。その中で大陸軍は九、〇〇〇人を占める。残りは各地から駆けつけた民兵隊だ。イギリス海軍が多くの軍艦を駆使していた一方で、アメリカ海軍は存在しないのも同然である。ハウ提督の秘書は、アメリカ軍を「六〇歳の年寄りと十四歳の少年、そして、あらゆる年齢の黒人で構成される大半がぼろをまとった雑多な集団」と嘲笑っている。秘書の指摘はアメリカ軍の実情を正確に捉えているのか。

まず軍中に年長者は少なかった。平均年齢は二六歳。六〇歳を越える者はせいぜい一〇〇人に一人いるかいないかであった。軍中で少年たちは何をやっていたのか。鼓笛兵やラッパ兵、火薬運搬兵として働いていた。

では軍中に黒人兵士はいたのか。確かに従軍していた。ただ従軍する前に自由黒人であることを証明する必要があった。とはいえ中には奴隷も混じっている。募兵をおこなう者たちが少しでも多く兵士を集めたいのでろくに確認せずに奴隷も軍に受け入れたからだ。黒人が多い部隊ではその割合は全兵士の一割近くに達したという。ある女性が軍営での黒人の様子について記録している。

黒人たちの多くは奴隷であり、わが国の利益のために真摯に尽くし、陣営でも戦場でも非常に貢献しています。バンカー丘陵でピトケアン少佐を撃ったのも黒人兵士でした。黒人たちの多くは兵士たちの間に分散していて、病院でも軍営でも多くの種類の仕事をこなしています。

「多くの種類の仕事」とは、伝令兵、荷馬車の御者、軍馬係、物資の見張り役、塹壕掘り、砲車の牽引などである。補助的な仕事であるが、待遇は白人兵士と変わらなかったようだ。ただ将軍の中には「黒人たちが白人たちと混じっているのを見たくない」と言っている者もいた。大陸会議も黒人兵士をいったん受け入れたものの、再入隊を阻止しようとしている。いずれにせよ、黒人兵士も独立戦争に貢献したことは間違いない。

最初の交戦の様子を見る限り、この「ぼろをまとった雑多な集団」の実力にはやや疑問符が付く。それに加えて困った問題があった。武器弾薬の不足である。そこで市内の建物から鉛を剥して集める布告がニュー・ヨーク当局から出される。当時、鉛は窓枠、雨樋、屋根板などに使われていた。ただ天秤や活字などは鉛を含んでいても対象外になった。収集された鉛は溶かして弾薬に変えられる。市街に荒涼とした雰囲気が漂う。並んでいた街路樹は、薪を採るために切り倒されて跡形もない。多くの家々は扉を閉ざしたままで、街路から女性や子供の姿が消えている。

イギリス軍は圧倒的な軍事力を背景にどのような手を打つのか。実は、到着したばかりのハウ提督は、アメリカ軍を殲滅しようとは考えていない。それよりもアメリカ人を和解のテーブルに着かせたいと考えている。なぜならハウ提督は、フレンチ・アンド・インディアン戦争で亡くなった兄を手厚く葬ってくれたアメリカ人に恩義を感じていたからだ。

旅塵を払った兄を迎えたハウ将軍は、独立宣言が宣告されたことを伝える。その文面を読んだハウ提督は暗澹たる面持ちを隠せない。提督の秘書は、「この宣言よりも愚かでまやかしで非道な宣言は人間の手では作れないだろう」と酷評している。ハウ提督の評価も大差なかっただろう。しかし、一縷の望みを抱いて、七月十三日、反乱を止めて国王のもとに植民地政府を再建すれば恩赦を与えると布告する。その布告はすぐに各邦に送られる。すなわちハウ提督は、片手に剣を持ちながら、もう一方の手でオリーブの枝を差し出そうとしている。ただ穿った見方をすれば、和解をちらつかせてアメリカ人の団結を乱そうとしているとも考えられる。

七月十四日、三隻の大陸軍のボートが休戦旗を掲げたボートを拘引する。ボートには、フィリップ・ブラウンというイギリス軍士官が乗っていた。兵士たちはブラウンに用向きを尋ねる。ブラウンは、ハウ提督の手紙を届ける任務で来たと語る。

連絡を受けて応対したのは、ヘンリー・ノックスとジョゼフ・リード、そして、副官であった。三人はボートでスタテン島の沖合に漕ぎ出す。アメリカ側のボートが接近するのを見たブラウンは、帽子を取って挨拶した。

「私はハウ卿からワシントン氏に宛てた手紙を持参した」

「それが誰に宛てた手紙か確認できるまで我々は手紙を取り次げない」

リードは取りつく島もない様子でブラウンに言う。そこでブラウンは手紙を差し出して「ジョージ・ワシントン氏、その他各位」宛てであることを示す。

「そのような人物はここにはいないので受け取れない」

リードはにべもなく拒否する。

「誰に宛てた手紙であれば受け取ってもらえるのか」

困惑したブラウンは尋ねた。総司令官のワシントン以外に手紙を渡すべき人物が他にいるのか。

「去年の夏の交戦以来、全世界がワシントン将軍を知っている」

リードは「将軍」という言葉を特に強調しながら胸を張って豪語する。

「今回の事態をハウ卿は残念に思っています。この手紙は軍事的なものではなく民事的なものです」

ようやく宛名が問題だと理解したブラウンは釈明する。

結局、手紙は受理されなかった。なぜか。大陸会議議長を別にすれば、大陸軍総司令官は新国家を代表する役職である。「ジョージ・ワシントン氏、その他各位」という宛名は、公人ではなく私人を対象としている。したがって、新国家の威信を保つために敬意を払うように求めるのは当然である。

ただイギリス側は敬称を使いたくなかった。ハウ提督の書記官によれば、ワシントンは「悪投どもや反逆者どもの頭であるちっぽけでけちな民兵隊の大佐」にすぎないからだ。

二日後、今度は「ジョージ・ワシントン氏」宛の手紙が届けられた。それも受け取りを拒否された。さらに翌日、高級副官のジェームズ・パターソンが「将軍ワシントン閣下」に会見を申し入れる手紙が届けられた。ようやくワシントンは手紙を受け取り、七月二〇日に会見に応じると返答する。

約束の日の正午、リードと副官はスタテン島の沖合までパターソンを迎えに行く。通常、大陸軍の内情を見られないように敵軍の使者には目隠しが施される。しかし、ワシントンの特別な計らいで目隠しは免除された。パターソンを乗せたボートが市街の南端に到着する。護衛が堵列《とれつ》する中を華麗な軍装を身にまとったワシントンが迎えに出る。

前に進み出たパターソンは、「ジョージ・ワシントン氏、その他各位」と書かれた最初の手紙をテーブルに置く。するとワシントンは怒色をありありと浮かべて、「公的地位にいる人物に宛てた手紙は、然るべき称号が必要であり、そうでなければ単なる私的な手紙でしかない」と言った。そしてさらに『その他各位』とは、いかにもぞんざいな称号である」と憤懣をぶつけた。

総司令官の怒りに恐縮しながらも、パターソンは準備してきた演説を始める。演説は、慈愛溢れる国王がハウ兄弟を遣わしてアメリカ人と和解を図らせるという内容であった。

演説が終わるとワシントンはすぐに回答する。

「私には講和交渉をおこなう権限がありません。それに何も悪いことをしていない者が恩赦を求める必要はないはずです」

ワシントンの強い口調にパターソンは戸惑いを隠せない。

「その点については議論の余地があるかもしれません」

次にワシントンは捕虜の待遇について指摘する。

「アメリカ人の捕虜が一筋の光さえ届かない薄暗くて狭い船倉に閉じ込められています。それも満足に食事も水も与えられずに。現状の改善を求めます」

「できる限り善処することを約束します」

さらにワシントンは要望を伝える。

「交渉をおこなう正当な機関として、イギリス議会は大陸会議を認めるべきです」

「私の判断では決められません」

交渉は決裂である。パターソンは帰りぎわにワシントンに挨拶した。

「閣下、国王陛下とハウ将軍に何か伝言はありますか」

ワシントンは眉一つ動かさずに答える。

「ありません。ただ両人に宜しくお伝え下さい」

ワシントンがパターソンと会談していた一方で、各邦に和解を提案したハウ提督の手紙が大陸会議に回ってきた。内容を確認した大陸会議は、中身のない偽りの和解などに応じるべきではないと各邦に警告する。アメリカ人は独立という戦争目的をすでに明示していたので、いずれにせよハウ兄弟の試みは水泡に帰すことになっただろう。ワシントンの心の中でも、アメリカの独立は不動の信念になっている。もはや迷いはない。束の間の交渉の時間は終わり、武力で是非を決定する時間に戻る。

将軍たちの反対に遭った後も、ワシントンは引き続きスタテン島を奇襲する作戦を温め続ける。しかし、ワシントンの計画は、もはやほとんど実行不可能であった。イギリス海軍は、周辺水域の哨戒を強め、つけ入る隙がまったくない。そこでハドソン川を遊弋する艦船を攻撃する作戦が何度も実行される。数々の妨害にもかかわらず、イギリス軍は刻一刻と総攻撃の準備を進める。

ロング島の戦い

ハウ兄弟がニュー・ヨークに集結させた部隊は、独立戦争中で最大の規模である。その一方でアメリカ軍は蔓延する疫病によって戦力が減少していた。盛夏の陽射しが容赦なく降り注ぎ、赤痢、腸チフス、マラリア、天然痘、壊血病などあらゆる種類の疾病が流行した。満足に軍務を果たせる士官が誰もいないという部隊さえあった。疫病の主な原因は衛生状態の悪化である。たとえば小麦粉を溶く水をどこから汲んでくるのか。近くの池から汲む。その池には軍営から汚物が流れ込んでいる。汚染された水を飲めば病気にかかる。水源の汚染を防止すれば疫病の蔓延を防げたかもしれないが、当時は公衆衛生という概念がほとんどなかっ

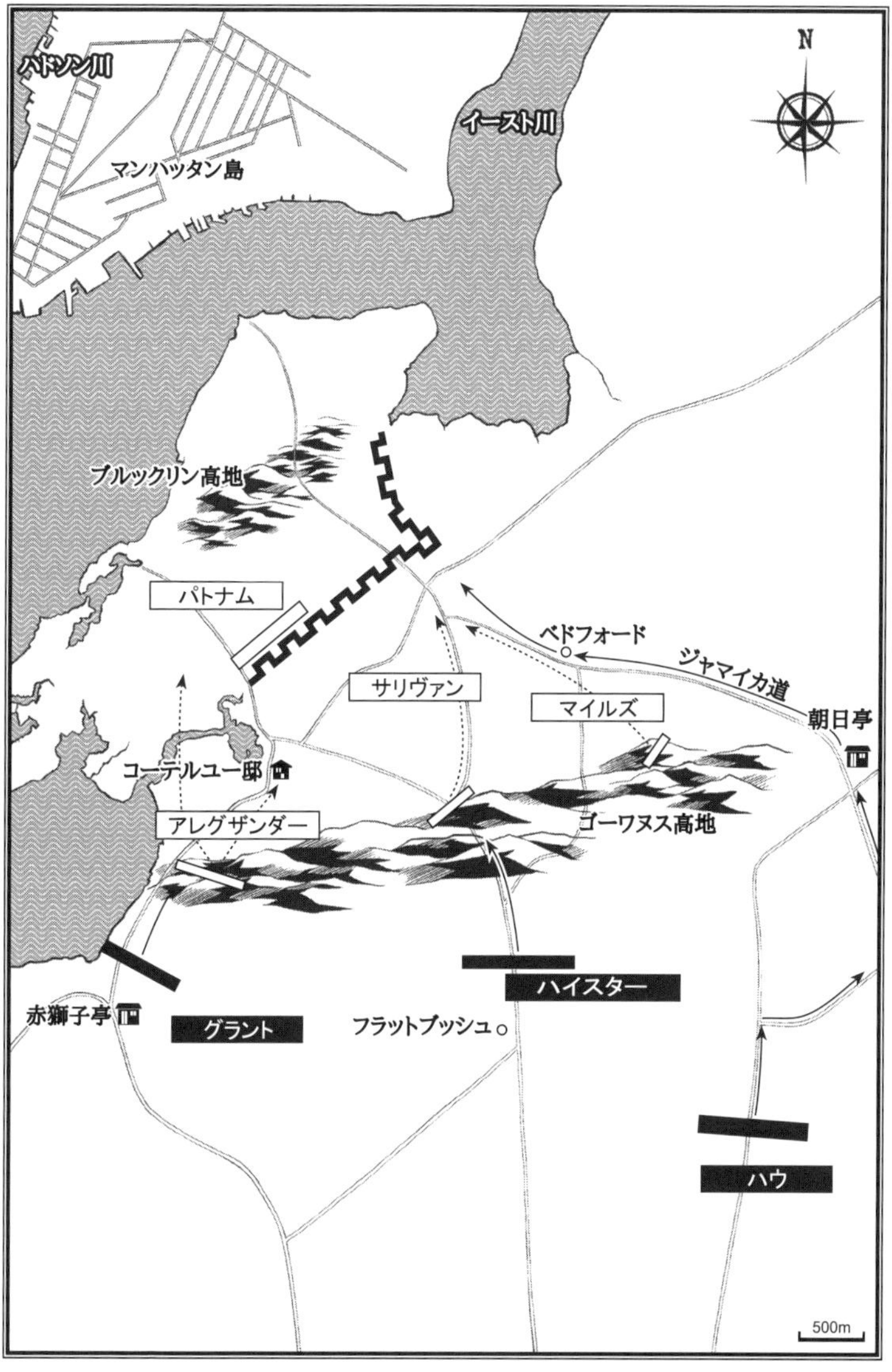
ハドソン川
マンハッタン島
イースト川
N
ブルックリン高地
パトナム
ベドフォード
ジャマイカ道
サリヴァン
マイルズ
朝日亭
コーテルユー邸
アレグザンダー
ゴーワヌス高地
ハイスター
赤獅子亭
グラント
フラットブッシュ
ハウ
500m

た。対策はせいぜい硫黄で燻したり、酢で洗浄したりする程度であった。このような惨状で、ワシントンはニュー・ヨークをイギリス軍から守り切れるのか。

これから戦場になるロング島は、その名前の通り、細長い島である。大西洋に大きく角のように突き出している。東西は一一八マイル（約一九〇㎞）、南北は二三マイル（約三七㎞）に及ぶ。面積は沖縄本島の三倍ほどある。

なぜロング島が戦場になったのか。ロング島の北西部を占めるブルックリン高地は、ニュー・ヨーク市街の対岸に位置する。そこに大砲を配置すれば、市街を射程範囲に収められる。つまり、ロング島を抑えることは、ニュー・ヨークそのものを抑えることだ。

ロング島を預かるナサニエル・グリーン将軍は、ロング島南部のジャマイカ湾まで斥候を派遣していたが、ゴーワヌス高地を十分に検分していなかった。ゴーワヌス高地は、まさに天然の障壁である。北側はなだらかな坂が続いているが、南側は険しい坂に樹木が茂っていて通行可能な場所は限られている。したがって、北側に守備兵を配置すれば敵の進軍を阻止できる。

なぜそのような絶好の防御地点が見落とされたのか。もちろんグリーンもその利点に気づいていた。しかし、ゴーワヌス高地を通る四本の道をすべて固めるのは難しい。もしイギリス軍が一本でも道を突破すれば、アメリカ軍の背後に回りこめる。分断される危険を避けるために、グリーンは防衛線を短くまとめた。

防衛の準備に忙しく飛び回っていたグリーンであったが、赤痢にかかってしまった。病床に伏したグリーンに代わってジョン・サリヴァン将軍が指揮を執る。さらに四日後、イズラエル・パトナム将軍がサリヴァンと交代する。なぜサリヴァンはすぐに更迭されたのか。サリヴァンが盛んに兵を動かして小競り合いを起こしたからだ。ワシントンは、防御に徹せよとパトナムに厳命する。パトナムはバンカー丘陵の戦いの勇士であり、兵士たちの中で人気が高く、野戦の指揮に長けた将軍である。しかし、優れた戦術眼を持っているとは言えない。そのうえパトナムはロング島の地理に暗かった。

ワシントンは現状の兵力を確認する。アメリカ軍は総勢一万七、〇〇〇人であったが、病気の蔓延のために実働兵士数は一万人を切りそうだ。数で劣っているうえに、機動力もイギリス軍にかなわない。諜報によれば、イギリス艦隊がイースト川とハドソン川を遡上しようとしているという。ワシントンは、ロング島、キングズ橋、そして、ニュー・ジャージー沿岸が攻撃対象になっていると予測する。そこで大陸軍は広く分散してイギリス軍の侵攻に備える。

しかし、予測は完全に外れた。大陸軍に降りかかったのは銃弾ではなかった。一天にわかにかき曇り、地平線から地平線まで連なる暗雲から横殴りの雨が降り注ぐ。さらに束になった稲妻が縦横無尽に空を走って大地を焦がす。アメリカ軍の陣営は、恐慌に陥って、若干の死傷者を出す。

一七七六年八月二二日、雨後の晴天のもと、クリントンとコーンウォリス率いる四、〇〇〇人の先遣隊がロング島の西端に上陸する。さらに五、〇〇〇人の部隊が南方から上陸する。

その一方でワシントンはイギリス軍の真意を測りかねていた。実はワシントンの手元に誤った情報が届いていたからだ。すなわち、ロング島に上陸したイギリス軍は八、〇〇〇人にすぎず、一万二、〇〇〇人の別働隊がマンハッタン島の北方のキングズ橋に向かいつつあるという誤報である。ハウはロング島に陽動を仕掛けてアメリカ軍の注意を引き付け、その隙に北方を突こうとしているのではないか。

判断に迷ったワシントンは続報を待つ。するとさらに五、〇〇〇人のヘッセン傭兵部隊がロング島に上陸したという報せが届く。これでイギリス軍の主目標がロング島であることが明らかになった。

Unknown, The Passage of British troops
from Staten Island to Gravesend Bay (19th Century)

ロング島に目を転じてみよう。パトナム将軍配下の五、四〇〇人が、ニュー・ヨーク市街を一望できるブルックリン高地の陣営に布陣している。ブルックリン高地に新たな塹壕が掘られ、麓の樹木は敵の姿が見えるように切り倒され逆茂木《さかもぎ》として植え込まれた。

ワシントンは、ゴーワヌス高地に兵力を配置してイギリス軍の侵攻を阻むようにパトナムに命じた。ワシントンの命令に従って、ウィリアム・アレグザンダー将軍率いる一、六〇〇人とジョン・サリヴァン将軍率いる一、五〇〇人がゴーワヌス高地に布陣する。経験豊かな精兵が多い。もしイギリス軍がゴーワヌス高地を正面から突破しようとしても、容易に通過できないはずだ。そうワシントンは期待していた。

ロング島以外の布陣はどうなっているのか。各部隊は、ニュー・ヨーク市街を中心にマンハッタン島の要所を固めている。つまり、アメリカ軍はイースト川を挟んで、ロング島とマンハッタン島に大きく二分されている。もちろんワシントンは、イースト川が遮断されればロング島の部隊が孤軍となることを十分に認識していた。そこでイースト川には、艦船の航行を妨害する障害物が沈められた。

八月二六日朝、ワシントンはブルックリン高地の要塞を視察して、サミュエル・マイルズ大佐率いる五〇〇人の部隊をベドフォード近辺の巡察に派遣する。さらにイギリス軍の総攻撃に備えてロング島に増援を呼び寄せる。兵士たちは、戦いの予感に興奮しながら総司令官の布告を聞く。

アメリカ人が自由民になるか、それとも奴隷になるか、アメリカ人がその財産を自分たちのものだと言えるか否か、そして、アメリカ人の家や農園が略奪され、人間の努力ではどうにもできないような悲惨な状態に陥るか否かが決定される時が今、まさに迫っている。いまだ生まれぬ数百万の者たちの運命が今、神のもと、わが軍の勇気と行動にかかっている。残虐で無慈悲な敵軍は、勇敢な抵抗と卑屈な服従の他に選択肢を我々に与えなかった。これは我々が予期したことすべてである。したがって、我々は勝利を得るか、死ぬか、決意しなければならない。

これほど熱意溢れる言葉を兵士たちは聞いたことがあるだろうか。これほど勇気を奮い起こす叱咤を受けたことがあるだろうか。

その頃、イギリス軍の陣営には一人の農夫が姿を見せていた。ロング島は本国支持派の温床であり、イギリス軍に協力を申し出る者も多い。肥料の匂いを濃厚に漂わせながら、農夫は士官を目の前にして怖じる様子もなく、まるで明日の天気を占うかのようなのんびりした口調で切り出す。

「四つの道を使えばゴーワヌス高地を通れる」

士官は、いったいこの農夫が何を伝えに来たのかさっぱりわからない。苛立たしげに言葉を返す。

「そんなことは知っている。おまえは何が言いたいのか。はっきりしろ」

農夫は、まったく口調を変えず、何の抑揚もなく言葉を続ける。

「奴らはジャマイカ道を見張っていないようだ」

「それは本当か。嘘であればただでは済まないぞ」

農夫は、士官の剣幕に驚く様子もなく、間延びした声を出す。

「嘘なもんか。ニュー・ハンプシャーから来た将軍が指揮を執っているようだが、この土地に詳しくないようだ。どこに兵士を配置すればよいのかもわかってねえんだ」

それを横で聞いていたハウは即座に戦略を思い描く。さらにロング島に住んでいたことがあるクリントン将軍に周辺の地理を確認する。さてハウの胸中にはどのような作戦が思い浮かんだのか。

合計約二万二、〇〇〇人のイギリス軍が一斉にロング島の制圧を開始する。遠目に動きを悟られないように、篝火はそのまま燃えるに任せて残された。イギリス軍の戦略は次の通りである。

グラントの部隊とヘッセン傭兵部隊がゴーワヌス高地で正面攻撃を敢行する。これは陽動である。その間に、一万人の本隊がジャマイカ道を通ってゴーワヌス高地を大きく東に回りこむ。そして、背後のベドフォードに抜ける。そうすればアレグザンダーの部隊とサリヴァンの部隊の退路を断てる。

二六日夜八時、クリントン率いる先鋒が北東のジャマイカ道に向けて進発する。深夜、ハウとコーンウォリス率いる本隊が後に続く。進軍は非常に緩慢であった。なぜなら敵軍に迂回作戦を見抜かれないように静かに行進しなければならなかったし、進軍に気づいた付近の住民を拘束しなければならなかったからである。

なぜ拘束したのか。作戦の機密を守るためだ。

午前二時、本隊はジャマイカ道の四つ辻まで到達する。四つ辻には朝日亭という一軒の小さな宿屋があった。宿屋の前には、グリーン将軍配下の五人の騎兵が陣取っていて、ジャマイカ道を見張っていた。騎兵は、クリントンの先鋒によって包囲され捕らえられた。

捕虜を尋問したクリントンは、ジャマイカ道が完全に無防備であると聞いて喜ぶ。さらにイギリス軍は、他に隠れている者はいないか確かめるために朝日亭の中を捜索する。そして、宿屋の主人を起こすと道案内を務めるように命じる。クリントンは、念のために周辺に偵騎を放つ。先鋒がジャマイカ道を確保してから二時間後、後続部隊も到着した。

朝食を摂った後、イギリス軍はジャマイカ道をたどってベドフォードを目指す。隊列は二マイル（約三・二㎞）に及ぶ。一万人もの兵士が進軍しているにもかかわらず、まるで葬列のように静かであった。邪魔な木を取り除く時も斧ではなく鋸が使われた。斧を使えば音が響いて敵に気づかれる恐れがあるからだ。

ロング島の戦いはスイカ畑から始まった。二七日午前零時頃、ハウ率いる本隊から遥か西に離れた赤獅子亭の付近で二人のイギリス兵がスイカ畑を調べていた。それを発見した大陸軍の哨兵が発砲して撃ち合いが始まる。

午前三時頃、パトナムのもとに敵襲の報せが入る。パトナムはアレグザンダーのテントに急行する。そして、アレグザンダーを叩き起こすと、すぐに進発して敵を撃退せよと命じる。そこでアレグザンダーは、近くに宿営していたメリーランド連隊とデラウェア連隊を引き連れて戦場に馳せ向かう。兵士たちは入隊してまだ二週間も経たない新兵ばかりであった。進軍の途中、夜明けが訪れる。朝日は「赤く燃えるような輝きを帯びたバラ色」であったという。

アレグザンダーの部隊は道から少し離れた斜面に陣取る。後方には川と沼沢地が広がる。もし道が遮断されれば簡単に後退できない。左翼にはサミュエル・パーソンズ将軍率いる部隊が布陣している。この方面のアメリカ軍は一、六〇〇人。

それに対するイギリス軍はジェームズ・グラント将軍率いる五、〇〇〇人。アメリカ軍の布陣を見たグラントは右翼を広く展開する。

アレグザンダーは、イギリス軍の展開に合わせて左翼を延ばして対抗するようにパーソンズに命じる。パーソンズの部隊は、敵の動きを観望するために小高い丘を占領しに向かう。そこへイギリス兵が姿を現す。アメリカ軍は一斉射撃を受けながらも踏み止まって反撃を試みる。イギリス兵は何人かの死傷者を残して撤退した。

パーソンズの部隊はそのまま小高い丘を占領する。三〇分後に再び攻撃されたが、撃退に成功する。パーソンズは敵が本格的な攻撃を仕掛けて来ないことに不審を感じるが、それがなぜかはわからない。

その一方でアレグザンダーは兵士たちを前に演説している。かつてイギリスに渡った時、アレグザンダーはグラントが貴族院で話した言葉を聞いたことがあった。曰く、五、〇〇〇人の部隊でアメリカの端から端まで蹂躙できる。それを踏まえてアレグザンダーは豪語する。

「今、奴は五、〇〇〇人を連れて来た。我々の数はそう多くない。しかし、我々は、大陸の端から端どころか、あの水車池の先まで奴を行かせないだろう」

グラントは次の一手をくり出す。アレグザンダーの部隊が布陣する斜面まで一五〇ヤード（約一四〇m）の距離に軽歩兵を接近させる。軽歩兵は果樹園の垣根や木々に身を隠して銃撃する。アメリカ軍も撃ち返す。二時間余り銃撃の応酬が続く。それから軽歩兵は後退して本隊に合流した。

アレグザンダーのもとに二門の大砲が到着した。さっそく大砲が火を噴く。それに対してイギリス軍も応射する。今度は砲撃の応酬が続く。

圧倒的に優勢な兵力を持つにもかかわらず、なぜグラントはこのように手ぬるい攻撃を続けているのか。グラントの目的は、本隊が背後に回りこむまで注意を逸らせることだ。それまで本腰を入れて攻撃するつもりはない。あわてて袋の紐を閉めようとすれば、中の鼠は逃げてしまうだろう。

午前九時、遠方から重砲の砲声が二発続けて殷々と響く。それは、本隊がベドフォードに到着したという合図であった。

昨夜から休みなしに続いた夜間行軍でイギリス軍本隊の兵士たちは疲弊していた。進んだかと思えば急に停止し、停止したかと思えば急に進む。そうした進軍を悪路の中で続けてきた。しかし、目前の勝利を確信して士気は高揚している。今、一万人のイギリス軍がゴーワヌス高地を守るアメリカ軍の背後に回った。

アメリカ軍はハウの迂回作戦を察知できなかったのか。ベドフォード周辺で警戒に当たっていたマイルズの部隊はイギリス軍の接近に気づいた。そして、果敢にもはるかに数が多い敵軍に攻撃を仕掛けたが、すぐに劣勢に立たされた。マイルズは兵士たちにブルックリン高地に逃げ込むように命じた後、捕虜になった。

無事に逃げられた兵士からパトナムはハウの迂回作戦を知る。この時、もしパトナムが戦線を縮小してブルックリン高地の防衛に専念すれば、戦いの結果は違っていたかもしれない。しかし、パトナムは何も対策を取らなかった。

レオポルド＝フィーリプ・フォン・ハイスター将軍率いる五、〇〇〇人のヘッセン傭兵部隊は、前方を固めるアメリカ軍に朝からずっと砲撃を加えていたが、動く気配を見せなかった。しかし、本隊からの合図を聞いたハイスターは、命令一下、正面攻撃を開始する。

後方にいたサリヴァンであったが、危機が迫るのを知って前線に出た。サリヴァンの部隊は、長い防衛線を守るために分散していた。ヘッセン傭兵の激しい攻撃に耐えきれずに後退を命じようとしたサリヴァンは、退路が断たれていることに気づく。背後のベドフォードから軽歩兵と竜騎兵が殺到する。さらにヘッセン傭兵がサリヴァンの部隊に追いすがって銃剣で執拗に攻撃を加える。サリヴァンの部隊の兵士たちは銃剣を持っていない。何発か銃弾を放った後はライフル銃を振り回すしか抵抗の手段がない。陣頭指揮を執っていたサリヴァンは捕虜になった。

ハイスターが合図とともに動き始めたのに対して、グラントはすぐに動かなかった。弾薬と砲弾が切れていたからだ。すぐに後方に補給を要請する。要請を受けたハウ提督は補給物資に加えて二、〇〇〇人の水兵を増援として送りこむ。増援を迎えて勢いを増したグラントの部隊が堰を切ったようにアレグザンダーの部隊に襲いかかる。衆寡敵せず。アレグザンダーは撤退を決意する。しかし、撤退の決断は遅過ぎた。サリヴァンの部隊を撃破して勢いに乗ったハイスターの部隊は続いてパーソンズの部隊を駆逐した。そして、ゴワーヌス高地を突破して腹背に回りこみつつある。さらにコーンウォリス率いる部隊が東から背後を突こうとしている。もはや完全に退路は断たれた。

本当に退路は残されていないのか。一つだけあった。沼沢地を渡って安全なブルックリン高地に逃げるしかない。そうなると時間を稼ぐ必要がある。そこでアレグザンダーは、一部の兵士とともに後に残って踏み止まることにした。自分を犠牲にして他の兵士たちを無事に逃すために。

アレグザンダー率いるメリーランド連隊はコーテルユー邸に吶喊する。コーテルユー邸で指揮を執っていたコーンウォリスは、六ポンド砲を敵軍に叩き込むように命じる。すぐ後にマスケット銃の斉射が浴びせられる。それでもアレグザンダーは一歩も引かず、兵士たちの先頭に立って突撃を敢行する。まるで戦場に軍神が舞い降りたかのようであった。その勇姿を見ていた士官は、アレグザンダーが「不屈の決意で若い兵士たちを励まし奮い立たせた」と記している。他の者もアレグザンダーの戦いぶりを「狼のようだ」と書いている。三方から敵が迫る中、メリーランド連隊はアレグザンダーの指揮のもと、一糸乱れぬ統率でコーテルユー邸に六度も挑んだ。

戦闘中には、魂が人間を固めてしまって、兵士を彫像に変え、全身の肉を花崗岩のように堅牢にする瞬間がある。しかし、兵士がいかなる堅牢を誇ろうとも、そのたびに新手がすぐに押し寄せればやがて力尽きる。突撃が繰り返されるたびにメリーランド連隊の兵士は目に見えて減っていく。

抵抗を断念したアレグザンダーは隊伍を解く。そして、各自の判断でブルックリン高地まで逃れるように兵士たちに命じる。無事に逃れられた者は二六〇人の中でわずかに十人のみであった。アレグザンダー自身は、ヘッセン傭兵の前に堂々と歩いて行って降伏した。イギリス兵に降伏することは、アレグザンダーの誇りが許さなかったからだ。

先に逃れた兵士たちはどうなったのか。兵卒のジョゼフ・マーティンは、沼沢地を渡って逃れて来た兵士たちの姿を見た。泥に塗れてまるで「ドブネズミ」のようだった。潮が引いた後、沼沢地に足を踏み入れたマーティンは、多くの溺死体とマスケット銃を引き上げた。

メリーランド連隊の死闘を遠望していたイギリスの将軍たちは、次の一手を考えるために軍議を開く。クリントンが小型望遠鏡から目を外して口火を切る。

「数時間もすれば反逆者どもを一人残らずイースト川のほとりに追い込める」

ハウは、クリントンに返事を与えず沈黙を保っている。総司令官の代わりにコーンウォリスが最新の伝令報告を取り出して言う。

「間違いありません。最新の推定では、敵軍の損失は死者が二〇〇人から三〇〇人程度、捕虜は一、一〇〇人近くといったところです」

「捕虜の数はそれほど多くはないだろう」

ハウは口を歪めて言い捨てる。ハウの考えでは、野蛮なヘッセン傭兵が敵を生かして捕えるはずがない。

「もう長くはかからないだろう。最後の一人まで川に追い落としてやろう」

クリントンは息を弾ませながら豪語する。ハウは、興奮するクリントンを無視してコーンウォリスに向き直る。

「味方の損害は」

「わが軍の損失は、死者が六一人、負傷者が二六七人、捕虜が三一人です」

約四時間の戦闘でハウは、完全にアメリカ軍の裏をかいた。ただアメリカ軍は初めから勝ち目がなかったと言える。敗因はニュー・ヨークを防衛するという最初の決定にある。ニュー・ヨークを防衛しようとすればブルックリン高地を保持しなければならない。そのためには全軍を分割しなければならない。ただでさえ劣勢な兵力を分割すれば、海軍力を使ってどこにでも兵力を送りこめるイギリス軍に勝てる見込みはない。

決死の撤退

八月二七日正午頃までに逃げ切れる兵士はほぼすべてブルックリン高地の要塞に入った。ワシントンもリードとともにそこにいた。いったんマンハッタン島に戻っていたが、戦闘が始まる直前にロング島に渡って来たばかりだ。

追いつめられた獲物を前にしたイギリス軍は、要所を抑えるために広く散開する。功に逸《はや》ったある部隊がブルックリン高地の要塞に吶喊しようとした。それを知ったハウはすぐに命令を下す。

「我々はここから動かないと伝えよ。敵が我々の砲口を前に恐れをなして逃げて行くのに、どれくらいかかるのか見てやろうではないか」

総司令官の言葉を聞いたクリントンは、咳き込みながらあわてて言う。

「ハウ将軍、ご命令に反するようですが」

その後をコーンウォリスが引き取って言葉を続ける。

「今、攻撃を中止する手はありません」

ハウは、まるで二人の言葉が聞こえなかったかのように背を向けて伝令に怒鳴る。

「すぐに命令を伝えよ。我々はしばらくここから動かないと」

なぜハウは停止命令を出したのか。その答えは、ハウが本国のジャーメイン卿に宛てた手紙の中にある。ハウは、「もし彼らにそのまま攻撃を続行させれば、彼らは要塞を奪取できたでしょう」と述べている。ではなぜ攻撃を認めなかったのか。続けてハウは、「攻撃で被る損害を考えれば、それを敢えて試そうとは思いませんでした」と書いている。

あまりに慎重すぎて大胆な行動をとるのをハウは恐れたのか。または、すでに勝敗が決したので、もはや敵が逃れることはないだろうと慢心したのか。それとも大陸軍の士気の低下を待って、改めて和解を提案しようとしていたのか。

ハウはきっとワシントンの降伏を待っていたのだろう。当時の戦闘の習慣から、もはや勝ち目のない状況に陥れば、潔く降伏するのが作法である。

イギリス軍は夜八時までに全軍を再集結させ、ブルックリン高地を包囲する準備に取りかかる。ロング島の要所はすでにイギリス軍の支配下にある。逃れられる場所はどこにもない。ブルックリン高地に立てこもるワシントンと九、五〇〇人の将兵の命運は強風に煽られて揺らめく炎のようなものだ。その炎が消えれば独立の大義は滅失する。

どのような思いがワシントンの胸裡をかけめぐっていたのか。降伏を申し出るのか。否である。思い出してほしい。戦いを前にして兵士たちに伝えた言葉を。「我々は勝利を得るか、死ぬか、決意しなければならない」と布告したではないか。再び兵士たちに総司令官の言葉が伝えられる。

もし今日、背中を向ける者を見つけたら私はその者を撃ち抜く。銃弾を装填した二挺の銃を持っている。私は誰よりも奮闘に努めるつもりだ。私は足と腕がある限り戦う。

覚悟を決めたワシントンであったが、ハウの真意が読めず戸惑う。なぜハウは総攻撃を仕掛けてこないのか。実はワシントンはイギリス軍の総攻撃を待ち望んでいた。追いつめられて進退窮まっていたわけではない。確かにブルックリン高地の要塞が撃破されれば、大陸軍は壊滅する。しかし、それは要塞を盾にしてイギリス軍に痛撃を食らわせる好機でもある。肉を切らせて骨を断つとはこのことだ。

激しい雨がブルックリン高地に降り注ぐ。十分なテントを持たない大陸軍の兵士たちは、衣服や弾薬を湿らせてしまう。食料はビスケットと塩漬け豚肉しかない。しかも火を熾せず調理できない。ある士官は次の

John Dunsmore, Washington and Staff Watching The Battle of Long Island, 1776 (Before 1945)

ように記している。

我々は容赦のない降雨から身を覆うテントを持っていなかった。もしテントを持っていたとしても、絶え間のない警戒のためにゆっくり休めなかっただろう。事実、[ロング]島にいる間、我々はずっと武器を手放せなかった。

白いカーテンに包まれたように視界が遮られる中、陣営を巡視するワシントンの視線の先には黒々とした土塊がある。腰まで水に浸かりながら塹壕を掘る兵士たちの耳に砲声が陰々と響きわたる。

ハウ兄弟は、敵軍の戦意を完全に挫いたと確信する。イースト川に艦隊を配置すればチェックメイトである。マンハッタン島とロング島の往来を艦隊で遮断すれば、ブルックリン高地は死地になる。翼が生えでもしない限り、そこから逃れ出る術はない。万力で藁をへし折るように大陸軍を粉砕できるだろう。

さっそくイギリス艦隊はイースト川に侵入を試みる。しかし、大陸軍にとって幸いなことに、艦隊は強い逆風を受けて元来た方向に押し戻された。

八月二九日夜明け、イギリス兵は、大陸軍の防衛線まで六〇〇ヤード（約五五〇m）の距離に迫る。あと二四時間ぶっ通しで塹壕を掘り進めれば、防衛線をマスケット銃の射程内に収められる。そうすれば塹壕に身を隠して敵を攻撃できるようになる。

もちろんワシントンもそれに気づく。そして、ハウの意図を見抜く。ハウは突撃せずに包囲戦に持ち込むつもりだ。したがって、要塞に遮二無二突撃してくるイギリス軍に手痛い反撃を加えるというワシントンの目算は外れた。

包囲の鉄環が閉じられるまで残された猶予はわずかである。兵士たちは疲れ切っている。瞳に光はなく、顔からは生気が失われている。従軍牧師は日記に窮状を記録している。

八月二九日、木曜日。［中略］。天候は非常に悪く、昨日も今日も雨だ。強い雨のせいで塹壕も防壁もテントも陣営も水で溢れている。それでも兵士たちは撃鉄を起こしてずっと立っていなければならない。同じ兵士が少なくとも二四時間にわたって防衛線を守っている。中には月曜日以来、ずっと任務に就いている連隊もある。

意気盛んな敵軍がじりじりと迫って来ている。さらに強力な敵の艦隊が退路を断とうと蠢動《しゅんどう》している。ただいたずらに時を過ごせば、待っている運命は降伏のみ。悪しき運命を変えられるのは迅速な決断しかない。座して死を待つことはできない。

午後四時、ワシントンは、作戦会議を開いて将軍たちに撤退を提案する。集まった将軍たちは、全会一致で提案を受け入れる。他に選択肢はない。できる限り多くの船舶を集めるように命令が下される。大陸軍が逃れるのが早いか、それともイギリス軍が包囲網を完成させるのが早いか。時間との勝負である。

ジョゼフ・マーティンは近くの納屋まで藁を取りに行っていた。藁で寝床を作れば少しでも雨露を防げる。帰営すると、自分の部隊がまさに出発するところであった。マーティンは、マスケット銃を掴むとあわてて軍列に入る。

私語は固く禁じられていた。命令は囁きで兵士から兵士へ伝えられた。なぜ静粛を命じられているのか兵士たちの中で知る者は誰もいない。

月もない夜空のもと、ベンジャミン・タルマッジ中尉は川岸に立つ総司令官の姿を見ていた。ここ三日間、ほとんど目を閉じる暇もなく疲れ切っている。しかし、ワシントンのいささかも揺るぎもしない大きな影を見ていると、不安が嘘のように和らいだ。

川と一口に言っても、イースト川は簡単に渡れるような川ではない。流れが速く、幅は少なくとも一マイル(約一・六㎞)はある。激しい逆風と波濤のために最初は手漕ぎボートしか使えなかった。音を消すためにオールに布が巻かれる。兵士たちを満載したボートは辛うじて水面に浮いているありさまだ。

しばらくすると、風が穏やかな順風に変わり、川面は鏡のように静まり返る。帆船が使えるようになって渡河がはかどる。聞こえる音は、川面をなでる風の微かな音だけであった。私語を厳禁された兵士たちは身振りで意思を伝え合う。

アメリカ軍は、できる限り軍需物資を持ち出そうとした。しかし、いくつかの重砲の砲車が深い泥にはまって動かせなくなったので放棄せざるを得なかった。武器を勝手に捨ててしまった者も多かった。

ワシントンは、ブルックリン高地の土塁に最後まで残るようにエドワード・ハンド大佐に命じる。しかし、トマス・ミフリン主計総監は、何を思ったのかハンドを呼び戻す。ミフリンが夜道をやって来るのを見たワシントンは思わず叱声を放つ。

「何てことだ。ミフリン将軍、君は我々を破滅させる気か」

「私は命令に従っただけです」

ミフリンが反論する。

「そんなはずはない」

ワシントンは言い返す。

「神に誓って命令に従っただけです」

ミフリンはなおも反論する。

「もし渡し場で混乱が起きれば取り返しがつかないことになる。もし殿軍《しんがり》が再び配置につかなければ敵に気づかれてしまうだろう。そうなると恐ろしい結果を招く」

ハンドの配下はすぐに持ち場に戻る。大軍を前にして味方を逃がすためにわずかな人数で残る。それは勇気がなければできないことだ。


タルマッジは塹壕で夜明けを迎えた。対岸に渡る前に敵に発見されるのではないか。残り少ない兵士たちは互いに不安そうな顔を見合わせている。いかなる天佑だろうか。兵士たちが撤退中のまさにその場所だけが白い帯のような朝霧で覆われていた。まるで毛布のように厚い霧のせいで、六ヤード（約五・四ｍ）先も見通せない。

タルマッジが所属する部隊にようやく撤退命令が下された。タルマッジは喜んで塹壕に別れを告げる。残念ながら愛馬とも別れなければならなかった。ボートの積載量に限りがあるからだ。

船縁《ふなべり》からタルマッジが後ろを振り返ると、副官のテンチ・ティルマンを従えたワシントンが最後のボートに乗り込もうとしているところであった。なぜワシントンは自分の順番を後回しにしたのか。先に安全な場所に逃げてしまう総司令官など誰も信頼しないからだ。指導者たる者は、たとえ内心で恐怖を感じていても、そのような素振りは微塵も見せてはならない。恐怖は容易に伝染する。身をもってワシントンは兵士たちを安心させようとした。

H. W. Ditzler, Illustration from "The Story of the Revolution" (1903)

午前七時までに撤退は無事に完了した。すでに対岸に渡り終えたタルマッジであったが、愛馬を捨て切れず、志願者を募ってボートで再びイースト川を渡る。陣営には盛んに燃える焚き火が残され、ただ薪が爆《は》ぜる音だけが鳴っていた。愛馬を見つけたタルマッジはすばやくボートに乗り込むと陣営を後にした。結局、ハウが捕えたのは、何か略奪しようと後に残ってうろうろしていた三人の男たちだけであった。

四八時間にわたってワシントンは、ほとんど馬から降りることもなく、文字通り不眠不休で軍を導いた。それはワシントンだけではない。リードも四日間、軍服を脱がず、二夜連続で眠れなかったという。この撤退作戦で命を落とした者は一人もいない。タルマッジは、「戦史の中でこれよりもうまくいった撤退を私は知らない。霧という神のご加護のおかげで、殿軍を務めた私を含めてわが軍は捕虜にならなくてすんだ」と記している。後世の歴史家も、第二次世界大戦中のダンケルク撤退作戦になぞえらえて、ロング島からの撤退を「アメリカのダンケルク」と呼んで賞賛している。敗北したとはいえ、困難な撤退を成功に導いたワシントンの将才は賞賛に値する。

イギリス軍が大陸軍の撤退に気づいたのは霧が晴れた後である。「朝になると驚いたことに彼らは要塞から撤退していた」とある士官は記している。実は夜が明ける前に巡邏隊が異変に気づいていたが、それを知らせる使者が駆け込んだのはヘッセン傭兵部隊であった。英語が話せるヘッセン傭兵は少ない。せっかくの急報も無駄に終わる。

ハウはロング島で勝利したが、その勝利を十二分に活かさなかった。九仞《きゅうじん》の功を一簣《いっき》に欠くとはまさにこのことだ。その一方で危機を的確に認識したワシントンの能力は、古代ギリシアを舞台にしたペロポネソス戦争で活躍したテミクレトスに比肩するだろう。すなわち、ワシントンはしばしば危機に陥りながらも、テミクレトスと同様にそれを「巧みにさばく達人［トゥキディデスの言葉］」であった。逆境は偉大な教師である。

イギリス本国でジャーメイン卿は、ロング島の戦いについてジョージ三世に報告している。犠牲者の一覧を見ながら国王は次のように言ったという。

「この致命的な出来事から判断するに、将来、アメリカの反乱はさらに血腥《なまぐさ》く悲劇的になりそうだ。大西洋の向こう側にいる［過激派によって］騙されている私の臣民が、今回、私が感じた恐怖の半分でも感じて差し迫る破滅を悟ってくれればよいのだが。そうなれば彼らは共和主義の軛《くびき》をかなぐり捨てて、他の忠実な臣民と同じく、寛大な主君に対する義務を果たすようになるだろう」

アメリカの反乱は、国王が言わずともすでに十分に血腥く悲劇的であった。翌年の夏にロング島に遠乗りに出かけた本国支持派は、「我々の鼻は、去年の八月以来、埋葬されていない反逆者の死体の悪臭に時々襲われた」と記録している。

ハーレム高地の戦い

ロング島の戦いの後、イギリス軍は目立った動きを見せなかった。いったいハウは何を考えているのか。不審に思ったワシントンはトマス・ノールトン中佐に相談する。密偵として誰かをイギリス軍に送りこめないか。的確な情報を摑まなければ今後の防衛方針を決定できない。ニュー・ヨークを守るためにどうしても敵軍の詳細な情報が欲しい。

兵営に帰ったノールトンは候補者を探す。次から次へと声をかけるが誰も応じようとしない。密偵として敵陣に潜入することは卑劣で不名誉な行為だと考えられていたからだ。ある士官は、ノールトンの要望を聞くと、とたんに青ざめて答えた。

「奴らと戦うためであれば、私は喜んで行くでしょう。しかし、奴らの間に潜入して捕らえられれば、犬のように縛り首になってしまいます。私はそうはなりたくありません」

それを横目で見ていた一人の男が前に進み出て言う。顔に傷を持つ強面の男だ。

「義務に応じようとする兵士は恐怖など気にかけないものです」

仲間たちは驚いて止めに入る。すると静かな面持ちで男は言葉を続けた。

「私は一年間、俸給を受け取りながら軍務を続けてきましたが、たいした貢献をしていません。昇進や報酬が欲しいわけではありません。私は公共の善に必要なことなら何でもしたいのです。必要なことを成し遂げることで名誉を得たいのです」

男の名はネイサン・ヘイル。ただヘイルはあまりに無謀であった。なにしろ傷跡が目立つうえに諜報の訓練を受けたことがない。それでもヘイルは立候補した。

ノールトンに連れられてヘイルはワシントンの本営に赴く。ヘイルを迎えたワシントンは、地図を前にして余人を交えず、どのように敵に探りを入れるか話し合ったという。そして、秘密の協議は終わった。あとは旅立ちの準備をするだけだ。


ヘイルが旅立ちの準備をしている頃、ハウ提督は、ジョン・アダムズ、ベンジャミン・フランクリン、そして、エドワード・ラトレッジの三人とスタテン島で面談していた。ハウ提督から大陸会議に送られた和平提案に応じて三人はやって来た。スタテン島に上陸した三人をハウ提督が自ら岸辺まで出迎える。ハウ提督とフランクリンはロンドンで会って以来の再会となる。フランクリンが他の二人を紹介する。

軍列の威容はまさに輝かんばかりであった。もちろん使者たちは、イギリス軍が威容を見せて力を誇示しようという魂胆を見抜いている。努めて平静を保つ。

会談でハウ提督は、亡き兄の思い出を語り、アメリカ人に対する友情を示す。それにフランクリンは旧知の仲である。しかし、個人的な友情と国家の利害は別である。イギリス側とアメリカ側の主張は平行線をたどる。

まずハウ提督が口火を切る。

「独立宣言を受け入れることはできません。もしあなた達が独立宣言を放棄するなら国王のご意思を伝える余地があります。陛下はアメリカの臣民を幸福にしたいとお考えです。あなた達に立法権を与えるような改革を認められ、イギリス議会があなた達の不満を解消することに同意されています。私の権限は、平和を取り戻すこと、恩赦を与えること、不満を伝えること、そして、植民地とイギリス本国の双方に名誉と利益がある形で絆を結び直すことだけです。我々はアメリカからの援助を期待していたにすぎません。問題は援助の求め方にありました」

ここでフランクリンが反論する。

「正当な要求であれば我々は拒みませんでした」

フランクリンの言葉に頷くと、ハウ提督は言葉を続ける。

「税金は些細な問題です。アメリカはイギリスに大きな利益をもたらしてきました。我々が欲するのは、通商関係であり人間なのです」

皮肉な笑みを浮かべてフランクリンが口を挟む。

「閣下、我々は兵士たちの供給源というわけですな」

それにはかまわずハウ提督は再び口を開く。

「わが国のためにもあなた達の国のためにも過激な行動を慎みましょう。アメリカ人が倒れれば、イギリス人はわがことのように感じるのです。独立に至る道から引き返せないのでしょうか。そして、和解への扉を開けないのでしょうか」

三人を代表してフランクリンが答える。

「アメリカは、国王による反乱宣告を請願に対する答えだと考えました。軍隊が送り出され、街は破壊されました。今や我々は、イギリスの支配下での幸福を求めていません。これまでのすべての愛着は消え去りました。アメリカはイギリスの支配下には戻りません」

今度はアダムズが意見を表明する。

「大陸会議は自らの権限で独立を宣言したわけではありません。すべての邦からそうするように指示を受けただけです。したがって、大陸会議の一存では独立宣言を撤回できません」

続けてラトレッジが見解を述べた後、ハウ提督が自らの存念を述べる。

「もしそれがあなた達の考えであれば、残念ながら私には和解を申し出る権限がありません。植民地をイギリス本国から独立した存在として扱う権限など私にはないのです。何の成果もないのにここまでご足労いただいて申し訳なく思います。植民地が独立を放棄しない限り、交渉に入れません」

フランクリンはハウ提督に向き直って口を開く。

「各邦にそれを通達して回答を得るには時間がかかります。それに本国から新しい指示が届くまで今から三ヶ月はかかるのでは」

「そのような条件で本国に指示を求めても無駄でしょう」

ハウ提督の回答を聞いたフランクリンは、悲しそうな顔をして一瞬、間を置いたが再び口を開いた。

「閣下、アメリカに完全な無条件降伏を求めているのですか」

ここでハウ提督はフランクリンの言葉を遮った。

「イギリスは無条件降伏など求めていません。すでに言った通りです。どうかそのような誤解を抱かないように」

こうして両者の意見はまったく噛み合わず、会談は物別れに終わった。圧倒的な軍事力を背景に穏便に交渉を進めようとしたハウ兄弟であったが、決定的な勝利でアメリカを服従させるしかないと考え直す。今まさにマンハッタン島を制圧する作戦が開始される。

九月十五日、クリントン率いるイギリス軍は、ハーレム高地より六マイル（約九・七㎞）南のキップス湾から上陸を試みる。それはワシントンがまったく予測していなかった場所であった。イギリス軍がマンハッタン島北部に回りこもうとするはずだと予測していたからだ。

実はクリントンは、ワシントンの予測通り、キップス湾ではなくマンハッタン島北部に回りこむ作戦を提案していた。しかし、ハウはクリントンの提案を即座に却下する。クリントンはハウの決定が気に食わなかったが、全軍の指揮権はハウにある。従うしかない。もしクリントンの作戦が認められていれば、大陸軍の命運は尽きていただろう。

単に大陸軍を壊滅させることが目的であれば、戦略的にはクリントンの意見は正しい。しかし、政治的には間違っている。イギリス軍の目的は、ニュー・ヨーク市街の破壊ではない。ニュー・ヨークには、本国支持派が多くいる。もしニュー・ヨーク市街を破壊でもしようものなら、彼らの支持を失う恐れがある。

それにイギリス軍は、ニュー・ヨークを恒常的に占領して作戦の本拠地にしようと考えていた。したがって、ニュー・ヨークの都市機能を保持する必要がある。戦闘で荒廃した廃墟など占領しても何の役にも立たない。もし北部に回りこんで大陸軍を追いつめれば、市街が戦いに巻き込まれる恐れがある。キップス湾から上陸して大陸軍と市街の間に割って入れば、市街をほぼ無傷で確保できる。


キップス湾に展開したイギリスの艦隊は、一時間にわたって激しい砲撃を岸辺に浴びせる。ハウ将軍の書記官は、「砲撃のあまりの凄まじさ、絶え間のなさは、陸軍でも海軍でもそれまで滅多になかったほどであった」と記録している。

キップス湾周辺を守備していたコネティカット民兵は、練度も戦闘経験も乏しい部隊であった。塹壕にただ身を潜めて息を殺している。「塹壕」と称していても、それは川岸に沿って掘られた浅い溝にすぎなかった。激しい砲撃に耐えられる防御施設ではない。しかも敵艦が至近距離から砲撃を続けている。

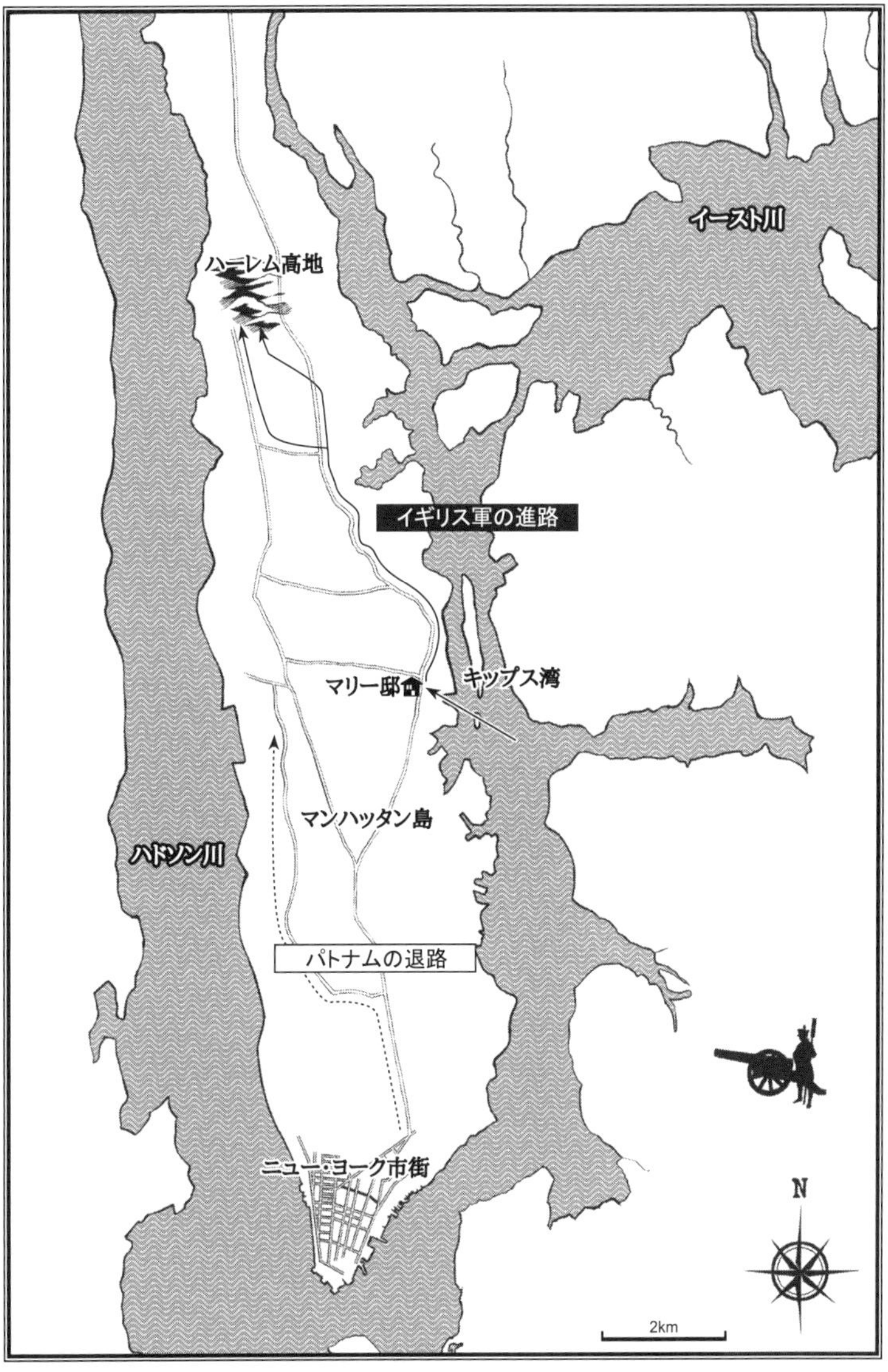
イースト川
ハーレム高地
イギリス軍の進路
キップス湾
マリー邸
マンハッタン島
ハドソン川
パトナムの退路
ニュー・ヨーク市街
N
2km

砲撃が止む。バグパイプが勇ましく演奏される中、四、〇〇〇人のイギリス軍とヘッセン傭兵は、何の抵抗も受けずに整然と上陸を開始する。獰猛なヘッセン傭兵は、姿を現すだけで未熟な民兵を震え上がらせるのに十分であった。コネティカット民兵は一発の銃弾も放たずに逃亡した。

その付近で持ち場についていたジョゼフ・マーティンも撤退命令を受けて後退を始めた。目指す先は北にある大陸軍の陣営だ。途中、マーティンは仲間たちとともに一軒の家に立ち寄ってラム酒を求めた。そして、キングズ橋に通じる道を再び北上し始めた。

キップス湾の近くには、地名の由来となったキップ家の邸宅がある。本国支持派の当主は、民兵に邸宅を宿舎として徴発されて困惑していたが、イギリス軍がやって来たのを知って胸をなでおろす。上陸したイギリス軍の将軍たちを邸宅に迎えてもてなす。キップ邸でハウをはじめ将軍たちが、シェリー酒を片手に砂糖入りビスケットをかじっている一方で、兵士たちは断崖の狭間にある小さな浜に上陸を続けていた。イギリス軍は大陸軍を南北に分断しようと動き出す。

砲声は、キップス湾の北にあるハーレム高地にも届く。立ち昇る煙が敵軍の位置を示している。ワシントンは、馬に一鞭入れて南に向かう。副官たちがあわてて総司令官に続く。

四〇分後、白き稲妻のように疾駆する馬の行く手にトウモロコシ畑が見えてくる。そこで民兵たちが右往左往している。士官が隊伍を整えようと声を嗄らして命令を怒鳴っているが耳を貸そうとする者は誰もいない。そこへ数十人のイギリス兵が姿を現す。民兵たちに敵に立ち向かう勇気は残されていなかった。銃を投げ捨て、できるだけ身を軽くして逃げようとあわてふためいている。

「壁を守れ。トウモロコシ畑を守れ」

ワシントンの命令が飛ぶ。さらにパトナムが何とか壁の背後に兵士たちを整列させようとするが命令を聞く者はほとんどいない。ワシントンの表情にさっと怒りの色が浮かぶ。激昂して乗馬鞭で士官の背中を打ちすえる。さらに何とか態勢を立て直そうと、剣の平で左右の兵士たちを叩く。

「こんな兵士たちとともに一緒にアメリカを守れというのか」

そう言ってワシントンは、帽子を地面に投げ捨てる。ワシントンの激昂にもかかわらず、兵士たちは迫り来るヘッセン傭兵の姿に怯えて「悪魔に追われたかのように」逃げ散ってしまった。ワシントンと副官たちだけが戦場に残される。

敵軍が八〇ヤード（約七〇m）先まで迫る。ワシントンは、まるで騎乗像のように佇立して、それを凝視している。グリーンのペンを借りれば、ワシントンは「兵士たちの不名誉な行動に非常に困惑したので、生よりも死を選ぼうとした」という。はっと気がついた一人の副官が、ワシントンの乗馬の馬勒《ばろく》を摑み、馬首を反転させてようやくその場から離れさせる。

総司令官を見送った後、パトナムは、ゴールド・シリマン大佐に危険を告げに行くよう副官のアーロン・バーに命じた。シリマンの部隊は市街のすぐ外に布陣していた。このまま放置すればイギリス軍に退路を断たれる恐れがある。

実はバーはジョゼフ・リードの紹介でワシントンの幕僚になろうとしたが、考えを改めてすぐに去ったようだ。バーのワシントンに対する評価は辛辣で、後に「ワシントンは無能な人物であり、普通の英語の一文の綴りさえ満足に書けないような人物だと軽蔑している」と言っている。ワシントンの幕僚から去った後、バーはパトナムの副官に落ち着いていた。パトナムのもとで働くほうが自由に羽が伸ばせるからだ。「わが善良な老将軍」と呼んで慕っている。バーは自分にとって得になるかどうかで居場所を決める。

南に向けて馬を飛ばしたバーは、市街地の端にある土塁でシリマンの部隊を発見した。バーから撤退命令を聞かされたシリマンであったが、最後の最後まで土塁を死守すると言って耳を貸さない。

困ったバーは一策を案じる。諦めて馬首を返すふりをして少し進んだ後、馬を急かせて土塁の裏に駆け込んだ。そして、兵士たちに直接命令を伝えた。兵士たちが動き出したのを見てシリマンも撤退に同意せざるを得なかった。

その日はとても気温が高かった。汗で濡れた兵士たちの肌に埃がまとわりつく。水筒はすぐに空になる。先頭に立つバーの後に兵士たちの列が続く。兵士たちは無事に友軍と合流できるだろうか。


マーティンは先ほどまでワシントンが佇立していたトウモロコシ畑にやって来た。兵士たちが置き去りにしたマスケット銃、背嚢、外套、帽子などが地面に散乱していた。いつの間にかマーティンは病気の仲間と二人きりになっていた。暗くなる前に自分の部隊と合流したいが、仲間を置き去りにはできない。

しばらくすると同じ連隊に所属する数人の兵士が見つかった。マーティンは彼らと一緒になって先を急ぐ。敵の部隊によって退路が寸断されている。突然、現れたイギリス兵の姿に驚いたマーティンはとっさに茂みに身を隠した。イギリス兵がすぐ近くまで迫る。幸いにも気づかれなかったようだ。何とか敵をやり過ごしたマーティンであったが、仲間たちとはぐれてしまった。手元には病気の仲間から預かったマスケット銃がある。これは仲間の大切な財産だ。守り抜かなければならない。

少し先に進んだ所で一団の男たちが休んでいた。その中に頭を両膝の間に落として座っている者がいた。先ほどはぐれた病気の仲間だった。マーティンは仲間の肩を摑んで声をかけた。

「さあ起き上がって俺と一緒に行こう」

「いいや、俺はここで死ぬんだ」

「こんな所で死んではいけない」

説得の甲斐あって男は起き上がった。

再び進み始めた二人を強い雨が襲う。ずぶ濡れになりながらも前進を続けると、二〇〇人ほどの兵士が大砲を囲んで集まっていた。歩哨が配置されている。兵士たちが逃げないようにするためだ。マーティンは逃げるつもりはなかった。しかし、病気の仲間を暖かい場所に移さなければならない。そこで士官に事情を話すことにした。

「私の連隊はこの先にいます」

マーティンに話しかけられた士官は厳しい面持ちで言葉を返す。

「おまえになぜそのようなことがわかる」

返答に窮したマーティンであったが、なおも食い下がる。

「私は病気の者と一緒にいます。もしこのまま夜になって冷たい外気にさらされれば、彼は死んでしまうかもしれません」

「もし奴が死んだら何の役にも立たない奴をお払い箱にできるな」

士官の冷たい言葉に驚いたマーティンであったが、仲間の命を守るために諦めることはできない。歩哨の前を何とかすり抜けるしかない。

歩哨に一人の兵士が近づく。どうやら友人のようだ。水筒からラム酒をあおると歩哨に差し出した。歩哨も友人に倣ってラム酒をあおる。二人はご機嫌になったようで会話に興じ始める。その隙をマーティンは見逃さなかった。病気の仲間に目配せすると、すばやく藪に身を潜めて監視から逃れた。こうしてマーティンと仲間は無事に自分の連隊に合流できた。

上陸地点周辺を制圧したクリントンは、後続部隊を待って進軍を停止させる。クリントンの苛立ちにもかかわらず、ハウ率いる後続部隊の到着まで数時間かかった。なぜそんなに遅れたのか。メアリ・マリーという一人の女性の活躍が歴史に残されている。

マリー夫人は、キップス湾を見下ろす丘の上に建つマリー邸に住んでいた。そこからは、その日の戦いの様子がよく見えた。召使が入って来て、イギリス軍が今、こちらに向かっていると告げた。どうやら大陸軍は窮地に陥っているようだ。マリー夫人は、何とか自分ができることをしなければと思う。

そこでマリー夫人は召使に指示を出す。貯蔵庫からワインを出して、食器棚を開け、応接間のテーブルにケーキを並べるように。いったい何の準備だろうか。客人が来るのか。しかし、わざわざこんな日に来る客がいるのか。

しばらくすると、ハウ将軍が副官たちを従えて悠然と歩いて来た。将軍たちの姿を見たマリー夫人は、二人の美しい娘に何かを耳打ちする。それから、マリー夫人は笑顔を作って玄関に出て、軽食はいかがと将軍たちに勧める。

申し出を受けたハウは、ここで一休みするのも悪くないと思う。召使は、将軍たちの馬を馬小屋に連れて行って水をたっぷり飲ませる。なぜそんなことをするのか。大量に水を摂取した馬は走力が落ちるからだ。

応接間に導かれたハウ将軍は、二人の娘から代わる代わるケーキとワインを勧められる。娘たちの艶然とした微笑みは、享楽的なハウ将軍の心を捕えて離さない。この攻撃には、さすがのハウ将軍も抵抗できない。まだこれほど可憐な花が手折られずにニュー・ヨークに残っていたのか。そう思いながらハウ将軍は、つい勧められるままに何杯もワインを干す。その一杯一杯に要する時間は、大陸軍にとって貴重な一刻だった。

John Dunsmore, Mrs. Murray Entertaining the British Officers,
Thereby Saving General Putnam's Army, 1776 (1930)

ハウ一行は二時間もマリー邸で饗応を受けた。

この出来事は、「マリー夫人の戦略」として知られるが、大陸軍が撤退する時間を稼ぐために夫人が一芝居打ったのかどうかは意見が分かれる。ただその合間にバーが先導する兵士たちが虎口を脱したのは事実である。もしハウが進軍を停止する代わりに十分でもさらに前進していれば、完全に退路を絶たれていただろう。まさに間一髪であった。

酷暑の中、十二マイル（約十九㎞）の距離を撤退した兵士たちは、疲労に加えてにわか雨による急激な気温変化が重なって崩れ落ちた。仲間たちを迎え入れた大陸軍は、ハーレム高地の防備を固めてイギリス軍の動静を探る。

今やイギリス軍はニュー・ヨーク市を占領した。馬に乗ったハウは、イギリス軍を先導して市街に入る。切り倒された木が往来を妨げるように投げ出されている。大陸軍が縦横に築いた堡塁がまだ残っていたが人影はない。市内は閑散としていて、時おり、イギリス軍の到来を歓迎する本国支持派の市民がまばらに姿を現すだけである。本国支持派の一人は、「国王の旗が再び砦の上に翻り、反逆者は鎮圧された。そして、市街は長らく抑圧をおこなってきた簒奪者から解放された」と記している。イギリス国旗を掲げるために大陸軍の軍旗を引きずり下ろして踏みつける者までいた。ただ本国支持派も素直にイギリス軍を歓迎できなかっただろう。兵士たちの乱暴狼藉が目に余るものであったからだ。イギリス軍士官は「バラを摘もうと茂みに入っただけでも少女は凌辱される危険がある」と嘆いている。とはいえ本国支持派から見れば、イギリス軍は「解放者」であり、大陸軍は「簒奪者」なのである。何が正義なのかは立場によって変わる。

ハウは、馬を進めながらつらつらと考えていた。どうして奴らは、勝ち目のない無益な防衛戦でニュー・ヨークというすばらしい街を犠牲にしようとするのか。不満があるならどうして話し合いで解決しようとしないのか。こちらから手を差し伸べたにもかかわらず、なぜそれを振り払おうとするのか。奴らの行動は狂気の沙汰だ。きっと奴らの中に狂信者がいて、最後の一人になるまで戦わなければ気が済まないのだろう。

上陸からずっとバグパイプの音色が流れていた。その奇妙に陽気な音は、荒廃した街路にまったく不似合いで、薄気味悪く感じられる。ハウは、苛立たしげに片手を挙げて、奏者に演奏を止めるように命じる。今は静寂に浸りたかった。ハウはまた思いを巡らせ始めた。おそらく大陸軍は、最後の抵抗を試みるに違いない。奴らにどうやって鉄槌を下してやろうか。

軍営から旅立ったヘイルはマンハッタン島を離れて北東のノーウォークに向かっていた。そこからスカイラー号でロング島へ渡る。なぜわざわざ遠回りしたのか。通行許可証がなければイギリス軍の前線を簡単に突破できない。イギリス軍の軍営に潜入しなければならない。北から海を越えて秘かにロング島に上陸する

N. C. Wyeth, Nathan Hale (1922)

のが最善の方法だ。

夜霧が立ちこめる海にスカイラー号が滑り出す。イギリス海軍の航海日誌には、「反逆者の私掠船」を目撃したという報せを受けて捜索したが見失ったとある。おそらくスカイラー号のことだろう。

未明、スカイラー号の舳先に立ったヘイルは、ここまで同行してくれた軍曹の顔を見つめていた。これから先はヘイルの単独行動になる。下船の前にヘイルは軍曹に別れを告げ、愛用の時計を手渡した。まるで形見分けのようだと軍曹は不吉に感じたが、上官の好意を無下にできず、黙って受け取った。

ボートから降り立ったヘイルの姿は一変していた。幅広の丸帽に茶色の仕事着だ。懐には大学の卒業証書が入っている。教師の口を探しているふりをするためだ。もともと教師であったヘイルからすれば、そうした偽装は簡単であった。見破られる心配もない。さらにイギリス兵にうるさく詮索されないように帽子に赤いリボンを付けている。それは国王への忠誠の証だ。

深い森林に覆われた岸辺を抜けたヘイルは畑を見つけた。その先には古い農家があった。扉を叩く音に反応して主人が顔を出す。最近は物騒なことが多いので住民は神経を尖らせている。初めは険しい顔をしていた主人であったが、ヘイルの服装を見て相好を崩した。職を探している教師なら怪しくない。ヘイルは主人の好意で朝食をご馳走になっただけではなく、ベッドで仮眠を取ることもできた。数時間後、親切な主人に別れを告げたヘイルは、二五マイル（約四〇㎞）先にあるイギリス軍の本営を目指して歩き始めた。

九月十六日朝、大陸軍の本営から一二〇人のノールトン・レンジャー部隊が出動する。その任務は、イギリス軍の動きを偵察することだ。木々が密生した辺りはまったく見通せず、接近して探らなければ敵の行動を読めない。このノールトン・レンジャー部隊は、トマス・ノールトン中佐の指揮のもと、アメリカ陸軍史上初めて結成された諜報活動を主任務とする特殊部隊である。ワシントンは、ノールトン・レンジャー部隊に「水陸を問わず、昼夜を問わず」情報を集めるように命じた。

レンジャー部隊は、ハーレム高地から南方のブルーミングデール高地に向かって進軍する。その途中、イギリス軍の軽歩兵と高地連隊兵に遭遇する。さらに周辺から敵の新手がすぐに駆けつける。

ノールトンは、兵士たちに踏み止まって一斉射撃するように命じる。そして、ゆっくりと後退して石壁を盾に陣取った。包囲の輪が狭まる中、レンジャー部隊は果敢に抵抗する。最後に十人余りの死傷者を石壁に残してハーレム高地を目指して整然と退却した。

その頃、ワシントンは本営で大陸会議に宛てた報告書を書いていた。

我々は今、ハーレム高地に大陸軍本隊とともに宿営しています。もしわが軍の大多数が顕著な勇気を示して行動できれば、敵軍がハーレム高地を攻撃してきても打ち破れるだろうと私は思っています。しかし、経験によれば、私にとって非常に苦痛なのですが、それは期待できず、せいぜいそうありたいと望めるくらいです。

しかし、大陸軍の兵士たちは、ワシントンの期待以上の勇気を示した。追撃してくる敵をかわしながらレンジャー部隊は「窪道」の名で知られるブルーミングデール高地とハーレム高地で挟まれた谷間までたどり着く。

司令部で報告を受けたワシントンは、すぐにハーレム高地の最南端まで馬を走らせる。そして、小型望遠鏡で敵の動きを見て将校たちと対応を協議する。

秋の空にラッパの音が喨々《りょうりょう》と鳴り響く。イギリス軍のラッパだ。その音色は狐が仕留められて狩りは終わったという意味であった。

ワシントンのかたわらにいたジョゼフ・リード大佐は憤然として言う。

「私はこのような侮辱を受けたことはありません。我々の面目は丸潰れです」

ワシントンはイギリス軍に一矢報いようと決意する。ここでまた敗北すれば、士気は完全に地に落ちる。すぐさま応援部隊がくり出される。反転して側面を突くようにレンジャー部隊に命令が下る。追ってくる敵を逆に包囲して殲滅する策だ。


まず一五〇人の部隊がハーレム高地を下って窪道に入り、正面切ってイギリス軍の注意を引きつける。挑戦に応じて軽歩兵がブルーミングデール高地を下って迎撃に向かう。

その間にレンジャー部隊は、応援部隊とともに窪道の東側を秘かにすり抜けて軽歩兵の背後を目指す。別働隊の中には第五代大統領となったジェームズ・モンロー中尉が加わっていた。モンローの初陣である。軽歩兵は別働隊の動きに気づかず、作戦は成功したかのように思えた。

その時、何かの手違いか、誰かが発砲を命じてしまった。危険を察知した軽歩兵は、後退して横棒柵や藪を盾に展開する。大陸軍はそのまま全軍で軽歩兵を攻撃する。軽歩兵は猛攻を支えきれず、ブルーミングデール高地の斜面まで退却を余儀なくされる。

稜線で敵情を視察していたノールトンであったが、銃弾を受けてよろめいた。かたわらにいた士官がとっさにノールトンの身体を支える。

「重傷ですか」

John Dunsmore, Washington at the Battle of Harlem Plains, September 15, 1776 (Before 1945)

「ああ、そのようだ」

士官は苦痛をまったくうかがわせないノールトンの平静な声に驚く。

「もし我々が勝利できなければ、私は無駄死にすることになる」

指揮官が倒れたためにノールトンの部隊はいったん後退したが、すぐに戦線に復帰する。増援部隊が次々に加わり、出撃した大陸軍は総勢一、八〇〇人に膨らむ。

後退を続けていた軽歩兵であったが、休耕中の蕎麦《そば》畑で踏み止まって抵抗する。大陸軍は盛んに銃火を浴びせる。後方からイギリス軍の増援が到着し始める。その数五、〇〇〇人。

ワシントンは全軍に追撃停止を命じる。このまま全面的な戦闘に突入すれば形勢が逆転される危険があるからだ。地形も自軍に不利である。

これまで大陸軍の兵士たちは敗北続きで敵兵を追撃するようなことはなかった。副官のテンチ・ティルマンが声を嗄らして撤退命令を伝えると、万歳を唱えた後、兵士たちはようやく元来た道をたどり始めた。軍列の中にいたジョゼフ・マーティンは、腹を空かせた兵士が不満を口に出すのを聞いた。すると一人の士官が黒焦げのトウモロコシをポケットから取り出して「さあ、これを食ってみろ。そして、兵士になるとはどういうことか学べ」と言った。トウモロコシを受け取る者は誰もいなかった。

こうして大陸軍はハーレム高地の戦いで勝利を収めた。帰還した部隊は、出迎えた他の部隊から喝采を浴びる。自らも戦いに参加したリードは、次のように妻に宛てた手紙に書いている。

わが軍に起こった変化をきっと信じられないだろう。兵士たちは失った士気を取り戻し自信を感じている。

その夜、マーティンは戦場で倒れている一人の男を見つけた。すでに冷たくなっている。きっとこの男は故郷の誰にも知られずに死んでいったのだろう。せめて母なる大地に帰してやろう。そう思ったマーティンは仲間たちとともに墓穴を掘る。しばらくして墓穴ができ、遺骸が横たえられた。

そこへ二人の女性が忽然と姿を現した。何か神聖で言い知れぬものを感じた兵士たちは誰からともなく道を空けた。墓穴の前まで来た乙女たちは互いに寄り添いながら暗渠に目を落とした。その崇高で憂いを帯びた表情に心を動かされない者は誰もいないだろう。

「顔を覆わずにこの人を葬るのですか」

「そうだ」

マーティンの答えを聞いた乙女たちは、首に巻いていた白い紗のスカーフを外すと死者の顔にそっと被せた。涙が頬から顎へ、そして、骸に滴り落ちた。墓穴が閉じられるのを見守ると、乙女たちは元来た道を戻って行った。

戦いが終わった後、大陸軍はハーレム高地の要塞化を怠りなく進めた。ハーレム高地には三つの防衛線が築かれた。さらに四つの要塞が追加される。ある日、防衛線の視察に出たワシントンは一人の有能な士官を見いだした。彼の顔を一瞥したワシントンは炎のゆらめきのような才幹を認める。それは光輝く目と赤い唇をほころばせた微笑の間で揺れ動いている。まるでありあまる何かが全身に満ち溢れ、彼の意思にかかわらず湧き出ているかのようであった。彼の名はアレグザンダー・ハミルトン。

Alonzo Chappel, First Meeting of Washington and Hamilton (1857)

ハミルトンは、砲兵中隊の指揮を任されていて、ハーレム高地にみごとな防御物を築いた。そして、ハミルトンの下知に従う兵士たちは、清潔できちんとした真鍮のボタンと牛革の襟が付いた青いコートを揃って着用していた。ほとんどの兵士たちがばらばらの服装をしている大陸軍の中では非常に目立つ。しかも服が汚れていてもあまり気にする者がいない時代に、清潔であることはそれだけでも際立った特徴になる。一応、石鹸は支給されていたが、食べ物と交換してしまう兵士が後を絶たなかった。揃いの軍服を着た砲兵中隊を見て感心したワシントンは、自分のテントにハミルトンを招いて親しく会話する。時に歴史を大きく変える男と男の出会いがある。ワシントンとハミルトンの出会いもそうした出会いの一つであった。しかし、この時、二人はまだそれを知らない。

ワシントンの他にもハミルトンの才能に目を留めた者がいる。ある日、グリーンは、兵士たちに行軍訓練を施すハミルトンの姿を見た。あまりに巧みな手並みだったので話しかけずにはいられなかった。二人は夕食をともにして語り合う。グリーン自身も苦労して独学した人物だが、一回りも年下のハミルトンの博識に驚嘆する。

ワシントンとグリーンは知らなかったが、ハミルトンには『反駁された農夫』という著作があった。『反駁された農夫』は、イギリス議会の圧政に対して植民地の自由を訴えるパンフレットだが、その中にはフランスとスペインがアメリカに味方するという予見が含まれていた。その予見は後に的中する。さらに『反駁された農夫』には、次のような興味深い記述が含まれる。

わが国の事情からすれば、全面衝突を避けることがわが軍の力になる。何もない広々とした野原で会戦するよりも、小競り合いや急襲を幾度も繰り返して、［敵の］部隊を悩ませ疲弊させる作戦のほうが好ましい。

こうした提言は、後にワシントンが採用する作戦とまったく同じである。しかも提言がおこなわれたのは独立戦争が起きる前である。ハミルトンは恐るべき洞察力を持っていたと言える。ワシントンは一介の士官にすぎないハミルトンの才能がどの程度のものか、まだ完全に把握していなかった。それでもハミルトンを見いだしたことは、ニュー・ヨーク防衛における思いがけない幸運な副産物であった。

ニュー・ヨーク大火

イギリス軍の本営を目指しているヘイルは任務を続けていた。ロング島の各地にある要塞を図面にしたり、倉庫の位置を確認したり、部隊の動きを観察したり、人びとから情報を聞き取ったりと、するべきことはいくらでもある。

もちろんそうしたヘイルの活動は時に見咎められることもあった。どうやって切り抜けたのか。実はヘイルは情報をすべてラテン語で書き留めていた。ラテン語を読める兵士は滅多にいない。だから内容をごまかせた。それに教師であればラテン語を使っても不審に思われない。

島内の調査を終えたヘイルは、渡し船でイースト川を越えてニュー・ヨーク市街に入った。市街はすでにイギリス軍の占領下に置かれていた。市内で探り出せることはほとんどなかった。それに長居は危険だった。なぜならヘイルは市内にいたことがあったからだ。誰かに正体を見破られるかもしれない。ヘイルは早々に調査を終えてロング島に戻った。そして、初めに上陸した地点を目指す。スカイラー号がヘイルを迎えにやって来る約束になっている。

九月二一日午前零時過ぎのことである。イギリス軍艦に乗っていた一人の捕虜は舷窓から暗い水面を眺めていた。少し離れた場所に蠟燭の火のようなものが見えた。いったい何だろうと目を凝らすと、火はしだいに大きくなった。ニューヨーク大火の始まりである。

火元は南部のホワイトホール通りに面する闘鶏亭。乾燥した空気と強い南東の風に煽られて火は勢いを増し、屋根から屋根へ飛び火した。火事に驚いて飛び起きたイギリス軍士官は次のように記している。

　火事を止められる望みはまったくない。その場にいた者は悲惨な情景を見て嘆くしかなかった。

その士官は街中を駆け抜けながら、バケツで消火活動をするように市民に呼びかけたが、応じる者は誰もいなかった。誰も消火活動をしなかったのか。もちろん防火体制はあった。消防ポンプを動かす消防団があった。しかし、戦乱の中、多くの男たちが街を離れてしまったせいで人員が不足していた。しかも市民に消火活動への参加を呼びかけるための教会の鐘がほとんどなかった。溶かされて弾丸に変えられるのを避けるために、多くの教会の鐘が運び出されていたからだ。

業火の中、イギリス兵は多数の暗躍する影を見た。空き家で導火線と可燃物を隠し持っている者が発見された。他にも可燃物が各所で見つかった。あまつさえ消防ポンプにバケツで給水しようとした女性を妨害しようと斬りつけた者がいた。いったい彼らは何者か。その正体は、イギリス軍士官によれば「反乱に心酔している住民たち」である。彼らはイギリス軍に占領されるくらいなら自分たちの家を焼いたほうがましだと公言していたという。

離れた場所にある大陸軍の本営からも濛々と立ち昇る煙と天を焦がす炎が望めた。街で一番高いトリニティ教会の尖塔が夜空を背景にくっきりと浮かび上がっていた。やがて「炎のピラミッド」と化した尖塔は音を立てて崩落した。

大陸軍の兵士たちの間から喝采が上がる。今、燃えている地区は、本国支持派の邸宅が多い地区だからだ。ニュー・ヨークという都市は多くの都市がそうであるように、階層によって居住地区が異なっていた。富裕層の邸宅はハドソン川沿いから街の中心部にかけて広がり、職工の住居兼職場は北側に集まり、そして、貧困層の陋屋《ろうおく》はイースト川沿いの狭い地帯に犇《ひし》めいていた。

小雨が降ったものの、まさに焼け石に水であった。四九三軒もの建物が焼失した。ニュー・ヨーク大火は密偵の放火によるものだと断定したハウは、すぐに犯人を捕縛せよと厳命する。ハウにとって市街の焼失は大きな打撃であった。なぜなら秋から冬にかけて兵士たちを駐屯させる建物を大量に確保しなければならないからだ。それだけではない。ニュー・ヨークには、多くの本国支持派が難を避けるために身を寄せている。彼らの身の振り方も考えなければならない。

ロバート・ロジャーズ中佐は、うろんな男がロング島周辺を嗅ぎ回っているという情報を摑んだ。実は前々からこの周辺に網を張っていたのだ。ロジャーズは普通のイギリス軍士官ではない。インディアンの言葉で「白い悪魔」という渾名を持つ。フレンチ・アンド・インディアン戦争ではレンジャー部隊を結成してフロンティアで武勲を上げた。敵対するインディアンが仲間の頭皮を剝いだら倍にしてやり返す。騙し討ちや闇討ち、偽装工作など軍隊の中で汚れ仕事と呼ばれることは何でもやった。残虐さと狡猾さでのし上がった男だ。この一筋縄ではいかない男がヘイルに目をつけた。

ロジャーズは一軒の居酒屋に入る。そして、ヘイルの姿を認めるとすぐ隣に座って大陸軍の兵士だと自己紹介した。そして、これまでの戦争で自分がいかに苦労したかを語り、「俺はこの島に閉じ込められている」と言った。居酒屋は飲んで浮かれる地元民で騒々しい。喧噪に負けじとロジャーズは叫んだ。

「ここの住民はイギリス側に味方してアメリカ植民地に敵対している」

ロジャーズの言葉を聞いたヘイルは考えた。この男を協力者にすれば今後も役に立つのではないか。自分がロング島を去った後も情報が手に入れば何かと便利である。そう考えたヘイルは目の前の男に質問を投げかけた。

「この島で何をしているのか」

「俺は民情とイギリス軍の動きを探っている」

ロジャーズは自信たっぷりに答えた。

「大陸会議の健勝を願って」

そう言ってロジャーズが乾杯すると、ヘイルはようやく警戒を解いた。ヘイルがすっかり安心してしまったのも無理はない。なにしろロジャーズはヘイルと同じニュー・イングランドで生まれ育っているからだ。故郷の訛りを聞いてつい気を許してしまった。二人は肩を並べてゴブレットを傾け始めた。

ヘイルから秘密の任務について一通り聞き出したロジャーズは席を立ちながら「明朝、俺の部屋に来て飯を食わないか」と誘った。ヘイルは笑顔を浮かべて「では明朝」と答えた。そして、二人は別れた。

翌朝、ヘイルは約束通りロジャーズの部屋に行った。そこにはロジャーズと数人の男たちがいた。きっと仲間たちだろうと思ってヘイルは気に留めなかった。砂糖入りビスケットとライ麦の代用コーヒー、そして、卵の軽い朝食が済むと、二人は昨夜の話の続きを始めた。なぜロジャーズはすぐにヘイルを拘束しなかったのか。部下が居酒屋を完全に包囲するのを待っていたのだ。もう十分に時間を稼いだと判断したロジャーズは突然、立ち上がり叫んだ。

「司令官の命令によっておまえを逮捕する」

腕を掴まれて外に連れ出されたヘイルは周囲の人だかりを見て訴えた。

「私は脱走兵だ。入隊なんかしたくなかったんだ。教師になりたかったんだ」

ヘイルの訴えに耳を貸す者は誰もいなかった。ロジャーズは、捕虜を後ろ手で縛って足枷を嵌めるように部下に命じた。

ヘイルが連行された先はビークマン邸である。そこにイギリス軍の本営が置かれていた。ビークマン邸はマンハッタン島のイースト川沿いにある。ニュー・ヨーク市街から薄い煙が上がっているのが遥か南方に見えた。そこかしこで牛や馬が自由に草を食むのどかな場所であったが、今は盗まれてしまって一頭もいない。

ビークマン邸で尋問が始まる。靴の中敷きの下から発見された図面や文書が動かぬ証拠になった。ハウの前に引き出されたヘイルは、もはや逃れられないと悟って、自分が密偵であることを悪びれずに明かした。そうした堂々とした態度はハウを感心させた。ただハウはイギリス軍の司令官として密偵を処罰しなければならない。密偵の処罰は最初から決まっている。裁判なしで死刑だ。

最後にヘイルはハウに質問した。

「閣下、牧師の立ち合いはありますか」

「なしだ」

「聖書は」

「なしだ」

悲痛な面持ちのヘイルを憲兵が外に連れ出した。

向かう先は温室であった。かつてワシントンがこの温室を訪れた時、召使がレモンを摘んでレモネードを作ったという。今は荒廃してかつての甘やかな情景は見る影もない。捕虜を収監する寒々しい場所になっている。そこでヘイルは最期の一夜を過ごした。

九月二二日は快晴で朝からとても暑かった。額から後ろになでつけられたヘイルの髪が露出している。帽子と外套を剥ぎ取られたからだ。ヘイルはそのまま処刑場まで連行される。その途中、ある工兵士官がヘイルを自分のテントに招く。ヘイルが隠し持っていた図面を検分して、その出来栄えに感心したからだ。

工兵士官の好意的な態度を見たヘイルは一つの願い事を口にする。

「どうか書くものを私にいただけませんか」

工兵士官はすぐに羽ペン、インク壺、そして、数枚の紙を用意した。

ヘイルは手と足に鎖をかけられたままで手紙を書いた。残念なことに手紙の文面はわからない。結局、ヘイルの手紙はイギリス軍によって発送されなかったからだ。その所在はいまだに不明である。

午前十一時、テントを出たヘイルはリンゴの大木の前に着いた。梯子が立てかけられている。そして、枝から絞首索が吊されている。それが処刑台であった。

酒焼けの赤鼻をした憲兵は怒鳴った。

「最期に言うことは何かないか」

ヘイルは昂然と頭を上げて言い放つ。後ろ手に縛られ、目隠しをされたままで。

「私は大義に身を捧げることに満足しているが、一つだけ残念に思うことは、わが国に捧げることができる命が一つしかないことだ」

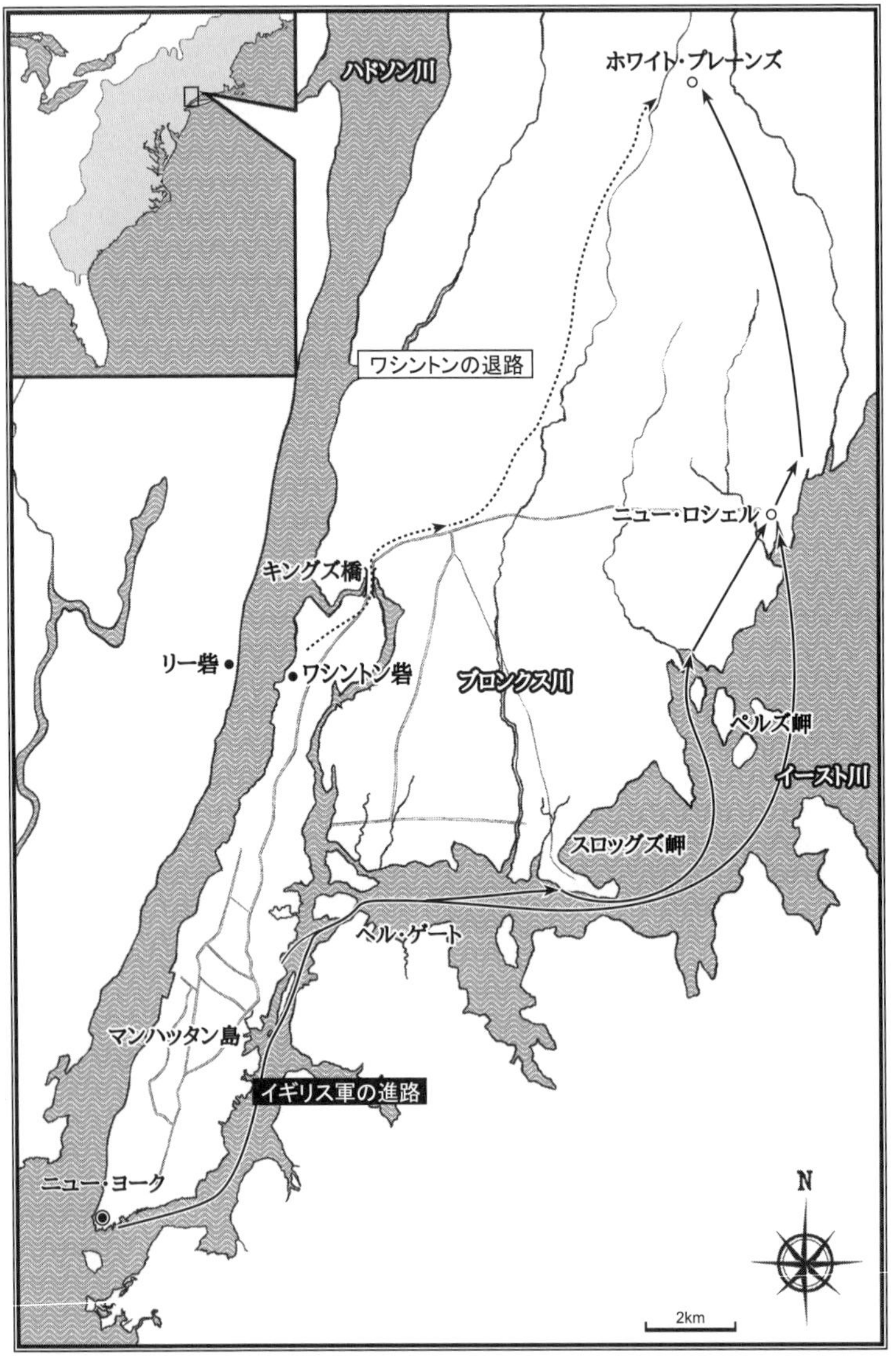
ハドソン川
ホワイト・プレーンズ
ワシントンの退路
ニュー・ロシェル
キングズ橋
リー砦
ワシントン砦
ブロンクス川
ペルズ岬
イースト川
スロッグズ岬
ヘル・ゲート
マンハッタン島
イギリス軍の進路
ニュー・ヨーク
N
2km

そう言って従容《しょうよう》と死に臨んだ。ヘイルの遺体は見せしめのために三日間、木に吊されたままさらされた。そして、衣服も着せられず墓標もなく葬られた。ヘイルがどこに眠っているか今もわかっていない。

ホワイト・プレーンズの戦い

大陸軍がハーレム高地の要塞化を進めている一方で、イギリス軍もニュー・ヨーク市街の周りに防衛線を築いていた。それが攻勢の終わりを意味するのか、それとも単に市街の守りを固めるためなのかは誰にもわからない。

どうすればワシントンを屈服させられるのか。ハウはそれを考えていた。そして、結論が導き出される。大陸軍をマンハッタン島に閉じ込めてしまえば、補給線を絶たれたワシントンは早期決戦に訴えざるを得なくなる。大規模な会戦に訴えれば、今度こそ大陸軍を壊滅させられる。

ハウは、イースト川を遡り、ヘル・ゲートを通って東から水路で北に回りこむ作戦を開始する。北に回りこめれば大陸軍の退路を断てる。まず輸送船団がヘル・ゲートに向かう。ヘル・ゲートは難所として知られている。多くの島が浮かぶイースト川に北からハーレム川が注ぎ込んで複雑な水流を形成している。しばしば通行する船が暗礁に乗り上げて沈没した。「地獄の門」とは言い得て妙である。深い霧の中にもかかわらず、輸送船団が失った船は一隻のみであった。

十月十二日、輸送船団はスロッグス岬への上陸を試みる。スロッグス岬はヘル・ゲートの北東にあり、イースト川に大きく張り出した岬である。そこからマンハッタン島北端にあるキングズ橋へ向けて一本の道が延びている。スロッグス岬からキングズ橋に向かえば大陸軍をマンハッタン島に閉じ込められる。

地図を見たあなたは疑問に思わなかっただろうか。ハドソン川を遡っても北に回りこめるのではないか。

そうすればヘル・ゲートのような難所を通らずに済む。確かにそれも一つの案である。しかし、ハドソン川の両岸にはワシントン砦とリー砦が築かれていた。戦艦ならばその間を簡単に突破できるが、輸送船団は大きな被害を受ける恐れがある。またハドソン川を遡ればハーレム高地から丸見えである。作戦目的が容易に見抜かれてしまう。

ハウの輸送船団が向かったスロッグス岬は「岬」と名前がついているものの、ほとんど島である。満潮時には完全に島になる。橋を使わなければ本土に渡れない。しかし、困ったことに橋板が取り外されていた。誰がそんなことをしたのか。対岸には二五人のライフル銃兵が待ち構えていた。彼らの仕業だ。イギリス兵が少しでも橋に近づこうとすると、狙いすました銃弾が飛来する。迂回して浅瀬を渡ろうとした部隊も進軍を阻止される。大軍を展開できる地形ではない。結局、イギリス軍は粘り強い抵抗に遭って上陸を断念した。数日が無駄に費やされた。

さて、イギリス軍が北に先回りしようと動き始めた一方で、大陸軍は何をしていたのか。少し時間を遡ってみよう。

ウィリアム・ヒース将軍によれば、「将軍たちの意見は割れていた」という。どうして割れていたのか。ハウの意図が読めなかったからだ。イギリス軍はマンハッタン島全土を掌握しようとしているのか。それとも北に回りこもうとしているのか。もしくはマンハッタン島北部にあるワシントン砦を狙っているのか。

結局、妥協策として、ヒースが一万人の部隊でワシントン砦近辺を固める。その一方でグリーンは五、〇〇〇人の部隊を率いてハドソン川の西岸に布陣する。

ハーレム高地の戦いで意気が上がった兵士たちであったが、その効果はすぐに薄れ始める。リードによれば、「疲労と危険に加えて、脱走、臆病、略奪、そして、義務を忌避する精神が全軍に蔓延し始めた」という。さらに物資の不足が追い打ちをかける。そこへ「テントも鍋も薬缶もまったく持たずに」ニュー・イングランドから増援部隊が到着する。ただでさえ足りない物資がさらに欠乏する。

十月十六日、ハウの迂回作戦を察知した大陸軍は軍議を開いた。撤退は早くから決定された既定方針であったが、それをどのように実行するかが問題である。北方が塞がれる前にマンハッタン島から撤退しなければ、大陸軍に活路はない。

南部戦線から帰還したチャールズ・リー将軍は全軍撤退を主張した。将軍たちは北方のホワイト・プレーンズまで撤退することに同意したものの、ワシントン砦に二、八〇〇人を守備兵として残すように決定した。ただその決定には大きな危険が伴う。大陸軍の本隊がマンハッタン島を離れれば、ワシントン砦は孤立してしまうからだ。

なぜワシントンがこのような危険を伴う決定を認めたのか。それはグリーンの献策による。グリーンは、ワシントン砦は堅固なのでイギリス軍の攻撃に十分に耐えられると主張した。ワシントンはグリーンの戦略眼を信頼して献策を受け入れた。

撤退が始まる。捕虜交換で解放されていたアレグザンダーが一隊を率いてニュー・ヨーク北郊のホワイト・プレーンズに先行する。本隊もそれに続く。撤退は時間との勝負である。

大陸軍が北へ移動し始めた一方、イギリス軍はスロッグス岬からさらに北上し、ペルズ岬の沖合まで進む。スロッグス岬でイギリス軍が無駄にした数日間が大陸軍の命運を決定した。その数日間にジョン・グローヴァー大佐率いる分遣隊がイギリス軍の上陸を妨害するべくペルズ岬に向かっていた。大陸軍本隊がホワイト・プレーンズに移動を完了するまでイギリス軍を足止めしなければならない。

十月十八日早朝、ジョン・グローヴァー大佐は小高い丘から小型望遠鏡でペルズ岬を見ていた。二〇〇隻以上のボートが舳先を連ねてやって来る。グローヴァーは上陸を阻止すべく即座に作戦を立てる。自軍は七五〇人、敵軍は四、〇〇〇人以上。たとえ勝てなくても一矢報いるくらいはできるだろう。

イギリス軍の前衛部隊に遭遇したグローヴァーは、まず四〇人の小隊を先行させる。残りの兵士たちが防衛準備を整えるまで時間を稼ぐためだ。銃撃の応酬が五回繰り返される。前衛部隊が三〇ヤード（約二七m）の距離まで迫る。グローヴァーは小隊に撤退を命じる。

勢いに乗った前衛部隊は小隊を急追する。その先に石壁がある。突如、大陸軍の兵士が姿を現して一斉射撃を至近距離で放つ。グローヴァーがあらかじめ伏せておいた一隊である。急襲に驚いた前衛部隊は算を乱して退却する。

一時間半後、イギリス軍の本隊が到着する。道の両側が石壁に挟まれているので横に広く展開できない。石壁に身を隠した一隊が再び身を起こして銃撃を浴びせる。狭い道に密集しているイギリス兵は格好の的である。七回の射撃をおこなった後、大陸軍の兵士たちは整然と後退する。

それを追ってイギリス軍は進軍を続ける。すると行く手に先ほどと同じような石壁が見えた。石壁の背後から銃弾が飛来する。次の一隊が手ぐすね引いて待ち構えていた。イギリス軍は十七回も銃撃を受けた。ようやく石壁を奪取したイギリス軍であったが、さらにしばらく行くとまた石壁が現れる。石壁の背後には敵の新手が伏せていた。

大陸軍の兵士たちは最後の抵抗を終えると、戦場を見下ろす小高い丘に集結する。三回も足止めされて懲りたのか、イギリス軍は遠巻きに布陣して砲撃を加えるのみで、襲って来なかった。グローヴァーは暗闇に乗じて陣を引き払う。大陸軍本隊のために十分な時間を稼げた。

十月十九日、ハウはペルズ岬を経てニュー・ロシェルまで軍を進める。そこで軍需物資と増援部隊を船で運ぶように手配する。手配が完全に済むまでハウは動かなかった。それはさらに貴重な時間を大陸軍に与えた。

先遣隊を率いて北上していたアレグザンダーは、ホワイト・プレーンズに到着すると、まず戦略的に有利な丘陵を占領した。大陸軍本隊も続々とマンハッタン島から出てホワイト・プレーンズを目指す。

もしこの時、ハウがすぐにニュー・ロシェルからホワイト・プレーンズに急行していれば、アレグザンダーよりも先に到着できたかもしれない。もしくは戦略上の要所を押さえるために先遣部隊を送り出すこともできた。

ハウは大陸軍の目的地がホワイト・プレーンズだと知らなかったのか。知っていたはずだ。なぜなら軍を再集結させて隊伍を整えようとすれば、ホワイト・プレーンズの他に適当な場所はない。それをハウが理解できなかったわけがない。だからこそハウの緩慢な動きは不可解である。イギリス軍を偵察していた大陸軍士官も同じように思ったようで、次のように記している。

　神による特別な介入があったかと問われれば、私はまずイギリスの将軍［ハウ］の愚かさにそれが示されていると答えるだろう。二〇日早朝に彼はホワイト・プレーンズの要所を占拠するために部隊を派遣しなかった。

このように大陸軍の士官が指摘しているものの、ハウは愚かではない。ただ決断力に欠けていたと言える。増援部隊を待って時間を浪費することで、決定的な勝利を得る機会が失われた。それに早くから気づいたク

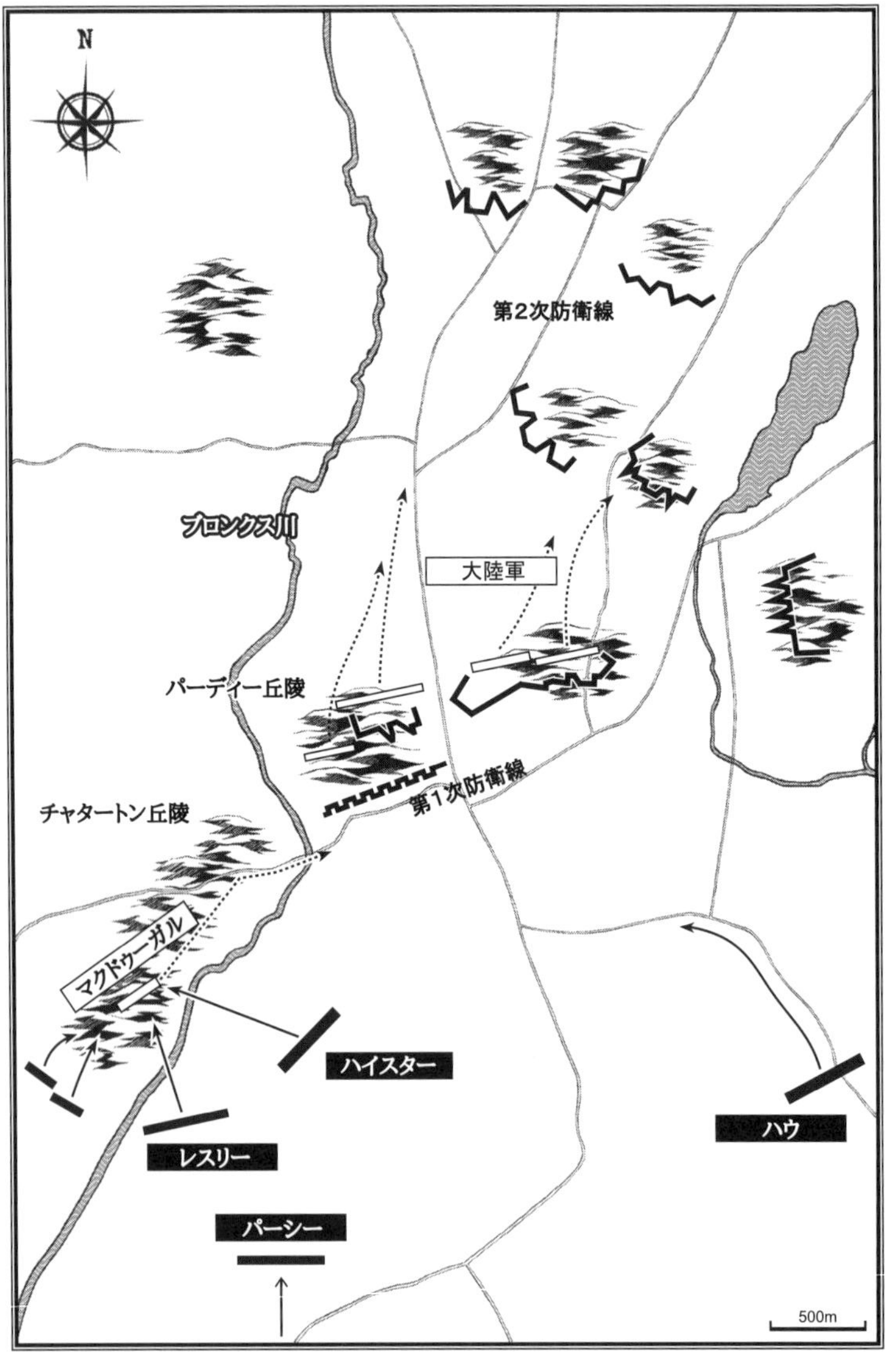
N
第2次防衛線
ブロンクス川
大陸軍
パーディー丘陵
第1次防衛線
チャタートン丘陵
マクドゥーガル
ハイスター
ハウ
レスリー
パーシー
500m

リントンは、ニュー・ロシェルからすぐに進軍すべきだと助言したがハウに却下された。ハウがクリントンの助言を却下するのは、今回が初めてではない。憤懣やるかたないクリントンは、もし自分の助言通りにしていれば、きっと大陸軍を破滅に追いやれたのにと後に書いている。

ホワイト・プレーンズに到着した大陸軍本隊は、村を見下ろすパーディー丘陵に本営を定める。そして、その前面に防衛線を築く。パーディー丘陵の本営からブロンクス川を挟んでチャタートン丘陵が見える。チャタートン丘陵は、周辺の丘陵の中でも最も勾配が急であり、樹木に覆われた険しい絶壁を細流が這っている。

最初、ワシントンはチャタートン丘陵を防衛線に含めていなかった。なぜならパーディー丘陵とチャタートン丘陵はブロンクス川で分断されているからだ。しかし、ワシントンは考え直す。もしイギリス軍がチャタートン丘陵を占領すればどうなるか。大砲を据えてパーディー丘陵に砲弾の雨を降らせるだろう。そうした事態を避けるためにアレグザンダー・マクドゥーガル将軍率いる一、〇〇〇人がチャタートン丘陵に布陣する。その兵力は民兵を加えて総勢一、六〇〇人。

毎日、ワシントンは防備に粗漏がないか油断なく視察して回る。きっとイギリス軍が襲来するはずだ。迎撃態勢を万全にしなければならない。

一週間後、大陸軍は周辺の丘陵に防備を施し終わる。これでイギリス軍と対峙できる態勢が整った。地の利は大陸軍にある。ただワシントンの心の中では、今後の戦略をどうすべきか明確な方針は定まっていない。親戚に宛てた手紙でワシントンは次のように述べている。

私はどのような作戦を進めるべきかまだわかりません。名声を保ったまま軍務を続けることは不可能です。それにこのまま私が指揮を続けても、大義に貢献できないかもしれません。しかし、もし私が指揮官を辞めれば、それに伴う混乱から破滅は避けられません。このように不幸で心が引き裂かれるような状態になったことは生まれてから一度もありません。

大陸軍に遅れること一週間、ハウ率いる一万三、〇〇〇人のイギリス兵とヘッセン傭兵がようやく動き始める。クリントンは、ホワイト・プレーンズに入る前に夜陰に乗じて側面に回りこむ作戦を提言した。しかしハウは、クリントンの提言を今回も斥けて、正面攻撃を決定する。ただ大陸軍の左側面を攪乱せよという意見は採用している。

十月二七日夜、イギリス軍の進軍が始まる。翌朝八時、アレグザンダー・レスリー将軍率いる二、〇〇〇人のイギリス兵とレオポルド＝フィーリプ・フォン・ハイスター将軍率いる四、〇〇〇人のヘッセン傭兵は、大陸軍の偵察部隊と衝突した。それはワシントンがイギリス軍の奇襲に備えて配置しておいた部隊であった。一斉射撃を受けたヘッセン傭兵は、後退して陣形を立て直す。その間にイギリス兵が偵察部隊の左側面に回りこもうと展開し始める。

偵察部隊は包囲されるのを恐れて撤退を開始した。石壁を見つけると、その背後で陣形を立て直して追いすがる敵兵に銃撃を浴びせる。敵兵の足を鈍らせたうえで退却を再開する。また石壁があればそれを盾に銃弾を放つ。同じことを何度も繰り返しながら、偵察部隊は一糸乱れず退却を続けた。そして、何とかチャタートン丘陵の陣営に逃げ込む。最後尾で兵士たちを叱咤していたベンジャミン・タルマッジ中尉が振り返ると、敵兵はまさにブロンクス川の対岸にたどり着いたところであった。

小競り合いが終わった後、イギリス軍は見わたす限り広がる小麦畑に勢揃いする。大陸軍の兵士たちは、防衛線やチャタートン丘陵からその様子を見下ろしている。ある士官は自分が見た光景を綴っている。

その光景はまさに威容であった。秋の明るい陽光を浴びて武器が燦然と輝いている。彼らが兵馬倥偬《へいばこうそう》の中を進むにつれて、美々しい軍服と装備が光景に威容を添える。

眼下に広がる光景を大陸軍の兵士たちはまるで白昼夢を見ているかのように眺めていた。やがて白昼夢は大砲の轟音によって破られる。チャタートン丘陵は、唸りを上げて飛来する砲弾に襲われ、雲一つない空は硝煙に覆われて暗くなった。雷鳴のような砲声が耳を劈《つんざ》く。

午前十一時、大砲の援護のもと、ヘッセン傭兵は、ブロンクス川の徒渉を開始する。ブロンクス川は最近、降った雨で増水している。倒木がそこかしこで進路を塞いでいる。ヘッセン傭兵は倒木で即席の橋を作り始める。それを見た大陸軍の兵士たちは、斜面を半ば下ってヘッセン傭兵に銃弾を浴びせる。

レスリーは少し下流にある浅瀬の前に立つ。そして、イギリス兵を差し招くと命令する。

「真のイギリス人の勇気がどんなものかヘッセン人に見せてやれ」

勇み立ったイギリス兵は浅瀬を押し渡る。川岸から丘陵の斜面までの間には草地がある。砲火が燃え広がり、煙が低く這っている。引火を避けるために兵士たちは弾薬筒を肩に背負って、草をかきわけて前進する。炎に包まれた樹木が進軍を阻む。腰まで水に濡れた兵士たちの身に今度は火の粉が降りかかる。イギリス兵は、冷えて強張《こわば》った足を奮い立たせて銃剣突撃を敢行する。

待ち構える大陸軍の兵士たちは、険しい斜面を利用して頭上からイギリス兵に銃弾の雨を降らせる。二門の野戦砲を預かったハミルトンは、岩棚に陣取って急斜面を登ってくる敵兵を砲弾で追い散らす。イギリス兵は後退を余儀なくされた。

その一方でヨハン・ラル大佐率いるヘッセン傭兵が南東斜面から新たに攻撃を開始する。その前に民兵隊が立ち塞がる。軍鼓とトランペットが鳴り響き、軽竜騎兵が乱入する。サーベルを振りかざして疾風のように襲来した騎馬隊に驚いた民兵たちは逃げ去った。

レスリーの部隊とハイスターの部隊も勢いを取り戻して攻撃を再開する。その様子を大陸軍士官は次のように記録している。

　敵軍を見るとそれは勇敢な光景であった。砲撃とマスケット銃の銃火に絶えず身をさらしながら、着実によろめくこともなく、非常に険しい丘陵を頂上まで登り切った。

マクドゥーガル将軍率いる部隊は、挟撃に耐えかねて退却を余儀なくされる。民兵隊は潰走したが、残る大陸軍の兵士たちは反撃しながら整然と撤退して交戦を続けた。

こうしてチャタートン丘陵はイギリス軍の手に落ちた。チャタートン丘陵に大砲を引っぱり上げて援護射撃すれば、大陸軍の本営を奪取できる。しかし、ここでまたハウは進撃を止めてしまう。パーディ！丘陵の防備が堅いと判断したからだ。後続部隊の到着を待って完全な包囲網を敷くべきである。ハウは、増援部隊が到着するまで、ただ遠くから砲撃を加えるにとどめた。

十月三〇日、ニュー・ヨークからヒュー・パーシー将軍率いる増援部隊が到着する。二、〇〇〇人のヘッセン傭兵を中心とする増援部隊を迎えて、イギリス軍の兵力は二万人に膨れ上がる。

いざ総攻撃。そうイギリス軍が意気ごんで前進すると、大陸軍の防衛線がすでに放棄されていることがわかった。実はワシントンはチャタートン丘陵が奪取される前から、念のために軍需物資を後方に移送していた。翌日、大陸軍を追撃しようとしたイギリス軍であったが、車軸を流すような豪雨のために進軍を断念した。雨天に乗じてワシントンは、丘陵が連なる北方に全軍を退却させる。

大陸軍の第二次防衛線がまるで魔法のようにイギリス軍の目の前に出現する。堅固な防壁のように見えるものの、その大半は実はトウモロコシの茎であった。近くの畑から刈り取ったトウモロコシの茎を積み上げて土を被せれば、遠目では偽物の防壁だとは見破れない。

雨が降ったせいで塹壕に水が溜まり始める。見張りの任務に就いていたジョゼフ・マーティンは、ひどい風邪をひいてしまった。任務から外されて輜重《しちょう》隊に異動を命じられる。回復するまでそこで待機せよということだ。一マイル（約一・六㎞）先の輜重隊に着いたのはよいが、「天空が俺の病院、地面が俺のハンモック」というありさまだ。そこでマーティンは落ち葉が積もっている所を見つけてもぐりこむ。食べ物も飲み物も何もない。夜になって仲間が肉とカブを持って来た。どこかからくすねてきたようだ。仲間に感謝しながらもあまりに体調が悪く何も喉を通らなかった。

イギリス軍の軍営では篝火が盛んに焚かれていた。日増しに寒冷の度を加える気候が、もう今年の軍事作戦の季節は終わろうとしていると告げている。朝には霜が平原に降り、歩哨を務める兵士は白い息を吐きながら交代を心待ちにしている。

丘陵から大陸軍を誘い出して会戦を挑むのが最も望ましい形である。ハウはそう思っていた。しかし、どのようにすれば会戦に持ち込めるのか。妙案がない。

十一月四日夜、大陸軍の歩哨は、イギリス軍の陣営から響く地鳴りのような音を聞いた。大陸軍の兵士たちは警戒態勢に入る。しかし、その必要はなかった。翌朝、イギリス軍は陣を払って南に向けて去った。昨夜の物音は、先に発った荷馬車が立てる音であった。

ワシントンは、潮が引くように帰還するイギリス軍を見送る。そして、数日間、滞陣した後、大陸軍はリーを後衛に配してホワイト・プレーンズを去った。

ロング島の大脱出、マンハッタン島からの全面撤退、そしてホワイト・プレーンズからの撤退など、ワシントンは引きぎわをよく理解していた。そして、撤退を実行する決断力に恵まれていた。古来、多くの戦いが証明してきたように、軍を前に進めるよりも撤退させるほうがはるかに難しい。もしワシントンが撤退を決断しなければ、大陸軍は壊滅し、独立戦争はアメリカの敗北で終わっていただろう。それもわずか一年で。

ワシントン砦の攻防

ホワイト・プレーンズを去ってニュー・ヨークに戻ったイギリス軍は次の目標を定める。目標はワシントン砦に定められた。ただハウの目からすれば、もはやワシントン砦に戦略的価値はほとんどない。確かにハドソン川を航行するには邪魔かもしれない。しかし、ワシントン砦とリー砦の間を戦艦がすり抜けられることは何度も証明されている。両砦には拠点を守るだけの兵数しかいない。たとえ放置しても背後から襲われる心配はない。だからハウは少数の監視の兵を付けただけで、大陸軍本隊を追ってホワイト・プレーンズまで北上できた。

もちろんハウの次の目標がどこかワシントンが知る由もない。大陸軍の本営では作戦会議が開かれ、イギリス軍の攻撃目標がどこに向けられているかが議論されていた。

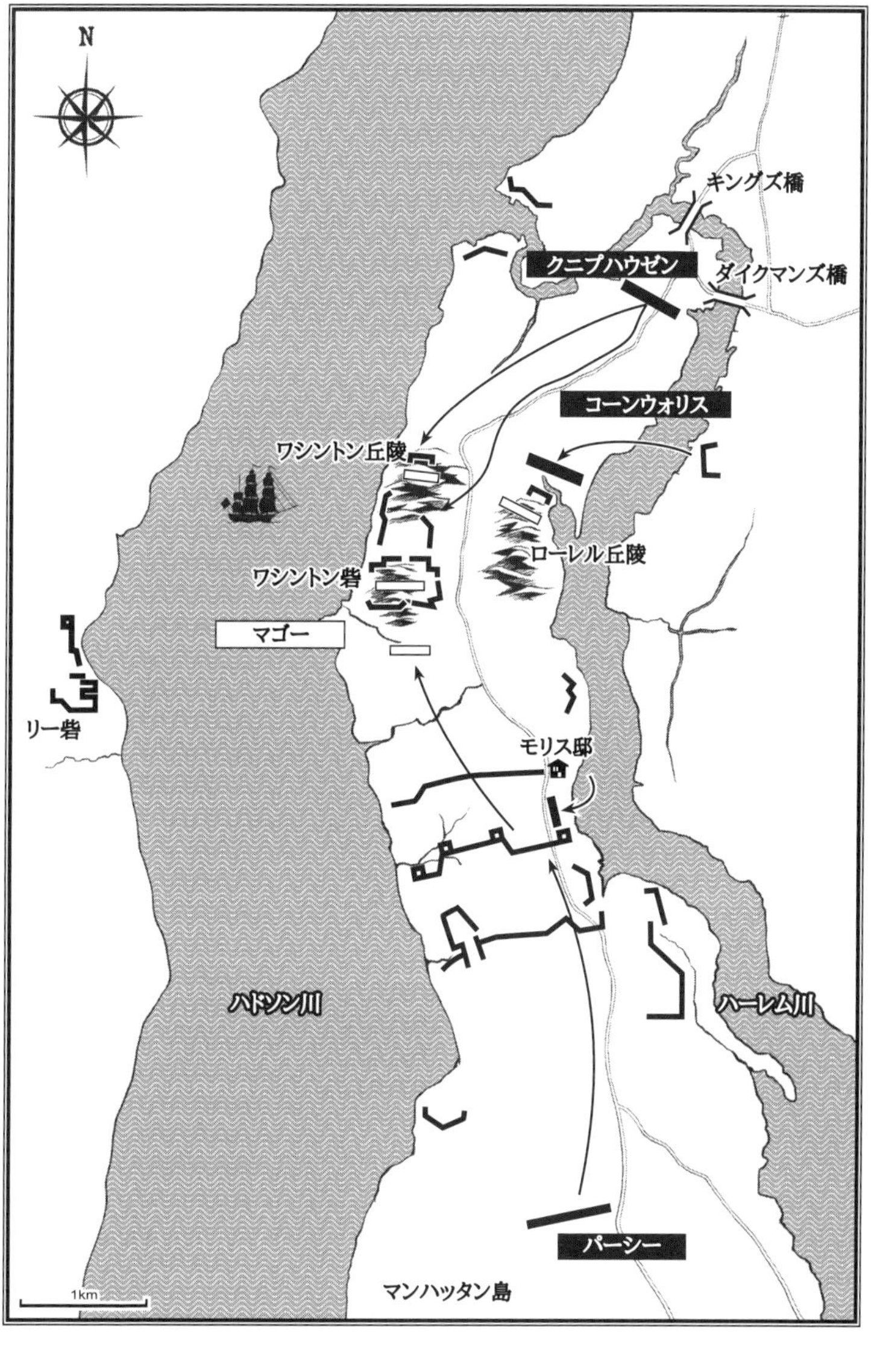
N
キングズ橋
クニプハウゼン
ダイクマンズ橋
コーンウォリス
ワシントン丘陵
ローレル丘陵
ワシントン砦
マゴー
リー砦
モリス邸
ハドソン川
ハーレム川
パーシー
1km
マンハッタン島

将軍たちは、イギリス軍がニュー・ジャージーとペンシルヴェニアを通ってフィラデルフィアへ侵攻しようとしていると推測した。ハウは、ニュー・ヨークの攻略だけでは満足できず、アメリカ最大の都市であるフィラデルフィアを奪取しようとするはずだ。とはいえイギリス軍がハドソン川を完全に制圧してニュー・イングランドを孤立させようとする可能性も捨て切れない。

こうした推測にもとづいて、あらゆる動きに備えるために大陸軍は大きく三つに分散する。まずホワイト・プレーンズ北方のノース・キャッスルにリー将軍指揮下の七、〇〇〇人が残る。イギリス軍がニュー・イングランドに侵入しないように牽制するためだ。

次にハドソン高地を守るためにウィリアム・ヒース将軍率いる四、〇〇〇人がノース・キャッスルの北西にあるピークスキルに向かう。ヒースは、マサチューセッツ出身の禿げ上がった太った男だ。これまで地味な役回りばかり演じてきた人物である。ピークスキル付近でハドソン川は急に川幅が狭くなる。イギリス艦隊の航行を妨害するには最適の場所である。

そして、残った二、〇〇〇人がワシントンの指揮のもと、ハドソン川の西岸に渡ってニュー・ジャージーを南下する。先にフィラデルフィアに入ってイギリス軍の侵攻に備えるためだ。

あらゆる敵の動きに備えるために兵力を分散する。それは非常に危険な戦略である。どの場所にも少ない兵力しか配置できないからだ。ゲリラ戦や広大な地域の制圧のような特殊な事例を除けば、持てる戦力を最大限に集中することが勝つための基本戦略である。

とはいえ、ワシントンのために一つだけ弁護しておきたい。実はワシントンは、「拠点を守る戦争」へ戦略を転換しようとしていた。つまり、イギリス軍が得意とする会戦で勝負を挑むことを避けて、各地の拠点を堅守して長期戦を仕掛ける作戦である。イギリス本国が大量に兵力を投入して一気に片を付けようとする場合、正面切ってぶつかれば大陸軍はかなわない。大陸軍が壊滅すればアメリカの負けである。逆に考えると、壊滅さえしなければ負けない。とにかく抵抗を続けて、イギリス人が戦争に倦み疲れて怨嗟の声を上げ始めるのを待てばよい。そうした長期的な戦略を遂行する場合、戦力の集中は絶対に必要というわけではない。

ただ残念なことに大陸軍の推測は完全に外れた。ハウ将軍の攻撃目標はワシントン砦だったからである。独立戦争をイギリスの勝利で終わらせるためには、大陸軍本隊を壊滅させてワシントンを捕虜にするほうが早道である。しかしハウは、ワシントンが持つ抵抗のシンボルとしての強みを過小評価していたようだ。だから簡単に手に入りそうな獲物、つまり、戦略的価値がほとんどないワシントン砦を攻撃目標に選んだ。後顧の憂いをなくそうとしたのか、それとも兵士を遊ばしておくのがもったいないと考えたのかはわからない。いずれにせよワシントン砦の攻略が決定された。

以前からワシントンは、ワシントン砦が孤立無援に陥るのではないかと心配していた。そこで撤退を検討するように命じる指令をグリーンに送っている。指令を受け取ったグリーンは、「守備兵が何らかの危険にさらされているとは思えません」と返答した。どうやらハウがワシントン砦を狙っているという情報が入っても、グリーンは考えを改めず、「彼らが包囲を実行するまで十二月の終わりまでかかると［ワシントン砦の守将であるロバート・］マゴー大佐は考えています」とワシントンに書き送った。

ワシントン砦の防衛に絶対の自信を持っていたグリーンは、備蓄されている軍需物資を他に移すようにというワシントンの指示も聞き入れなかった。また守将のマゴーは、いざとなればワシントン砦の対岸にあるリー砦に逃げこめばよいと思っていた。それに慎重なハウは要塞化された拠点をすぐに攻撃しようとはしないだろう。

残念ながらこうした推測は完全に外れていた。グリーンの戦略的判断は明らかに間違っていた。またワシントン砦自体にもいくつかの欠陥があった。一見すると、高く聳える岩場に立つワシントン砦は堅牢に見える。しかし、内部に水源を持たないので長期間の籠城は不可能である。川に面しているので普段の水源には困らないが、包囲されれば川から水を汲めなくなる。水面は二三〇フィート（約七〇m）も下だが、当時の図面を見る限り、水を汲み上げる施設は存在しない。あらかじめ水を保存しておくことも難しい。通常、三週間もすれば饐《す》えた匂いで飲めなくなる。それに大砲がハドソン川に向けて固定されていたので、もし陸上から攻撃を受けても転回できない。本来は、ハドソン川を航行するイギリス艦船を妨害するために作られた砦なので仕方ないと言える。

ハウは、これまでの作戦行動を見てもわかるように、きわめて慎重な指揮官だ。自軍が優勢になってもそのまままたたみかけるようなことはしない。しばしばハウのそうした姿勢が大陸軍の助けとなったが、今回は違った。

ワシントンもグリーンも、まさかハウがワシントン砦に大規模な攻撃を仕掛けるはずがないと安心していた。しかし、それは間違いであった。獅子は兎を狩るにも全力を尽くすという。イギリス軍もワシントン砦を攻略するために、三方から圧倒的な兵力で総攻撃を仕掛ける作戦を立案する。

ワシントン砦側は、四つに分かれて布陣する。まずマゴー率いる部隊がワシントン砦にこもる。南の三重の防衛線にランバート・カドウォーラダ中佐率いる部隊、北のワシントン丘陵にモーゼズ・ローリングス大佐率いるライフル銃兵、北東のローレル丘陵にウィリアム・バクスター大佐が指揮する民兵隊が陣取る。各防御地点で頑強に抵抗すれば、イギリス軍の攻勢を何とかしのげるとマゴーは考えた。そもそもワシントン砦にはすべての兵士を収容できる施設がない。

十一月十三日、リー砦を訪れて戦況を視察したワシントンは、グリーンがワシントン砦から守備兵をまだ撤退させていないのを知る。ワシントンの指摘を受けたグリーンは、イギリス軍がワシントン砦を攻略しようとすれば数日は要するはずで、その間にハドソン川を渡ってリー砦に移れると主張する。ワシントンは、すぐに砦を放棄して撤退するべきだと考えていたが、グリーンの言葉を信じて強く異議を唱えなかった。最終判断はグリーンに一任された。

十一月十五日、ハウは、ワシントン砦の守備兵に降伏の機会を与える。もし降伏しなければ虐殺は免れないという脅迫の文言とともに。十八世紀において、降伏を拒絶された場合、攻撃側がその怒りの矛先を守備兵に向けるのは珍しいことではなかった。ただハウの言葉は脅し文句にすぎず、本当に実行するつもりはなかった。ワシントン砦を守るマゴーも「最後の最後まで」戦い抜くと大見得を切っているが、本当に玉砕するつもりはさらさらない。激しい言辞のやり取りはあくまで形式上のものであった。

ハウは、マゴーに一晩考える猶予を与える。刻限を迎えたが返答がない。さらに二時間待つ。

その夜、ワシントンのもとに急報が飛び込む。イギリス軍がワシントン砦を攻撃しようとしていると急報は告げている。すぐにリー砦に向かったワシントンであったが、そこにいるはずのグリーンの姿はなかった。

グリーンが対岸に渡ったことを聞くと、ワシントンも船を用立ててハドソン川を渡る。その途中でワシントンは、対岸からこちらに向かって来るグリーン一行に出会う。グリーンは、ワシントン砦の防備は万全だと保証する。それを聞いて安心したワシントンはリー砦に戻った。

十一月十六日午前七時、陸上からの砲撃と艦砲射撃が始まる。砲撃は二時間少し続けられた。そして、午前十時、イギリス軍は、総勢一万三、〇〇〇人を動員して三方から一斉に砦を目指して進軍を開始する。

パーシーは、南の三重の防衛線に野砲で砲撃を加える。カドウォーラダは一門の六ポンド砲で反撃する。するとと驚いたことに、イギリス軍はちょっとした木立で進軍を停止してそのまま一時間半も動かなかった。コーンウォリスの部隊が出遅れていたからである。

正午頃、イギリス兵を満載した三〇隻のボートがハーレム川を押し渡る。ローレル丘陵に布陣するバクスターの部隊は上陸を阻もうと熾烈な銃撃を加える。コーンウォリス率いるイギリス軍はすばやく展開して反撃する。交戦中にバクスターが銃弾に倒れる。指揮官を失った民兵隊はワシントン砦に向けて逃げ散った。

ヴィルヘルム・フォン・クニプハウゼン将軍指揮下のヘッセン傭兵が突出する。クニプハウゼンは四〇年以上の軍歴を誇り、七年戦争でフリードリッヒ大王のもとで戦ったこともある経験豊かな歴戦の将軍である。寡黙で誇り高いことでよく知られている。ワシントン丘陵の急峻な斜面と生い茂る藪が行く手を阻む。指揮官自ら素手で藪をかき分けて手に傷を負う。

ローリングス率いるライフル銃兵は堡塁や岩陰、木陰に身を隠して狙いすました銃弾を放つ。さらに胸壁の背後に配置された三門の大砲がヘッセン傭兵の歩みを遅らせる。砲兵のジョン・コービンも仲間たちと協力して砲弾を発射し続けていた。コービンにぴったりと寄り添う一人の者がいた。砲兵の外套に三角帽を着用している。ただ一つだけ周囲の男たちと違う点があった。ペティコートを身につけている。女性だ。コービンの妻マーガレットである。

なぜ女性がこんな所にいるのか。戦地に赴く夫についてきたのだ。軍営で料理に洗濯、負傷者の看護までこなしてきた。当時の女性はそのような形で戦争に参加していた。ただマーガレットは他の女性とは違っていた。次から次へ男たちが倒れていく中、自ら戦うことを決意した。

やがてジョンも銃弾に貫かれ崩れ落ちた。マーガレットは愛する夫の死になす術もなく打ちひしがれたのか。そうではない。力を失った夫の手から槊杖《さくじょう》（銃砲に弾薬を押し込んで装填する棒）を取って、自ら砲弾をこめ始めた。男性に偽装して陣頭に立った女性は何人かいるが、女性が性別を隠さずに戦った例はほとんどない。二時間にわたって頑強な抵抗が続いた。

ヘッセン傭兵が銃剣を煌めかせて斜面を駆け上がってくる。ライフル銃兵は最後の抵抗を試みようとしたが、連続使用によって銃身に弾丸が詰まってしまった。そうなると銃はただの棒切れだ。ローリングスは、抵抗する術を失ったライフル銃兵に退却を命じる。ヘッセン傭兵は勝鬨《かちどき》を上げて胸壁を越える。その先で、重傷のマーガレットが発見された。銃弾と葡萄弾で左腕は千切れかけ、胸部や顎に裂傷があった。幸いにもマーガレットは解放された後、フィラデルフィアの軍病院で治療を受けて、一命を取りとめた。

友軍が動き始めたのを知ったパーシーは、ヘッセン傭兵とイギリス兵に前進を命じる。カドウォーラダの部隊は圧倒的な兵力を前に善戦するが、後退を余儀なくされる。それを見たコーンウォリスは、高地連隊兵をすばやく背後に回りこませる。高地連隊兵の動きに連携してパーシーは、カドウォーラダの部隊を強襲する。前面と背後から攻撃を受けたカドウォーラダは、ついに撤退を命じる。ワシントン砦のすぐ近くまで逃げのびた兵士たちは、木立を盾にして向き直る。そして、追いすがる敵に一斉射撃を浴びせる。それが最後の抵抗であった。

攻撃が始まった時、ワシントンは、ワシントン砦に再び向かおうとボートに乗り込んでいるところであった。そのままハドソン川を渡ってハーレム高地に上陸した。そして、砦から一マイル（約一・六㎞）離れたロジャー・モリス邸に入った。モリス邸は若き日のワシントンが思いを寄せたメアリ・フィリップスが夫とともに住んでいた家であり、しばらく大陸軍の本営として使われていた。

John Dunsmore, Washington and Staff at Fort Lee, Watching the Battle of Fort Washington, 1776 (1929)

　モリス邸から戦況を遠望したワシントンは、窮地に立たされた守備兵を見捨ててこの場を去れないと言い張った。副官たちは、あまりに危険なのですぐに安全な対岸に戻るべきだと異を唱える。なかなか説得を受け入れなかったワシントンであったが、同行者たちを危険にさらすことになると考え直し、ようやく頷いた。

　リー砦に戻ったワシントンの目には、小型望遠鏡を通して、しだいに追いつめられていく守備兵の姿が映っていた。三方から追い立てられた守備兵はワシントン砦に逃げ込むしかない。砦を取り囲んだイギリス軍は容赦なく砲弾を叩き込む。守備兵は狭い砦の中に縮こまって死を待つより他なくなった。

　ワシントンの目から涙が我知らず滴り落ちる。これから先、守備兵に待ち受ける苛酷な運命に同情したのか。それとも彼らを救えない自分の不甲斐なさを嘆いたのか。

　夜陰に乗じて撤退を試みるように守将のマゴーに促す急使が派遣される。しかし、時すでに遅く、イギリス軍の万歳斉唱とともに、ワシントン砦にイギリス国旗が翻った。こうして砦が陥落した結果、二、八五八人の将兵が捕獲された。多くの死傷者を出したヘッセン傭兵は猛り立って戦闘継続を要求したが、「非常に安い代価で」獲物を手に入れようと考えていたハウは、すぐに降伏を受け入れた。守備兵を虐殺してもアメリカ人の反感を買うだけで何も得ることはない。

この戦いでイギリス軍は約四五〇人の死傷者を出した。そして、ワシントン砦は、クニプハウゼンの奮戦を賞して、クニプハウゼン砦と改名された。

ワシントン砦の陥落によって大陸軍は、ニュー・ヨーク失陥に加えてさらに手痛い敗北をこうむった。それだけではない。一四六門の大砲、一万二、〇〇〇発の砲弾、二、八〇〇挺のマスケット銃、四〇万発の弾薬を失った。軍需物資に不足しがちな大陸軍にとって、これは甚大な損害であった。その後、ワシントン砦は独立戦争が終結するまでイギリスの占領下に置かれる。

グリーンは、ワシントン砦の陥落に強く責任を感じた。ノックスに宛ててグリーンは、「気が狂ったようで、困惑していて、病んでいて、そして、惨め」であると書き送っている。いつも笑いが絶えないグリーンがここまで思いつめるのはよほどのことだ。さらに告白は続く。

　これは最もひどい出来事でした。その結果は正しく考慮されるべきです。ああ、いったいこの件について、軍中で私は何と謗《そし》られているだろうか。

ワシントンは、グリーンがワシントン砦の防衛に関して誤った判断を下したと思った。しかし、敗北は砦の防衛に固執したグリーンの責任だろうか。否、グリーンに撤退するように厳命しなかったワシントンの責任である。敗退を重ねたせいで、ワシントンは自分の判断力に確信を持てなくなっていたのだろう。自信を失った指導者は、しばしば決断できなくなり、不決断という最悪の事態を招く。

これまでワシントンを信じて支えてきたリードは総司令官に疑念の目を向けるようになった。ワシントン砦で捕らえられた者たちの中にはリードの友人が数多くいた。失望するリードのもとにリーから手紙が届く。そこには総司令官を非難する言葉が綴られていた。はたしてリードはそれを読んで何を思ったのか。

冷雨と夜霧

ワシントン砦が陥落した日、ワシントンは大陸会議に宛てて報告書を書いている。報告書では、リー砦を何とか守り切りたいという希望が述べられている。しかし、ワシントンは考え直す。ワシントン砦がイギリス軍の手に落ちれば、対岸にあるリー砦はもはや用をなさない。二つの砦がハドソン川の両岸で睨みを利かしているからこそ戦略的価値がある。片方だけでは戦略的価値はない。

ワシントンは、二、〇〇〇人の守備兵をリー砦から撤退させ、軍需物資を安全な場所に移すようにグリーンに命令した。グリーンは、水上輸送を使えそうにないので、できる限り荷馬車を集めて陸上輸送を試みるつもりだと総司令官に報告した。ハウがすぐにリー砦の攻略に取りかかるとは思えないので、荷馬車を手配する時間は十分にあるだろう。

しかし、イギリス軍の動きは迅速であった。十一月十九日、そぼ降る雨の中、コーンウォリスの指揮のもと、総勢五、〇〇〇人のイギリス兵とヘッセン傭兵が出撃する。兵士たちは、午後九時までに進軍準備を整えよという命令しか聞いていなかった。作戦目標は秘匿され、行き先は告げられなかった。

午後十一時、冷雨と厚い川霧に紛れて、イギリス軍は夜間渡河を開始する。案内役は地元の本国支持派

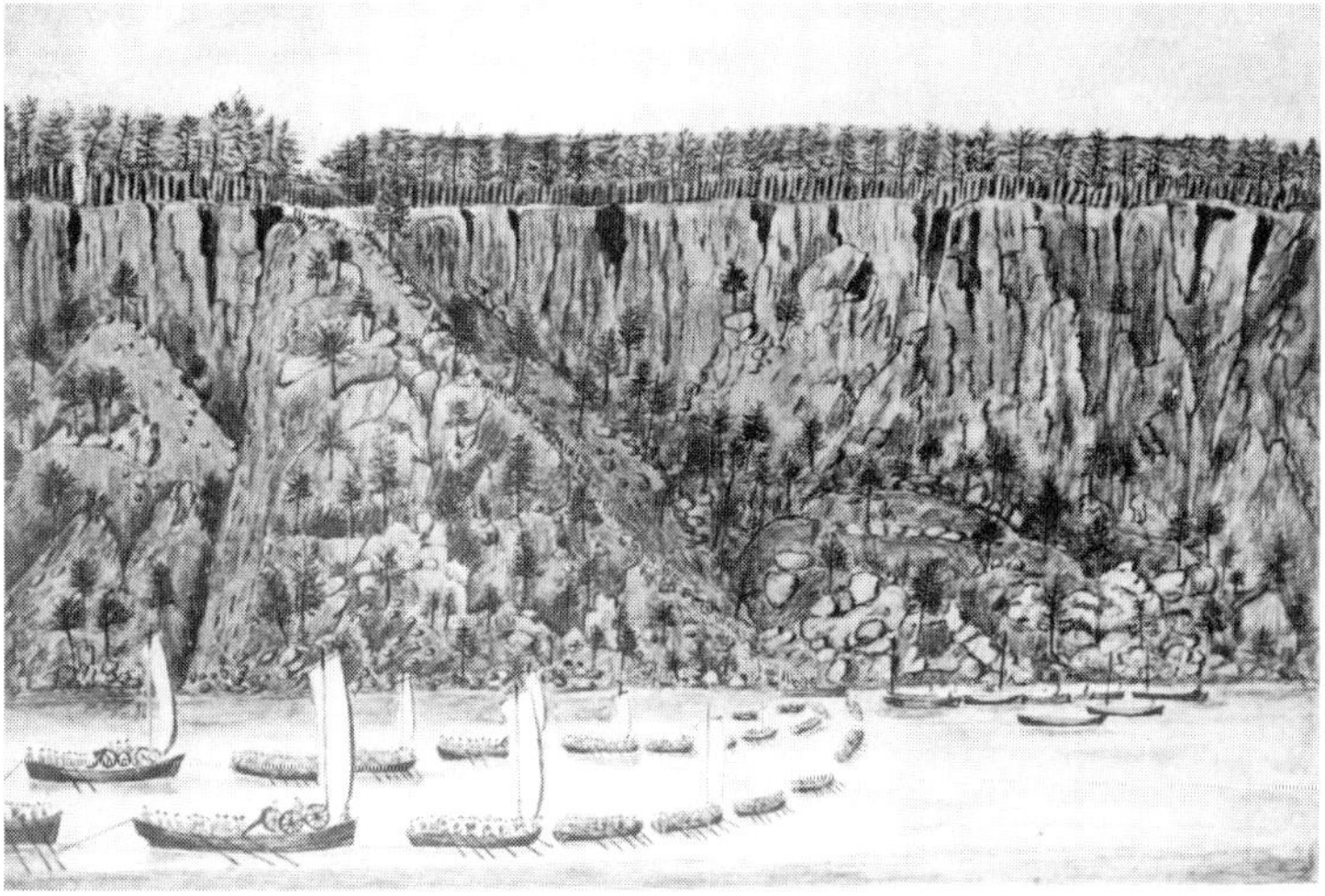

Thomas Davies, The Landing of the British Forces in the Jerseys on Nov. 20, 1776, under the Command of Rt. Hon. Lt. Gen. Earl Cornwallis (1776)

である。船に乗って対岸を眺める兵士たちの目には、黒々とした岩壁がどこまでも続いている。パリセーズと呼ばれる河岸だ。二〇マイル（約三二㎞）にわたって三〇〇フィート（約九〇m）から五四〇フィート（約一六〇m）の断崖絶壁が連なっている。

本国支持派の案内役は、霧の中から時おり、ほのかに浮かび上がる岸壁を見ていたが、裂け目ができている場所で船を停めるように言った。ここはリー砦の北にあるローワー・クロイスター・ランディングである。さっそく軽歩兵の一隊が先陣を切って岩場を登り始める。

ローワー・クロイスター・ランディングは、数少ない上陸できる場所だが、そもそも大軍が通れる場所ではない。崖の上に通じる急勾配の坂道の幅は、四フィート（約一・二m）しかなく、勾配は最大で五〇度に達する。しかも雨で滑りやすくなった岩場を手探りで登っていかなければならない。あるヘッセン傭兵は、もし数人の男が頂上で踏ん張っていれば、決して上陸できなかっただろうと評した。それほどの難所である。

先陣の軽歩兵が崖の頂上にたどり着く。そして、すぐに戦闘態勢をとる。上陸を察知した敵軍がいつ襲って来てもおかしくない。しかし、周囲に人影はなかった。

先陣に続いて本隊の登坂が始まる。ボートは何度も往復して兵士たちを次々に陸揚げする。兵士たちは一列縦隊で狭い坂道を延々と登る。進軍は一晩中かかった。これはまだ第一陣にすぎない。

十一月二〇日午前八時、第二陣が上陸を開始する。第一陣よりもさらに大変な作業がある。大砲の運搬である。十六門の大砲と二、〇〇〇ポンド（約九〇〇kg）の弾薬を運び上げなければならない。坂道が狭いので馬は使えない。ではどうやって運び上げるのか。崖の上に牽引具が設置され、人力で大砲と弾薬が引っ張り上げられた。全軍が崖の上に勢揃いした頃には午後一時を回っていた。

大陸軍の将兵は誰もイギリス軍の渡河に気づかなかった。最初に気づいたのは、近くの農園で働いている奴隷の少女であった。台所で朝食の準備をしていた少女は窓から外を見て、「農園がイギリス兵でいっぱいだわ」と叫んだ。

午前十時頃、イギリス軍がハドソン川の西岸に渡ったという報せがハッケンサックに置かれた大陸軍の本営に届く。ワシントンは、イギリス軍の目標がリー砦だとすぐに悟る。各所に伝令が飛ぶ。砦の守備兵をすぐに撤退させなければならない。そして、撤退を滞りなくおこなうために要所を固めなければならない。ワシントンは自ら先頭に立ってリー砦の救出に発つ。そして、イギリス軍の集結地点からわずか二マイル（約三・二km）しか離れていない四つ辻で退却してくる守備兵を待つ。もしこの四つ辻を先に占領されれば、守備兵が撤退できなくなるからだ。

本営に残ったリードは北方から定時連絡にやって来た使者を迎える。現場に行ってしまった総司令官に代わって幕僚が後方支援をおこなっている。戦闘が起きるとワシントンは、連絡役の副官を数人連れて陣頭に出てしまうのが常であった。

報告書を受け取ったリードは、何か紙はないかと使者に尋ねた。使者がポケットから包み紙を差し出すと、リードは鉛筆で書き始めた。

親愛なる将軍、我々はイギリス軍の前から逃げようとしています。

それはリーに宛てた言葉であった。続きを書こうとしたところ、鉛筆が折れてしまった。そこでリードは残りを口頭でリーに伝えるように使者に命じた。

「すぐに我々に合流して下さい」

リードの命令に頷くと、使者は元来た道を戻って行った。はたしてリーは無事に合流できるのか。

グリーンもリー砦の救出に動き出していた。守備兵に即時撤退を命じる。しかし信じ難いことに、兵士たちは朝食を済ませてから悠々と砦を出た。隊伍もろくに整わないまま守備兵は、ワシントンが待つ四つ辻までやって来た。半ば呆れながらもワシントンは、兵士たちをハッケンサックまで先導する。

いち早く崖を登り終えたヨハン・エーヴァルト大尉は、猟兵部隊を率いてハッケンサック川に架かる橋まで進んだ。三々五々とリー砦の守備兵が退却して来るのが見える。敵軍を殲滅する好機だと思ったエーヴァルトは、さっそく増援部隊の派遣を本隊に要請する。しかし、驚いたことにコーンウォリスは、増援部隊を派遣するどころか、エーヴァルトに交戦を控えてすぐに帰還するように求めた。本隊に帰還したエーヴァルトをコーンウォリスが自ら迎える。

「親愛なるエーヴァルトよ、彼らを自由に行かせて、君はここにとどまるように。我々は一人の兵士も失いたくない。一人の猟兵は十人の反逆者の価値に優るのだから」

どちらかと言えば、積極果敢な作戦行動を好むコーンウォリスにしては珍しい態度であった。なぜ追撃を止めたのか。大陸軍が本当に全面撤退するつもりなのかどうか半信半疑だったからだ。もし撤退する守備兵を追えば罠に嵌められるかもしれない。そう考えてコーンウォリスはエーヴァルトを呼び戻した。

またクリントンが側面に回りこんで撤退する部隊を撃滅しようと提案したにもかかわらず、ハウも追撃を命じなかった。ハウは、ワシントン砦の陥落で大陸軍が完全に戦意を喪失したはずだと確信していた。それなら殲滅せずに、和解のテーブルに着くように呼びかければよい。ハウのそうした態度はクリントンを苛立たせる。クリントンからすれば、ハウのやり方は反逆者どもに甘すぎる。

夕方、イギリス軍はリー砦に入城する。そして、砦に残されていた十八門の大砲、一、〇〇〇樽の小麦粉、テント、工具を鹵獲《ろかく》した。十分な数の荷馬車が準備できなかったので放置された物資である。ポットは火にかけられたままで、テーブルには皿が並んでいた。他にも眠りこけている兵士を十二人も発見した。それは仲間たちに置き去りにされた酔っ払いたちであった。自分たちが捕虜としてどのような悲惨な待遇を受けるか彼らがあらかじめ知っていれば、一瞬で酔いが覚めたはずだ。「イギリス人のような蛮人どもに捕虜にされるなら、戦闘で殺されたほうがましだ」とある兵士は断言している。

その一方、無事に逃げられた兵士たちはどうしているのか。ハッケンサックの住民は次のように記している。

夜は暗くて寒く、そして、雨が降っていたが、道路のこちら側をグリーンの兵士たちが通り過ぎて行くのが窓の明かりでよく見えた。二列に並んで進む彼らは惨めに見えた。多くの者は身体を毛布で包み、足に靴を履いていない者もいた。

第5章

運命を決する十日間

Emanuel Leutze, Washington Crossing the Delaware (1851)

物語の舞台

ニュー・ヨークを手中に収めたイギリス軍。次の目標は大陸軍の壊滅。猛将コーンウォリス率いるイギリス軍が大陸軍を急追する。

ニュー・ジャージーを舞台に生命を賭けた追いかけっこが始まる。大陸軍壊滅の危機を前にしてワシントンが望みをつないでいたのは、リー率いる部隊の合流であった。しかし、リーはなかなか姿を現さない。いったいリーの身に何が起きたのか。

ワシントンは、デラウェア川を越えてイギリス軍の猛追を何とか振り切った。しかし、兵士たちは意気消沈して大陸軍は今にも瓦解しそうだ。事態を打破するために何が必要か。勝利である。そこでワシントンは乾坤一擲の勝負に出る。その決断は大陸軍に栄冠をもたらすのか。

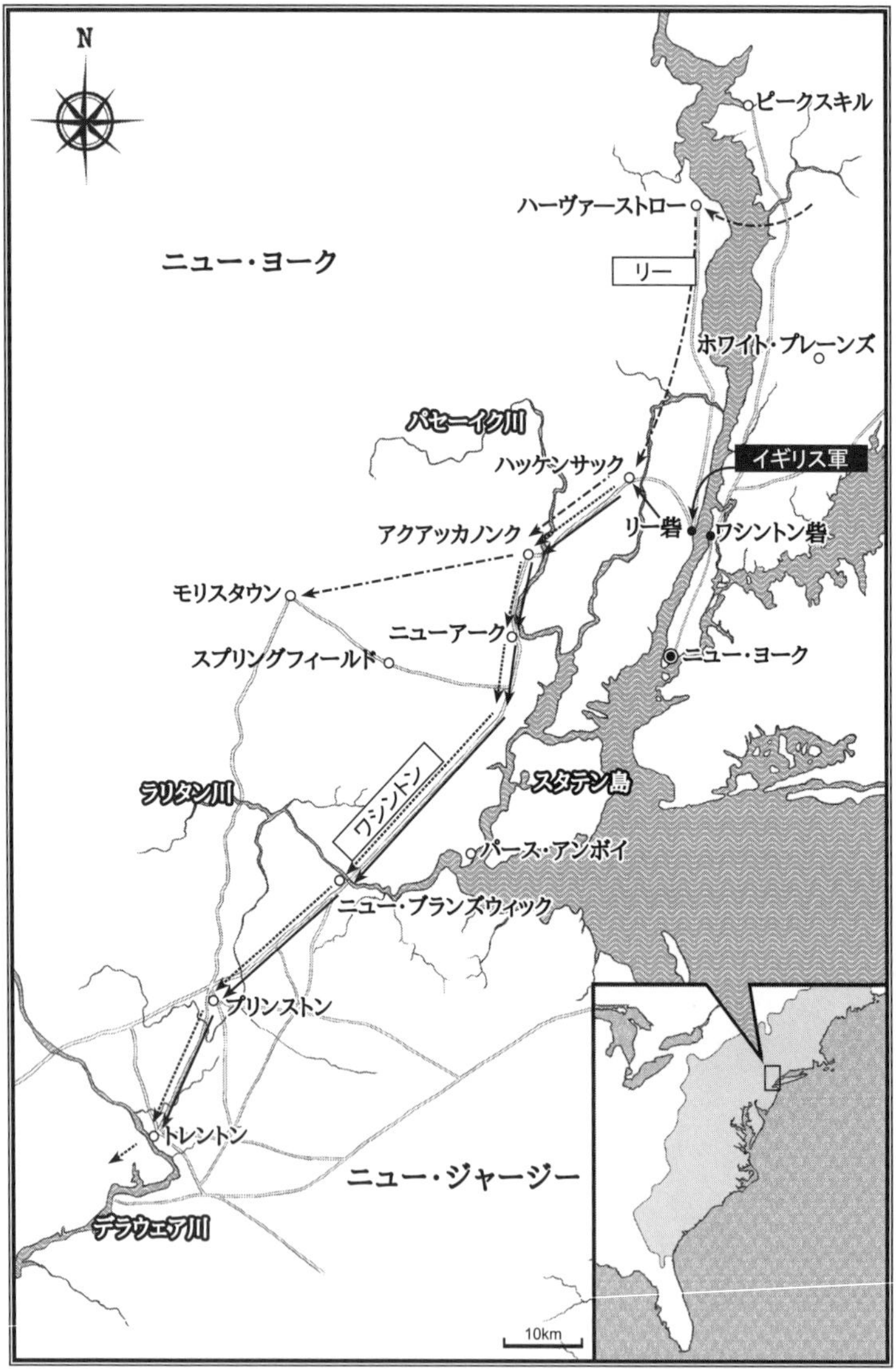
N
ピークスキル
ハーヴァーストロー
ニュー・ヨーク
リー
ホワイト・プレーンズ
パセーイク川
ハッケンサック
イギリス軍
リー砦
ワシントン砦
アクアッカノンク
モリスタウン
ニューアーク
ニュー・ヨーク
スプリングフィールド
スタテン島
ワシントン
ラリタン川
パース・アンボイ
ニュー・ブランズウィック
プリンストン
トレントン
ニュー・ジャージー
デラウェア川
10km

風前の灯火

ニュー・ヨークを制圧後、イギリス軍は次にどのような手を打とうとしていたのか。クリントンはハウに提言していた。ニュー・ジャージーを撤退中の大陸軍をすぐに追撃して殲滅するか、それともフィラデルフィアを襲撃して大陸会議を解体するか。どちらかを選択するべきだ。

しかし、ハウはクリントンの提言を却下した。なぜならハウの脳裏にはまったく別の考えがあったからだ。カナダから南下してニュー・ヨーク北部を制圧する作戦が難航している。何とか梃入れを図らなければならない。あまり南方に深入りするとニュー・ヨーク北部に支援に向かえなくなる。それにもうすぐ冬が来る。そうなれば物資の調達が難しくなり、大規模な軍隊は動かせなくなる。今は安全で確実な策を選択したほうがよい。

冬を快適に越すために補給を万全にしなければならない。そこで「アメリカの沃野」と呼ばれるニュー・ジャージー東部の穀倉地帯と海軍の寄港地を確保する。まずニュー・ジャージー東部を制圧する作戦はコーンウォリスが担当する。ただニュー・ブランズウィックを越えて大陸軍を追撃してはならないという命令が与えられた。深入りを避けるためだ。寄港地の確保はクリントンの役目である。何かとうるさいクリントンをしばらく厄介払いできて一石二鳥である。

一万人の兵士を預かったコーンウォリスは勇躍して南進する。この男は、フレンチ・アンド・インディアン戦争で活躍した経験を持つ。武人銭を愛さずという言葉が似合う古風な軍人である。しっかりした顎にホッケーで傷ついた目を持つ面構えは無骨そのものだ。兵士たちからの信望も厚かった。コーンウォリスと兵士たちの関係について面白い逸話が残っている。

ある日、二人のイギリス兵が一軒の家に押し入って乱暴狼藉を働いた。そこへもう一人の兵士がやって来て、彼らが略奪した品々を抱えて出て来るのを目撃した。帰営後、目撃者の兵士は無実にもかかわらず略奪の嫌疑で収監される。真犯人の名前を告げれば解放されるのに決して口を割らなかった。その結果、軍法会議によって死刑を言いわたされる。

絞首台の前でもかたくなに口を閉ざして何もしゃべろうとしない兵士の態度に驚いたコーンウォリスは、何とかして助命しようと自ら説得に努める。

「キャンベル、おまえがこうして死ぬのは馬鹿げたことではないか。真犯人の名前を明かすように。そうすればおまえはただちに解放される。しかし、そうしなければ十五分以内に命を失うことになる」

キャンベルは怯まずに答える。

「閣下、あなたは今、敵地にいるのです。二人の兵士の命を失うよりも一人の命を失うだけで済んだほうがましでしょう」

そう言い終わるとキャンベルは自ら絞首台に上がった。キャンベルなりにコーンウォリスに忠誠を示したのだろうが、前代未聞の出来事である。

イギリス兵から見れば、コーンウォリスは頼もしい将軍であったが、その獰猛さのゆえに大陸軍からは「狂人」と呼ばれていた。追われる大陸軍はたまったものではない。

十一月二一日朝、大陸軍の本営でリードは、総司令官からリーに宛てた手紙を仕上げていた。何とかリーを説得して一刻も早く合流してもらわなければならない。完成した手紙には次のように書かれている。

我々は［防御陣地の］掘削に必要な道具を持っていませんし、三、〇〇〇人以下の兵士しかいません。さらに我々が敗北したこと、そして、テントや荷物を放棄したことで、兵士たちはほとんど士気を失っています。［中略］。この地域［ニュー・ジャージー邦］は、大陸軍ができる限りの力で助けてくれるはずだと期待しています。しかし、もし大陸軍がそうしなかった場合、この地域は守ってもらえなかったことで不満を持ち、大陸軍を見限ってしまうでしょう。したがって、最も重要なことは、少なくとも［大陸］軍の姿を見せて、この地域を他の地域とともにつなぎ止めておくことです。［中略］。何らかの説得力のある理由がなければ、最も容易で最善の道をたどってすぐに移動して下さい。

総司令官の手紙を書き終わった後、リードはリーに宛てた私信を秘かに滑りこませた。

［ワシントンの］不決断は軍に降りかかった最悪の災難です。今回の作戦の中でしばしば私はそれを嘆いてきました。

それにしてもなぜリーは姿を現さないのか。敗北続きのワシントンを見るリーの目には軽蔑の色しかない。リーからすれば、ワシントンは「粗忽者」であり、「致命的な不決断」をおかす「許し難いほど無能」な将軍であった。そのような総司令官の命令に素直に従えるだろうか。

総司令官が当てにできなければどうすればよいか。総司令官の命令を無視して、イギリス軍の後背を脅かす作戦を独自の判断で実行すればよい。そうすればきっと勝利を手にできるだろう。

自分のほうがはるかに経験豊富だという自信がリーにはある。確かにフレンチ・アンド・インディアン戦争の終結以来、軍務から離れていたワシントンに比べて、ヨーロッパ各国で戦役に従事したリーは軍事経験において優っていた。

リーの心中には悪辣な考えがある。もし大陸軍本隊が壊滅して、総司令官が捕虜になれば、離れた場所にいる自分が責任を問われることはない。あわよくばワシントンの代わりに総司令官になれるかもしれない。軍の中にはリーこそ総司令官にふさわしいと公言する者も少なくない。


その一方でワシントンはハッケンサックの対岸に布陣するイギリス軍の様子をしばらく観察していた。どうにかしてイギリス軍の進軍を阻止できないか。それが今、考えなければならない問題である。しかし、ハッケンサック川はせいぜい二〇〇フィート（約六一m）の幅しかない。しかも簡単に渡れる浅瀬が多くある。これでは敵軍がどこから渡河するか予測できない。したがって、十分な対策が立てられない。

そこでワシントンは、さらに西にあるパセーイク川の向こう側に退避することにした。パセーイク川のほうがハッケンサック川よりも水量が豊かで幅も広い。天然の防壁として利用しやすい。兵士たちはパセーイク川に向けて移動を始める。

観察を終えた後、居酒屋に入ったワシントンはワインと水を注文した。酒場の主人はアーチボルド・キャンベルという男である。これまで本営に酒食を提供していた。総司令官が飲み干したグラスを受け取りながら、キャンベルは涙を浮かべて訴える。

「将軍、私はどうすればよいでしょうか。私には小さな子供もいますし、少しばかりの財産もここにあります。それを残してここから離れることはできません」

酒場の主人の言葉にワシントンは優しく手を取って穏やかに諭す。

「キャンベルさん、財産とともにとどまりなさい。そして、中立を保つように」

そう言うとワシントンは、キャンベルに別れを告げ、馬に一鞭入れるとハッケンサックを去る。

後方に残された殿軍がイギリス軍の進軍を阻んでいる間に、残りの兵士たちは、今にも崩れ落ちそうな木の橋を渡ってパセーイク川の西岸にたどり着く。すぐ後ろに迫るイギリス軍の軽竜騎兵を見た兵士たちは、橋を破壊して進路を断つ。

ワシントンは、軍列の最後尾で兵士たちを激励し続ける。ジェームズ・モンロー中尉は、「彼［ワシントン］の表情と行動は、私に決して拭い去れない感銘を与えた」と記している。この日の夜は、前夜に続いて雨。兵士たちは、ずぶ濡れで朝を待たなければならなかった。

十一月二六日までコーンウォリスはハッケンサックに滞陣した。徴発隊が食料を集めるために付近の田園に散る。略奪が禁じられていたにもかかわらず、イギリス兵とヘッセン傭兵は、住民から容赦なく物資を取り上げた。ニュー・ジャージーの住民を本国支持派に転向させたいという上層部の思惑は、兵士たちの行動によって台無しになった。

ハッケンサックにハウが到着する。そしてコーンウォリスと今後の作戦を協議する。ワシントンの部隊を追撃し、同時にニュー・ジャージーの制圧を図るという方針が確認された。

十一月二二日、大陸会議は、リー砦が陥落したという報告を受ける。そこで今後の作戦をワシントンと協議する委員会を立ち上げる。ワシントンは、大陸軍の状況を報告させるために、主計総監のトマス・ミフリンをフィラデルフィアに派遣する。その一方で幕僚のジョゼフ・リードは、民兵の派遣を要請するためにニュー・ジャージー邦議会に赴く。フィラデルフィアから届いたミフリンの手紙には明るい兆しはなく、リードからは報せが何もなかった。

大陸軍は、イギリス軍の追尾を逃れてニューアークに向かう。靴底が破れても代わりの靴はない。足にぼろ布を巻きつけるしかない。これでは戦うどころではない。あるイギリス軍士官は日記に次のように書いている。

先の戦闘で死んだ反逆者どもの大半は靴も靴下も履いていなかった。ライフル銃一挺にリネンの下履きと狩猟用シャツしか着ていない。適当なシャツもなければ胴着もない。毛布はまったく足りていない。

ワシントンの苛立ちを尻目に、リーはいったい何をしていたのか。要請に応じるどころか、二つの独立した軍を設けるようにマサチューセッツの政治家に密かに働きかけていた。一方の指揮官はワシントンである。そして、残る一方の指揮官は言うまでもなくリー自身である。

リーは、もし自分の軍がハドソン川の東岸にとどまれば、ニュー・イングランドを守れるとマサチューセッツの有力者に訴えた。確かにワシントンがリーの部隊を後方に残した理由は、イギリス軍のニュー・イングランドの侵攻を牽制するためであったから、総司令官の指示に背いているわけではない。しかし、リーの真意は別にある。独断で軍を動かしてホワイト・プレーンズに駐留するイギリス軍を突く。襲撃に成功すれば誰もが自分を総司令官に推挙するだろう。敗退を重ねるワシントンに代わって。

リーの策略が始まる。自分の手元にできるだけ多くの兵力を集めたい。そこでリーが目をつけたのがピークスキルに配置されたヒースの部隊である。リーは、二、〇〇〇人の兵士を送ってよこせとヒースに求める。ヒースの指揮下にある兵数の実に半分だ。当然ながらヒースは、総司令官の許可なく勝手に兵士を転属させられないとリーの要請を拒む。それでもリーは諦めない。再度、使者を立てて、明後日までに二、〇〇〇人を異動させるように強請する。ヒースは、「［総司令官の］命令に従うことが私の義務だと思います」と、拒絶の回答を送り返す。リーの行動は明らかに越権行為である。ヒースからリーの行動を聞かされたワシントンは、リーに強い不信感を抱く。

岐路

十一月二三日、大陸軍はニューアークに入る。ニューアークでワシントンは岐路に立たされる。ニューアークから少し南に下ると道が二つに分かれる。一方の道は北東のモリスタウンに向かい、もう一方の道はそのまま南に延びてデラウェア川を越えてフィラデルフィアに至る。モリスタウンを行き先に選べば、イギリス軍は追撃を諦めてそのままフィラデルフィアに向かうだろう。そうなれば大陸軍の壊滅を確実に回避できる。しかし、敵の目前にフィラデルフィアを無防備で放置することになる。その一方で南に進路を選べば、追撃から逃れられず壊滅させられてしまうかもしれない。

どちらの道を選ぶべきかワシントンは迷っていたようだ。いったい大陸軍はどこに進むべきか。結局、ワシントンは決断を下せず、作戦会議に諮った。協議の結果、進路は南に決まった。進むべき道は決定したが、リーの部隊は依然として姿を現さない。苛立ちを募らせたワシントンはリーに最後通牒を送った。

私が以前、送った手紙には、あなたができる限り早期に進軍する必要性について十分に、かつ明白に書かれているので、もう繰り返す必要はないでしょう。あなたにできる限りすぐに行動に移ってもらいたいと言いたいのです。

ワシントンの説得に対してリーは、十二月二日にハドソン川を渡ると確約する。しかし、「遠方にいる将軍には自由裁量権を与えるべきでしょう」と抜け目なく付け加えるのを忘れなかった。それに靴も毛布も足りないので行軍を開始できないと不平を述べている。はたしてリーは本気で合流しようとしているのか。

十一月二八日、ニューアークで五日間を過ごした後、ワシントンは傷病兵をモリスタウンに送り出す。それから残りの部隊はニュー・ブランズウィックを目指して行軍を再開する。イギリス軍が背後に迫っているのに、なぜニューアークに五日間も滞在していたのか。民兵の集結を待っていたからだ。それにリーの部隊を待たなくてはならない。

そこへコーンウォリスが動き始めたという報せが届く。さらにイギリス軍がスタテン島からパース・アンボイに渡ろうとしているという情報が入る。きっと南から先回りしようとしているに違いない。挟み撃ちにされる危険がある。急いで出発しなければならない。

大陸軍の殿軍がニューアークから去ろうとした時、イギリス軍の前衛部隊が街に姿を現す。殿軍は木を切り倒して道を塞ぐ。そして、時々、銃弾を放ちながら整列し始めた。

それを見たイギリス軍は進軍を停止して戦列を組み始める。しばらくして戦闘態勢が整う。士官が一斉射撃を命じようとした時、敵影はどこにもなかった。大陸軍はイギリス軍を騙したのだ。戦列を組むふりをして時間を稼ぐ偽装戦術である。

敵兵を追ってイギリス兵が前進を再開すると、道が倒木で塞がれているのが見えた。そこには姿を消していた殿軍が陣取って銃を構えている。イギリス兵は、今度も偽装ではないかと疑いながらも戦列を組まないわけにはいかない。イギリス兵が戦列を組んでいる間に殿軍はさらに後退する。こうして大陸軍はイギリス軍の追尾を振り切ってニュー・ブランズウィックに入る。ニュー・ブランズウィックは交通の要所である。ニュー・ジャージー南部に広がる道路網の起点であり、ラリタン川を下ればスタテン島、そして、ニュー・

Howard Pyle, Illustration from “The Story of the Revolution” (1903)

ヨーク市にも通じている。それに物資の貯蔵所も設けられている。

北方からの使者がニュー・ブランズウィックに到着した。使者はリーからリードに宛てた手紙を帯びていた。先述のようにリードは、ワシントンの命令でニュー・ジャージー邦議会との折衝に赴いていたのでここにはいない。今、リーがいったいどこにいるか知りたかったワシントンは、手紙を無断で開封して読んでみることにした。

戦争において勇気の欠如や愚行よりもずっと困ったものがあります。優柔不断という致命的な精神です。私はあなたと同じくそれを嘆いています。幸運があれば、決定的な失敗を避けられるかもしれません。しかし、もし優柔不断な精神が蔓延していれば、最も優れた者でも最終的な敗北と失敗から免れられないでしょう。

いったいリーは何を言っているのか。この手紙は暗にワシントンを非難している。しかし、ワシントンはそれに驚いたわけではない。なぜならリーが何かを企んでいることはすでにわかっていたからだ。

ワシントンが驚いたのは、リードもリーと同じ不満を共有しているということだ。これまで幕僚の一員として親しく身辺で仕えてきたリードが秘かにリーと手を組んでいるとは。リードの裏切りに心乱れながらも、ワシントンは手紙を元のように直して、誤って開封してしまったことへの謝罪、そして、任務の成功を祈るという言葉とともに本来の受け取り手のもとに転送する。

ワシントンがリードに転送した手紙には、恨み言は何一つ添えられていない。無言は、時に激しい非難の言葉よりも絶大な効果をもたらす。

物事には悪い面がある一方で、同時に隠された良い面があることが多い。リーの部隊がなかなか合流しなかったこともそうである。

ワシントンからすれば、リーの部隊が合流しないせいで十分な兵力が確保できないのは困った状況である。しかし同時に、コーンウォリスを北と南で二つの部隊に挟まれているという非常に落ち着かない状況に置くことになる。なぜリーが動こうとしないのか本当の理由を知らないコーンウォリスからすれば、その動きは不可解である。どうすればよいか判断に迷ったコーンウォリスは、ヨハン・エーヴァルト大尉率いる偵察部隊を北のスプリングフィールド周辺まで派遣する。リーの部隊がワシントンの部隊に合流しようとすれば、北に迂回してイギリス軍を避けるはずだ。しかし、エーヴァルトはリーの部隊を発見できなかった。その時、リーの部隊はハドソン川を渡ってさえいない。姿がまったく見えないのも当然である。

イギリス軍は、ニュー・ジャージーの制圧に軍事的な手段だけではなく、政治的な手段も用いた。ハウ提督からニュー・ジャージーの住民に向けて布告が出される。曰く、もし六〇日以内に国王に忠誠を誓えば武器を持って立ち上がった者にも全面的な恩赦を与える。これは大陸軍を立ち枯れさせようという作戦だ。もしニュー・ジャージーの住民の大半が本国支持派に転向すれば、大陸軍は新たに民兵を募ることも物資を調達することも難しくなる。

布告の効果はあったのか。去就を決めかねていた多くの人びとが大挙してイギリス軍の軍営を訪れて忠誠を誓う。そして、誓約と引き換えに保護令状を受け取る。それを聞いたワシントンは怒りを露わにしている。

［ニュー・］ジャージー人の行動は最も恥ずべきものだ。祖国を守ろうと立ち上がったり、わが軍を支援しようとしたりするどころか、すぐに屈服してしまった。

十二月一日、その日はワシントンが恐れていた日であった。すなわち、ニュー・ジャージーの民兵隊とメリーランドの民兵隊の兵役期間が終わる日である。去って行く兵士の数は二、〇〇〇人。残る一、〇〇〇人も今月末日に同じく兵役期間が切れる。

戦いの行くすえに絶望したせいか、脱走しようとする者が相次ぐ。ワシントンは、「敵軍が二時間の行程の距離まで迫りつつあるのに」と嘆いている。デラウェア川を無断で渡る者を取り締まる命令が哨兵に下される。

依然としてワシントンの脳裏を占めていたのは、リーの部隊がいったいどこまで進んでいるかであった。そこでさらに合流を督促する手紙がリーに送られる。

私の指揮下にある軍は、数の上で非常に劣勢であり、そのような状態ではまともに戦えません。進軍をできる限り速めて下さい。もしあなたの到着が遅れれば、大義に貢献できなくなるでしょう。そのようなことがないように私はあなたに要請します。

ワシントンがこの手紙を書いている頃、リーはいったい何をしていたのか。ワシントンの期待をよそに、リーはまたヒースから兵力をもぎ取ろうとしていた。ヒースが自分の要望にどうしても応じようとしないのを悟ったリーは、ヒースの部下に接触する。そして、二個連隊を異動させよと命じる。

画策は成功する。しかし、リーは何を思ったのか、自らヒースの本営に姿を現して二個連隊の異動命令を撤回した。それを知ったヒースは、「リー将軍の今回の行動は本当に異常で何とも説明できないものです」と困惑を隠せなかった。

輜重隊を先に送り出した後、大陸軍はラリタン川に沿って展開する。ニュー・ブランズウィックの街には、対岸に渡れる橋はない。二マイル(約三・二km)先に壊れかかった橋があるだけだ。ワシントンは状況を大陸会議に報告している。

午後一時半、敵が急速に接近しています。敵の一部はもう視野に入っています。

強い雨が降る中、コーンウォリスは泥濘に覆われた道を二〇マイル(約三二km)も踏破してやって来た。そして、大砲を川沿いに並べると砲口を対岸に向けた。対岸にはアレグザンダー・ハミルトン率いる砲兵隊が布陣している。しばらくの間、両陣営で砲撃の応酬が交わされる。さらに地元の本国支持派に案内されてヘッセン傭兵が到着した。ラリタン川を渡ろうとするヘッセン傭兵を大陸軍の殿軍の銃撃が制止する。ラリタン川を天然の防壁にしてイギリス軍の追撃を阻止している間にワシントンは、一隊をトレントンに先行させる。デラウェア川を渡るためのボートを準備するためだ。

日没後、十分に時間を稼いだ殿軍は、十三マイル（約二一㎞）先のキングストンに撤退する。それまで銃火を交えていたヘッセン傭兵は、その後を追わず、ラリタン川の西岸に軍営を築いて待機する。その一方、イギリス軍本隊は、東岸で橋の修理が終わるのを待つ。

昼に続いてワシントンは大陸会議への報告を書いている。

我々の現兵力で敵兵に抵抗するのは不可能です。成功の見込みはほとんどありません。我々はデラウェア川の西岸に後退します。

ニュー・ブランズウィックに入ったイギリス軍は、ハウの到着を待つために進軍を五日間、停止する。先述のように、ハウがニュー・ブランズウィックまでしか追撃を許さなかったからだ。コーンウォリスにとって気がかりなのは、前方のワシントンよりも後方にいるリーであった。イギリス軍の見積りでは、リーの部隊は一万人程度であり、ワシントンの部隊よりも数が多く無視できない。背後を突かれる危険を避けるためにコーンウォリスは、ニュー・ブランズウィックの周辺に各部隊を配置して警戒に当たる。

援軍を率いたハウがニュー・ブランズウィックに入る。そして、コーンウォリスに代わって自ら指揮を執る。ハウの手元には、ワシントンから大陸会議に送られた報告がある。途中で押収されたものだ。

報告には、もうすぐ兵役期間が満期を迎えるにもかかわらず延長に応じる者がほとんどいないと書かれていた。この報告を読んでハウは何を思ったのか。このまま首尾良く事が運べば、ワシントンの部隊を壊滅させられる。冬になる前にフィラデルフィアを占領できるだろう。今季の作戦を大きな戦果で締めくくれる。
十二月二日、大陸軍本隊は先発した一隊に続いてトレントンに向かう。トレントンで渡河の準備が進む間に、新手の民兵隊がボートに乗って続々と到着する。その数は合計で二、〇〇〇人近く。一隊を率いてやって来た士官の中には、ワシントンの肖像画を描いたチャールズ・ピールもいた。ピールはデラウェア川のほとりの様子を次のように記している。

私が見た中でも最もひどい情景だ。川岸はすべて大きな篝火で煌々と照らされ、兵士、馬、軍営の装備を満載したボートが次々に行ったり来たりしている。［中略］。ボートから馬や大砲を降ろす時に難儀して喚いている数百人の兵士たちの声は、他のどのような地上の情景よりもこの場を地獄のように見せている。

一人の男が寒さで歯を鳴らしながらピールに近づいてきた。どうやら服がないようで古く汚れた毛布を身体に巻きつけている。顔は泥だらけで洗った様子がない。いったい誰だろうと思ってよく見ると、それはピールの弟のジェームズだった。
渡河が終わった後、ボートは一部を除いてすべて破壊される。イギリス軍が渡河できなくするためだ。なぜ一部のボートを残しておいたのか。デラウェア川を再び渡る日に備えるためだ。ワシントンは抵抗を諦めたわけではない。もし抵抗を諦めていれば、ボートを残しておく必要はない。川の所々にある小さな島の背後にボートが巧妙に隠される。

ワシントンの見積もりでは、約一万人のイギリス軍がアメリカ軍を追尾していた。ワシントンの指揮下で戦闘可能な兵士は、増援を迎えたとはいえ、まだイギリス軍に匹敵する数ではない。次に打つべき手は何か。このまま逃げているだけでは埒が明かない。リーの部隊の到着はまだか。大陸会議に宛てた手紙の中でワシントンは次のように記している。

> リー少将から［十一月］二六日以後、何の言葉も届いていません。私は非常に驚いています。というのは、いつまで待てばよいのか知りたいと彼に毎日、急信を送っているからです。

ワシントンがこの手紙を書いていた頃、リーの部隊はようやく動き出したばかりであった。

十二月七日、イギリス軍はプリンストンまで進軍して夜を過ごした。翌日の目的地はトレントンである。デラウェア川の東岸までヘッセン傭兵と軽歩兵がやって来た時、まさに大陸軍の最後のボートが安全な西岸にたどり着こうと必死にあがいている最中であった。ハウは幕僚を引き連れて川岸まで視察に出る。すると対岸から砲弾が飛来して炸裂する。死傷者が出たが、ハウは無傷であった。イギリス軍はすぐに大砲を据えて反撃する。大陸軍の兵士は次のように記している。

> 我々は木々や藪の中にいたので誰も負傷しなかったと聞いている。［中略］。その夜、我々はテントも毛布もなしで火に足をかざしながら木々の間に横たわった。我々は槊杖《さくじょう》しか調理できる道具がなかった。槊杖で肉片を炙った。腹を空かせた兵士たちは肉片を美味しく味わった。

もしここでハウが大陸軍を絶対に追いつめようと決意していれば、大陸軍は瓦解して戦争は終わっていただろう。しかし、ハウの追跡は慎重すぎた。ハウは、そろそろ冬ごもりのために快適なニュー・ヨーク市に戻ろうと考えていた。北部の大勢はイギリスに有利である。ニュー・ヨーク、ニュー・ジャージー、そしてロード・アイランドのほとんどをイギリス軍はすでに制圧している。大勢が定まった今、あわてて攻撃を仕掛ける必要はないとハウは判断した。

ハウの心に引っかかっていたのはやはりリーの部隊の動きであった。リーの部隊はいったいどこにいるのか。ハドソン川を渡った後、モリスタウンに向かっている。リーはホワイト・プレーンズに残るイギリス軍の部隊を急襲しようとしたが空振りに終わっていた。そこでリーは、ワシントンの命令に従って、とりあえず南下することにした。その歩みは非常に遅く、一日に進む距離はわずか三マイル（約四・八km）だ。

コーンウォリスは、リーに腹背を突かれないように後方に部隊を残していたが、それでも心配であった。補給線を断たれる恐れがあるからだ。実際にリーは、イギリス軍の後方を攪乱して補給線を脅かし始めた。その一方でワシントンは、相変わらずリーの部隊の合流を望む。攪乱作戦を中止してイギリス軍を避けてデラウェア川を渡るように。それがワシントンの指示であった。しかしリーは、イギリス軍の腹背を脅かす作戦に固執する。

ワシントンは、デラウェア川を最終防衛線に設定する。イギリス軍をこれ以上、フィラデルフィアに近づけてはならない。ジェームズ・ユーイング将軍の民兵隊とジョン・カドウォーラダ大佐の民兵隊の支援を受けて、大陸軍は何とか防衛態勢を整えた。実に七〇マイル（約一一〇km）に及ぶ川岸を守らなければならない。各部隊は敵軍の渡河をできる限り阻み、もし別の場所が攻撃を受けたらすぐに駆けつけるように命じられた。

ワシントンは、諜報を熱心に集め、大陸軍の兵力を過大に見せるように偽情報をばらまき、工作の発覚を防ぐために、誰も許可なくデラウェア川を渡らせないように命じた。

迫り来る危機を前に、ワシントンは大陸会議に緊急対策を求める。大陸会議が受け取った警告には、「現在のこの方面における我々の状況は非常に重大です」と記されていた。続けて新たな警告が大陸会議に届く。それは軍制改革、つまり、軍の規模拡大と常備軍の創設を求める内容であった。軍制改革を断行しなければ、勝利の日は永遠に訪れない。

戦争を遂行するうえで圧倒的に不利だとわかっているにもかかわらず、なぜ常備軍が創設されなかったのか。大陸議会の代表たちは、常備軍を共和制を転覆させる危険な存在と見なして警戒していた。当時のアメリカ人の歴史認識では、共和制ローマこそ理想の時代である。さらにアメリカ人は、軍隊と強く結びついた指導者たちが共和制ローマを崩壊させたと考えていた。同じ轍を踏まないようにするにはどうすればよいか。必要な時だけ民兵を召集して、士官の任期を一年に限れば安全である。財産、自由、そして、生命を自分たちの手で守る民兵こそ健全な制度である。ただそのような軍制は、確かな軍事的伝統を持っていたローマだからこそ可能な軍制であった。軍事的伝統をほとんど持たないアメリカに同じような軍制を導入するのは無理な話である。しかもアメリカは、世界有数の正規軍を向こうに回して戦わなければならない。

ワシントンは、大陸会議の代表たちが持つ常識を覆さなければならなかった。ローマも時代や状況に応じて軍制を変えている。ならばアメリカもそれに倣うべきだ。

いつどこで何をするのかもわからず兵士たちは、ただ食料を食い尽くし、備蓄を浪費し、そして、重要な時に去って行きます。民兵の募集は破滅的な結果をもたらすだけです。これから少なくとも十日間、私はそうした兵士たちに頼らなければなりません。敵軍に十分に対抗できる大規模な常備軍を設けるまで、あなた達はそのような存在を頼りにしなければなりません。したがって、私は率直な意見を述べたいと思います。今、八八大隊の創設が検討されていますが、それでは決して数が足りません。私と士官たちの意見では、少なくとも一一〇大隊以上を一刻も早く募兵するべきです。

大陸会議は戦況の悪化に危機感を覚えた。しかも来春、イギリスがさらに大規模な遠征軍をアメリカに送りこんでくるという噂もある。フィラデルフィアを守り切れないと判断した大陸会議は、ボルティモアへの遷座を決定した。さらにワシントンに大幅な権限を移譲した。軍制改革による総司令官の権限拡大を警戒する代表もほとんど反対を唱えなかった。古代ローマでも緊急時に非常時大権を持つ独裁官を任命した例がある。大陸軍総司令官に与えられた非常時大権は次のようになる。

すでに認められていた八八大隊の設置に加えて、さらに十六大隊の設置とそれを指揮する士官を任命する権限。三、〇〇〇人の軽騎兵、三連隊の砲兵隊、そして、工兵隊を新たに募兵する権限。大陸軍総司令官の指揮下に各邦の民兵隊を置く。弾薬庫を建設する権限。准将以下のすべての士官の任免権。地元の住民から代価と引き換えに軍需物資を徴発する権限。大陸紙幣を受け取ることを拒否するか、もしくはその他のやり方でアメリカの大義に背く者を逮捕して拘留する権限。

一言で言えば、大陸会議はワシントンの双肩にアメリカの命運をすべて委ねたのだ。ワシントンをオリバー・クロムウェルになぞらえて「護国卿」と呼ぶ者も現れた。総司令官に与えられた権限は恒久的なものではなく、六ヶ月の期間限定である。もし悪用されれば軍事独裁の発端になりかねない。

大陸会議は、権限移譲を認める決議の前文で、ワシントンの叡智と正義に期待すると述べている。それに答えてワシントンは大陸会議に誓う。

剣が我々の自由を守るための最後の手段のように、自由が確立されるまで、そうした権限をできる限り行使せずに済ますべきだと私は絶えず心に留めておきます。

大陸会議の措置はやむを得ない措置である。危機を乗り越えるためには非常手段も必要だ。大陸会議が発行した大陸紙幣の信用は低下の一途をたどっている。もしアメリカが敗北すれば大陸紙幣は紙屑に変わる。多くの商人が「反逆者のお金」など受け取れないと拒否するのも当然だ。ある本国支持派の新聞は、大陸紙幣を壁紙代わりに使いたいというイギリス人の広告を冗談を交えて掲載したほどであった。またフィラデルフィアでは、犬の毛布を作るために大陸紙幣を使ったという市民も現れた。さらにイギリス軍がアメリカ経済を混乱させようと偽造紙幣を流通させたので大陸紙幣の信用はさらに下がった。

一般的に戦争は物価の高騰を招く。つまり、通貨の価値が下落する。大陸会議による大陸紙幣の濫発がそうした傾向に拍車をかける。ゲーテは『ファウスト』の中で、メフィストフェレスが節約嫌いの皇帝に「魔法の紙幣で酒と女に浮かれたいだけ浮かれられる。便利です」と言って紙幣の濫発を勧める場面を描いている。紙幣の濫発は為政者にとって悪魔の囁きにほかならない。なぜ大陸会議は悪魔の囁きにうかうかと乗ってしまったのか。

大陸会議は、節約嫌いの皇帝のように浮かれたいから大陸紙幣を濫発したわけではない。仕方がない事情がある。大陸軍のために軍需物資を調達するのは大陸会議の仕事だ。調達にはお金が必要である。困ったことに大陸会議には課税権がない。つまり、独自の財源がなかった。ではどのように歳入を得ていたのか。各邦からの拠出金に頼っていた。しかし、拠出金がいつもきちんと収められたわけではない。たとえ財源が不安定でも軍事物資を調達しなければならない。十分な権限や手段がないのに、重い責任を負わなければならない。そういう非常に気の毒な組織が大陸会議という存在であった。

こうした事情から大陸会議は大陸紙幣を濫発せざるを得なかった。お金が必要になれば、そのたびに増刷する。大陸紙幣の発行高はうなぎ登りになる。それに反比例して大陸紙幣の価値が下落する。するとさらに大量の大陸紙幣を刷らなければ軍需物資を調達できなくなる。まさに悪循環である。

一七七九年四月頃には、大陸紙幣の信用は、ワシントンによれば、「[大陸紙幣を]荷馬車一杯に積んでも、荷馬車一杯の食料さえ購入できない」までに低下する。さらに十二月には、大陸紙幣の価値は正貨の二六分の一まで下落した。たとえば正貨であれば一ドルで済むところを大陸紙幣であれば二六ドルも出さなければならなかった。

大陸紙幣で給与を受け取っていた士官たちは、自分の衣服や食料さえ賄えなかった。その結果、上官の辞任が相次ぐ。そこでワシントンは、士官が給料引き上げを何度も大陸会議に要請している。たとえ給料引き上げが認められても焼け石に水であったが。

勝利か死か

暗黒と憂鬱の厚い雲が大地を覆っている。そして、絶望がほぼすべての者の表情に見られた。

ある大陸軍士官が書き留めた言葉である。この言葉は大袈裟か。否、アメリカの実情を的確に捉えている。

一七七六年十二月の時点で革命の炎は今にも消えかかっているように見えた。放置しておいても消えてしまうと誰もが思っていた。ワシントンが率いる部隊はもはや残党でしかない。産声を上げたばかりの独立国家アメリカは一年も経たずに覆滅するのか。そうなれば後世の人びとは誰もがアメリカ人を愚か者だと笑うだろう。

フィラデルフィアの三〇マイル（約四八㎞）先に敵兵が迫っている。フィラデルフィアの市民は、今すぐにでもイギリス軍が侵入してくるのではないかと恐れて街から続々と逃げ出す。最後に残った大陸会議の代表であるロバート・モリスは、街の混乱を自宅の窓から見ながら「祖国の真の友の心に喜びはもうまったく残されていない」と嘆く。

その数日後、民兵を引き連れてフィラデルフィアにやって来たトマス・ロドニーという男は日記に次のように書いている。

> 我々がフィラデルフィアに到着した時、街は恐ろしい様子であり、半分以上の家々に人の姿はなく、残っている家族も家に完全に閉じこもってしまって通りに出ている者は誰もいない。

ロドニーは、まさに革命の炎が消えかかっていることを体感した。無理もないことだ。同日、ワシントンでさえ「我々の大義が完全に正しいと信じているが、暗雲のもとでしばらく持ちこたえることができても、やがて沈むことになると思わざるを得ない」と書いている。ただロドニーは諦めていなかった。自分に何かできることはないかと考えて大陸軍に身を投じることを決意する。このように事態が最悪の時を迎えた時に、信念を守るために自らの身を捧げることこそ本当の勇気である。

翌日、ロドニーは出征を告げに親戚の本国支持派を訪問する。その時の様子をロドニーに語らせてみよう。

彼らは私と会うのを喜んでいるようであり、非常に歓迎しているようであったが、もうすぐ戦いが終わろうとしていると言った。［中略］。夕食後、上質のワインがテーブルの上に置かれ、私はいつものように、三杯のマデイラ・ワインを飲んだ。それから彼らは、時事問題について話し始めた。彼らは、イギリス軍とアメリカ軍の情況を私に教えた。［中略］。アメリカ軍がさらに奮闘できる見込みはないだろう。したがって、私が何をしようともまったく無駄である。今こそすべての抵抗を断念する潮時だ。［中略］。私は、アメリカにとって有利となる状況を指摘することで彼らに答え、大陸軍に身を投じる決心を変えるつもりがないと断言した。私は、なすべき仕事をするだけであり、イギリス軍が放逐されるまで帰郷するつもりはない。

親戚に別れを告げたロドニーは、その足で軍営に戻った。同様の会話はアメリカの各地で交わされていただろう。同じ一族の中で本国支持派と独立支持派に分かれることは珍しい話ではなく、家族の中で両派に分かれていがみ合うことさえあった。

一七七六年十二月の戦況はまさにどん底と言ってよい。平凡な将軍であれば匙を投げてしまっていただろう。しかし、歴史に名を残す人物には誰しも大きな転機が訪れる瞬間がある。潮目の変化を契機にして人生が音を立てて怒涛のごとく動き始め、一生の浮沈が決まる。だがそれは、往々にして危機という形でやって来る。危機を前にして立ちすくみ、大義を顧みず、保身に汲々とするような者は、せっかくの幸運を取り逃がし、やがては先細りになって滅び去る。

危機は望んでも望まなくてもやって来る。ただそれを座して待つのではなく、危機という名の荒波に自分からぶつかって行き、その先に活路を求めなければならない時もある。そして、激浪をしっかりと見据え、果敢に運命に挑む勇気と大胆さを持つ者には、運命を切り開くための鍵が与えられる。

鍵を手にした者が忘れてはならないことがある。自分のために戦うのではなく、多くの人びとのために戦うこと。なぜなら自分のために戦う者よりも、多くの人びとのために戦う者のほうが強いからだ。もしワシントンが反逆者として処刑されることを恐れているだけの人物であれば、相次ぐ敗北を前に再び立ち上がる勇気を持てなかっただろう。自分さえ諦めればそれで終わりだからである。しかし、多くの人びとの命運を背負う者は誰よりも強くなれる。

アメリカの命運は大陸軍の命運と固く結びついている。大陸軍が壊滅すれば独立の大義は地に落ちる。そして、大陸軍の命運はワシントンと分かち難く結びついている。ある者は「ワシントンが生きている限り偉大なるアメリカの大義は決して死なない」と述べている。

ワシントンの優れた点は、たとえ逆境で気落ちすることはあっても諦めないことだ。まだ打つ手は残されている。ワシントンの心の中で沸々と再び闘志が燃え上がり始める。ニュー・ヨーク失陥とその後の撤退の中で見られたような意気消沈は、もはや微塵も残されていない。ワシントンからコネティカット邦知事のジョナサン・トランブルに送られた手紙には次のような文面が躍っている。


敵軍の隙を狙って一撃を加えようと考えています。この方面で彼らに致命的な一撃を与えれば、［アメリカの］人びとの精神もきっと高揚するでしょう。

十二月十五日、カドウォーラダから待ちに待った報せが入る。ハウがニュー・ヨークに旅立ち、残るイギリス軍が冬営地にこもる準備を始めたという。ハウは十七ヶ所の前哨基地を置き土産として残して去った。大陸軍にとって好機である。なぜなら、それぞれ少数の兵士しか駐留していない前哨基地を攻撃できるからだ。羽翼を最も容易にもぎ取れるのはいつか。羽翼が広げられている時である。

前哨基地の一つであるトレントンにはヨハン・ラル大佐率いるヘッセン傭兵部隊が配置された。ラルはキング通りに面したポッツ亭に本営を構えて、夜通し起きて朝遅くに眠るという生活を開始した。それは夜襲に備えるためではなく、トランプを楽しんでいただけである。

ただラルは単なる怠惰な指揮官ではない。十五歳から三〇年以上にわたって戦場を駆け回り、「獅子」という通り名で知られている。

工兵士官は、街の外郭に防壁を築いてはどうかとラルに提案する。しかし、ラルはその必要はないと答えた。建築作業に人員を割く余裕がなかったからだ。毎日、周辺の警戒や食料調達のために部隊を出動させなければならない。それを地元の民兵が黙って通すわけがない。地理に暗いヘッセン傭兵は格好の餌食になった。あまりに執拗な襲撃に耐えかねたラルは、プリンストンへ報告を送る時に一〇〇人の兵士を護衛に付けたほどであった。事情をよく知らない者は、大袈裟なことだとラルを嘲笑した。

民兵による襲撃は、イギリス軍の作戦行動を妨害するのに役立った。しかし、明確な方針に沿って妨害がおこなわれたわけではない。そのせいでかえってワシントンは、イギリス軍の動きを読み難くなった。静かな水面に誰かが入ればすぐにその動きがわかるが、水面が波立っていれば動きはわかり難い。それと同じである。

六〇〇人の民兵を率いたジェームズ・ユーイング将軍は、デラウェア川の東岸に渡って各地で小競り合いを展開する。特に大きな衝突は起こらなかったが、トレントンにこもるヘッセン傭兵の神経を逆なでするには十分であった。苛立ったラルは自ら一隊を率いて襲撃者を探し回ったが空振りに終わる。いつ攻撃を受けるかわからない。心配になったラルは、街の中央に大砲を配置して守りを固め、服を脱がずに眠るように兵士たちに命じる。いつでもすぐに戦闘態勢を取れるようにするためだ。

ハウがニュー・ヨークに戻った後、ニュー・ジャージー方面の指揮は、ニュー・ブランズウィックに駐留するジェームズ・グラント将軍が代わりに担う。ハウから本国に報告が送られる。

私が張り巡らせている鎖はかなり広範囲に及びますが、ニュー・ジャージーをほぼ鎮圧できる信頼に足るものだと思っています。私は、完全に軍が安全だと結論づけています。

もちろんハウは、前哨地点が襲われる危険性に気づいていた。ではなぜ兵力を分散させたのか。兵力を集中させたほうが安全ではないのか。占領した地域を完全に制圧して大陸軍の支持基盤を根こそぎ奪うという狙いがあった。そうすれば大陸軍の兵力や物資の供給源を絶てる。弱体化した大陸軍などいつでも潰せる。それなら春を待ってもよいだろう。

十二月二〇日、吹雪の中、ようやく待ち望んでいたリーの部隊が合流する。兵士の数は著しく減っていた。大部分の兵士が毛布も靴も持っていない。リーは軍隊の状態があまり良くないので迅速に進軍できないと主張していたが、それはあながち嘘ではなかった。当時の記録によれば、「ほとんど全員が廃疾者であり、その多くが病院に行くしかなかった」という。

傷病兵が収容された場所は、とても「病院」と呼べるような場所ではない。看護する者も満足にいなければ、清潔なベッドもシーツもない。では傷病兵はどこで寝ていたのか。藁を詰めた布袋の上である。夜になると兵士たちが豚のように身を寄せ合って寝ていたせいで数百匹の虱がいる」と記録に残っている。虱を退治するために兵士は、帰郷するとまず着ていた服を燃やして硫黄の粉を被ったという。

奇妙なことに軍列の中にリーの姿がなかった。部隊をここまで率いてきたのはジョン・サリヴァン将軍である。リーはいったいどこに行ってしまったのか。リーの身に何か起きたのか。

一週間ほど前のことである。リーは、幕僚と十五人の衛兵を連れて、自分の部隊から三マイル（約四・八km）離れたホワイト亭に向かう。そして、そこで一夜を過ごす。

リーの逗留を知った地元の本国支持派は、イギリス軍の軽竜騎兵隊に通報する。さっそく、バナスター・タールトン率いる分遣隊が急行する。タールトンは、後に南部戦線で活躍したことでよく知られている。偵騎が一人の急使を捕らえる。急使は、たった今、ホワイト亭から出発したばかりであった。リーがそこにいるのは間違いない。

時刻は午前十時を回っている。二階の寝室でリーは一通の手紙を書いていた。宛名はホレーショ・ゲイツ将軍である。インクの跡はまだ乾いていないが、リーの肩越しにその文面を覗いてみよう。

わが親愛なるゲイツへ。ワシントン砦に対する［イギリス軍の］巧妙な作戦は、我々が築き上げた強固な構造物を完全に破壊しました。これほどひどい一撃はないでしょう。我々の間では、あの偉大な人物［ワシントン］の顕著な欠陥が露呈されています。［中略］。もし頽勢を挽回できるような策を講じなければ、我々は敗北します。大陸会議は非常に弱体です。もしあなたが何とか人民を救いたいと考えていれば、私はあなたがそうできるように手段を尽くしましょう。軍を救えるのはあなただけです。

リーのかたわらにいた副官のジェームズ・ウィルキンソン大尉は馬蹄の響きを耳にして立ち上がる。窓に駆け寄って外の様子をうかがう。一〇〇ヤード（約九〇m）ほど先にある角から数十騎の敵兵が現れた。

「閣下、イギリスの騎兵隊です」

「どこにだ」

そう言いながらリーは手紙に封を施した。

「この家の周囲に」

二人が言い合っている間に軽竜騎兵隊はホワイト亭を取り囲んでしまった。

「護衛たちはいったいどうした。畜生め、護衛たちはなぜ発砲しない」

怒色を浮かべたリーはウィルキンソンに向き直ると言葉を続けた。

「護衛たちが何をしているか見に行ってくれないか」

そこへホワイト亭の女主人が飛んで来て叫ぶ。

「ベッドの下に隠れて下さい」

リーは黙って首を横に振る。

ウィルキンソンは、書き上がったばかりのリーの手紙をポケットに押し込んだ。そして、テーブルの上に置いてあったピストルを掴むと護衛たちを待機させておいた部屋に降りて行く。部屋には人影はなく、武器が置き去りにされていた。窓から外をうかがうと、軽竜騎兵に追われて散り散りになって逃げる護衛たちの後ろ姿が見えた。

一人でも多くの敵を死出の旅の道連れにしてやろう。そう決意したウィルキンソンは扉の陰に身を潜めた。ピストルは二挺ある。二人は倒せるだろう。あとは剣で戦おう。待ち構えるウィルキンソンの耳に外から呼びかける声が聞こえた。

「もし将軍が五分以内に降伏しなければ、この家に火を放つ」

もう一度、同じ言葉が繰り返された後、数分が経つ。最期の覚悟を決めてウィルキンソンが隠れ場所から飛び出そうとした時、さらに声が聞こえた。

「将軍はここだ。将軍は降伏した」

続いて野次が聞こえ、軍隊ラッパが響く。抵抗を諦めたウィルキンソンが外に出ると、よれよれのシャツを着てスリッパを履いたリーが馬に押し上げられるところであった。もともとリーは服装にだらしない男であり、下男に間違われたこともある。総司令官になるというリーの野望は、縄目を受けることで潰えた。

リーが危険を冒してまでなぜホワイト亭に泊まったのかはよくわからない。一説によると、どうやらご婦人とお楽しみのためだったという。もしくは誰かに意図的に誘いこまれたのかもしれない。

それを裏づける史料があるが、犯人の名前はなぜかぼかされている。軽竜騎兵隊の隊長は、奇しくもリーのかつての部下であった。昔の上官の情けない姿を見ながら隊長は、「敵軍の将軍の中で最も活動的で意欲的な将軍」を捕えたと報告する。タールトンも「これは本当に奇跡のような出来事で夢のように思える」と書いている。

イギリス軍の上層部は、リーの捕縛を大陸軍が瓦解しかかっている証拠だと考え、放置しておいても勝手に自滅するのではないかと思いこんだ。

何が起きたか事情を聞き取ったワシントンは、「不運な奴だ。自らの軽率さで捕らわれるとは」と言ったという。ワシントンは、表向きリーの捕縛を残念がったが、内心ではほっとしていただろう。なかなか命令を実行しようとしない厄介者がいなくなったのだから。

リーの部隊が合流した二日後、北部方面から六〇〇人の兵士が到着する。指揮官はベネディクト・アーノルドとホレーショ・ゲイツである。こうしてワシントン指揮下の兵力は、総勢七、六〇〇人まで回復したが、大部分の兵士の兵役期間は十二月三一日で切れる。したがって、反撃するなら兵力に余裕があるうちに実行しなければならない。ワシントンに残されている時間はほとんどない。年が明けるまでに兵役期間は終了し、ワシントンの旗下から多くの兵士たちが去ってしまう。

ワシントンは、「わが軍はさらに十日経てば存在しなくなるでしょう」と悲観的に記している。ワシントンによれば、兵役期間が切れた兵士たちを引き止めることは、「風が吹くのを止め、太陽が日中に照るのを止めること」よりも難しかった。このまま戦果を出さずにいたずらに時を過ごせば、士気が低迷して大陸軍は崩壊する。とにかく士気を回復させなければならない。

イギリス軍が攻勢に出る前に機先を制する必要もある。これまでイギリス軍が大規模な攻勢に出られなかったのは、デラウェア川を渡るために必要なボートが不足しているからであった。しかし、それは時間が経てば解決される。厳冬になればデラウェア川は凍結する。そうなればボートがなくても渡河できる。イギリス軍が大挙して押し寄せれば、それを制止する力は今のアメリカ軍にはない。

成功するかどうかはわからない。しかし、成功すると信じて賭けなければならない。もし最後の賭けが失敗すれば後はない。今、賭けるしかない。たとえ小さくても勝利さえ得られれば、趨勢を変えられるかもしれない。

ワシントンは、戦略的な目標だけではなく政治的な目標も見据えていた。前哨基地の敵軍を撃破すれば、勝利に勇気づけられた独立支持派が息を吹き返して抵抗を続けるだろう。そうなればイギリスは、ニュー・ジャージーの大部分を放棄せざるを得なくなり、大陸軍は多くの兵士を新たに迎えられる。そうなればフィラデルフィアを守り切れる。

ワシントンが最も恐れたのはイギリス軍ではない。独立への熱望が色褪せて人心が大陸軍から離れることだ。人心さえ得られれば、大陸軍はいくら打撃を受けようと壊滅しない。何度でも甦る。大陸軍の存続こそ独立への希望だからである。

十二月二二日、ワシントンはアレグザンダーの陣営で作戦会議を開く。とにかく兵役期間が切れるまで時間がない。それに川面の氷は日を増すごとに厚く広くなっている。完全に凍結すればイギリス軍が満を持してフィラデルフィアに侵攻するだろう。

数時間の協議の後、作戦会議は何の結論も出ずに終了した。そもそもワシントンは、作戦会議で結論を出そうと最初から思っていなかった。なぜなら、作戦会議に参加した将軍たちに従う随員の中にイギリス軍の密偵が忍び込んでいることがわかっていたからだ。作戦会議で方針を決定すれば、イギリス軍に筒抜けになってしまう恐れがあった。

その夜、ニュータウンにあるキース邸の前で歩哨が踏み固められた雪の上を巡回していた。キース邸には大陸軍の本営が置かれている。周りを見わたすと所々に火のゆらめきが見える。兵士たちが火を焚いて暖を取っているのだ。その一方で本営の中では、信頼できるごく少数の人物だけを集めて再び会議がおこなわれていた。

ワシントンが確認したかったことは一つだけだ。この寒さの中、デラウェア川を夜間に秘かに渡河できるかである。その答えを求められたのはジョン・グローヴァー大佐である。グローヴァーは海の男だ。グローヴァーが率いる部隊の男たちは大半が水夫である。ロング島の戦いの後、イースト川を渡る決死の撤退に成功したのはグローヴァーの部隊のおかげであった。

「閣下、できます。私の男たちならできます」

大佐の返答を聞いたワシントンは愁眉を開き、力強く頷いた。そして、決断が下された。すぐに作戦決行を伝える手紙が諸将に送られる。

トレントンに攻撃を仕掛ける日時は、クリスマスの夜、すなわち夜明けの一時間前に決まりました。神に誓ってあなただけの秘密にして下さい。もし露顕すれば我々にとって致命的です。残念ながら我々の数は思ったよりも多くありません。しかし、必要性、それも緊急の必要性から攻撃は絶対に正当化されます。

ワシントンの優れた点は、状況に合わせてリーダーシップの手法を変えられる点だ。これまでワシントンは作戦会議の意見を尊重してきた。そして、作戦会議の決定に従ってきた。しかし、今回は違った。自ら積極的に決断を下すことを厭わなかった。

将軍たちの意見を調整することも大事だが、それにかまけてしまうと時に重大な決断の機会を逃すことがある。助言を求めることはかまわない。しかし、気をつけるべきことは、自分自身の中に確信を持つことであり、助言者のさまざまな意見に惑わされないことだ。

優れた指導者は時に応じて、結果を恐れず、あえて独断専行する勇気を持たなくてはならない。なぜなら決断を先延ばししたせいでますます状況が悪化する場合があるからだ。もしワシントンが凡将であれば、無策のままに時間を過ごし、大陸軍を自壊させていただろう。恐れない者の前にこそ道は開ける。

先にフィラデルフィアを発っていたトマス・ロドニーは、兵士たちを引き連れてカドウォーラダの陣営に入った。その夜、ロドニーはカドウォーラダと対面する。

「何人の兵士を連れて来たのか」

「三五人です」

「それで全部か」

「そうです。十分な数だと思います」

ここでロドニーが逆にカドウォーラダに質問する。

「何人の兵士がここにはいますか。ワシントン将軍のもとには何人くらい残っていますか」

「ここには一、二〇〇人いたが、いろいろと出払ってしまったので、今は八〇〇人くらいしかいない。ワシントン将軍のもとには一、五〇〇人はいるだろう。捕虜になったリー将軍の部隊が合流したのでもう少し多いかもしれない。リー将軍が捕虜になったことは兵士たちの士気を損なった。すべてが暗鬱に思える」

「リー将軍のことは残念でした。個人的に知っていて尊敬していました。しかし、彼が捕虜になったことは不利であるどころか有利に働くはずです。これまでリー将軍を信じすぎたことで、総司令官はリー将軍に相談せずに何もできませんでした。しかし今、総司令官は自らの才能を自由に発揮しようとしています」

「では何ができるだろうか」

「少数の兵士、せいぜい五〇〇人もあればデラウェア川沿いのイギリス軍の前哨基地を奇襲できるでしょう」

「ワシントン将軍はまさにそのような作戦を考えていて、十分な兵力が集まるのを待っていた」

「今こそ好機です。成功は間違いなしだと思います」

ロドニーの言葉を聞いたカドウォーラダの顔が喜びで輝いた。

はたしてイギリス軍は大陸軍の動きを察知していたのだろうか。グラント将軍は、トレントンを守るラルに次のように伝達している。

ワシントンは、わが軍が冬営地に向かっているという情報を得ている。そして、トレントンとプリンストンが脆弱であると察知しているはずである。スターリング卿［ウィリアム・アレグザンダー］は、これらの二つの場所を攻撃したいという希望を述べたそうだ。私が得た情報は確かなものだが、彼［アレグザンダー］はあえて攻撃を実行しないだろう。したがって、トレントンに対する奇襲に備えて守りを固めるべきだとわざわざあなたに助言する必要はないかもしれない。

このように述べていることからグラントは、作戦会議の内容を密偵から聞き知ったようだ。「わざわざあなたに助言する必要はないかもしれない」と言っているのは婉曲表現である。むしろ奇襲に警戒するように注意を促している。ラルのようなヘッセン傭兵の士官は誇り高いので扱い難い。グラントのような正規軍の将軍でも頭ごなしに命令できなかった。

ラルがグラントの警告を受け取ったのは十二月二四日夜のことである。翌日、ラルは、大陸軍の脱走兵を捕まえて尋問した。そして、大陸軍が奇襲を企てているのではないかと疑念を抱く。そこでトレントンに厳重な警戒網が敷かれる。どの方角からでも敵の接近を察知できるように六つの地点に歩哨が配置される。毎夜、兵士たちは、武器を抱えて就寝するように命じられる。一〇〇人以上の兵士からなる部隊がデラウェア川沿いの巡回に派遣される。

その一方、大陸軍の将軍たちはグリーンの軍営で作戦会議をおこなっていた。奇襲作戦の詳細を詰めなければならない。すぐに手はずが決まる。

まずワシントン率いる本隊は、マッコンキーの渡し場でデラウェア川を渡って、トレントンに向かって南下する。攻撃開始予定時刻は夜明けの一時間前。

次にカドウォーラダ率いる一、五〇〇人の民兵は、ブリストルからデラウェア川の東岸に上陸して、バーリントンとボーデンタウン付近にいる敵軍に攻撃を仕掛ける。トレントンに救援に行かせないためだ。攻撃開始予定時刻は、本隊がトレントンに奇襲を仕掛ける時刻と同じに合わせる。そして、攻撃に成功した後でトレントン、もしくはプリンストンで本隊に合流する。

また六〇〇人の民兵を率いるユーイングは、トレントン近辺でデラウェア川を渡って、街の南部を流れるアサンピンク川に架かる橋を占領する。敵軍の退路を絶つためだ。さらにパトナムは、フィラデルフィアでかき集めた民兵を率いて、遊軍として不測の事態に備える。

その日、大陸会議でペンシルヴェニア邦代表を務めるベンジャミン・ラッシュ医師は、ジョゼフ・リードの案内でキース邸を訪れていた。ワシントンが会話に興じながら、小さな紙片に羽ペンを滑らせている。偶

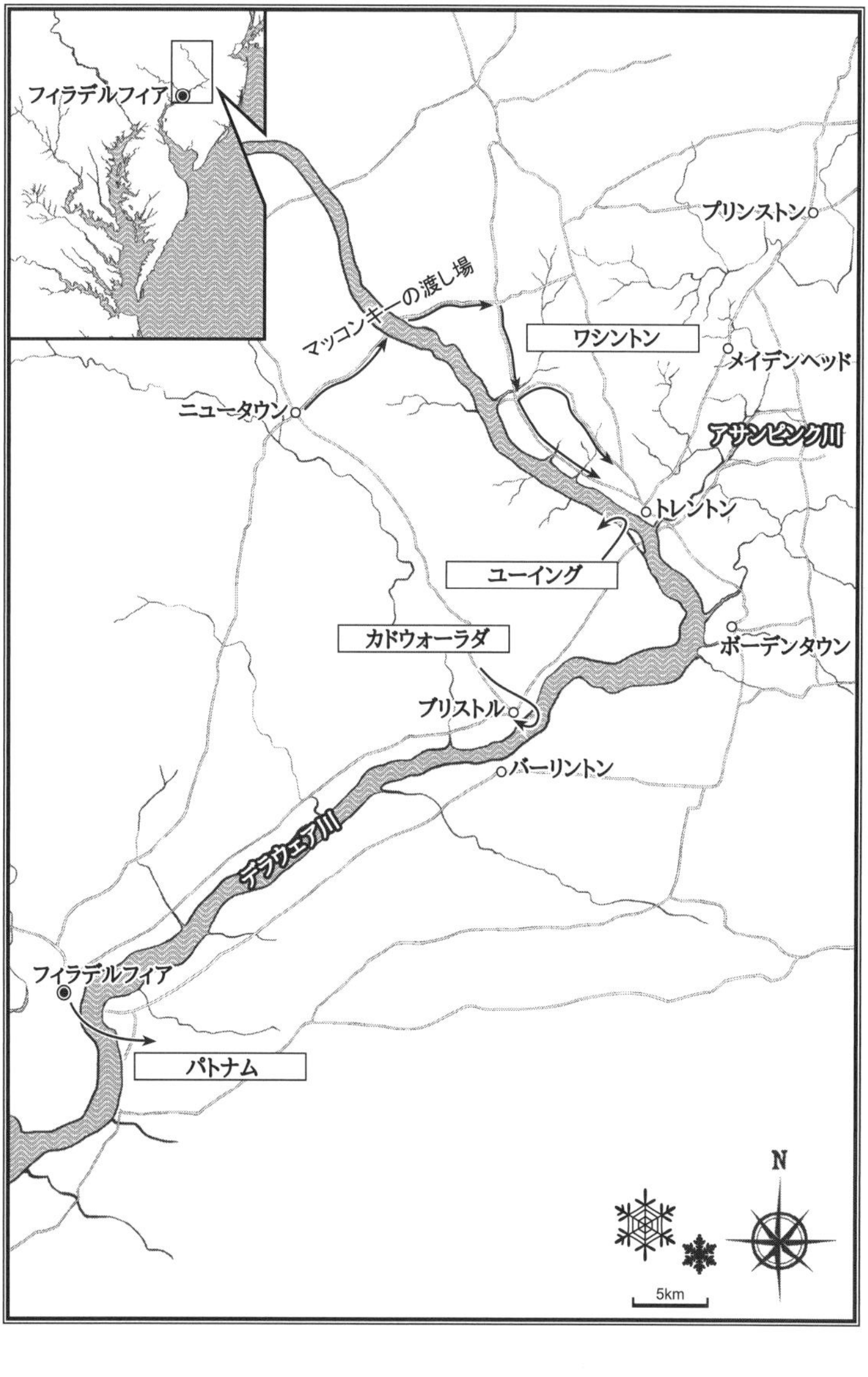
フィラデルフィア
マッコンキーの渡し場
プリンストン
ワシントン
メイデンヘッド
ニュータウン
アサンピンク川
トレントン
ユーイング
カドウォーラダ
ボーデンタウン
ブリストル
バーリントン
デラウェア川
フィラデルフィア
パトナム
N
5km

然、紙片の一枚がラッシュの足元に舞い落ちる。紙片に書かれた言葉がラッシュの目に飛び込んで来る。

勝利か死か。

その言葉の他に多くの副署が添えられている。どうやら紙片は兵士たちに通達する布告のようだ。ラッシュが見た言葉は、実は秘密の作戦を示す合言葉であった。

未明の嵐

歩哨が一人の男を大陸軍本営に連行する。たくましい身体の男だ。どこか態度もふてぶてしい。泥で汚れたコートを着て鞭とロープを持っている。歩哨の報告によれば、トレントンから出て来たところを捕えたという。

副官から連絡を受けたワシントンが姿を見せて自ら尋問する

「名前は」

「ジョン・ハニーマン。屠殺人だ」

「トレントンから何をしに出て来たのか」

「決まっている。俺の仕事をするためだ」

ワシントンとハニーマンはしばらく睨み合う。

「この男と二人っきりで話がしたい。他の者たちは席を外して周囲を固めよ。もしこの男が逃げ出したらすぐに射殺するように」

三〇分ほど経つ。二人は余人を交えず話し合った。その内容を知る者は誰もいない。ワシントンは歩哨を呼んで命令を与える。

「この男に食事を与えて小屋に閉じ込めておけ。翌朝、軍法裁判にかける」

歩哨がハニーマンの身柄を引き取って連行する。ハニーマンが押し込められた小屋は仮の牢獄に使うために補強された丸太小屋だった。丸太小屋には窓と扉が一つずつあり、施錠できるようになっていた。外には歩哨が配置される。

深更、軍営は寝静まり、歩哨が行き来する足音のほかに物音はしない。闇夜に小さな炎が踊るのが見えた。こんな時間に誰かが松明を持って移動しているのだろうか。そう思いながら歩哨は、ハニーマンが閉じ込められた小屋の周りで見張りを続ける。しだいに炎が大きくなる。小火《ぼや》だと気づいた歩哨は持ち場を離れて消火に駆けつける。無事に消火される。安心して歩哨は持ち場に戻る。

そして、朝になる。歩哨はハニーマンを軍法会議に連行しようと扉の鍵を開ける。驚いたことに囚人の姿が消えていた。

「奴は夜盗に違いないぞ」

「それに協力者が合い鍵を秘かに作っていたに違いない」

歩哨から連絡を受けた副官がワシントンにおそるおそる報告する。不手際を叱責されるかと副官は覚悟していた。しかし、驚いたことに総司令官は、怒るどころか微笑さえ浮かべている。ハニーマンが逃亡したことを各所に伝達せよという命令を受けて副官は退出する。

その一方で、脱出に首尾良く成功したハニーマンは、トレントンに舞い戻る。そして、ヘッセン傭兵を見つけると、大陸軍に密偵の容疑をかけられて命からがら逃げて来たと告げる。寒さで震えているハニーマンの様子を見て、ヘッセン傭兵はその話を信じて本営に連行する。なぜヘッセン傭兵はすぐに信じたのか。これまでハニーマンがヘッセン傭兵にいろいろと付け届けをして顔を売っていたからだ。

報告を受けたラルはベッドから起き上がってハニーマンを審問する。ハニーマンは、先ほど、捕まった時にヘッセン傭兵に話した内容を繰り返す。そして、ラルの質問に応じて大陸軍の軍営の様子を語る。審問を終えたラルは副官に声をかける。

「奴らはたいした脅威ではあるまい」

実はハニーマンは二重スパイであった。トレントンの様子を探り出すだけではなく、大陸軍の内情についてわざと間違った情報を流してヘッセン傭兵を油断させるという策である。

ラルはハニーマンの迫真の演技に騙されてしまったのか。伝承では、クリスマスの祝宴でヘッセン傭兵は完全に酔い潰れていたとされている。事実はそうではない。ラル自ら怠りなく各所を巡回して警戒に当たっている。巡回の途中、ラルは、一人の士官から提案を受ける。

「いざという時に兵士を迅速に配置するために、荷物を軽くしてはどうでしょうか」

「来るがいい。奴らのようなのろまがまともに我々を攻撃できるとは思えないな。たとえ攻撃して来ても我々が叩き潰して完敗させてやる」

そう豪語してラルは提案を却下した。そして、いつものように午後の巡回を終えると、チェッカーを楽しむために本営に戻る。チェッカーとは二人のプレイヤーがそれぞれ十二個の駒を使って遊ぶはさみ将棋に似た遊戯である。

日が落ちる少し前、ペニントン道に配置された歩哨が攻撃を受ける。敵は少数であった。すぐに応援が駆けつけて偵察部隊が襲撃の規模を確認に向かう。ラルもすぐに一隊を率いて現場に到着する。そして、しばらくして帰って来た偵察部隊から事情を聞き取る。偵察部隊によれば、二マイル（約三・二㎞）先まで進んで周囲を確認したが、敵軍の姿は見えないという。歩哨を増員した後、ラルは街に戻って当直の士官に声をかける。

「これがグラントが警告していた襲撃に違いない」

「そうではないかもしれません。遠方まで巡回する部隊を送り出すべきです」

「その必要はない」

そう言い捨てるとラルは、トランプを楽しむために雑貨商のエイブラハム・ハントの家に向かった。

身を切るような凍風がトレントンを吹き抜ける。ヘッセン傭兵は気を緩める。このような荒天を突いてわざわざ襲来する者などいるはずがない。ラルに警戒を促した士官さえ、あまりの悪天候に夜明け前に必ず実施している定期巡回を取り止めた。いつもであれば、三〇人の部隊が川沿いの道を巡回することになっている。しかし、十二月二六日未明に巡回に出た兵士はわずかに三人であった。三人の兵士から報告が届く。

「特に異常なし」

デラウェア川を渡る

十二月二五日、日没の一時間前、兵士たちは集結するように命じられた。どこに向かうか兵士たちはまったく知らされていない。奇襲は極秘だからだ。各自に六〇発の弾薬と三日分の行糧が支給され、目印として帽子に白い紙切れを付けるように通達される。兵士たちの中にはイギリス兵から剥ぎ取った軍服を着ている者もいたので、同士討ちを避けるためだ。

その日は朝から寒かったが、日中は晴れ、気温も高かった。しかし、まるで大陸軍の行く手を阻むかのように、日が傾く中、雨が降り出す。またパトナムから作戦に参加できそうにないという残念な報せが届く。幕僚の一人は次のように記録している。

天気は非常に寒く荒れていて吹雪いてきた。北東からの風が兵士たちの顔をなぶっていた。［中略］。兵士たちの中には、ぼろ切れを足に巻きつけている者もいる。裸足の者もいたが、不平を言う声は聞こえなかった。

軍中にはグリーンの幕僚として大陸軍に従軍していたトマス・ペインがいた。露営の焚き火でかじかむ手を暖めながらペインは太鼓の皮に『アメリカの危機一号』を書きつけた。ワシントンはそれを兵士たちの前で朗読するように命令した。

今こそ人間の魂を試す機会である。夏だけの兵士と太陽が輝く時だけの愛国者は、この危機を前にして祖国への奉仕から身を引いてしまうだろう。しかし、今こそ危機に立ち向かおうとする者は人びとの愛と感謝に値する。地獄と同じく専制は簡単に打倒できない。だが我々は、戦いが激しければ激しいほど、より勝利の栄光が増すことで慰められる。［中略］。未来の世界に語られるようにしよう。真冬の最中、希望と美徳だけが残った時に、共通の脅威にさらされた市民や国民が前進し、それに立ち向かい撃退したことを。

兵士たちは、寒さを紛らわせるために足を小刻みに動かしながら士官の声に耳を傾けていた。足元の雪に落ちる影が濃くなりつつある。

　フィラデルフィアから軍営に帰還したジェームズ・ウィルキンソン少佐は総司令官の姿を探していた。預かった手紙を渡すためだ。ウィルキンソンがワシントンを見つけた時、乗馬鞭を手にしてまさに馬に乗ろうとしているところだった。

「このような時に手紙を渡そうとは何事だ」

「ゲイツ将軍から手紙を渡すように命じられました」

　その名前を聞いたとたん、ワシントンの表情が険しくなる。

「ゲイツ将軍からと言ったか。いったいどこにいる」

　実はゲイツは、軍営を離れて大陸会議が鎮座するボルティモアに向かっていた。説明を聞いたワシントンの顔に怒りの色が浮かぶ。

「大陸会議に向かっているのか」

　ワシントンが怒るのも無理はない。これから大事な戦いが始まろうとする時に軍営を離れるとはどういうつもりか。ゲイツにはゲイツなりの画策があった。大陸会議に赴いて独自に指揮権を獲得する。自力で戦功を上げて得点を稼げば、失点を重ねるワシントンに代わって総司令官になれる日も遠くないだろう。

　午後四時三五分、日没を迎えて渡河が開始される。夜の闇に紛れれば敵に察知されないはずだ。渡河作戦の指揮を執るのはヘンリー・ノックス。川幅は三〇〇ヤード（約二七〇m）にすぎなかったが、流氷の浮かぶデラウェア川を約二、四〇〇人と十八門の大砲、そして、数多くの馬が渡るという作戦である。無謀な作戦だろうか。必ずしもそうとは言えない。なぜなら地元の人びとは冬でもデラウェア川を渡っていたからだ。ノックスは、「川に浮かぶ流氷のせいでほとんど作業できなかったが、忍耐によって最初はできないと思わ

Thomas Sully, The Passage of the Delaware (1819)

れていたことが成し遂げられた」と記している。

手はず通りにブリストルからデラウェア川を渡ろうとしたカドウォーラダであったが、どうやら渡河がうまく進みそうになかった。報告を受けたワシントンは次のように返信する。

夜の利点を活かして私は川を渡って、朝にトレントンを攻撃すると決心している。もしあなたが何も作戦を実行できなければ、少なくともできる限り陽動をおこなうように。

夜になると強い北東の風がデラウェア渓谷を吹き抜ける。強風に乗って運ばれてきた冷雨は徐々に激しくなり、ついには雪と雹に変わる。操船を任されたグローヴァー大佐の部下たちは、港町の出身者であり、デラウェア川で使われるダラム・ボートを扱い慣れていない。狭く滑りやすい甲板から無骨なボートを長い棒で操るのは至難の業だ。

ほとんどの兵士たちは泳げなかったので、ボートが転覆すればどうしようかと恐怖にかられていた。

ジェームズ・モンロー中尉はウィリアム・ワシントン大尉率いる部隊とともに、一足先にデラウェア川を渡り終わって付近の警戒に当たっていた。大陸軍の渡河を敵に察知されてはならない。四つ辻に立っていたモンローのもとに一人の男が歩いてきた。犬が吠える声を聞いて不審に思って出てきたようだ。

「このような嵐の夜にあなた達はいったい何をしているのか」

「家に帰って静かにしているように勧める。さもなければ私はあなたを拘束しなければならない」

モンローの軍服を見た男は表情を緩めて言葉を続けた。

「嵐の中で外にいるのは大変でしょう。わが家に来て何か食べませんか」

「命令を守らなければなりません。ここから離れることはできません」

モンローの答えを聞いた男は踵を返したが、しばらくするともう一度、姿を見せた。男の手には温かい飲み物があった。

「何か私にできることはないか考えました。あなたに同行させて下さい。私は医師ですから怪我人を助けられるでしょう」

モンローは男の好意を受け入れ、トレントンまで一緒に行くことにした。

兵士たちの渡河はまだ続いていた。川岸から厚い氷床がせり出していてボートの進路を塞いでいる。これでは着岸できない。まず氷床を割って通路を作らなければならない。

渡河作戦は完了予定時刻を大幅に過ぎる。ワシントンは時が刻一刻と失われていくのを感じていた。時が失われれば勝利も手の中からこぼれ落ちる。しかし、幸いにも苦悩に満ちた表情は、闇のヴェールに隠されて、兵士たちの目には映らなかった。

先に渡河を終えたワシントンは、青い外套に身を包み、蜜蜂の巣箱に座って後に続く兵士たちと愛馬を待つ。しかし、対岸で渡河を見守るのは危険な行為だ。もし敵が待ち構えていれば、攻撃を受ける恐れがある。それでもワシントンが最初に渡河を済ませたのはなぜか。自ら危険を冒すことで兵士たちに模範を示したのである。自分だけいつも安全な場所にいる将軍の後に続こうと誰が思うだろうか。渡河を終えた兵士たちは、焚き火の周りに集まって川風で凍えた身体を暖める。気温は氷点下を下回っている。作戦に参加した一人の兵士は、次のように記している。

我々は後続部隊を待たなければならなかったので、身体を暖めるために柵を引き倒して焚き火を燃やした。というのは、嵐がますます激しくなってきたからだ。雨、雹、雪、そして、氷が降り、同時に風が強まって、まるでハリケーンのようになった。

このような状況にもかかわらずグローヴァー率いる男たちは、一つの人命も一門の大砲も一頭の馬も失わなかった。しかし、当初の予定では、真夜中までに渡河を完了しなければならなかった。時間に遅れれば奇襲を仕掛ける前に夜が明けてしまう。総司令官のかたわらにいた幕僚は次のように書いている。

我々は予定の時刻より三時間も遅れている。［中略］。私は今よりも決意に満ちたワシントンを見たことがない。彼は外套にくるまって兵士たちの上陸を監督した。彼は冷静沈着で決然としていた。嵐は凍雨に変わり、ナイフのように切りつける。最後の大砲が荷揚げされ、我々は馬に乗って前進する準備を整えた。

トレントンに向かって進軍する準備が整ったのは午前四時であった。渡河作戦の号令が出されてから約十二時間が経過している。

「銃を担げ」

ついに進撃命令が下る。一路、トレントンへ。

残る距離は約九マイル（約十四㎞）。夜陰に乗じてトレントンに近づき、夜明け前に奇襲を仕掛けるという作戦は、現段階で実行不可能に思える。この時、ワシントンの脳裏にはどのような思いがあったのか。本人の言葉を見てみよう。

日が昇るまでに街に到達できず、奇襲できないと絶望にかられた。しかし、撤退しようとすれば、発見されたり、再渡河を妨害されたりするだろう。私は何があろうとも前進することに決めた。

カエサルはルビコン川を渡ることでローマの最高権力者への道を踏み出したが、ワシントンはデラウェア川を渡ることでアメリカの独立達成への道を改めて踏み出した。その一歩が運命を変える。

ワシントンの部隊が何とか渡河に成功した一方で、ユーイングの部隊は、厚い流氷に阻まれて渡河を断念した。川を渡れそうにないと先に報告していたカドウォーラダであったが、ブリストルから南に下って別の場所から再び渡河を試みる。その中にはトマス・ロドニーもいる。ロドニーがデラウェア川の東岸に渡った時、川岸から一五〇ヤード（約一四〇m）も張り出した氷の上に上陸しなければならなかった。それから少し離れた場所で二列縦隊を組んで待機する。六〇〇人の兵士が渡り終えたが、大砲を載せたボートが流されてしまった。

三時間後、作戦を断念して引き返すように命じる指令が待機していた部隊に届く。それを聞いた兵士たちはどう行動すべきか相談する。

「たとえ指揮官がいなかろうが大砲がなかろうが攻撃を仕掛けるべきだ」

この勇ましい意見に対してすぐに反論が出る。

「もしワシントン将軍が失敗して我々も失敗すれば、大義が失われてしまう。しかし、もし我々の部隊が無傷のままで残っていれば、アメリカ人の魂は守られる」

多くの兵士たちが頷く。このまま進軍を続けるという提案は却下された。兵士たちは苦労して渡ったばかりのデラウェア川を再び渡って西岸に戻った。

こうしてユーイングの部隊とカドウォーラダの部隊が相次いで渡河に失敗していた一方で、ワシントン率いる部隊は、降りしきる雪の中、南下を開始する。部隊が通り過ぎた後、雪上には真紅の斑点が多く残されていた。それは、靴を持たない兵士たちの足から流れ出た血の跡である。兵士たちがまとっている服は「まるで乞食のようなぼろ」だったという。強風が荒れ狂う闇の中、部隊は隊伍を乱すことなく整然と進軍を続ける。雹が兵士たちの背を激しく叩く。

大陸軍の行く手を最初に阻んだのは一筋の小川である。川に向かって急に地面が落ちこんでいるので、馬

Edward P. Moran, Hour of Victory (Before 1935)

に大砲を牽引させたまま通過できない。蹄鉄を付けていないせいで、氷で滑りやすい斜面を歩けないからだ。そこで砲車の牽引索から馬を外して人力で運搬する。水嵩が増えた急流を跨いだ後、大砲は平坦な場所までゆっくりと引きずり上げられる。

　ワシントンは、大砲を何とか渡そうと奮闘する兵士たちを監督していた。乗馬のブルースキン号が雪で濡れた斜面で後ろ足を滑らせて嘶《いなな》く。馬体が傾く。その瞬間、ワシントンが落馬すると誰もが思った。戦いを前にして総司令官の落馬は悪い前兆ではないか。

　ワシントンの力強い手がとっさにブルースキン号の鬣《たてがみ》を摑む。もう片方の手で馬の首筋を優しくなでて馬を落ち着かせる。そして、何事もなかったかのように監督を続ける。兵士たちは、総司令官の巧みな馬術に目を丸くする。

　午前六時三〇分、大陸軍はバーミンガムで休止する。トレントンの中心まで道なりに進んで五マイル（約八㎞）の距離にある。薄明の中、兵士たちはあわただしく食事を摂る。馬上で軽い食事を済ませたワシントンは、将軍たちを集めて今後の段取りを命令する。空腹が満たされれば兵士たちは眠気に襲われる。早く進軍を再開しなければならない。

グリーンが指揮する部隊は、左手、すなわち東に進んでスコッチ道に入り、それからペニントン道をたどる。ワシントン自身はグリーンの部隊とともに進む。その一方でサリヴァン率いる部隊は、右手、すなわち川沿いのリヴァー道を進む。大砲は各部隊に九門ずつ配置された。懐から時計を取り出したワシントンは、時刻を合わせるように将軍たちに求めた。各方面で同時に攻撃を開始しなければならないからだ。

「銃を担げ」

進軍が再開される。雲は重く垂れ下がり、ひどく冷え冷えして、やがて大雪になりそうだった。士官たちは道脇で眠りこけている兵士たちを叩き起こして回る。しかし、いくら揺すっても目を覚まさない兵士が二人いた。彼らはあまりの寒さに凍死していた。

夜明けが訪れる。本来であればすでに攻撃を開始している時間であったが、まだ道半ばである。ワシントンは声を落して「進め。進め」と絶えず兵士たちに呼びかけながら馬を進める。

曙光の中、一人の伝令がやって来て、銃が濡れて使えないというサリヴァンからの言葉を伝えた。伝令を一瞥したワシントンは、「銃剣を使えと将軍に伝えるように」と落ち着き払って指示する。そして、馬首を翻すと「急げ。急げ、兵士たちよ」と再び声をかけながら軍列に戻る。

午前七時三〇分頃、南方に広がるオークとヒッコリーの木立を抜けて五〇人ほどの兵士がやって来るのが見えた。接近に気づいた敵が偵察部隊を送りこんできたのか。幸いにもそうではなかった。それはジョージ・ウォリス大尉率いる民兵であった。説明を求めたワシントンに対してウォリスは事情を説明する。

二四日、アダム・スティーヴン将軍の命令を受けたウォリスは、デラウェア川を渡り、二五日夜にペニントン道に配置された歩哨を襲った。ウォリスは知らなかったことだが、実はその攻撃はグラントが警告していた襲撃に違いないとラルに勘違いさせていた。

事情を聞き取ったワシントンは、もはや大陸軍の奇襲計画がすべて露顕してしまったと落胆した。そして、「おまえは私のすべての計画を台無しにするつもりか」とスティーヴンを叱責する。ただウォリスに命令を下した時、スティーヴンはまだ奇襲作戦の概要を知らされていなかったので仕方なかったと言える。

幸いにも計画は台無しにならなかったが、実は大陸軍がデラウェア川を渡ったという報せは、未明にラルのもとに届いていた。ハント邸でワインを飲みながら、ラルは夜通しトランプで遊んでいた。テーブルには、カードのほかに炙ったガチョウにシチメンチョウ、そして、バター入りのラム酒が並べられている。豪奢な饗宴だ。壁に架けられた時計が午前六時を打った頃、扉を叩く音がした。

早朝の訪問者に驚きながら従僕が扉を開けると、そこには一人の農夫が震えながら待っていた。至急、伝えたいことがあるので指揮官に面会したいという。農夫は、大陸軍がトレントンに向けて進撃中だと従僕に伝えた。一通り話を聞いた従僕であったが、トランプに興じている主人の邪魔をするのは気が引けた。そこで農夫は、今、話した通りのことを紙切れに書いてラルに渡すように求めた。

従僕は、農夫から預かった紙切れをおそるおそる主人に差し出す。トランプに夢中であったラルは、紙切れをろくに読みもせずにポケットに押し込み、そのままゲームを続けた。もしこの時、ラルがゲームを中断していれば、その運命は変わっただろう。そして、大陸軍の運命も。

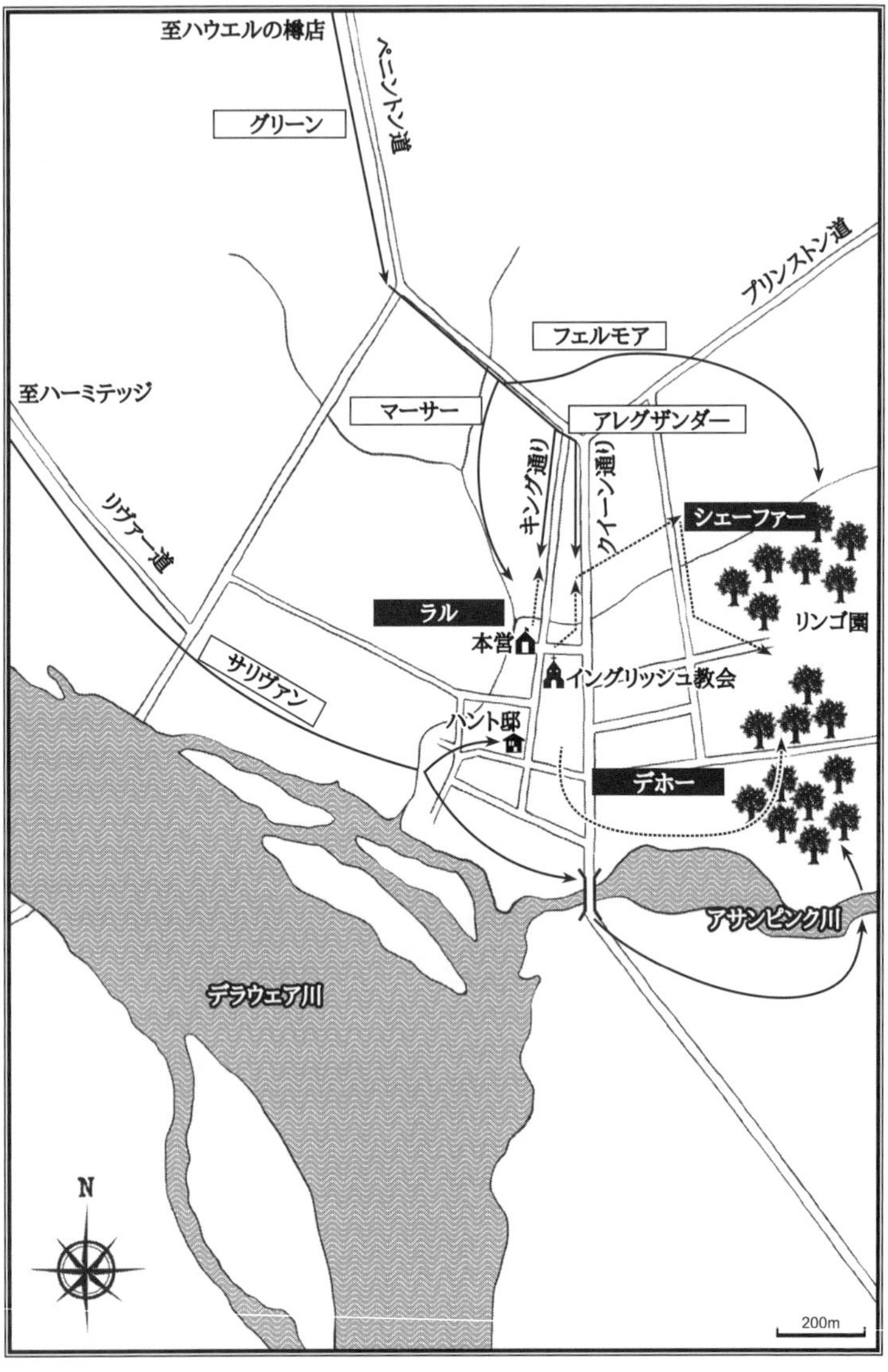
至ハウエルの樽店
ペニントン道
グリーン
プリンストン道
フェルモア
至ハーミテッジ
マーサー
アレグザンダー
キング通り
クイーン通り
リヴァー道
シェーファー
ラル
リンゴ園
本営
イングリッシュ教会
サリヴァン
ハント邸
デホー
アサンピンク川
デラウェア川
N
200m

偉大なる栄光の日

七時四五分、グリーン率いる部隊はトレントンの北の外れに到着する。街の中心まで残り一マイル（約一・六㎞）。兵士たちは木立の後ろに身を隠す。グリーンは部隊を三つの戦列に分ける。右手をヒュー・マーサー将軍の部隊、中央をアレグザンダー将軍の部隊、そして、左手をマティア・ド・フェルモア将軍の部隊が進む。ワシントンは中央の戦列に入る。

前進を開始したワシントンの目に家の前で薪を割っている男が映る。その男は、兵士たちがやって来たのを見て手を止めて立ち尽くしている。

ワシントンが尋ねる。

「ヘッセン傭兵の歩哨がどこにいるか教えてほしい」

男が驚いた表情を浮かべているのを見た幕僚が口を挟む。

「怖がる必要はありません。あなたに質問した人はワシントン将軍です」

それを聞いた男の顔に笑顔が浮かぶ。先に見える建物を指し示す。それはリチャード・ハウエルの樽店であった。

リチャード・ハウエルの樽店からヘッセン傭兵が飛び出してドイツ語で叫んだ。

「敵軍。敵軍。集合。集合」

呼び声に応じて三、四人のヘッセン傭兵が姿を現す。すぐにマスケット銃が火を噴く。銃弾は向かって来る大陸軍の兵士たちの頭を掠めたが誰にも命中しなかった。すぐに樽店は制圧される。

さらに向こうにある家屋から二〇人余りのヘッセン傭兵が走り出た。士官の指揮のもと、彼らは戦列を組んで何発か銃弾を放ったが、多勢に無勢を悟って、街の中央に向かって撤退する。

兵士たちを先導するワシントンの右手から砲声が聞こえる。それは、サリヴァン率いる部隊の到着を知らせる合図であった。右翼でも戦闘が始まる。歩哨はすぐに追い散らされた。近くにはハーミテッジと呼ばれる邸宅があって、五〇人からなる猟兵の一隊が駐屯していた。そこから出た猟兵は、追跡してくるサリヴァンの部隊に向かって何度も一斉射撃を浴びせながら、アサンピンク川に架かる橋を目指して退却する。

奇襲の開始と同時に、トレントンの対岸に据えられた大陸軍の大砲が砲撃を開始する。砲撃はヘッセン傭兵の戦意を削ぐのに少しは役立った。しかし、対岸から六〇〇ヤード（約五四〇ｍ）しか離れていなかったにもかかわらず、雪のせいで視界が悪く、敵と味方を判別できなかったので、戦況にあまり影響を及ぼさなかった。

街の周囲から敵軍を排除した後、大陸軍は、目抜き通りのクイーン通りを抑えるために、二門の六ポンド砲と二門の野戦砲を配置する。その一方で、ハミルトンも二門の六ポンド砲でキング通りを抑える。合計六門の大砲が街の中央を目がけて火を噴く。

建ち並ぶ家々を盾にしながら大陸軍の兵士たちは通りを進撃する。兵士の中には、「今こそ人の魂を試す機会である」と叫んで攻撃を開始する者がいた。確かにそうだ。この機会を逃せば、ほかに魂を試す機会が訪れるだろうか。

銃声で敵襲を知ったジェイコブ・ピエル中尉は本営に駆けつけて扉を激しく叩く。なかなか返事がない。ピラルはトランプを終えた後、ハント邸から本営に戻って眠りに就いていた。いつも九時まで起床しない。ピ

U.S. Army Center of Military History, Alexander Hamilton's Company of New York Artillery Opening the Battle of Trenton at Dawn, 26 December 1776 (20th Century)

エルが声を張り上げて周りにいる兵士に呼びかけていると、ようやく目を覚ましたラルが寝間着姿で窓に顔を出す。

「何事か。何事か」

「発砲音をお聞きにならなかったのか」

「すぐに行く」

ラルはすばやく軍服を着用すると、外に出て馬に飛び乗った。そして、ただちに迎撃に向かえとフランシス・シェーファー中佐に一隊を預ける。シェーファーは、イングリッシュ教会（現聖ミカエル教会）の墓地の背後で戦列を形成する。

シェーファーに命令を与えた後、ラルは擲弾兵部隊を指揮するためにキング通りを北上する。キング通りに勢揃いした擲弾兵は、正面から激しい砲撃を受けただけではなく、左手からもマーサーの部隊による熾烈な銃撃を受ける。擲弾兵に続いて二門の大砲もキング通りを進み始める。しかし、砲弾を何発か発射するまでに多くの砲兵と馬が倒れた。その一方でフリードリッヒ・フォン・デホー少佐率いる一隊も、ラル率いる擲弾兵部隊と歩調を合わせてクイーンズ通りをじりじりと上り始める。

各部隊の配置を終えたラルは、リチャード・ハウエルの樽店から退却してきた士官から事情を聞く。その士官は、大陸軍が街を完全に包囲してしまったと答えた。実際はまだ街は完全に包囲されておらず、士官の勘違いであった。しかし、ラルは、その言葉を信じて、逃れられないなら最後の最後まで戦おうと覚悟を決めた。この時、ラルが即座に南に撤退してアサンピンク川に架かる橋を渡っていれば、虎口を脱することができただろう。

キング通りとクイーン通りが交わる高台に立ったワシントンは、愛用の小型望遠鏡で戦況を静かに観察していた。そこからは朦々と上がる戦塵や大陸軍が展開する様子が建物の隙間から見えた。サリヴァンの部隊は、トレントンの西側を制圧しつつあり、マーサーの部隊はキング通りを進み、フェルモアの部隊とスティーヴンの部隊は東側に回りこみつつある。ヘッセン傭兵はもうすぐ袋の鼠になる。あとは袋の口を閉じるだけだ。

ラルの叱咤を受けて擲弾兵部隊は、ひたすら前進を続ける。目標は、キング通りとクイーン通りの先に布陣する大陸軍の砲兵隊である。大砲さえ奪取できれば戦況を覆せるかもしれない。

擲弾兵部隊は、味方の大砲の援護を受けて小川に架かる橋まで何とか前進する。そして、二回にわたって一斉射撃を放ったが、砲弾を受けて散り散りになる。大半の擲弾兵は軍旗のもとに戻ったが、そのまま逃げてしまった者もいる。戦列を何とか立て直した擲弾兵部隊であったが、四方八方から銃弾を浴びせられ足が鈍り始める。

同じく進撃命令を受けたシェーファーの部隊も正面からの激しい砲撃と通り沿いの家々に潜むマーサーの部隊の銃撃にさらされ、耐え切れずに後退し始めた。

Charles McBarron (U.S. Army Center of Military History), Battle of Trenton (1975)

マーサーの部隊に続いてアレグザンダー率いる部隊が、キング通りとクイーンズ通りに別れて、トレントンの街中を南下し始める。火を噴き始めたヘッセン傭兵の三ポンド砲を遠望したノックスは、兵士たちに檄を飛ばす。

「さあ勇敢なる諸君、あの二門の大砲を剣で奪い取るのだ」

ノックスの命令を聞いたウィリアム・ワシントンとモンローは額を寄せ合って相談する。敵の大砲をすぐに沈黙させなければならない。二人は兵士たちの先頭に立って吶喊する。

接近する大陸軍の兵士たちに気づいたラルは、すぐに擲弾兵の一隊を差し向ける。吹きつける雪が擲弾兵の視界を奪う。その一方でウィリアム・ワシントン率いるライフル銃兵たちは、歩みを止めて立て膝をつくと、狙いすました弾丸を放つ。次々に擲弾兵が倒れる。二門の三ポンド砲はすぐに奪取された。

さらにウィリアム・ワシントンとモンローは

前進する。まず敵の銃弾に貫かれてウィリアム・ワシントンが倒れた。代わりに部隊の指揮を執ったモンローも胸部と肩に銃弾を受けて近くの家に運ばれた。動脈を損傷したせいで大量の血が溢れ出る。先に同行を申し出た医師がかたわらにいたおかげで、モンローはすぐに処置を受けられた。ウィリアム・ワシントンも治療を施されて命を拾った。

街の中央に残っていたデホーの部隊は、何とか退路を切り開こうと果敢に抵抗したが、無駄に犠牲を増やすだけで、サリヴァンの部隊の侵入を阻めなかった。デホーの部隊はしだいに南東へ追いこまれる。

残る二つの部隊を再編成したラルは戦列の先頭に立つ。

「前進。奴らを銃剣で攻撃せよ」

下知に従って奮い立ったヘッセン傭兵は、隊伍を整えて反抗の準備を始める。

それを察知したワシントンは、先手を打って近くの高台に兵士たちを集める。

「わが勇敢なる同胞よ、私の後に続け」

総司令官の声に大陸軍の兵士たちが吠えるように応じる。

戦いを前にして鼓笛隊がヘッセン傭兵を励まそうと勇壮な曲を奏で始めた時、銃弾がラルを掠めた。それでもラルは屈しない。

「わが擲弾兵は総員、前進せよ」

ヘッセン傭兵は街の中央に戻ろうとしたが、大陸軍の猛攻を受けて再び後退を余儀なくされる。退路はすでに断たれている。ラルは仕方なくリンゴ園に陣を退くように命じる。そう命じた後、ラルの身体を二発の

Henry J. Johnson (Engraving),
General George Washington (1879)

銃弾が貫く。落馬したラルの脇腹には二つの深い裂傷ができていた。しばらくラルは地面に横たわっていたが、二人の兵士の肩を借りて立ち上がり、近くにある教会によろめきながら歩いて行く。その途中、負傷した士官を目にしたラルは「気の毒に」と呟いた。

ヘッセン傭兵は、街外れにあるリンゴ園に逃げこむ。葉を落したリンゴの木が寒空のもと、並んでいる。剪定された枝が所々に集められて積まれている。身を隠せるような場所ではない。リンゴ園の向こう側にはフェルモアの部隊がすでに回りこんでいて、退路を塞いでいる。

残されたヘッセン傭兵の士官たちは、いったいどうすればよいか協議する。そして全会一致で、プリンストン道に向けて脱出を試みることになった。しかし、彼らが進めたのはわずかな距離であった。フェルモアの部隊に加えてアレグザンダーの部隊が、プリンストン道へ至る道を厳しく固めていた。さらにノックスが巧みに配置した大砲がヘッセン傭兵に突きつけられる。大陸軍の兵士たちが六〇フィート（約十八m）の距離まで近づいて周りを取り囲んだ。

ヘッセン傭兵の士官は、白いハンカチを巻いた半矛（下士官が号令を下すのに使う武器）を持つ伍長を連れてアレグザンダーのもとに向かう。二人が帰って来ると、英語を読める士官が、大陸軍から示された降伏条

John Trumbull, The Capture of the Hessians at Trenton, December 26, 1776 (Before 1828)

件を他の者に話して聞かせる。そして、武器を降ろす命令が下される。

戦旗が巻かれ、だらりと垂れ下がる。ヘッセン傭兵の士官たちは剣の先に帽子を刺すと、高く掲げて降伏の証とした。ヘッセン傭兵たちは次々にマスケット銃を地面に置いた。降伏を潔しとしない者は、武器を降ろす代わりに木々の間に武器を投げ込む。アサンピンク川を越えて逃亡を試みた者もいたが、その多くが捕えられるか、もしくは溺死した。

デホー率いるヘッセン傭兵たちは、アサンピンク川を渡って何とか逃れようと街外れに突出する。その前にジョン・スターク大佐率いる一隊が立ち塞がる。戦闘の中でデホーは致命傷を負う。そのままヘッセン傭兵は橋の近くまで逃れた。しかし、橋は厳しく固められていた。通れそうにない。デホーは浅瀬を渡って逃げるように部下たちに命じる。しかし、途中で大砲がぬかるみにはまってしまい、何とか引きずり出そうとしている間に貴重な時間が失われた。何とか浅瀬を渡れた兵士も対岸で待ち構えていた部隊に捕捉される。逃亡を断念したデホーは、手傷を負った身体を兵士に支えられながら、サリヴァンに剣を差し出した。それは降伏の証である。大陸軍の兵士たちは帽子を宙に投げて歓声を上げた。

戦闘がすべて終わったのは、九時頃のことであった。ジェームズ・ウィルキンソン少佐が勝報を告げた時、ワシントンは弾むような声で答えた。

「ウィルキンソン少佐、今日はわが国にとって偉大なる栄光の日である」

この勝利を最も喜んだのは、サリヴァンとアレグザンダーだろう。二人はロング島の戦いでヘッセン傭兵によって捕虜にされたからだ。今回、立場が逆転して、彼らがヘッセン傭兵を捕虜にした。

それからワシントンは、グリーンを伴って教会から本営に移されたラルのもとに足を運ぶ。ラルの衣服は、治療をおこなうために切り裂かれていた。その隙間から一枚の紙切れがのぞいていた。それは、数時間前に農夫が大陸軍の接近を知らせるために書いたものであった。字面をなぞったラルは、その重要性に今さらながらに気づいて、ドイツ語で嘆息する。

「もしこれをハント邸で私が読んでいたら、このようなことにはならなかったのに」

ワシントンとグリーンは、通訳を介してラルと会談する。ラルは、捕虜となったヘッセン傭兵を残酷に扱わないように息も絶え絶えに求める。ワシントンは、ラルの最期の願いを聞き届け、去りぎわに慰めの言葉をかけた。それから三〇時間後にラルは亡くなり、「ここにラル大佐眠る。彼とともにすべてが終わった」という墓碑銘が配下の士官によって選ばれた。しかし、その墓碑銘が刻まれることはなかった。伝承によれば、ラルはファースト・プレスビテリアン教会の墓地のどこかに誰にも知られることなく、今もひっそりと眠っているという。

この約一時間少しにわたる戦いで、ヘッセン傭兵は少なくとも二二人の死者と八三人の負傷者を出し、九一八人が捕虜になった。本国支持派の家に身を隠した者もすぐに発見された。

一方でアメリカ軍の損失は、二人の凍死者と四人の負傷者だけであった。完全勝利である。ただワシントンは、内心ではトレントンの勝利が完全ではないと思っていた。もしユーイング率いる別働隊が渡河に成功していれば、敵をすべて捕虜にできていたはずだ。とはいえ戦果は十分にあった。大陸軍は、四〇頭の馬、六門の大砲、一、〇〇〇人分の武器、荷馬車三台の弾薬を押収した。

その他にヘッセン傭兵が市民から取り上げた物資が二一台の荷馬車に満載されていた。ワシントンは、トレントンの住民を招いて、自分たちの財産を取り戻すように告知する。しかし、多くの市民は、大切なマホガニー材の家具を見つけられなかった。ヘッセン傭兵が家具を破壊して薪にしてしまったからである。

トレントンの戦いで勝利を収めた大陸軍の兵士たちは、大喜びで至る所で跳ね回り、帽子を高く空に投げ上げた。ただ兵士たちの中には、まるでいつか自分にも同じ運命が訪れるのではないかと恐れるように、ヘッセン傭兵の遺骸から顔を背ける者もいた。ある兵士は次のように記している。

戦場をちょっと歩いてみた。恐怖と苦悩、そして、流血を見て血が凍りそうになった。死に行く者たちの呻き声が聞こえ、血に塗れた衣服が見えた。そうした光景に耐えかねて、すぐに戦場を離れた。

少しでも救いがあるとすれば、舞い落ちる雪が戦場で倒れた者を優しく包み隠したことだ。

さらなる挑戦

トレントンの戦いで鮮やかな勝利を収めたワシントンであったが、次にどう行動するべきか決断しなければならない。フィラデルフィアの守りを固めるために再びデラウェア川を渡って西岸に戻るべきか。それとも勝利の余勢を駆って、その他の前哨地点も叩いてニュー・ジャージー奪還の足掛かりにするべきか。

ワシントンは、イギリス軍の強力な増援部隊が接近しているのではないかと恐れている。作戦会議で将軍たちの意見は分かれた。

「攻撃はうまく成功した。しかし、勝利から得られた利益を失うような危険を冒すことは賢明ではない」

ある将軍は慎重策を唱える。

「攻撃が成功したのだから、さらに戦果を追求すべきだ」

グリーンとノックスは積極策を唱える。一度の勝利であればまぐれだと思われるかもしれない。しかし、連勝すればどうか。人びとが大陸軍を見る目は変わるはずだ。ワシントンは、静かに将軍たちの議論を聞いていたが、おもむろに決断を明かす。

「西岸に戻ろう」

このまま東岸にとどまれば、イギリス軍の増援部隊に包囲される恐れがある。それに昨夜から不眠不休の兵士たちは、雨と風と雪と嵐で疲弊している。カドウォーラダの部隊もユーイングの部隊も西岸にとどまったままだ。支援は期待できない。多数の捕虜の扱いも問題である。さらに鹵獲した軍需物資の中にあったラム酒のせいで、多くの兵士たちは酩酊状態になっている。ラム酒を見つけた兵士たちは、すっかり喜んでしまって勝手に飲み干してしまったのだ。寒い冬の日に身体を温めるラム酒の誘惑に勝てる者はそう多くない。

戦いが終わった後の馬鹿騒ぎを横目に見ながらワシントンは、規律が乱れるのではないかと心配する。しかし、兵士たちの奮闘がなければ今回の作戦は成功しなかった。総司令官から「トレントンでの意気軒昂で勇敢な行動」に感謝する布告が出される。「士官たちにも兵士たちにも悪い行動の例は一つも見られず、「敵に向かって熱心に邁進した」と褒め称える。

大陸軍は、元来た道をマッコンキーの渡し場まで戻って再びデラウェア川を渡る。捕虜や鹵獲した物資など往路よりも復路のほうが運ばなければならない物は多い。そこで迅速に渡河するために三つの渡し場に分散する。

北東風が雪と雹を兵士たちの顔に容赦なく叩きつける。氷が川岸に張り出しているうえに、流氷が次々にボートにぶつかるので着岸さえ難しい。兵士たちは、冷たい川の中に足を踏み入れて、不安定なボートを乗り降りしなければならない。あまりの寒さに三人の兵士がボートの中で凍死したという。

軽騎兵の一隊が東岸に最後まで残り、日が落ちるまで付近の道路を巡回して、渡し場に近づく者がいないか警戒に当たる。幸いにも何事もなく渡河は完了する。無事に作戦を終えた一人の兵士は、「あまりに疲れ切っていたので雪の上で寝てしまった。体熱で雪が溶けて私は地面に沈み込んでいた」と記している。それは当然だろう。将兵の中には四〇マイル（約六四㎞）を踏破した者や五〇時間も連続で働き続けた者もいる。翌日、一、〇〇〇人以上が軍務に服せないと報告されたのも驚くに当たらない。

ヘッセン傭兵がトレントンで敗北したという報せはすぐにイギリス軍に広まる。イギリス軍の上層部は、ヘッセン傭兵が警戒を怠っていたから敗北を招いたのだと非難する。その一方で、ヘッセン傭兵の士官たちは、そもそもハウが広い地域に軍を分散させたことが失敗の原因だと反駁する。

公平な観点からすれば、過失の割合は、ヘッセン傭兵の士官が三割、ハウが七割だろう。ラルがトレントンに堅固な防御施設を設けるか、もしくは遠方まで巡回する部隊を送り出すべきだという提言を受け入れていれば、結果は違っていたかもしれない。しかし、ハウが十七ヶ所の前哨基地に兵力を分散させたことで隙を作ってしまったことのほうが過失は大きい。

十二月二七日午前十時、カドウォーラダは兵士たちを引き連れてデラウェア川の岸辺に出た。先日、実行できなかった渡河を再び試みるためだ。川面は二五日の夜とほとんど変わらない状態であった。それでもトレントンの勝報に勇気づけられたカドウォーラダは渡河を敢行する。

ほぼすべての兵士が東岸に渡り終えた時、ワシントンから手紙が届く。すでに本隊は西岸に引き返したという。カドウォーラダは困難な状況に置かれる。カドウォーラダの部隊はデラウェア川に隔てられて本隊から切り離されている。復讐を果たそうとイギリス軍がすぐにでも殺到する恐れがある。

カドウォーラダは士官たちに相談する。さまざまな意見が出る。本隊が西岸に戻った以上、我々がここにとどまる必要はない。まだ他にもヘッセン傭兵がいるはずだ。トレントンで捕虜になった者たちは一部にすぎない。すべての前哨基地を統括するカール・フォン・ドノープ大佐が逆襲に出るかもしれない。すぐに引き返すべきだ。その意見に本営からやって来たジョゼフ・リードが強く反対する。せっかく苦労して川を渡ったのに何もせずに引き返せば、民兵たちは呆れて離脱してしまうだろう。敗北に衝撃を受けている敵を攻撃して戦果を拡大すべきだ。

「栄光のために」

それがリードの最も愛する言葉であった。しかし、士官たちはリードの意見に難色を示す。最終的に、ひとまず情勢を探るためにバーリントンに向かうことで意見がまとまる。

午後九時、カドウォーラダの部隊はバーリントンに到着する。敵の姿はない。偵騎として先行していたリードの報告によれば、さらに北東のボーデンタウンにも敵影はないという。

翌朝四時、カドウォーラダから命令を受けたトマス・ロドニーは、バーリントンを出発してボーデンタウンに向かう。道沿いには横棒柵に藁を被せた遮蔽物がいくつか残っていた。ヘッセン傭兵が作った物だ。それ以外の物はほとんど何も見当たらなかった。小麦や牛馬、そして、鶏やアヒルさえも見かけない。ヘッセン傭兵がすべて持ち去ったのだろう。

街外れにある橋まで来た時、先方でヘッセン傭兵が待ち構えているという報せが入る。そこで兵士たちは警戒態勢に入る。しかし、一時間後、ヘッセン傭兵がどこかへ逃げ去ったという続報が届く。

兵士たちは街に入る。住人の姿はない。街はドノープの本営として使われていた。ヘッセン傭兵の軍靴のせいで、煉瓦造りの立派な家は泥に塗れている。まるで「豚の群れの本営」のようだとロドニーは思った。ヘッセン傭兵を追ってカドウォーラダの部隊はさらに東のクロスウィックスに至る。そこでロドニーは一人の男の死体を見た。話によれば、その男は敵軍に通謀していたという。他の本国支持派とともに捕らえられたが、逃亡を企ててその場で射殺された。

カドウォーラダのもとで偵騎として活躍していたリードはトレントンまで足を伸ばしている。大陸軍が西岸に戻った後、イギリス軍がトレントンを取り戻した形跡はない。そこでリードは、ニュー・ジャージーの支配権を完全に奪い返す好機だとワシントンに提言する。カドウォーラダもデラウェア川の東岸に軍を返して次の攻撃に取りかかるようにワシントンに要請する。

要請を受け取ったワシントンは今後の方針を決めるために作戦会議を開く。

まずワシントンが立ち上がって意見を述べる。

「カドウォーラダの要請を拒むことはできない。敵の反攻を受ける危険を冒してでも攻撃を再開したい」

それを聞いた一人の将軍は反対意見を述べる。

「カドウォーラダの部隊を呼び戻すべきである」

今度はアレグザンダーが立ち上がって朗々と弁じる。

「今こそ全力を尽くすべきだ。もし我々が全力を尽くせば、ハウ将軍の軍は壊滅するだろう。彼らは春になっても新しい兵士を集められなくなる。次の作戦もきっと我々の勝利で終わる」

アレグザンダーの壮言に動かされた将軍たちの心は一つになる。ワシントンは、ニュー・ジャージーから敵軍を一掃する決意を固めた。要請に応じる旨をカドウォーラダに伝える使者が発つ。他にも大陸軍の作戦に呼応して敵軍を撹乱するために民兵をすみやかに召集するように各地へ要請が飛ぶ。

十二月二九日、大陸軍本隊の渡河が開始される。前回の渡河よりもさらに渡河は困難になっていた。川面が完全に凍結していたからだ。人間は歩いて渡れるが、大砲を渡そうとすれば氷が割れてしまう。それでも大陸軍は進まなければならない。今こそ果敢な攻勢で戦果を獲得できる好機だからだ。このまま何もせずに時間を無駄にすれば、兵役期間が切れて兵士たちは去ってしまう。それまでに赫々たる武勲を上げなければならない。

こうして大陸軍がデラウェア川の東岸に大挙して移動を開始した一方で、前哨基地を統括するドノープは、カドウォーラダ率いる部隊の動きを追っていた。偵騎によれば、カドウォーラダは、ニュー・ジャージーの民兵と連携してプリンストンを襲撃しようとしているという。ドノープは、復讐に燃えるヘッセン傭兵を率いてプリンストンに馳せ向かう。

十二月三〇日、大陸軍の渡河がようやく完了する。ある士官は次のように記している。

午前十時、我々はトレントンに到着した。そこで我々は軽騎兵に引き立てられて連行される七人の捕虜を見た。我々は、プリンストンにいる敵軍の数が七、〇〇〇人であること、そして、二、三日でトレントンにいる我々を攻撃するつもりだと彼らから聞き取った。

兵士たちの決意

トレントンに勢揃いした大陸軍本隊であったが、兵役期間の終了が二日後に迫っている。兵士たちが去ればこれ以上、戦闘を継続できない。ノックスとミフリンが兵士たちに残留を訴えかけるがうまくいかない。やはりここは総司令官の出番である。まずワシントンは、一番手に負えない部隊の前に立つ。そして、一〇ドル（二万七、〇〇〇円相当）の報奨金を与える代わりに、兵役期間を六週間延長するように兵士たちに呼びかける。一〇ドルという額は少ないように思えるかもしれないが、一般的な兵卒の一ヶ月の給料は六ドル（一万六、〇〇〇円相当）程度であったから少ないとは言えない。

総司令官の呼びかけが終わった後、士官たちが「兵役期間の延長に応じる者は太鼓の音とともに前に進み出よ」と兵士たちに命じる。しかし、太鼓が打ち鳴らされた時、動いた者は誰もいなかった。

寒空のもと、ワシントンと兵士たちの間を凍風が吹き抜ける。一人の勇敢な兵士が声を上げて静寂を破る。その兵士は、これまでの苦難に満ちた軍旅を語り、いかに故郷に帰ることを夢見ているか切々と訴える。家で待っている家族も心配だ。いつ家族がイギリス軍に襲われるかわからない。兵士の訴えは、さながら砂漠が水を吸収するように仲間たちの乾いた心に浸透する。その場に並ぶ全員が訴えへの同意を沈黙で示す。総司令官の懇願に耳を貸す者は一人もいない。それを見たワシントンは、兵士たちの目の前まで馬を進めて言葉をかける。

わが勇敢な同志よ、諸君は私が諸君に求めたことをすべて成し遂げた。それどころか期待できる以上のことを成し遂げた。しかし、祖国だけではなく、諸君の妻が、諸君の家が、そして、諸君が大切に思うすべての者たちが危機に瀕している。諸君は疲労と困難によって身をすり減らしてきた。どのように諸君を思いやればよいかわからないほどだ。もし諸君が一ヶ月でもさらにとどまることに同意してくれれば、諸君は、他のどのような状況でも成し遂げられないほど自由の大義と祖国に貢献できる。我々は今、大きな危機を前にしている。我々の運命を決定するのは今なのだ。

ワシントンの演説は、必ずしも巧みとは言えない。名言は何も含まれていない。しかもワシントンは訥弁である。しかし、ワシントンの言葉には真摯な願いがこめられている。熱い想いが溢れている。

演説が終わった後、再び太鼓が打ち鳴らされる。兵士たちは各所で集まって話し合いを始める。

「俺はもしおまえが残るなら残るぞ」

一人の兵士が言う。

「それなら俺だけ家に帰るわけにはいかないな」

別の兵士が答える。

そのような情景がここかしこで繰り広げられる。話し合いが終わった時、一人の古参兵が確かな足取りで前に出て言った。

「俺は家には帰れねえ。俺が必要とされているならな」

堰を切るように、多くの兵士たちが続いて前に進み出る。部隊に所属する全員が兵役期間の延長に応じた。この時、残留を選択した兵士の一人は次のように記している。

他の者たちと同じく、家に帰りたいという気持ちが強かったが、その時、私はとどまろうと決意した。そして、私とともにとどまる多くの兵士たちと一緒に持てる限りの力を尽くそうと思った。

同様の説得が他の部隊にもおこなわれ、数日もすれば去る予定だった兵士たちの三分の二が兵役期間の延長を受け入れた。もちろんいかなる報酬にも見向きもせずに帰郷した者たちもいたが、陣営を去った者たちの大半は、怪我や病気でこれ以上、戦えない者たちであった。大陸軍が瓦解する危機は回避された。ワシントンは、軍にとどまることを誓った兵士たちを兵員簿に載せる必要はないと士官に命じる。彼らの誓いだけで十分だと考えたからだ。

総司令官に着任した当初、ワシントンは、汚い人の群れのようにしか見えない兵士たちのことを理解できなかったし、兵士たちもワシントンを理解できなかった。数々の苦難をともにすることによって、ワシントンは兵士たちを信頼するようになった。その一方で、兵士たちもワシントンに敬慕を抱いた。上官が部下のことを考えるようになれば、部下も上官のことを考えて行動するようになってくれる。そして、上官が失敗しないように、自分たちに与えられた責務を果たそうとする。

兵士たちが兵役期間の延長に応じたのは、ワシントン個人に対する忠誠心によるところが大きい。そして、仲間の兵士たちとの連帯感も軍にとどまる強い動機となった。仲間たちを危険にさらして自分だけおめおめと帰郷できようか。なぜなら、人はパンと水のみで生きているのではなく、それと同じくらい、互いの承認を必要としているからだ。そうした精神が充足されれば、兵士たちはどのような艱難辛苦であろうとも自ら進んで耐えようとする。

ほかにも兵士たちが要求に応じた要因がある。勝利である。戦争全体の局面からすれば、トレントンの戦いは局地戦でしかない。しかし、独立を支持するすべてのアメリカ人に及ぼした心理的影響は計り知れない。戦争は数字だけで決定されるわけではない。人びとの心にいかに影響を及ぼすかも大事である。ワシントンはそのことを十分に知っている将軍であった。

ただ問題がすべて解決されたわけではない。兵士たちに約束した報奨金をどのように捻出するか考えなければならない。軍営の金庫は空である。それに価値の下落した大陸紙幣を受け取っても兵士たちは喜ばない。そうなると正貨、つまり金貨や銀貨が必要となる。ワシントンはマウント・ヴァーノンを売り払ってでも兵士たちと交わした約束を果たすつもりだった。しかし、すぐに買い手は見つからない。そこでワシントンは、大陸会議の財務官を務めるロバート・モリスに相談する。

どこでもよいのでお金を借りて下さい。我々は個人の信用でお金を借りています。すべての重要人物、そしてすべての愛国者は、このような場合にこそ信用を活かすべきでしょう。親愛なるあなたよ、時間がないのです。

モリスは、リヴァプール生まれの豪商である。製造業、海運業、金融業などで巨万の富を築いていた。肉づきの良い大きな顔に太鼓腹といういかにも商人といった風貌であり、フィラデルフィア随一の富豪として知られていた。大陸会議の財政を一手に担っている。時に金貨や銀貨を握る手は、剣や銃を握る手よりも顕著な活躍をすることがある。もちろん金貨や銀貨だけでは戦争はできないが、剣や銃だけでも戦争はできない。

ワシントンから正貨を早急に送るように要請を受けたモリスは頭を抱え込む。大陸会議に正貨を融通してくれる者は誰もいない。沈みかけている船に大事なものを預ける者などどこにいるだろうか。暗澹たる思いを抱きながらモリスは、その日の仕事を終えて会計室を出た。悄然としたモリスの様子を不審に思った隣人が声をかける。事情の説明を受けた隣人はモリスに語りかけた。

「ロバート、あなたは何か担保を準備できるのか」

その言葉にモリスはためらうことなく明言した。

「私の手形、そして、私の名誉を」

この会話の数時間後、モリスはワシントンに宛てて次のような手紙を書いた。

今朝、私は早く起きて、閣下に五万ドル（一億四、〇〇〇万円相当）を送る手配をしました。あなたが軍隊を維持できれば幸いです。もしさらにお金が必要でしたら、公私の別を問わない私の尽力に期待して下さい。

鮮血に染まる橋

ワシントンは、何とか兵士たちの慰留に成功して大部分の兵力を確保できた。攻勢を仕掛ける前に敵の兵力と配置を探り出す必要がある。そこでこの周辺の地理に詳しいリードが、情報を集めるために騎兵隊を率いて偵察に出る。

プリンストン付近まで騎兵隊がやって来た時、イギリス兵を発見した。どうやら食料をどこかで調達しようとしていたらしい。リードは、イギリス兵を捕らえてワシントンのもとに連行する。ワシントンは、捕虜から重大な情報を聞き取る。プリンストンのイギリス軍がトレントンを攻撃しようと準備しているという。さらにコーンウォリスが五、五〇〇人のイギリス軍を率いて応援に駆けつけようとしている。

ワシントンは、イギリス軍の動きに対応するために作戦会議を招集する。最新情報の共有がおこなわれた後、ワシントンの口からまず決意が述べられる。

「デラウェア川の西岸に撤退するつもりはない」

それは、東岸でイギリス軍と一戦交えるという決意である。居並ぶ将軍たちは総司令官の決断を支持した。決戦に備えてカドウォーラダの部隊も含めて周辺の民兵隊に至急、合流を求める命令が送られる。

民兵隊の到着を待つ間、ワシントンはアサンピンク川の南岸に本隊を移す。最近の雨で増水した川が天然の防壁となる。それに橋は一つしかない。左手にはデラウェア川が流れているので、その方面から敵が来る心配はない。しかし、右手は細流のほかに敵を遮るものは何もない。もしイギリス軍が迂回を試みれば大陸軍は窮地に陥る。それでもほかに選択肢はない。

とにかくイギリス軍を迂回させずに、大陸軍の防衛線の正面に進むように誘導しなければならない。そこでワシントンは、メイデンヘッド（現ローレンスヴィル）にフェルモアの部隊を配置した。フェルモアの任務は、イギリス軍の進撃を遅らせるとともに、トレントンの正面に誘いこむことである。

年が明けて一七七七年一月一日、グラントはニュー・ブランズウィックを発ってプリンストンまで駒を進める。その夜、コーンウォリスの部隊も合流を果たす。コーンウォリスは、圧倒的な兵力を活かして堂々と正面からトレントンに入るべきだと主張する。それに対してヘッセン傭兵を率いるドノープは、本隊がワシントンの注意を正面で引きつけている間に、別働隊が迂回して腹背を突くべきだと提案する。しかし、コーンウォリスは、ドノープの提案を却下する。ドノープの提案が却下されたことは、ワシントンにとって幸いであった。

本隊を動かす前に、イギリス軍は露払いとして軽歩兵と猟兵を先に南下させた。フェルモア指揮下のエドワード・ハンド大佐率いるライフル銃兵部隊が、細流を盾にして前進を阻もうと待ち構えている。軽歩兵と猟兵は、細流を突破して通路を確保しようとしたが、撃退される。そこへ擲弾兵が援軍に駆けつけ、ライフル銃兵を激戦のすえ、ようやく排除する。

その夜、ワシントンは再び作戦会議を開く。コーンウォリス率いるイギリス軍がトレントンに襲来するのは今や確実である。それに対抗するために大陸軍はどうすべきか。兵力を集中させるべきだ。そこで民兵隊に一月二日午前六時までに大陸軍本隊と合流するように命じた。民兵隊が到着すれば、ワシントンの手元にいる兵力は三、六〇〇人から六、八〇〇人まで増強される。

一月二日未明、激しい雨が降る中、コーンウォリスは八、〇〇〇人の兵士を率いてトレントンを目指して驀進する。この季節にしては気温が高く、雨は凍結せずに土と混じり合って泥濘と化す。イギリス軍の先頭には、トレントンを奪還して仲間の仇を討とうと意気ごむヘッセン傭兵が立つ。指揮官はドノープである。

散発的な戦闘は十時頃から始まった。昨日と同じく行く手を阻むのはハンド率いるライフル銃兵部隊である。ライフル銃兵部隊は支援部隊と協力して執拗に銃撃を繰り返す。苛立ったイギリス軍の前衛部隊がすばやく戦列を組んで一気に片づけようとすると、いつの間にか大陸軍は姿を消していた。そうした戦闘が何度もおこなわれ、イギリス軍がシャバカンク川まで到達した頃には午後一時になっていた。トレントンまで残すところ三マイル（約四・八㎞）。

シャバカンク川は必ずしも防衛に適した場所ではない。たいした幅もなければ、渡河が可能な場所も複数ある。しかし、足止めするくらいであれば十分である。ハンドは橋をあらかじめ撤去しておき、部隊を密生した木立の中に伏せた。先陣を切って北岸に到着したヘッセン傭兵は、さっそく銃火の洗礼を受ける。

そこへ戦況を視察するためにワシントンがトレントンからやって来た。総司令官の激励を受けたハンドは、期待に応えて圧倒的な敵軍を前にして何とか持ちこたえて時間を稼ぐ。午後三時半、衆寡敵せず、ハンドはついに退却を命じる。退却中も抵抗は続く。

シャバカンク川とトレントンの間には峡谷が続いている。ヴァージニアのライフル銃兵は、急造の堡塁にこもって背後に迫る敵に反撃しながらゆっくり後退する。さらに峡谷を見下ろす高台に二門の大砲が据えられ、イギリス軍を脅かす。

コーンウォリスは砲兵隊をすぐに展開するように命じた。イギリス軍が側面に回りこみ始めたのを観望したハンドは、砲兵隊に撤退を命じてトレントンの街へ向かう。太陽は徐々に西に傾き始めている。

ハンドの部隊の撤退を支援するために、ワシントンはダニエル・ヒッチコック大佐の部隊に出動を命じる。クイーンズ通りを北上したヒッチコックは、アサンピンク川に架かる橋を目指して後退する友軍を援護する。イギリス軍は、ハンドの部隊を捕捉するために橋に進路を変える。アサンピンク川の対岸に据えられた大陸軍の大砲がすかさず火を噴いてイギリス軍の動きを牽制する。その一方で、ヒッチコックは、獰猛なヘッセン傭兵による銃剣突撃をなんとか耐えしのごうと兵士たちを叱咤していた。しかし、キング通りを南下してきたイギリス兵が側面に回りこんだのを見た兵士たちは、総崩れになって橋に殺到する。橋さえ渡れば仲間たちに合流できる。

戦況を静かに観察していたワシントンは決然とした表情を浮かべると、馬を踊らせて橋を渡る。そして、橋の袂にいたチャールズ・スコット大佐に声をかける。

「この橋を絶対に守ってくれると私は君に期待している」

「閣下、最後の一兵になっても守り切ります」

「よろしい」

そう言うとワシントンは満足そうに頷き、砲兵隊の横に馬を寄せて督戦を続ける。迫り来るヘッセン傭兵に対して、ワシントンの姿はまるで石像のように揺るがない。飛来した銃弾が未明の豪雨で柔らかくなった川岸にめり込む。幕僚たちは、戦場を見通すために近くの高台に移るように総司令官に勧める。しかし、ワシントンは、「今はここにいて砲兵隊を鼓舞するべきだ」と答えて幕僚たちの勧めを拒んだ。砲兵隊の支援のおかげで何とか兵士たちは安全な対岸に渡れた。それを確認したワシントンは、ヒッチコックにデラウェア川に沿って布陣せよと命じる。

大陸軍はアサンピンク川の南岸で陣を固める。アサンピンク川に沿った防衛線は、北のフィリップス・ミルまで三マイル（約四・八㎞）に及ぶ。南岸にはいくつかの高台があって効果的に砲兵隊を配置できる。さらに急造であったが、要地には胸壁も築かれている。

夕闇が迫る中、コーンウォリスは北岸の高台に部隊を集結させた。大陸軍の防衛線の弱点を探ろうと、さっそくイギリス兵とヘッセン傭兵が動き始める。川岸に散在する家々を盾にしてイギリス軍は前進する。しかし、川面には何も身を守るものがない。渡河しようとしたイギリス兵とヘッセン傭兵は、大陸軍から激しい銃撃と砲撃を浴びせられて後退する。こうしてイギリス軍の最初の攻撃は失敗に終わる。

次にコーンウォリスが目をつけたのは橋である。やはり橋を正面突破するしかない。まず突撃を援護するために砲兵と猟兵が配置される。ヘッセン傭兵の擲弾兵が狭い橋に向かって進撃を開始する。迎え撃つチャールズ・スコット大佐は兵士たちに檄を飛ばす。

「おまえ達、親分［ワシントン］がこの橋を守るように俺たちを配置したってわかってるな。神に誓ってそうしなくちゃいかん。目にもの見せてやれ」

擲弾兵は、暴風雨のように飛来する銃弾と散弾の中を怯まずに橋の半分くらいまで突き進んだが、結局、突破できなかった。すぐにコーンウォリスは、イギリス兵に支援に向かうように命じたが、その部隊も同様に橋の袂まで押し戻される。橋の周りには多くの兵士が折り重なって倒れていた。中には息がある者もいたが、救出しようと少しでも橋に近づけば銃弾が飛んで来る。それでも諦めずにイギリス兵は、再び橋の制圧に取りかかったが、今度もやはり撃退された。二度にわたる勝利を収めて大陸軍の兵士は勝鬨を上げる。

コーンウォリスはなおも諦めない。新手の部隊を準備して三回目の強襲を企図する。新手が加わったのを見てワシントンは、スコットの部隊を援護せよとカドウォーラダに命じる。

カドウォーラダの部隊の中にいたトマス・ロドニーは、兵士たちの先頭に立って橋に急行する。戦列が組まれる。ある兵士が戦列の少し後ろに立っていた。それを見たロドニーは剣を抜いて叫ぶ。

「もし前に出なければ、首を斬るぞ」

驚いた兵士が前に飛び出る。

戦場に到着しても、ロドニーが活躍するまでもなかった。スコットの部隊の固い守りに、イギリス軍の強襲はまたも失敗に終わる。太陽は完全に西に沈む。この日の戦闘はここまでである。

戦闘の様子を見ていた者は、「［イギリス兵の］赤い外套と死傷者の血で橋が赤く見えた」と記している。アサンピンク川の戦いで大陸軍が五〇人程度を失った一方で、イギリス軍の損害は三五〇人以上、朝からの戦闘の犠牲者を加えると五〇〇人以上にのぼった。

防衛線の突破を断念したコーンウォリスは、トレントンを去ってシャバカンク川の南岸に移る。大陸軍の動きを監視するために一隊がトレントンに残った。イギリス軍の上層部では、次にどう行動するかで意見が割れる。

まずグラントが口火を切る。

「ワシントンはもはやどこにも逃れようとしないだろう。朝からの進軍と戦闘で疲れている兵士たちを休息させるべきだ」

続いて別の士官が意見を述べる。

「もしワシントンが私の理解している通りの将軍であれば、翌朝、大陸軍の姿はないでしょう」

「我々はすでに古狐を取り押さえた。朝になったら進軍して奴を袋の鼠にするだけだ」

そう答えてコーンウォリスは作戦会議を締めくくった。コーンウォリスの考えていた作戦は、翌朝、フィリップス・ミルを突破して大陸軍の右側面に回りこむという作戦である。そうすれば大陸軍をデラウェア川の岸に追いつめられる。兵士たちは休息を与えられた。プリンストンから増援部隊が到着するのを待つ。

闇夜の転進

アサンピンク川の南岸で大陸軍の兵士たちは、大きな篝火を燃やして暖を取っていた。ある者は今夜の糧を探し、またある者は何とか休める場所はないかと歩き回った。一時的であったが、イギリス軍を撃退したことで兵士たちの間には解放感が生まれていた。明日の作戦について兵士たちが思いわずらう必要はない。もちろん兵士たちの中には、「最も楽観的な者でも明日、勝利できる見込みがあるとはとても思えないだろう」と心配していた者もいた。作戦会議に集まった将軍たちも同じである。ジェームズ・ウィルキンソン少佐はその様子を次のように記録している。

両軍の状況は誰もが知っていた。戦闘は避けられない。もしこのまま明朝までとどまって戦闘が起きれば、敗北は必至である。唯一の退路は川を渡ることだが、非常に困難である。大陸軍が壊滅すれば国家にとって致命傷となるだろう。こうした状況下で、ワシントン将軍は助言を求めた。さまざまな意見が出た。ある者は退却を提案し、またある者は、すべてを賭けて決戦を挑むべきだと主張した。私の考えでは、総司令官はその性質から後者を支持していたようだ。

将軍たちは、コーンウォリスが包囲殲滅を狙っていることを確信していた。このまま朝を迎えれば、大陸軍はきわめて不利な状況に置かれる。アサンピンク川は強固な天然の障壁ではない。もともと水量が豊かではなく、上流には簡単に渡れる浅瀬がいくつもある。もし脆弱な右側面に回りこまれれば大陸軍の敗北は避けられない。とはいえ、デラウェア川を渡って安全な西岸に撤退しようにもボートが足りない。渡河に手間取っている間に背後から攻撃されれば一敗地に塗《まみ》れるだろう。

間近に迫ったイギリス軍の兵力からすると、軍需物資が置かれている後方のプリンストンはきっと手薄なはずだ。そう推測したワシントンは、コーンウォリスの裏をかこうと思案する。

再び偵察に出ていたリードから報告が入る。イギリス軍は、トレントンの東側に部隊をほとんど配置していないという。さらにワシントンの手元には、カドウォーラダから受け取った秘密の地図がある。地図に示された裏道を通ってここから秘かにすり抜ければ、プリンストンを奇襲できる。それがワシントンの作戦であった。

敵が予期しない経路から警戒が最も薄い弱点を急襲する。それこそ兵法の要諦である。ただ、どのような罠が仕掛けられているかわからない敵の勢力範囲に深く侵攻するのはリスクが高い。そのような危険な賭けであるにもかかわらず、作戦会議で将軍たちは、ワシントンの作戦を全会一致で支持する。

ワシントンが自分の戦術に自信を深めれば深めるほど、将軍たちもワシントンに対する信頼を深めた。その結果、ワシントンの作戦が通りやすくなった。当たり前のことだが、まず指導者が自分の計画に自信を持たなくてはならない。

一月二日夜、すぐに行動に移れるように準備せよという命令が各部隊に下される。兵士たちには目的地は知らされなかった。秘密を漏らさないためだ。密偵がどこに紛れこんでいるかわからない。兵士たちの間で憶測が飛び交う。内密であったにもかかわらず、プリンストンが作戦目標だと悟った者もいた。

まず迅速な行軍に不向きな輜重隊と重砲は、アダム・スティーヴン将軍の指揮のもと、安全なバーリントンに送られる。イギリス軍に鹵獲されないようにするためだ。次に、後に残る部隊が配置につく。もしコーンウォリスに転進を察知されれば、大陸軍の奇襲作戦は失敗に終わる。残留部隊の任務は、一晩中、横棒柵に高く掲げられた篝火を絶やさず、掘削道具でわざと騒音を立てて、あたかも大陸軍が全軍で戦いに備えているかのように偽装することだ。朝までイギリス軍の注意を引きつければ任務成功である。

午前一時、進軍命令が発せられる。物音を立てないように砲車や弾薬車には毛布が巻かれる。私語は厳禁され、命令は囁き声で伝えられた。いざプリンストンへ。十二マイル（約十九㎞）の道程である。

暗夜の道をたどる兵士たちを北西風が襲う。ここ数日、上昇気味だった気温が一転して急降下したせいで、路面は固く凍っている。しかし、それはむしろ好都合であった。泥濘にはまった大砲を引き出すのは大変である。凍結していればその心配はない。それでも道中は楽ではない。深い森の中を抜ける道は切り開かれた

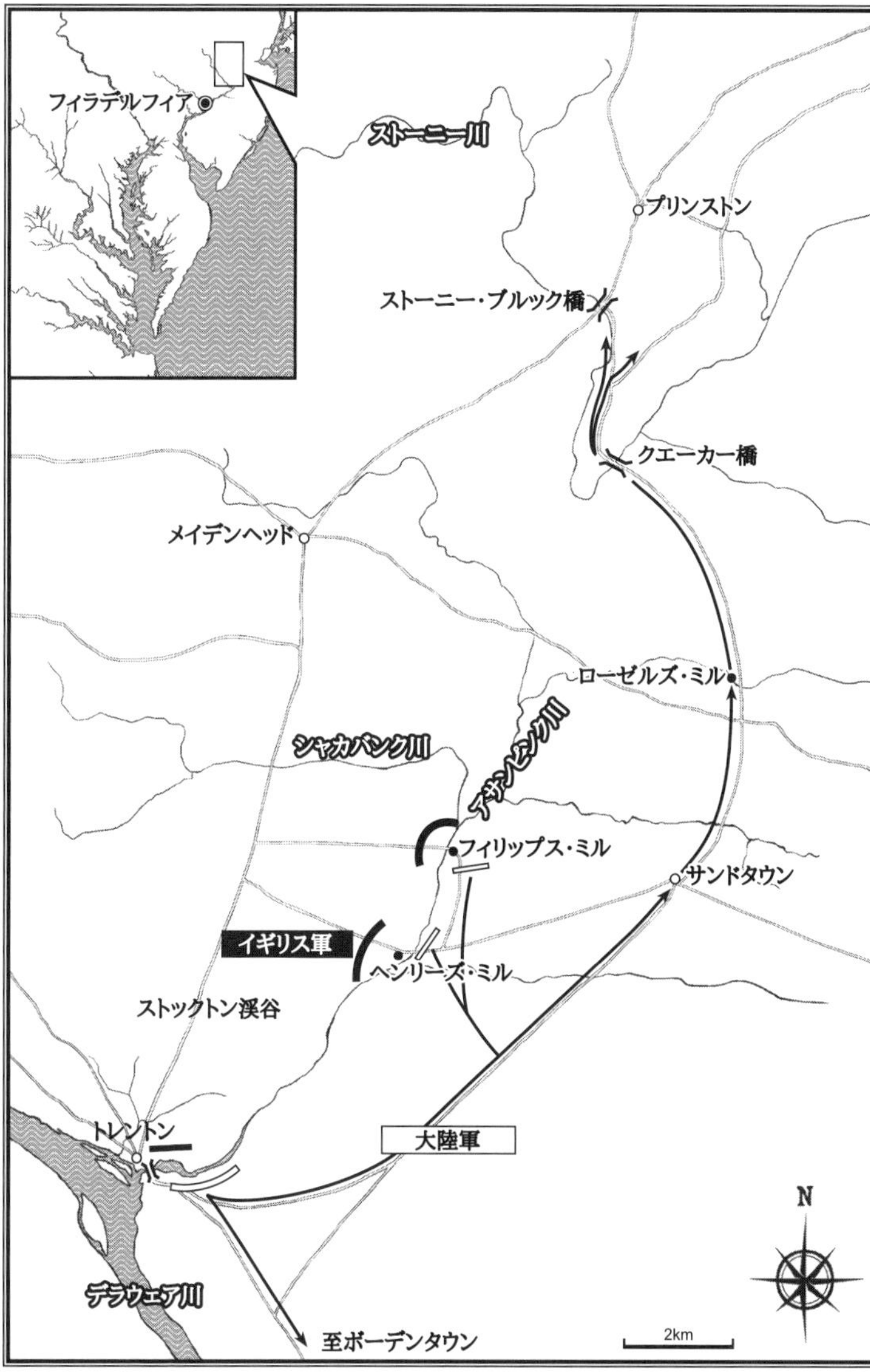
フィラデルフィア
ストーニー川
プリンストン
ストーニー・ブルック橋
クエーカー橋
メイデンヘッド
ローゼルズ・ミル
シャカバンク川
アサンピンク川
フィリップス・ミル
サンドタウン
イギリス軍
ヘンリーズ・ミル
ストックトン渓谷
トレントン
大陸軍
N
デラウェア川
至ボーデンタウン
2km

ばかりで、そこかしこに切り株が残っている。月明かりだけを頼りに切り株を避けて歩かなければならない。疲弊した兵士は、少しでも進軍が止まると、立ったままで眠りに落ちた。

イギリス軍の目をごまかそうとした大陸軍であったが、完全に欺くことはできなかった。コーンウォリスのもとには、大陸軍が動き始めたという報せが入っていた。トレントンの戦いでヘッセン傭兵が奇襲を受けて敗れたばかりである。もしかするとワシントンは、また奇襲を企んでいるかもしれない。北に大きく迂回してイギリス軍本隊の背後を突こうとしているのではないか。そう考えたコーンウォリスは、アサンピンク川の上流を固めるように指示する。しかし、それはまったく見当違いであった。ワシントンの目標は、プリンストンであって、イギリス軍本隊ではなかったからである。

まったく知らない道を夜間行軍する場合、若干の混乱が起きるのは仕方がない。軍列の中にいたロドニーは、「ヘッセン傭兵に囲まれた」という叫びが後方で上がるのを聞いた。するとそれに怯えた一部の民兵が恐慌状態に陥って、勝手に軍列を離れて姿を消した。

午前六時五〇分、曙光が大地を染め始めた頃、ヒュー・マーサー将軍率いる前衛部隊は、ストーニー川に架かるクエーカー橋に到着した。ある士官は、「朝は輝かしく、穏やかだったが、非常に寒く、あらゆる物が白い霜で覆われていた」と記している。マーサーが橋の強度を調べたところ、どうやら大砲の重さに耐えられそうにない。そこで大砲を渡せるように応急処置が施される。

待機時間を利用してワシントンは、後続部隊を橋の袂に集結させて休息を命じる。ここでワシントンは、隊列を二つに分けることにした。

サリヴァン率いる部隊は右手のソー・ミル道に入ってプリンストンの南に出る。総司令官はサリヴァンの部隊とともに進む。

そして、グリーン率いる部隊は、そのままクエーカー・ブリッジ道を直進してキングズ公道に出てストーニー・ブルック橋を抑える。そこさえ抑えてしまえば、もしトレントンからイギリス軍の援軍が駆けつけても妨害できる。その後、南側からプリンストンに侵入を試みるサリヴァンの部隊を援護するために陽動作戦をおこなう。マーサーが先鋒を率いて、その後にカドウォーラダ率いる部隊が続く。

出発の時刻は午前七時二〇分。太陽は完全に地平線から顔を出し、赤々と兵士たちの顔を照らしている。プリンストンまであと六マイル（約九・七㎞）。昨日まで泥濘に塗れていた道は、寒さのせいで氷結して、まるで煉瓦で舗装されたようになっている。気温が上昇し始めれば、また泥濘に戻るだろう。

プリンストンの戦いは偶然が重なって起きた戦いである。大陸軍もイギリス軍もまったく予期していない場所と時間で交戦が始まった。

一月三日黎明、チャールズ・モーフード中佐率いる八〇〇人のイギリス兵が、トレントンへ増援に向かうためにプリンストンを出発した。モーフードが受けたのは単なる移動命令である。その時点で大陸軍の動きにはまったく気づいていなかった。

褐色の小馬に跨ったモーフードは、二匹のスパニエル犬を従えてキングズ公道を進む。そして、街から一マイル半（約二・四㎞）離れたストーニー・ブルック橋を渡って、その先にある小高い丘に差しかかった。遥か先で輝く何かがモーフードの目を捉えた。小型望遠鏡で覗くと、森の中から一群の男たちが出て来るのが見えた。それはサリヴァンの部隊であった。

モーフードは、まさかこの近辺で大規模な部隊が展開しているはずがないと考える。イギリス軍に打ち破られてトレントン方面から逃げて来た敗残兵に違いない。偵騎を送り出す。そして、念のためにプリンスト

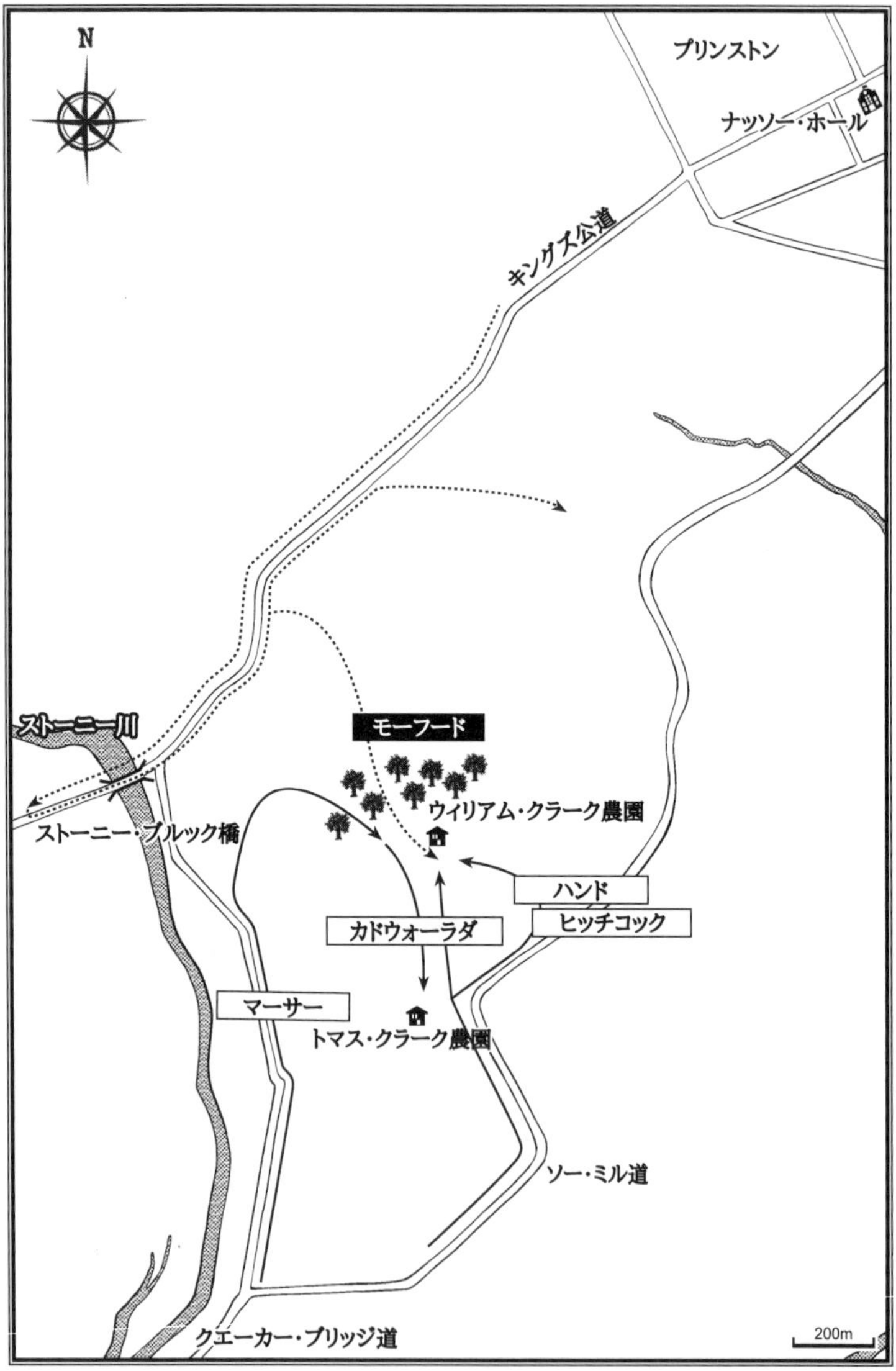
N
プリンストン
ナッソー・ホール
キングズ公道
ストーニー川
モーフード
ウィリアム・クラーク農園
ストーニー・ブルック橋
ハンド
ヒッチコック
カドウォーラダ
マーサー
トマス・クラーク農園
ソー・ミル道
クエーカー・ブリッジ道
200m

ンに軍を返そうと方向転換する。

サリヴァンの部隊に気づいたモーフードであったが、マーサーの部隊の接近にはまだ気づいていなかった。マーサーの部隊が進んでいたクエーカー・ブリッジ道は、まるで樋のように路肩が高くなっていて、姿がまったく見えなかったからだ。マーサーからもモーフードの部隊がどこにいるのかまったくわからなかった。そのままマーサーの部隊は、クエーカー・ブリッジ道を外れて、右手にある急勾配をよじ登り始める。

その一方でモーフードは、キングズ公道から外れて、南にある高台に布陣するように部隊に命じる。先頭を切って進んだ軽竜騎兵は、出会い頭にマーサーの部隊と遭遇する。モーフードは、二門の大砲を配置し、歩兵に荷物を置いて迅速に戦列を形成するように命じる。さらに下馬した軽竜騎兵が、ウィリアム・クラーク農園に隣接するリンゴ園に目をつけて占領に向かう。先に占領しておけば有利になるだろう。

軽竜騎兵の動きを見たマーサーの部隊はリンゴ園に急行する。大陸軍の兵士たちは、何とか先に門をくぐってリンゴ園の中に入る。それを追って軽竜騎兵がリンゴ園になだれこむ。軽竜騎兵が放った銃弾は、何本かの果樹の枝を吹き飛ばしただけで、マーサーの部隊には何の損害も与えなかった。マーサーの部隊の反撃によって軽竜騎兵は、リンゴ園の柵の後ろまで退却を余儀なくされた。

そこにさらにイギリス軍の新手が姿を現す。大陸軍の戦列から声が上がる。

「野郎ども、奴らが準備を整える前に片づけてしまおうぜ」

するとイギリス軍の隊伍からも声が上がる。

「畜生め、俺たちがおまえ達を片づけてやるぞ」

すぐに展開したイギリス兵は一斉射撃を放つ。しかし、興奮していたせいか、狙いは不正確であった。大陸軍は二回の一斉射撃で返礼する。多くの死傷者を出しながらもイギリス兵は踏み止まって反撃を続ける。

マーサーの部隊の兵士がたじろぐのを見て、モーフードは銃剣突撃を命じる。

大陸軍の兵装にはほとんど銃剣がない。銃剣突撃を受ければまともに対抗できない。次弾を装填している余裕はなく、せいぜい銃座を振り回して抵抗するしかない。銃剣突撃に耐え切れずに、マーサーの部隊は総崩れになって潰走する。さらに二門の大砲が鹵獲され、逃げる兵士の背中に向けて砲弾が発射される。前脚を負傷した乗馬から降りて徒歩で戦っていたマーサーは、銃座で殴られて昏倒する。

マーサーの華麗な軍装を見たイギリス兵は、「反逆者の将軍を捕えた」と叫ぶ。そして、大陸軍総司令官を捕らえたのだと勘違いして狂喜する。

「戦友たちを呼ぶがいい、いまいましい反逆者め」

イギリス兵の悪罵が容赦なく浴びせられる。

「私は反逆者ではない」

そう言うと、マーサーは起き上がって細身の剣を抜く。銀色の剣閃が舞う。しかし、マーサーは孤立無援で、敵の数はあまりに多かった。イギリス兵は、寄ってたかってマーサーの身体をめった刺しにする。少なくとも身体に七回、頭に二回も銃剣が突き刺された。遠のく意識の中でマーサーは、襲撃者の一人が言い捨てるのを聞く。

「やっつけたぞ、奴は死んだ。もう放っておこう」

そして、その場には血塗れのマーサーだけが取り残された。

指揮官を失った部隊は、南方にあるトマス・クラーク農園に向けて死に物狂いで走る。そこへ後続のカドウォーラダ指揮下の部隊が行軍隊形で到着する。銃火にさらされながらカドウォーラダの部隊は、イギリス

John Trumbull, The Death of General Mercer at the Battle of Princeton, January 3, 1777 (Before 1831)

軍の進撃を阻むために戦列を形成しなければならない。それは熟練した兵士でも難しいことだ。さらに助けを求めてマーサーの部隊の残兵がカドウォーラダの部隊の隊列に割り込んで混乱を引き起こす。

あわてた兵士たちはまだ射程外にもかかわらず、命令も受けずに勝手に発砲し始める。このままではイギリス軍につけいられてしまう。ジョゼフ・モールダー大尉は、二門の大砲をトマス・クラーク邸の脇にすばやく配置して砲撃を開始する。イギリス軍の進撃が止まる。ようやく落ち着いたマーサーの部隊の残兵は、トマス・クラーク邸の周りに集まって大砲を警護する。

隊伍を整え終わったイギリス軍は、大砲を前に押し出してトマス・クラーク農園に吶喊する。迫り来るイギリス軍を前にしてカドウォーラダ率いる兵士たちは、友軍が先に撃破されたことに恐れをなしたのか、鈍い反応しか示さない。カドウォーラダは陣頭に躍り出て兵士たちを叱咤する。

敵軍が五〇ヤード（約四五ｍ）の距離まで接近する。イギリス軍が放つ一斉射撃と葡萄弾がカドウォーラダの部隊に恐慌を引き起こす。訳もわからずに揉み合う兵士たちに弾丸が降り注ぐ。

サリヴァンの部隊の中にいたワシントンは、響きわたる砲声で戦闘が起きたことを知った。戦場に一刻も早く駆けつけなければならない。ワシントンを乗せたブルースキン号が砲声の聞こえた方角へ疾駆する。その後にハンド率いるライフル銃兵とヒッチコックの部隊が続く。

戦場に到着したワシントンはすぐに戦況を把握する。このままではカドウォーラダの部隊は持ちこたえられない。トマス・クラーク農園の背後にある木立にいったん後退して陣形を立て直すように。それがカドウォーラダにまず与えられた命令であった。モールダー率いる砲兵隊は、その場に踏み止まってカドウォーラダの部隊の後退を援護する。

大砲を守るように命じられたロドニーは十五人の兵士を連れて砲兵隊の周りに陣取る。そして、干し草の陰に隠れて敵兵を迎え撃つ。他にも三〇人からなる部隊が近くの家屋に潜んで砲兵隊に敵を近づけないように奮闘する。イギリス軍も、まさか相手がこのような少数とは気づかないだろう。ロドニーは肘を射貫かれながらも一歩も退かずに、後退する友軍の背後を守り続ける。さらに軽竜騎兵が襲来したが、モールダーの砲兵隊が放った散弾で一気になぎ払われた。

こうしてモールダーとロドニーがイギリス軍の進撃を阻んでいる間にワシントンは、マーサーの部隊の残兵とカドウォーラダの部隊を糾合する。

「我々とともに進め、わが勇敢なる同志よ。敵は一握りにすぎない。我々は奴らを完全に打ち負かせる」

ワシントンの手に握られた三角帽が振りかざされる。兵士たちが後退を続けようとする一方で、ワシントンは敵軍がいる方角に顔を向けて馬を止め、まるでそこに根を生やしたように動かない。ワシントンの巌のような不動の姿を見た兵士たちは、落ち着きを取り戻す。ワシントンは、自ら一隊を率いて反撃を開始する。圧倒的な兵力差に気づいたモーフードは、緩やかな坂の上に右翼を展開して反撃に備える。白葦毛の馬に跨ったワシントンは、兵士たちを先導して坂を駆け上がる。そして、敵の銃火までわずか三〇ヤード（約二七m）の距離に馬を進め、兵士たちに一斉射撃を命じる。

白葦毛の馬が疾駆する様子をかたわらで見ていた副官は、きっと総司令官が銃弾を受けて崩れ落ちるに違いないと思いこみ、外套を引き上げて顔を覆った。その恐ろしい光景を見ないですむように。

両軍のマスケット銃が火を噴く。叫び声が上がる。それは勝利の雄叫びであった。はたしてどちらが勝利したのか。

副官はおそるおそる顔を上げる。一陣の風が吹き抜ける。薄れていく硝煙の中、凝然と彫像のごとく立つ人馬の影が現れた。総司令官だ。まるで人智ではうかがい知れぬ何かが目に見えない盾でこの勇敢な将軍を守っているかのようであった。

事実、その周りには、銃弾に命を奪われた兵士たちが折り重なって死屍をさらしている。歓喜の涙で顔を濡らしながら副官は叫ぶ。

「神に感謝します。閣下は無事だ」

それを聞いたワシントンは、落ち着き払って命令する。

「行け、親愛なる大佐よ。部隊をくり出せ。勝利は我々のものだ」

そう言って三角帽を打ち振ると、兵士たちに追撃を命じる。

大陸軍は完全に態勢を立て直す。イギリス軍の左翼に対する攻撃が開始される。民兵を率いるカドウォーラダは、ウィリアム・クラーク農園の南側の高台に陣取ったイギリス軍の砲兵隊に向かって突進する。砲兵隊の右側面に展開したヒッチコックの部隊とハンドのライフル銃兵も、同じくイギリス軍の砲兵隊を目指して前進する。

William T. Ranney,
Washington Rallying the Americans at the Battle of Princeton (1848)

大陸軍の反撃を受けたイギリス軍は、両翼とも戦列を維持できなくなる。それでもモーフードは降伏しようとは微塵も思わなかった。銃剣突撃を命じる。イギリス兵は死力を尽くして大陸軍の戦列を突破してストーニー・ブルック橋に向かう。そして、ストーニー・ブルック橋で追いすがる敵軍としばらく交戦した後、モーフードは残兵を率いて、メイデンヘッドの方角に落ちて行った。戦場に置き去りにされた砲兵隊は、大陸軍の格好の餌食になる。

勝利を収めたワシントンは喜色を満面に浮かべて叫ぶ。

「諸君、昔懐かしいヴァージニアの狐狩りだったね」

最初の交戦が始まってから一時間も経っていない。

Frederick C. Yohn, Battle of Princeton (Before 1933)

もう十分に戦果を得たと考えたワシントンは、予期しない交戦から始まった作戦を立て直すために進軍停止を命じる。そして、コーンウォリスの来襲を阻止するために、ストーニー・ブルック橋に民兵隊と砲兵隊を配置する。

イギリス軍の敗残兵の一部がカレッジ・オブ・ニュー・ジャージー（現プリンストン大学）のナッソー・ホールに立てこもった。アレグザンダー・ハミルトンは、二門の大砲を手際良く配置して建物に砲弾を浴びせた。一発の砲弾が窓から飛びこんで、壁にかけられていたジョージ二世の肖像画を破壊したという。砲撃にたまりかねたイギリス兵は、窓から白旗を揚げて降参する。その数一九四人。

大学の建物に乱入した兵士たちが食卓を見ると、朝食が並んでいる。料理から湯気が立っているが、誰も手をつけた様子がない。飢えていた兵士たちはあっという間に皿という皿を空にしてしまった。腹を満たした兵士たちは部屋の中を物色して回る。真新しい外套や豪華な装丁の聖書、清潔な毛布などが見つかる。小麦粉の樽が荷馬車に積み込まれる。運べない樽はすべて叩き壊され、地面に小麦粉がまき散らされた。多くの兵士たちにとって重要なのは、勝利よりも目先の物資である。むやみな略奪行為を戒めるために、ワシントンは歩哨を立てて警戒に当たらせた。

このプリンストンの戦いの結果、イギリス軍は二三二人の死傷者を出し、三〇〇人程度が捕虜になった。一方、大陸軍の損害は正確な記録がないが、ワシントンの見積りによれば、四〇人の戦死者とその倍ほどの負傷者が出た。ノックスは、「アメリカに転機を与えてくれた全能の神に感謝している」と妻に書き送っている。

瀕死の重傷を負ったヒュー・マーサー将軍は戦闘が終わった後に発見され、イギリス軍の手によってトマス・クラーク邸に設けられた野戦病院に運ばれた。野戦病院には、プリンストンの戦いで負傷した両軍の兵士が収容されていた。ワシントンは、旧友が生命を落としたのではないかと思って最初は落胆したが、まだ息があると聞いて喜んだ。

救国の英雄

コーンウォリスは、大陸軍本隊が姿を消したことに夜明けまで気づかなかった。はたして大陸軍はどこに行ってしまったのか。南方のボーデンタウンに秘かに退却したのではないか。午前八時頃、北東から砲声が響く。それはプリンストンがある方角であった。ようやくコーンウォリスはプリンストンが攻撃されたことを知った。進軍命令が下される。

メイデンヘッドに駐屯していたアレグザンダー・レスリー将軍も砲声に気づいた。トレントンに進軍するように命令を受けていたが、レスリーは独自の判断で軽騎兵隊をプリンストンに派遣する。ストーニー・ブルック橋の袂までやって来た軽騎兵隊は、橋が破壊され、対岸に民兵隊と砲兵隊が布陣しているのを発見した。軽騎兵隊は、橋を迂回して浅瀬からストーニー川を渡り、民兵隊に襲いかかって指揮官を捕虜にした。ストーニー川を越えたレスリーであったが、どの程度の兵力の敵軍が前方にいるのか見当がつかないので、状況が判明するまでその場で待機することにした。

ワシントンはサリヴァンの部隊に続いてプリンストンに入っていた。午前十時頃、レスリー率いるイギリス軍が接近中との報せが入る。兵士たちに整列が命じられる。とりあえず兵士たちが略奪した物資が集められる。その中には、イギリス軍が置き去りにした三門の大砲も含まれている。しかし、残念なことに大砲を牽引するための馬が足りず、この貴重な戦利品を持って行けない。そこで砲兵隊の士官は、鹵獲した三門の大砲をこれまで使ってきた大砲と交換した。イギリス軍の大砲のほうが大陸軍の大砲よりも優れていたからだ。どうせ使うなら少しでも優れた武器のほうがよい。

正午前、大陸軍はプリンストンから北東のキングストンに向かう。それを確認したレスリーは、軍を率いてプリンストンに入る。大陸軍を見送ったのは、レスリーの指揮下にある部隊だけでは兵力が足りなかったからだ。続けてコーンウォリスの前衛部隊がプリンストンに到着する。全部隊が勢揃いしたのは午後四時のことである。なぜ時間がかかったのか。暖かくなって溶け出した泥濘に足を取られたからだ。

軽竜騎兵の一隊が軽歩兵とともに大陸軍の後を追う。その先には、殿軍《しんがり》として残ったモールダー率いる砲兵隊が布陣している。モールダーは、もし追撃を阻止できなければ大砲を放棄してよいという命令を受けていた。大砲を放棄すれば敵軍はそれを鹵獲しようと足を止めるだろうし、何よりも身軽になれて退却が容易になる。

モールダーは、大砲を巧妙に配置してしばらくイギリス軍の進撃を阻む。十分に時間を稼いだと確信した砲兵隊は、背後に銃火を受けながら戦場を離脱しようとした。軽竜騎兵が大砲を鹵獲しようと突進して来る。そこへ味方の軽騎兵が一陣の風のように現れて軽竜騎兵の行く手を遮る。そのおかげでモールダーの部隊は、安全な場所に大砲を移すことができた。

キングストンに無事に入った大陸軍であったが、プリンストンから四マイル（約六・四km）しか離れていない。追っ手が迫っている。ワシントンは、急遽、将軍たちを集めて臨時の作戦会議をおこなう。作戦会議は騎乗のままおこなわれる。ワシントンが心の中に描いていた次の目標は、十八マイル（約二九km）先のニュー・ブランズウィックだ。

今、イギリス軍の大部分はコーンウォリスとともに背後にいる。したがって、ニュー・ブランズウィックはプリンストンと同じく手薄になっているに違いない。それにニュー・ブランズウィックに豊富に蓄えられている軍需物資を奪えば、イギリス軍に打撃を与えられるだけではなく、残り少なくなった武器弾薬を補充できる。

しかし、考えなければならないことがある。兵士たちの状態である。昨日の午後のアサンピンク川の戦いに始まって、夜間行軍、そして、プリンストンの戦いと、ほぼ二四時間にわたって兵士たちは無休だ。部隊の中には、四〇時間も継続して作戦に従事している部隊もある。彼らが疲労の極みに達しているのは言うまでもない。

そこでプリンストンの戦いでほとんど動かなかったサリヴァンの部隊だけをニュー・ブランズウィックに差し向けてはどうかという提案が出る。しかし、背後にコーンウォリスの部隊が迫っている。それに増援部隊がニュー・ブランズウィックに接近している可能性もある。

そうした状況で軍を二分するのは危険だと考えて、ワシントンは提案を却下する。それがいかに危険であるかは、これまでの経験で十分に証明されている。

ニュー・ブランズウィックへ向かう道の代わりに選択されたのは、サマセット郡庁舎（現ミルストーン）に至る道である。それは撤退するという決断だ。さらなる勝利を求めて失敗すれば、これまでの成果が水泡に帰す。勝ち続けている時に一歩退いて成果を確保することは、一見簡単なように見えて難しい。引きぎわが肝心だ。したがって、ワシントンの判断は優れていると言える。

穏やかな午後の日差しを受けながら大陸軍はミルストーン川の東岸を行く。偵察部隊を任されたトマス・ロドニーは本隊よりも先を進んでいた。馬蹄の響きが聞こえる。イギリス軍の軽騎兵部隊が先回りしようと対岸を疾駆している。少し先に橋がある。そこを抑えられれば厄介なことになる。

そこへワシントンが姿を現す。そして、ロドニーに急いで橋を壊すように命じる。先手を打ったおかげで敵兵は引き返さざるを得なかった。他に敵影は見えない。

兵士たちがサマセット郡庁舎に到着した頃には深夜になっていた。最後の行軍を終えた兵士たちは、手近にある藁の山にもぐり込んで眠りに落ちる。藁の山を確保できなかった者は凍った地面に横たわらなければならなかった。デラウェア川の夜間渡河から始まった激動の十日間は、ここに終わりを告げた。

サマセット郡庁舎からジョージ・ルイス少佐が休戦旗を掲げてコーンウォリスの軍営に赴く。ルイスは、ワシントンの甥であり幕僚の一員である。その用向きは、捕虜になったマーサーをできる限り治療するように求めることだ。ルイスはマーサーの看護のために野戦病院に残る。

コーンウォリスが派遣した軍医は、マーサーの傷を診断して、致命傷ではないという判断を下す。しかし、医術の心得があるマーサーは、自分の怪我が致命傷であると悟ってルイスに語りかける。
「ジョージ、私の右腕を上げてくれ、そうすれば軍医は私の傷をよく見て致命傷だとわかるはずだから。奴には余計なお世話かもしれないが」
それから九日後、マーサーは戦死者の一人に名を連ねることになった。マーサーの遺体は、フィラデルフィアのシティ亭に移されて告別式がおこなわれた。三万人もの弔問客が集ったという。

運命を決する十日間はアメリカ人に大きな影響を与えた。ボルティモアに遷座した大陸会議に出席していた代表の一人は、「ワシントン将軍からの報せがここにいるすべての者たちに新しい命と活力を与えた」と記している。本国支持派でさえも「二、三日前、奴らは敗北で大義を放棄しようとしていた。今回の成功ですべてがひっくり返って、奴らはまた自由に熱狂し始めた」と書いている。さらに軍医のジェームズ・サッチャーは次のように誇らしく綴っている。

ワシントンは祖国を救うために生まれてきたのであり、その偉大な業績を成し遂げるために必要な才能と能力を授かっているのだという意見がしばしば嬉々として我々の軍営で語られた。

トレントンの戦いとプリンストンの戦いは、軍事的な視点で見るとそれほど決定的な戦闘が起きたわけではない。トレントンの戦いでもプリンストンの戦いでも、大陸軍本隊がイギリス軍本隊を打ち破ったわけではない。大陸軍が打ち破ったのは、あくまでイギリス軍の一部にすぎない。
しかし、大局的な視野で見ると二つの戦いは大きな意義を持つ。運命を決する十日間で勝利を収めた結果、大陸軍は崩壊の危機から救われ、独立の大義は守られた。勝利を伝える新聞は、以下のように報じている。

我々の軍隊は、非常に勇敢に行動した。今回の勝利は、最善の結果を生み出すだろう。熱情があらゆる顔にみなぎっている。我々はすぐにこれまでの失態を取り戻せるだろう。

モリスタウン

一七七七年一月四日朝、一団の男たちが北を目指して歩いていた。誰もが目を細めている。雪原に反射する陽光が眩しいからだ。擦り切れた服を着ているが、どうやら彼らは大陸軍の兵士たちのようだ。兵士たちはできるだけ間隔をとって一列で歩くように命じられていた。遠目で見れば、まるで大軍のように見えるからだ。

大陸軍の目的地はモリスタウンであった。これからここで冬を過ごし、さまざまな課題を検討して大陸軍を再建しなければならない。モリスタウンは広場を中心に約七〇軒の家屋からなる村である。人口はおよそ三五〇人。小さいがただの村ではない。鉄工業の中心地である。周辺には採掘場や鍛冶場が点在している。絶望的に不足している武器弾薬の製造にうってつけだ。さらにモリスタウンは背後を丘陵地帯で囲まれた要害の地である。東側から村に入るには丘陵地帯を縫うように続く峡谷を通るしかない。その一方で西側は豊かに広がる田園地帯につながっていて食料の確保が容易である。

他にも利点がある。屏風のように聳え立つウォッチャング山系によって沿岸部と隔てられているので、イギリス軍は容易に接近できない。丘の上に狼煙《のろし》台を設置して警戒に当たれば奇襲される恐れはない。当時の様子を知る者は次のように記録している。

［ウォッチャング山系の裾野にある］ショート丘陵は、モリスタウンにある軍営と軍需物資の貯蔵庫を守る天然の防壁になっていた。一〇〇人の兵士が丘陵の通路を守れば、一、〇〇〇人の敵軍に対抗できるだろう。［中略］。晴れた日に上質の望遠鏡を使えば、高台からニュー・ヨーク市を見ることができた。モリスタウンに宿営している時、ワシントン将軍はしばしばこの高台に登って情勢を探っていた。私が彼を最初に見たのは、彼がそうした偵察をおこなっている時であった。

つまり、モリスタウンから少し馬を飛ばせば、ニュー・ヨークのイギリス軍の動きを遠望できる。またモリスタウンは、ニュー・ジャージー各地に配置されたイギリス軍の前哨基地の連絡を妨害できる位置にある。もしハウがフィラデルフィアを目指して南下しようとすれば腹背を脅かすこともできる。

一月十一日、モリスタウンで一人の女性が亡くなった。死因は天然痘である。次から次へと病魔に襲われる者が現れた。では天然痘はどこから持ち込まれたのか。大陸軍とともにやって来た。

不衛生で栄養状態も悪い兵士たちは天然痘の格好の餌食である。天然痘の致死率は最悪の場合、四〇パーセントにも達した。発熱、頻脈、頭痛、四肢の疼痛、嘔吐などの症状が出る。さらに発疹が現れ、皮膚が青黒く変色して死に至る。

ニュー・ヨーク、コネティカット、メリーランド、ヴァージニア、そして、ペンシルヴェニアの各地でも天然痘が発生したという報告が入る。大陸会議は天然痘が流行している地域に使者を出すのを止めてしまった。使者が疫病を持ち帰るのを恐れたためである。

歴史上、敵の手ではなく、疫病の蔓延によって壊滅させられた軍隊は枚挙に暇がない。ジョン・アダムズによれば、天然痘は敵軍より「十倍も恐ろしい」ものであった。さらに兵士たちから住民に天然痘が広まれば、天然痘は北アメリカ全土を覆うことになるだろう。まさに国家的災厄である。何とか蔓延を食い止めなければならない。

この当時、天然痘を防止する方法は人痘法である。人痘法は十八世紀初めにボストンの人びとがジャマイカ島出身の奴隷から教わったという。奴隷の間で民間療法として伝わっていたらしい。残念なことに種痘は異端のいかがわしい医術だと見なされ、なかなか普及しなかった。それに予防接種を受けたせいで死亡する者も後を絶たなかった。

それでも今、予防接種を実施しなければ取り返しのつかないことになる。しかし、難色を示す者が多かった。予防接種をしたせいで兵士たちが戦えなくなれば元も子もない。そうした反対意見を押し切ってワシントンはすべての兵士に予防接種を受けさせるように命じた。一刻の猶予も許されない。

これまで数千人以上が対象となるような大規模な予防接種は実施されたことがなかった。付近の住民も予防接種の対象である。天然痘の蔓延を防ぐためには万全を期さなければならない。「住民に不快に思われようとも断固たる措置を取るように」とワシントンは命じている。

モリスタウンで予防接種が始まる。会場は教会である。軍医だけでは手が足りないので牧師たちも駆り出される。当時、牧師は医療の担い手であったからだ。教会はそのまま病院となって、予防接種が済んだ人びとを受け入れる。幸いにも兵士たちも地元の住民もほとんど死者を出さずに試練を乗り越えた。その一方で予防接種を受けなかった住民の中から多数の死者が出ている。

天然痘を恐れずに戦えるようになった大陸軍の兵士たちであったが、その数は驚くほど少なかった。三、〇〇〇人を割り込むことさえあった。しかもその半分が病気や怪我で戦えない状態だ。その数字がいかに絶望的であったのか。ハウが現在、動員できる兵力は総勢三万二、〇〇〇人。不確定情報だが、さらに数万の援軍が本国から到着するという噂がある。それは事実無根の噂ではなく、実際にハウは三万五、〇〇〇人の増援を本国に求めていた。それだけではない。ロシアが二万の兵士をイギリスに貸し出したという噂もある。

ワシントンが最も恐れたことは、大陸軍の実情が露顕することであった。もちろんハウはそれを探り出そうとする。そこでニュー・ヨークの商人が密偵として送りこまれる。

モリスタウンに顔を出した商人は、ニュー・ヨークでイギリス軍にひどい目に遭わされたとまことしやかに語った。取り調べをおこなった副官は商人が密偵だと見抜いて、ワシントンに商人を収監するように勧める。

しかし、ワシントンの考えは違った。密偵を収監しても何の役にも立たない。それよりもうまく利用するほうが得策である。

ワシントンから内密の指示を受けた副官は、何食わぬ顔をして商人の前に戻る。そして、「密偵だと疑って悪かった」と謝罪して夕食に招待する。

夕食の席が設けられ、副官と商人の間で会話がはずむ。上機嫌な副官は、商人を完全に信用しているようだ。夜九時頃、本営から伝令がやって来る。作戦会議の招集である。副官は「急用で中座しなければならない」と断って部屋を出る。商人だけがその部屋に残される。

副官の足音が聞こえなくなった頃合いを見計らって商人は、部屋に置かれている書き物机に飛びついた。そして、震える手で引き出しを開ける。そこには報告書があった。どうやら実働兵士数の最新の報告書らしい。商人がすばやくページを繰って計算したところ、すべてで一万二、〇〇〇人。

三〇分ほどしてから副官が戻る。商人は平然と会話を楽しむ。そして、一夜を過ごした後、モリスタウンを去った。行き先はどこか。ひどい目に遭わされたはずのニュー・ヨークである。

密偵の報告を信じたハウ将軍は、もしモリスタウンを攻撃すれば激しい抵抗に遭うと考えて攻撃を見合わせた。捕虜としてモリスタウンの近くで収監されていたイギリス軍士官が解放された後、大陸軍は非常に少数だと報告してもまったく信じなかったほどである。賢明な読者であればすでに気づいているかもしれないが、報告書の数字は偽物である。一万二、〇〇〇人もの兵士はどこにも存在しない。ワシントンはハウに一杯食わせようと商人を騙したのである。

ただあなたは疑問に思ったのではないか。商人はなぜ偽の数字だと気づかなかったのか。実地を見ればわかるのではないか。その点、ワシントンのほうが一枚上手である。モリスタウンの広場では毎日、念入りに教練がおこなわれていた。一見すると、たくさんの部隊が広場を出たり入ったりしているように見える。しかし、本当は少数の部隊が忙しく立ち回っているだけであった。イギリス軍はいつも偽情報に騙されていたので、後に本物の報告書を押収した時に、それが偽物ではないかとかえって疑ったという。それほどワシントンの偽装は巧妙であった。

自分が敵を騙しているのであれば、敵も自分を騙そうとするのではないか。優れた将軍であれば、当然、そう考える。偽情報に惑わされないようにするためにはどうすればよいか。できるだけ実地で情報を集めるのが最善である。「日中、最高の望遠鏡を覗いて情報を得るよりも、夜に一人の男が潜入したほうがより確実な情報を得られる」とワシントンは述べている。

確実な情報を得るためにワシントンがしたことは何か。諜報網の整備である。密偵をリングのようにつなげて組織化する。密偵の素性はさまざまである。熱烈な本国支持派として通っている者もいれば、大陸軍からの脱走兵を装ってイギリス軍にもぐりこんでいる者もいる。女性もいる。女性のほうが怪しまれなかったからだ。まさか針刺しの中に折り畳まれた密書が入っているとは誰も気づかないだろう。それでも密偵は命がけである。発見されれば縛り首になる恐れがある。危険と引き換えにワシントンは密偵に高額な報酬を与えていた。たとえば着手金は兵卒の給与の数年分の額だ。密偵が買収されないように防止する効果もある。

では実際にどのように情報を集めていたか見てみよう。少し後の話になるが、ロバート・タウンゼンドという男の例である。タウンゼンドはニュー・ヨーク市内でコーヒー・ハウスを営んでいた。コーヒー・ハウスといっても酒類も提供する。酔っ払ったイギリス兵からいくらでも情報を引き出せる。

さらにタウンゼンドの愛人が手を貸している。名前は不明である。三五五番という暗号名しかわからない。タウンゼンドの愛人はなかなか魅力的な女性であったらしい。コーヒー・ハウスでくだを巻いているとイギリス兵が次々に言い寄ってきた。タウンゼンドとの仲を隠して三五五番はイギリス兵を籠絡した。そして、愛の囁きから得られた情報をタウンゼンド経由でワシントンに流した。残念なことに三五五番は正体が露顕して逮捕されたようだ。一説によると、監獄船に収監されたが、処刑執行の前に亡くなったという。

諜報にいくら巧みであっても、それだけでは戦争に勝利できない。他に何か強みがないのだろうか。アメリカには数多くの民兵がいる。ワシントンは、民兵隊の戦闘力について疑念を抱いていたが、民兵隊には民兵隊なりの使い方があると考え直すようになった。主戦力だけではなく補助戦力を有効に活用することも優れた将軍として必要な資質である。

民兵隊はイギリス軍の偵察部隊の侵入を妨害したり、秣《まぐさ》の収集を妨害したりして、モリスタウンの実情を隠すのに貢献した。偵察部隊が妨害を受ければ、戦略を立てるのに十分な情報が得られなくなる。秣は現代戦であればガソリンに相当する。秣が手に入らなければ、大砲の牽引や物資の運搬などさまざまな用途で使われる牛馬を使えなくなり、大規模な軍を動かせなくなる。もちろんオーツ麦や干し草を購入する手もあるが、数千頭もの牛馬を養う量を確保するのは簡単なことではない。

さらに民兵隊はイギリス軍の食料調達部隊を各地で襲撃し、補給線を寸断した。その結果、イギリス軍は窮地に陥った。補給線を維持しようとすれば、民兵を抑えるために兵力を各地に配置しなければならない。しかし、兵力の分散はトレントンの轍を踏む危険があるので愚策である。さりとて兵力を集中させると補給線を維持できない。結局、解決策を見つけられなかったハウはニュー・ジャージーから手を引くしかなかった。フィラデルフィア攻略は振り出しに戻り、ニュー・ジャージーは再びアメリカ人のものになった。

ただニュー・ジャージーの支配は不安定であった。いつ覆るかわからない。本国支持派が多く住んでいたからである。本国支持派の中には、独立支持派の家々を襲撃して回る者たちがいた。彼らがイギリス軍と連携して一斉蜂起すれば面倒なことになる。たとえ蜂起しなくてもいろいろとイギリス軍に協力されれば厄介である。

そこでワシントンは、本国支持派に対する布告を発令した。曰く、指定の期間内にアメリカに忠誠を誓わない者はイギリス軍の勢力圏内に退去せよ。この布告は本国支持派に対する数々の迫害を生む。モリスタウンでニュー・ジャージー治安委員会が開催され、アメリカに忠誠を誓わない者を裁いた。

多くの場合、本国支持派は隣人の告発で逮捕された。ニュー・ジャージー治安委員会が疑わしい者を見張るように推奨していたからだ。独立に関して「反動的な言葉」をしゃべっただけで連行される。連行された者は審問を受ける。運が良ければ数週間、収監された後、証拠不十分で解放される。運が悪ければ、財産を没収されたり、縛り首になることもあった。

明らかに無実の者もたくさんいた。その一人がキャサリン・ヴァン・コートラントである。逮捕されることを恐れた夫が逃亡した後もキャサリンは家に残っていた。ある夜、兵士たちが家に押し入って剣を抜いて夫の居場所を教えるようにキャサリンに迫った。どうしてもキャサリンが答えようとしないので兵士たちは家に居座った。隣人はキャサリンの前に扉を閉ざし、地元の教会も反逆者としてキャサリンを追い出した。周辺の農夫が誰も食料を売ってくれなくなったのでキャサリンと子供たちは飢え始めた。

困り果てたキャサリンは大陸軍の本営に出向いてワシントンに窮状を直訴した。しかし、訴えを取り上げてもらえるどころか、コートラント家に傷病兵を収容するように求められた。キャサリンは再度、ワシントンに面会を求めたが叶わず、ただ通行許可証を渡されただけであった。ここからすみやかに退去せよということだ。

仕方なくキャサリンは子供たちを連れて荷馬車で村を出た。目指す先はニュー・ヨークである。夫はそこにいる。道中、キャサリンはお腹を空かせている子供のためにミルクを農夫から買おうとした。

「本国支持派のあばずれにやるようなミルクは一滴もない」

農夫はけんもほろろに断った。

幸いにもキャサリンと子供たちは無事にニュー・ヨークに着いて夫と合流できた。その後、コートラント家の人びとはカナダを経てイギリスに移り、アメリカの地を二度と踏まなかった。独立戦争の陰にはそういう人びとがたくさんいた。

天然痘対策と諜報網の整備、そして、本国支持派への対処の他に何かすべきことはないか。兵力の増強は大陸会議や各邦にすでに要請を送っている。ワシントンの強い働きかけがあればきっと要請は認められるだろう。兵士の頭数を揃えても武器弾薬がなければ戦えない。ワシントンはその問題の解決に取りかかる。

大砲が絶望的に不足している。ワシントン砦の陥落で大量の大砲が鹵獲されたからだ。そこでワシントンは鉄工所の事業主たちを本営に招く。大砲や砲弾、マスケット銃の製造は彼らの協力なしでは不可能だ。本営に招いただけではない。ワシントン自ら作業場に足を運ぶ。

鉄工場で大砲の製造が始まる。最初は小さな三ポンド砲、次は九ポンド砲、そして、十二ポンド砲と大口径の大砲も製造できるようになった。ただ成功例ばかりではない。一回発射しただけで亀裂が入ったり、すぐに修復不可能になったりすることも多かった。ある鉄工所では、数ヶ月かけて作った一五五門の大砲がすべて点火できず、一門も使い物にならなかったという。

他にも問題が生じた。労働力不足である。鉄工所ではもともと奴隷や年季奉公人を労働力として使っていたが、自由労働者の割合が年々高まっていた。戦争が始まり、多くの自由労働者が出征してしまった。労働力不足をいかに補うか。ヘッセン傭兵の捕虜を働かせるのはどうか。トレントンの戦いで多数のヘッセン傭兵が捕虜になっている。収監するには何か施設が必要だ。行軍に同行させるのも面倒だ。それに食べさせなければならない。どうせ食べさせるのであれば、働いてもらったほうがよい。もともと西部にはドイツ系住民が多く住んでいるので、ヘッセン傭兵が話すドイツ語は十分に通じる。大陸軍は厄介な捕虜をお払い箱にでき、鉄工所は労働力を手に入れた。それでもヘッセン傭兵は、きっとひどい目に遭わされるに違いないと思いこんでいたので、アメリカ人を「とても善良な反逆者」と呼んで感謝したという。

アメリカ人が自前で大砲を製造できるようになったのは驚くべきことである。なぜか。もともとイギリス本国は、北アメリカ植民地で製造業が発展しないように抑制策をとっていたからだ。植民地が供給する原材料を本国の製造業が加工して付加価値を高めて売る。そうすれば恒常的に富が本国に流入する。植民地が製造業を発展させれば競争相手になってしまう。だからイギリス本国はアメリカの製造業を阻害してきた。そうした本国の政策に反発していた鉄工所の事業主の中から大陸軍に協力して大砲を製造する者が多く出た。

弾薬も製造されている。大陸会議は弾薬の製造に必要な硝石の作り方をフランス人から学んだ。そして、作り方が記載されたパンフレットが発行された。大陸会議で物資調達の任に当たっていたジョン・アダムズは、「すべての厩舎、鳩小屋、貯蔵庫、地下室が硝石の鉱山となる」と喜んでいる。弾薬の官製工場が建設され、協力してくれる事業者にも助成金が拠出された。

こうして武器弾薬が揃った。決して十分な量だとは言えないが、アメリカ人は外国からの支援を当てにするだけではなく、自前で軍需物資を製造するように努めた。

二月二四日、モリスタウンに大雪が降った。地元住民もここ数十年、経験したことがない降雪であった。二四時間で十五インチ（約三八㎝）の積雪が観測された。

それから数日間、ワシントンは除雪作業を監督した。厳しい寒さが身体に良くなかったのか、本営に戻ったワシントンは喉の痛みを訴えて寝込んでしまった。体調は悪くなる一方でついには起き上がれなくなった。現代で言えば何という病気に当たるのかはっきりしないが、扁桃膿瘍だと考えられている。医師が駆けつけたが、この当時の治療といえば瀉血である。悪い血を抜けば病気が治ると信じられていた。

治療の甲斐なくワシントンは高熱を発した。痰のせいで窒息しそうになる。苦しい息のもと、万が一の事態に備えて、ワシントンはグリーンを枕頭に招く。

「もし私が助からなかったら、大陸会議が新たな総司令官を任命するまで臨時総司令官を務めるように」

「将軍は軍中の誰よりも長生きしますよ」

そう言ってグリーンは総司令官を励ました。しかし、万が一の事態に備えてフィラデルフィア行きを取り止めた。

副官たちは総司令官の病状をつぶさに見守っていた。その中には新たに加わったばかりのアレグザンダー・ハミルトンもいた。ある士官は、この青年の印象を次のように書き留めている。

中肉以下でほっそりしているが、背筋がまっすぐで威厳がある。髪は額から後ろになでつけられていて髪粉が振られ、後ろで束ねられている。色白だが頬だけは乙女のようにバラ色である。［中略］。私はその気さくで行儀良く快活な様子に好印象を持った。

さすがに総司令官の枕頭では、ハミルトンの快活さも見られなかっただろう。ハミルトンは、「ここ三、四日、体調が悪いので軍務を避けるべきだと医師は指摘している」と記している。これは控え目な表現である。ワシントンの死期が近いと思った幕僚は、グリーンに総司令官職を引き継ぐ準備をするように求め、葬儀の式次第まで相談し始めた。

軍内で総司令官の容態を知っている者はほとんどいなかった。極秘にされていたからだ。幕僚はいつものように本営で仕事を続けていた。特に問題は起きなかった。日常的な軍務であれば副官たちの力だけで処理できたからだ。ただ兵士たちは、総司令官の姿が見えないのを不審に思った。ワシントンは馬に乗って各所を視察して兵士たちと会話を交わすのが日課だったからだ。兵士たちは何気ない会話を楽しみにしていたが、総司令官が嵐のせいで本営にこもっているだけだと説明を受けると、誰もが納得した。

モリスタウンの南西にブラッカミン（現ブラッケミン）という村がある。ちょうどウォッチャング山系の切れ目にあり、フィラデルフィア方面からモリスタウンを目指す旅人は必ず通る場所だ。今、村にあるエリオット夫人の家に一人の将軍が滞在している。客人たちとしばらく会話に興じていたエリオット夫人であったが、心ここにあらずといった様子の将軍が気にかかった。不快な表情ではない。たまに咳きこむことがあったが、安らかな表情で微笑すら浮かべている。

家の前に馬車が到着する。馬車から質素なドレスを着た小柄な女性が降り立った。それを見た将軍は、顔を輝かせると扉を開けて女性に駆け寄った。そして、固く抱きしめた。その女性はマウント・ヴァーノンからやって来たマーサであった。そして、出迎えた将軍はもちろんワシントンである。

途中のフィラデルフィアでワシントンの容態を知らされたマーサは、モリスタウンに向けて馬車を飛ばした。幸いにも病状が回復したワシントンは、妻を安心させるためにブラッカミンまで出迎えたというわけだ。さっそくマーサは糖蜜とタマネギを使って喉の炎症に効く薬を作って夫に飲ませた。その効果もあってか、ほどなくワシントンは完全に回復した。

マーサは常に夫のかたわらにいたわけではない。軍が冬営地に滞在する期間は夫とともに過ごし、軍事行動が活発になる時期はマウント・ヴァーノンに帰っていた。それでもマーサが軍営に滞在していた期間は、戦争中の半分に達する。

本営を訪れる人びとは、総司令官を「うちの人」と呼ぶマーサに親しみを覚えた。この小さな女性は、頭一つ分も背が高い夫の注意を引く時、服の裾を引っ張る癖があった。ワシントンはそれに気づくと振り返って、他の者には決して見せないような微笑みを浮かべた。そうした二人の様子を見たグリーンは「彼らは互いにとても幸せそうだ」と言った。

マーサがマウント・ヴァーノンから持って来た荷物の中には大量の布地や羊毛があった。いったい何に使うのか。シャツを縫い、靴下を編むためだ。ぼろしか着る物がない兵士たちのために。あるモリスタウンの女性は、本営を訪問した時の印象を書き残している。

彼女は哀れな兵士たち、特に傷病兵の窮状について話した。彼女の心は兵士たちへの同情で満ち溢れていた。

そうしたマーサの態度は、天然痘をめぐる騒動でとげとげしくなっていた住民感情を和らげた。兵士たちの面倒をみることはマーサにとってうってつけの役割であった。なぜなら大農園の女主人は、農園で働く者を管理するのも仕事であったからだ。

ワシントンが回復した後、本営はこれまでとは少し変わったように運営されるようになった。総司令官が人事不省に陥っても軍務を円滑に処理できる仕組を作らなければならない。そう考えたワシントンは幕僚組織を強化した。

副官たちの中で最も信頼を寄せたのがハミルトンである。まだ若年ながらハミルトンは弁が立ち、優れた実務家であり、諸邦の事情にも精通していた。しかもフランス語を流暢に話せる。今後、フランスとの同盟を視野に含めれば、非常に有用な才能である。

ハミルトンは副官たちの中ですぐに頭角を現す。ワシントンは、脱走兵の審問、密偵との連絡、将軍たちとの協議、作戦会議の主宰など広範な責務をハミルトンに与えている。副官の一人はその仕事ぶりから、ハミルトンを「小さな獅子」と呼んだ。

ある夜、本営に報告に上がった使者は、青い外套をしっかりと巻きつけたワシントンが暖炉の前の椅子にくつろいだ様子で座っているのを見た。そして、その反対側には薄い毛布を被ったハミルトンが長椅子に座っていた。年の離れた二人が友人のように親しげに話しているのを見て、使者は驚いたという。

もちろんハミルトンの他にも優秀な人物が副官を務めている。幕僚の中から建国期のアメリカを支える指導者が輩出している。ワシントンの副官に選ばれることはまさに登竜門であった。


雪解けとともに、モリスタウンには次々と新しい部隊が到着した。冬の間、大陸会議や各邦に協力を要請していたワシントンの努力が実った。五〇〇人のライフル銃兵を引き連れてダニエル・モーガンがやって来た。カナダ遠征で虜囚になったモーガンであったが、捕虜交換で解放されていた。モーガンと同じくカナダ遠征で活躍したアンソニー・ウェインもペンシルヴェニア連隊を率いて到着した。他にもさまざまな部隊が駆けつけたおかげで、大陸軍の兵力は九、〇〇〇人にまで回復した。他の拠点に配置した部隊も合わせると、総勢一万五、〇〇〇人を数える。これで何とか戦えるだろう。

ワシントンがモリスタウンでようやく愁眉を開いていた一方で、ハウは夏を迎えるまで大きな動きを見せなかった。まったく動こうとしないハウに対して、イギリス軍の将兵は戸惑いを隠せなかった。ハウ将軍は、兄のハウ提督にしか作戦計画を打ち明けなかったからだ。秘密を守る最善の方法は誰にも教えないことだとハウ兄弟は固く信じていた。

ハウ兄弟が何を考えているのかいぶかしんだロンドンの新聞は、「どうすれば富を築けるのか議論するハウ兄弟」と題する諷刺画を掲載している。ハウ兄弟が「どうすれば我々は富を築けるのか」、「どうすれば富を築けるのかわからない」と言い合っている。その間に悪魔がいて、「戦争を続ければよかろう」と囁いている。

アメリカに対して厳しい措置を取るべきだと考えるイギリス人は、ハウ兄弟がアメリカに対して同情を抱いてわざと戦争を長引かせているのだと非難する。いずれにせよ、そうした人びとを黙らせる戦果が必要であった。それがフィラデルフィア攻略である。

第6章

首都陥落

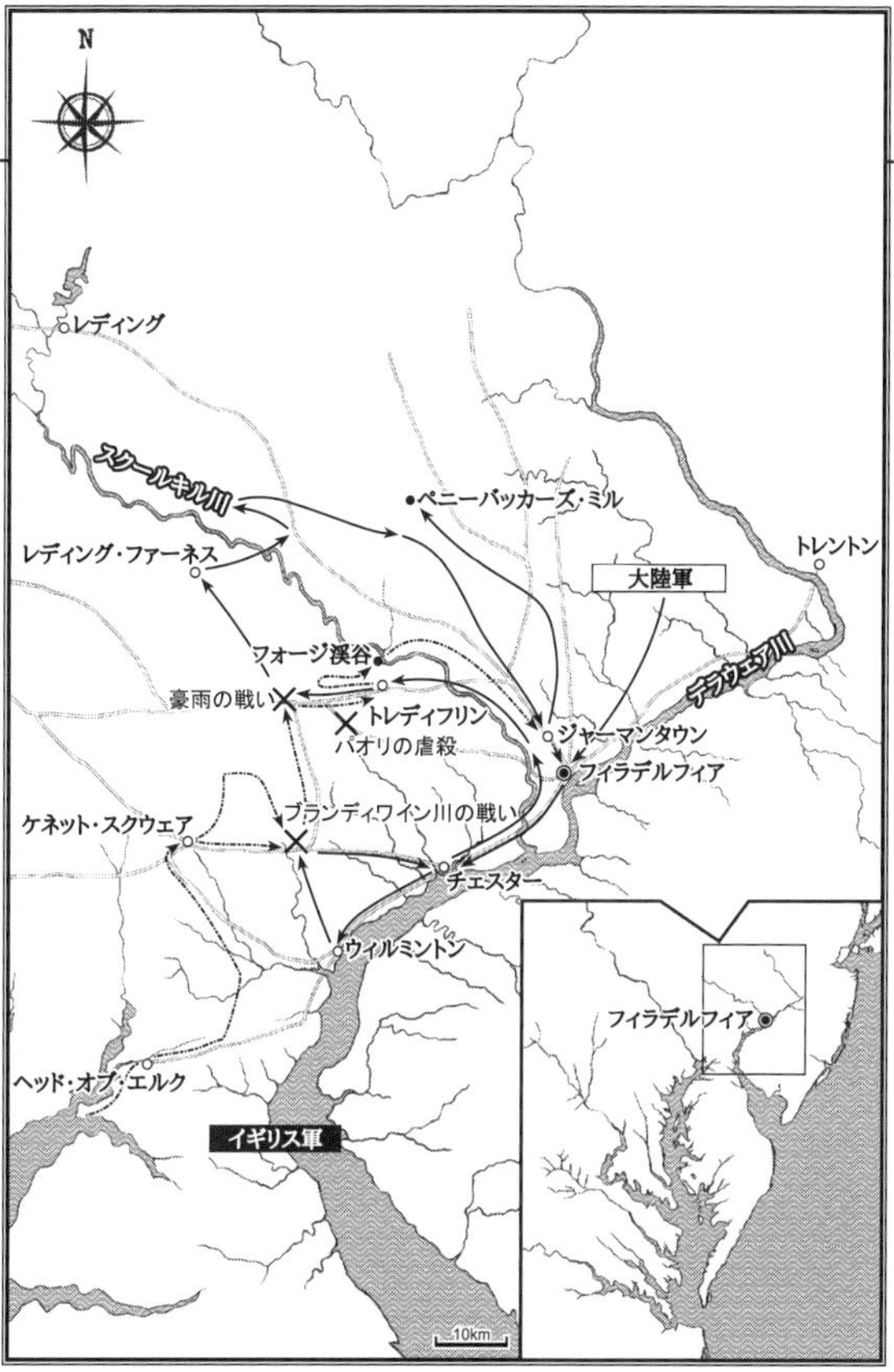

物語の舞台

ニュー・ヨークからハウ将軍率いるイギリス軍の大船団が出航する。その行く先はどこか。フィラデルフィアか、それとも南方のチャールストンか。その答えはハウ兄弟の他に誰も知らない。その一方でカナダから南下したバーゴイン将軍率いる一隊がニュー・ヨーク邦北方の要衝オールバニーに迫る。

ワシントンは、首都フィラデルフィアを守るためにブランディワイン川に布陣してイギリス軍を待ち受ける。大陸軍の布陣を知ったハウは、迂回作戦を採用してワシントンの裏をかくことに成功する。

ワシントンは首都防衛に失敗する。しかし、なおもワシントンは諦めない。首都を占拠したイギリス軍の隙を突いて乾坤一擲の勝負を挑む。はたして勝負の行方はいかに。

ハウが仕掛けた罠

春は本格的な軍事作戦の始まりを告げる。しかし、イギリス軍はなかなか重い腰を上げようとしなかった。イギリス軍の将軍たちはいったい何をしているのか。彼らは互いにいがみ合っていた。誰もが自分こそ一番だと思っていたからだ。クリントンは、自分の進言をまったく受け入れようとしないハウに愛想を尽かして帰国してしまった。その一方でバーゴインも独自の判断で動き出す。

アメリカ植民地大臣のジャーメイン卿のもとにバーゴインから「カナダ側からの戦争の遂行に関する考察」という意見書が届く。その意見書にもとづいてジャーメイン卿は一七七七年の作戦を考案した。すなわち、ハドソン川を抑えてニュー・イングランドとその他の邦を分断する作戦である。

これまでにゲージやハウも提言している作戦であって目新しい点はないが、もう少し詳細を見てみよう。作戦目標はニュー・ヨーク邦北方の要衝オールバニーである。三方向からオールバニーに迫る。まずバーゴイン率いる部隊は、カナダからオールバニーを目指して南下する。その一方で、別働隊はオンタリオ湖のほとりにあるオスウィーゴを発って、西から同じくオールバニーに進撃する。そして、ハウ率いる部隊はハドソン川を北上して作戦目標に向かう。

ハウも一七七七年の作戦についてジャーメイン卿に何度か手紙で意見を述べている。ジャーメイン卿が定めた基本方針に従いながらも、少し変更を加えている。バーゴインが南下を開始するまで時間がかかることが予想されるので、それまでハウの部隊を遊ばせておくのはもったいない。そこで、北方で合流するまでにフィラデルフィアを陥落させる。ハウの提案は基本方針から外れていないので、ジャーメイン卿に反対する理由はない。フィラデルフィアの攻略が決定される。

ニュー・ヨークが沿岸部の主要都市である一方、フィラデルフィアは内陸部の最重要都市である。人口は三万二、〇〇〇人。アメリカ最大の都市であり、文化と芸術の中心地である。フィラデルフィアには、アメリカ哲学協会の会員が一四六人、芸術協会の会員が八人、さらに王立協会の会員が二人も住んでいる。この街で発行される新聞は、アメリカで最多の部数を誇っている。当時の新聞は現代の新聞と異なる。発行頻度は週刊が一般的であり、事件を伝える記事は少なく、論説や詩などで埋められていた。購読料も高く、多くの人びとは居酒屋で回し読みしていたようだ。フィラデルフィアは政治の中心地でもあった。大陸会議が置かれていたからだ。それはフィラデルフィアがアメリカの実質的な首都であることを示している。独立宣言が公表された地もフィラデルフィアである。

フィラデルフィアを創建したウィリアム・ペンは防衛に好適な地を選んで街を築いている。デラウェア川とスクールキル川がそれぞれ東と西を守る天然の掘になっている。さらに周辺には丘陵が至る所にあり、小谷や細流、湿地で分断されている。

フィラデルフィアがいかに重要な都市であったのか。グリーンは次のように述べている。

　フィラデルフィアは、重要な作戦目標である。［中略］。この街には大陸軍に補給をおこなっている多くの製造業があり、その喪失は国家と大陸軍に非常に大きな影響を与えるので、［独立という］アメリカの共通の大義に大きな傷を与えるだろう。

もちろんハウも、グリーンに言われるまでもなくフィラデルフィアの重要性に気づいていた。フィラデルフィアが陥落すれば、イギリスに味方する者は勇気づけられ、敵対する者は意気消沈するに違いない。

陸路でフィラデルフィアに向かう。それは、まさに言うは易く行うは難しである。モリスタウンから大陸軍は、イギリス軍の一挙手一投足を監視している。イギリス軍がニュー・ジャージーに深入りすれば、大陸軍は後方に回って補給線を遮断しようとするだろう。できれば大陸軍をモリスタウンから誘い出して撃滅したい。そうすれば後顧の憂いなくフィラデルフィアに進撃できる。

その一方でワシントンが恐れていたことは何か。イギリス軍が警戒網を秘かにすり抜けてデラウェア川を渡ってしまうことであった。そこでワシントンは、モリスタウンの南十五マイル（約二四㎞）にあるミドルブルック（現ブリッジウォーター）に陣を移す。ミドルブルックはウォッチャング山系の南端に位置し、フィラデルフィアに至る道を監視できる絶好の地である。もしイギリス軍が大挙して押し寄せても、地勢を活かせば互角に戦える。さらにサリヴァンの部隊がプリンストンまで進出して往来を油断なく見張る。

ワシントンはミドルブルックから軍を動かさず、ただイギリス軍の様子をうかがっていた。イギリス軍が背後に大陸軍を残したまま、フィラデルフィアに向けて進軍するはずがないという確信がワシントンにはある。おそらくハウは、フィラデルフィアをすばやく陥落させた後、すぐに北に転じてオールバニーの攻略に参加するのではないか。ワシントンはそう考えていた。それならば誘いに乗らず、静観するのが得策である。もしハウがフィラデルフィアに向かおうとすれば、後背から補給線を脅かせばよい。たとえハウがフィラデルフィア攻略を諦めて北方に向かっても、同じく後背から補給線を脅かせばよい。

地図を前にしてハウは考える。もしこのままフィラデルフィアに向かおうとすれば、腹背が脅かされる。とはいえミドルブルックを攻撃すれば、大陸軍はウォッチャング山系を盾にして頑強に抵抗するだろう。開けた場所に大陸軍を誘い出して撃滅するのが最善の策である。ではどうすればワシントンを引きずり出せるのか。ハウは三段構えの罠を仕掛ける。

六月十二日、パース・アンボイに一万八、〇〇〇人のイギリス軍が集結する。まずニュー・ブランズウィックまで進軍する。そして、ニュー・ブランズウィックで二手に分かれ、それぞれ西進してミドルブッシュとサマセット郡庁舎に入る。目的は二つある。ミドルブルックから大陸軍本隊を誘い出すこと、そして、プリンストンに駐屯するサリヴァンの部隊を孤立させることだ。

イギリス軍の動きを察知したサリヴァンは、プリンストンの北西にあるフレミントンに陣を移す。そこなら本隊との連絡を絶たれない。そのうえイギリス軍が少しでもフィラデルフィアに向かう気配を見せれば背後を突ける。その一方で大陸軍本隊はミドルブルックから微動だにしなかった。

ハウが仕掛けた一段目の罠は失敗した。このままフィラデルフィアに突進するのは愚策である。デラウェア川の対岸にはかなりの数の敵兵が待ち構えている。背後にはワシントン率いる大陸軍本隊が控えている。それにニュー・ジャージーの民兵が雲霞のごとく執拗に食らいついてくる。

ハウは二段目の罠に移る。六月十九日夜、イギリス軍はあわてた様子でミドルブッシュとサマセット郡庁舎の陣を払ってニュー・ブランズウィックに後退した。それを知ったワシントンは、イギリス軍がフィラデルフィア侵攻を諦めて退却したと思いこんだ。そこでグリーン率いる部隊を追撃に向かわせる。さらにイギリス軍の側面を脅かせという命令がサリヴァンの部隊に伝達される。

モーガンはライフル銃兵を率いて追撃の先頭に立った。明け方、ラリタン川に架かる橋の袂でヘッセン傭兵の歩哨を発見する。ライフル銃兵の姿を見ると、歩哨はすぐに逃げ去った。すぐにグリーン率いる本隊が到着してニュー・ブランズウィックの街を制圧する。

グリーンはラリタン川を渡って敵軍を追う。しかし、合流するはずのサリヴァンの部隊が姿を見せない。

単独で深追いするのは危険だ。そこでグリーンは追撃を諦めた。

イギリス軍はパース・アンボイに帰還する。兵士たちは、明らかに兵力が劣る敵に背を向けたことが憤懣やるかたなく、士官たちの制止を振り切って略奪や放火に手を染める。ただ兵士たちの不満と引き換えにハウが仕掛けた二段目の罠は成功した。ワシントンは丘陵地帯から下って東にあるクイブルタウン（現ニュー・マーケット）まで軍を進めた。その一方でアレグザンダー率いる一隊は、さらに東にあるショート丘陵（現メアチェン付近）に布陣してパース・アンボイの動静を探った。

大陸軍を開けた場所に引きずり出して会戦に誘いこむまで、あともう少しである。ハウは三段目の罠を発動させる。六月二六日午前一時、イギリス軍はパース・アンボイから南北に分かれて出陣する。ショート丘陵に駐屯するアレグザンダーの部隊を南北から挟撃して殲滅する作戦である。それを知ればワシントンは、アレグザンダーの部隊を救出するために駆けつけてくるはずだ。もしそうなれば、一気に会戦に持ち込んで大陸軍を撃滅できる。その結果、フィラデルフィアへの道は開ける。

朝を迎えて気温が上昇し始める。日差しが厳しくなるにつれ、日射病で倒れる兵士が続出する。それでもイギリス軍は、ショート丘陵の前に到着するとすぐに激しい攻撃を開始する。抵抗を試みたアレグザンダーであったが、退路を断たれる前に首尾良く撤退する。コーンウォリスはしばらくアレグザンダーの部隊を追撃したが、暑さで兵士が疲弊しているのを見て停止を命じた。

砲声は大陸軍本隊の軍営まで届いていた。ワシントンはすぐに陣を引き払ってミドルブルックまで後退する。大陸軍を誘い出すためにハウが工夫した三段目の罠も失敗に終わった。もしワシントンがアレグザンダーの部隊を救出しようと出動していれば、罠にはまっていただろう。

三段構えの策に失敗したハウは、戦略の根本的な見直しを余儀なくされる。ワシントンを引きずり出して痛撃を加えない限り、陸路でニュー・ジャージーを横断してフィラデルフィアを攻撃することも、安心して北方に向かうこともできない。何とか事態を打開できる妙策はないか。水路を使えば遠回りになるが、フィラデルフィアに容易に接近できる。それに補給線の問題も解消される。海軍国であるイギリスにとって、陸上の補給線を維持するよりも、輸送船で物資を補給するほうが簡単である。いったん船で南まで下り、そこからフィラデルフィアに向けて北上する。それがハウの選択した戦略であった。

その一方、ニュー・ヨーク北方でも動きがあった。バーゴインがタイコンデロガ砦の攻略に成功した。カナダからニュー・ヨークに南下する回廊がこじ開けられた。アメリカを両断する楔が打ちこまれようとしている。タイコンデロガ砦奪取の報せを聞いたジョージ三世は、小躍りしながら王妃の部屋に駆け込み、「勝ったぞ。アメリカ人を叩き潰せ」と手を叩いて言ったという。それほどタイコンデロガ砦は重要な拠点であった。

その一方でワシントンは、ハウが北上してバーゴインとの合流を優先するのではないかと予想する。しかし、大陸軍は全軍挙げて北に転進できない。もしそうすれば、ハウが空隙を突いてフィラデルフィアを難なく陥落させるだろう。最善の策は、モリスタウン周辺にとどまってハウの動きを注視することだ。ハウが北と南のどちらに向かってもすぐに対応できる。

流浪の大船団

ハウの次の行動は誰にも予測できない。叙爵と引き換えに戦線復帰に同意したクリントンであったが、ニュー・ヨークに到着した後、イギリス軍の動きを知って唖然とする。

七月八日、兵士たちは、スタテン島の東岸から輸送船団に乗り込むように命じられた。酷暑の中、一万八、〇〇〇人の兵士たちは輸送船団に押し込まれたまま、ただ軍需物資を浪費して約二週間を無為に過ごしていた。

クリントンはハウの真意を図りかねて困惑する。ハウは南進してフィラデルフィアに向かうのか、それともさらに南方のチャールストンに向かうのか、もしくは東進してニュー・イングランドに向かうのか。または海に出ると見せかけた後、ハドソン川を遡上して、南下してくるバーゴイン将軍の部隊と合流するのか。ハウ兄弟の他にはイギリス軍の中にさえその意図を知る者は誰もいない。まして大陸軍の中にハウの真意を見抜ける者がいるはずがない。ワシントンの幕僚に加わったばかりのティモシー・ピカリングは、妻に宛てた手紙で次のように軍中の様子を語っている。

我々はここ［モリスタウン］にハウが何らかの動きを示すまでとどまることになる。もし彼が［ハドソン］川を遡ればその後を追う。もし彼がフィラデルフィアに行けば、我々はそちらに行く。しかし、もし開けた海に艦隊とともに去ってしまえば、我々は彼がどこに行くつもりかわからない。［中略］。我々は彼の意図がどこにあるかわからずに非常に途方に暮れている。陸路でフィラデルフィアに向かう計画が失敗して以来、ハウ自身もどの道を行けばよいのか途方に暮れているのではないかと我々は思っている。

七月二三日、二六〇隻以上の戦艦や輸送船から構成される大船団がようやく錨を上げる。一万八、〇〇〇人の兵士たちを乗せた輸送船団は、南方の水平線に消える。その行方は杳として知れない。馬のために一ヶ月分の飼料が積み込まれ、丈夫な鹿革で馬房が設けられた。長期間の航海を想定した準備だ。

当時、敵の位置を探索するには人の目に頼るしかない。大規模な艦隊といえども海岸を離れて広大な海上に出れば、行方をくらますことは難しいことではない。もちろんそれがハウの狙いである。戦略の要諦は敵に手の内を見せないことにある。ワシントンはイギリス軍の戦略が読めず、大いに戸惑うだろう。

遥か北方に目を転じれば、バーゴイン将軍率いる部隊がオールバニーに迫っている。オールバニーの北部に位置する要衝のタイコンデロガ砦はすでに陥落していた。このままバーゴインの軍が何の妨害も受けずに南下を続ければ、オールバニーもイギリス軍の手に落ちる。そうなればニュー・イングランドは他の邦と分断されて孤立する。商家の徒弟であるエルケイナ・ワトソンは、次のように不安な状況を記している。

革命は危機にあった。バーゴインは手練《てだ》れの兵士たちを率いてオールバニーに向かっている。ハウは強力な軍隊を率いてフィラデルフィアに迫りつつある。アメリカのあらゆる場所にいる本国支持派は地方で騒乱を起こしている。いくつかの南部の植民地では、黒人の一部が反乱を起こそうとしている。こうしたすべての状況が時を同じくして大業を危機にさらし、その達成を困難にしている。

困難な時局を前にワシントンは岐路に立たされる。ハウがどこを攻撃しようとしているのかは依然としてわからない。しかし、決断しなければならない。不決断は死を招く。

選択肢は二つある。フィラデルフィアを守るべきか。それともニュー・イングランドの隔離を防ぐために北上してオールバニーを守るべきか。オールバニーとフィラデルフィアはどちらも重要な拠点である。しかし、北と南で離れすぎているので両方を同時に守ることはできない。もし大陸軍を二つに分ければ各個撃破されてしまう恐れがある。

七月は、ワシントンにとって迷いの月であった。時々もたらされる不確かな諜報に惑わされて、大陸軍はハドソン高地とフィラデルフィアの間をさまよった。

七月三〇日、デラウェア川の河口にあるルイスの水先案内人から大船団を目視したという報せがフィラデルフィアに届く。翌日、報せは大陸軍の本営に転送された。ワシントンは、大陸軍本隊を率いてフィラデルフィアに急いで向かう。総司令官に随従していたピカリングは、妻に街の様子を書き送っている。

この街［フィラデルフィア］の人びとは非常に気楽に見え、敵の接近をまったく恐れていないようだ。ここで戦いが起きることは間違いない。もし将軍が戦いを挑もうと決心していれば、我々は神が奴らに痛撃を与えてくれるように祈る。［中略］。たとえ奴らがこの街を占拠しても、大義は決して失われない。奴らは、アメリカを征服することがいかに大変かを悟るはずだ。

その数日後、ワシントンはフィラデルフィアのシティ亭で一人の青年と出会う。青年の名はラファイエット侯爵。後に「両大陸の英雄」として知られるようになるフランスの高名な貴族だ。弱冠二〇歳。背丈は六フィート（約一八三㎝）近くで肩幅は広い。貴族らしく綺麗に整えた鬘を被り、秀でた額に高い鼻梁、そして、赤いバラのような瑞々《みずみず》しい唇に弓形に弧を描いた優美な眉が人目を引く。何よりも印象的なのは、表情豊かに活き活きと輝く榛色《はしばみ》の瞳である。ノアイユ家という名門貴族の娘を娶り、フランスの宮廷でその名前を知らぬ者はいない。

ジョージ三世の弟であるグロースター＝エディンバラ公爵からラファイエットは初めて独立戦争について知ったという。公爵がフランスの北東部にあるメスを訪問していた時のことである。公爵を迎えて催された晩餐会にラファイエットも来賓の一人として出席していた。そこへイギリスから公爵宛の通信が届いた。公爵は、一座の者たちに通信の内容を読んで聞かせた。それは北アメリカ植民地が自由と独立を求めて立ち上がったという報せであった。

ラファイエットは、アメリカ独立の理念にすっかり心酔してしまった。心酔しただけではない。ラファイエットは、自ら船を仕立ててお目付役のヨハン・ディ・カルブ男爵とともに大西洋に漕ぎ出した。ディ・カルブは戦功によって男爵に叙せられた歴戦の軍人である。ラファイエットを突き動かしたのは、自由を求める大義の実現を目指して世界を駆けめぐりたいという青雲の志であった。

Charles W. Peale,
Lafayette in Uniform of An American Major General

七週間の航海の後、サウス・カロライナのジョージタウンに上陸したラファイエットは、初めてアメリカの土を踏む。そして、神聖な大義に身を捧げることを誓った。時刻は真夜中で、遠くに民家の灯りが見えた。一夜の宿を求めようと近づいたラファイエット一行に犬が吠えかかる。住民は、敵兵が略奪に来たのかと思って武器を手に取って誰何《すいか》した。幸いにも誤解は氷解して、ラファイエットは屋根の下で眠ることができた。

清々しい朝の光で目が覚めたラファイエットは、自分を取り囲むものがすべて目新しく思えた。蚊帳で覆われたベッドの外には黒人奴隷が指示を待っている。後にラファイエットは奴隷解放を提唱するが、この時はまだ奴隷制度について特に疑問を抱いていなかったようだ。窓からは見慣れない異国の風景が見える。清新な情景は青年の心を躍らせる。

まずラファイエットは、大陸会議と交渉するためにフィラデルフィアに向かう。大陸会議に認めてもらわなければ、アメリカで活動できない。旅路は実に九〇〇マイル（約一、四〇〇㎞）に及ぶ。この長い旅も青年にとってまったく退屈なものではなかった。英語をきちんと習得しなければならないし、慣習も学ばなければならない。さらに豊かな自然が織りなす山河が青年の目を捉えて離さなかった。そして、行く先々で今、アメリカが置かれている状況が耳に入った。ただ同行者たちは青年とは違ったようで、旅の苦労で不満がずいぶんとたまったようだ。

フィラデルフィアに到着したラファイエット一行はインディペンデンス・ホールに向かう。困ったことに守衛が中に入れてくれなかった。ヨーロッパから次から次へと己の野心を実現しようと売りこみに来る外国人士官が後を絶たなかったからだ。フランス人は別に珍しくない。むしろ多すぎるくらいだ。ヨーロッパで外交を展開しているベンジャミン・フランクリンに責任の一端がある。執拗に仲介を依頼する野心家たちに根負けして紹介状を次から次へと書いていたからだ。ただフランスの軍人が増えれば、フランス国王もアメリカの支援に乗り気になるだろうというフランクリンなりの思惑もある。

はるばる大西洋を越えてやって来た軍人たちが役に立てば大陸会議は何も文句を言わなかっただろう。軍人たちは英語を話せず、独立戦争がなぜ起きたか知らず、アメリカ人がどういう人びとかすらわかっていない。それでまともに大陸軍を指揮できるだろうか。最初、大陸会議は、ラファイエットも厄介な連中の一人だと思いこんだ。そこでラファイエットは、面談に訪れた代表たちに向かって、たどたどしい英語で自らの存念を読み上げた。

「この身を捧げた後で、私は二つの恩典を要求する権利を持ちます。一つは自弁で軍務に就くことです。もう一つは最初は志願兵として軍務に就くことです」

大陸会議の代表たちにとって、ラファイエットの言葉は新鮮に感じられた。他の厚かましい外国人に比べて、ラファイエットが要求した「恩典」は歓迎すべきものだからだ。

議論のすえ、大陸会議はラファイエットに少将の位階を与える。ラファイエットの年齢や経験、そして、外国人であることからすれば破格の扱いである。それはラファイエットが貴族として持つ縁故に配慮したうえでの人事だ。

ただフランス政府は、イギリスに表立って敵対しようとはまだ決心していなかったので、ラファイエットの任官を妨げようとした。しかし、フランス風に人びとを抱きしめて親しげに挨拶する朗らかな青年は、多くの将兵をたちまち魅了してしまった。そうなってしまえば後の祭りである。もちろんラファイエットがアメリカを支援するようにフランス政府から密命を受けていたとも考えられる。ただそれを裏づける証拠はない。

シティ亭の二階では、総司令官を迎えて晩餐会が催されていた。こもった暑気を逃がすために窓が開け放たれている。青年がワシントンと会うのはこれが初めてである。多くの将官たちが居並ぶ中、その真ん中で凛然と立つ人物がいる。それがワシントンだった。「威風堂々たる風格と背丈で間違えようがなかった」とラファイエットは記している。

晩餐会で長いテーブルの反対側に座ったラファイエットは、ワシントンと話す機会をなかなか摑めなかった。晩餐会が終わった後、ワシントンは、ラファイエットをかたわらに招き、微笑みを浮かべて親しく言葉をかける。

「あなたの熱情と自己犠牲の尊い精神はすばらしいものです。ぜひとも本営に来て下さい。いつでも好きなだけいて下さい。あなたを幕僚の一員として受け入れます。宮廷のような贅沢は約束できませんが、アメリカの兵士として、きっと共和国の軍隊の慣習に親しめますよ」

ラファイエットが総司令官の言葉に喜んで応じたことは言うまでもない。二人はよほど馬が合ったのだろう。すぐに親密になる。容易に他人に胸襟を開かないワシントンにしては珍しいことだ。ラファイエットは、フランスにいる妻に宛てて、次のように総司令官の知己を得た喜びを語っている。


このすばらしい人物の才能と美徳を私は尊敬している。彼を知れば知るほど私は彼を尊敬するようになっている。今や彼は私の親友となった。彼が私に絶えず示す愛情深い関心は、すっかり私の心を摑んでしまった。私は彼の家に住んでいて、互いに信頼と真心を抱いて二人の愛する兄弟のように一緒に暮らしている。こうした友情は、この国で最高の幸せを私にもたらしてくれる。

ワシントンがフィラデルフィアに入った頃、イギリス軍の大船団は再び水平線の彼方に姿を消していた。ルイスの水先案内人の日誌には次のように記されている。

［八月二日］午後四時頃、船団は見えなくなった。船団がニュー・ヨークに向かっているのか、それともヴァージニアに向かっているのか、私の予測の範疇を超えている。

ハウの真意はいったいどこにあるか。さらに謎は深まる。どこかで船首を北に返してハドソン川を遡上するのか。それともニュー・イングランドを目指すのか。またはそのまま南進してチャールストンを目指すのか。メリーランドに上陸してフィラデルフィアに向かう可能性もある。

判断に迷ったワシントンは、いくつかの部隊を北方に派遣して警戒に当たらせた。さらに本営をフィラデルフィアの北三〇マイル（約四八㎞）の位置に移して、一〇〇マイル以上（約一六〇㎞）にわたって兵力を分散させる。イギリス軍を網にかけるためだ。どうやらハウもワシントンを惑わせようといろいろ手を打ったようである。ピカリングは次のようにハウの偽書について妻に説明している。

ついに我々は、ハウがフィラデルフィアに向かっていると確信できる諜報を入手した。この諜報は、バーゴインに宛てたハウ自筆の手紙によってさらに強められた。その手紙でハウは、ボストンに行くとバーゴインに言っている。しかし、ハウは、三週間も牢獄に閉じ込めた者にその手紙を預けている。そのような者を信じる理由がどこにあるだろう。つまり、ハウが我々の手に手紙がわざと落ちるようにして、そのような使者を仕立てたことは間違いない。

八月に入ってから気温はぐんぐん上がる一方であった。大陸軍の兵士たちは暑さによって疲弊し、キャンプ熱が流行する。ニュー・ヨークのフロンティアでイギリスに味方するインディアンと本国支持派が蜂起したという急報が届き、その方面に兵を割かなければならなくなった。そこへイギリス艦隊が再び南東の海上に姿を消したという報せが入る。大船団の南下は大陸軍の注意を北方からそらす策略だったのではないかと指摘する者もいた。ハウは北に取って返してバーゴインと合流する腹ではないのか。

数週間経ってもイギリスの大船団の動向を伝える諜報は何も入らなかった。姿の見えない敵以上に不安をかきたてるものはない。ハウはなぜデラウェア川の沖合から姿を消したのか。デラウェア川を遡れば容易にフィラデルフィアに至れるのではないか。

先述のようにフィラデルフィアは防衛に適した場所に築かれていたが、デラウェア川に面しているがゆえに水上からの攻撃に弱い。もちろん水路からの侵攻にも備えていた。マッド島にはミフリン砦が、対岸にはマーサー砦とビリングスポート砦が川面に砲口を向けている。

一隻のイギリス軍艦がデラウェア川を遡上して偵察した。艦長から報告を受けたハウ兄弟は、デラウェア川を強行突破して上陸するのは至難だと判断する。そこでさらに南西に回り込んでフィラデルフィアを攻略する作戦を立てる。十分な距離を取れば安全に上陸できる。上陸さえ成功すればフィラデルフィアを確実に攻略できる。

しかし、海上の嵐がハウの思惑を阻む。大船団は木の葉のように翻弄される。逆風、潮流、そして、雷雨が引き続き船足を遅らせる。そのため大船団がデラウェア川の沖合からわずか一〇〇マイル（約一六〇㎞）しか離れていないチェサピーク湾の入り口にたどり着くまで二週間を要した。当時の一般的な船速は、順風で時速十マイル（約十六㎞）程度なので、運が良ければ半日、普通でも三日間で移動できる距離である。

チェサピーク湾を遡上する間にさらに十日間が過ぎた。新鮮な食料と水が底をつく。特に水は三週間もすれば饐《す》えた匂いで飲めなくなる。水が不足すればまず犠牲になるのは大量に水を飲む馬である。数百頭の馬が殺された。どうしても必要な馬、たとえば大砲牽引用の馬は殺されずにすんだが、船倉に閉じこめられたうえに飼料不足と酷暑のせいで次々に倒れた。兵士たちも塩漬けの口糧で飢えをしのぐ。暑さで溶けた松脂で軍服が汚れてひどいありさまだ。当時、松脂は船の浸水を防ぐために使われていた。

イギリス軍が風浪に翻弄されている頃、ワシントンは作戦会議を開いていた。ハウがいったいどこに向かっているか諸将の意見を徴す。作戦会議では、ハウはおそらくチャールストンに向かっているだろうという意見で一致する。そして、チャールストンはあまりに遠いので、とりあえず北上してバーゴインの南進を阻止すべきだという報告がまとめられる。八月二一日、その報告は大陸会議に送られた。

翌日、チェサピーク湾で大船団の船影を確認したという急報が入る。それはワシントンにとって予想外の報せであった。すでに作戦会議の決定にもとづいて、北方のオールバニーに向かう準備が進んでいる。しかし、ハウの攻撃目標がフィラデルフィアであることは今や明らかである。作戦が再考され、大陸軍と民兵隊は一路、フィラデルフィアに向かう。

見過ごされた要所

八月二四日、フィラデルフィアに入った大陸軍と民兵隊は街を行進する。総勢一万六、〇〇〇人。先頭には、ワシントンがラファイエットやハミルトンなど幕僚を従えて馬を進める。兵士たちは、まともな軍服を着ておらず装備もろくに整っていなかったが、そろって希望の象徴である緑の小枝を帽子や髪につけていた。勇壮な鼓笛の調べが流れていたが、大半の兵士たちは、頭も上げず黙々と歩き、踵を揃えて方向を変えることさえ知らないようであった。それでも列を乱さずに兵士たちは歩いていた。もし隊伍を崩せば三九回の鞭打ちが待っている。

軍に随従しているはずの女性たちの姿は見えない。兵士たちと並んで行進することが禁じられたからである。それでも一部の女性は裏通りを勝手に行進していたようだ。

フィラデルフィアの市民は、二時間にわたって兵士たちのパレードを喝采で迎える。その中には、大陸会議の代表を務めていたジョン・アダムズもいて、兵士たちの様子を「彼らは正確なタイミングで足を踏み出すこともできない」と妻に書き送っている。さらにアダムズは次のように記している。

ワシントン将軍と将軍たちは副官を連れて馬に乗っていた。大佐たちやその他の士官たちも馬に乗っていた。我々とハウの間には今、この軍隊がうまく割り込んでいる。そして、すぐに数千人の民兵隊が加わるだろう。したがって、私はまるで［故郷の］ブレインツリーにいるように安心しているが、［家族と離れているので］幸せではない。

フィラデルフィアで行進した翌日、大陸軍はデラウェア川に沿って南下し、ウィルミントンに本営を築いた。ウィルミントンで睨みをきかせれば、デラウェア川を遡上しようとする敵の大船団を阻止できる。

八月二五日、その日の朝は蒸し暑かった。コーンウォリス率いる先遣部隊は、メリーランド北部のヘッド・オブ・エルク（現エルクトン）から八マイル（約十三㎞）南のターキー岬に上陸を開始する。先に上陸した部隊がすぐに展開して警戒に当たる。上陸は第五陣まで続き、大砲と荷馬車が最後になった。

ハウは迅速に行軍しようと決意していた。できるだけ荷物を少なくするためにテントは船に残された。背負えるだけの荷物を携行せよという命令が兵士たちに伝達される。そこで多くの兵士は、物資を包んで丸めた携帯用毛布を背嚢代わりにする。

夜の帳が下りるとともに雷雨が兵士たちを襲う。兵士たちは、横棒柵にトウモロコシの茎を寄せ集めた代物に辛うじて身を隠す。それから晴れれば星空のもとで眠り、雨が降れば粗朶《そだ》や下生えで作られた屋根の下で休む生活が始まる。ある士官は、「先週、我々は野獣のように生活して、皿もなくテーブルクロスもなく、食べ物はビスケットのみで、それに代わる物は何もなかった。上陸して以来、私は同じ服をずっと着たままだ」と記している。

ハウは、この地域で本国支持派を探したが、協力してくれそうな者はほとんどいなかった。住民が逃げ出してしまったせいで家々には人影がない。しかし、植民地の権利を求めて立ち上がった者たちの中には、独立宣言が発せられたことに戸惑いを覚えている者がいる。確かに彼らは権利を求めたが、それは帝国のもとで保障される権利を求めたのであって、独立はあまりに急進的すぎると二の足を踏んでいる。そこでハウは、もし自らイギリス軍の軍門に降れば、その者の罪を問わないという布告を発表する。さらにイギリス軍に馬匹を提供する者に報奨金を与えるという布告が出される。

ワシントンは偵察隊を率いて、長い船旅で疲弊しているイギリス軍を視察する。偵察隊には、グリーンとラファイエットをはじめその他にも副官が同行する。アイアン丘陵から敵陣の様子を探る。敵陣までは、馬に一鞭入れて十分も飛ばせば着く距離だ。敵軍が布陣していることはわかったが、その規模まではわからない。次いで周辺の地勢を確認する。

あまりに長い間、偵察に没頭していたために、嵐の接近に気づくのが遅れる。日も落ちてしまった。暴風雨を避けるために、一行は近くの農家に身を寄せて暖炉を借りた。そこは敵軍の前哨基地からわずか一マイル（約一・六㎞）しか離れていない。グリーンは、リーが捕縛された前例を挙げて、とどまるのは危険だと総司令官に警告する。しかも農家の主は本国支持派である。しかし、ワシントンは耳を貸さない。その夜はそのまま更ける。

翌朝、一行は農家を離れて無事に帰営できた。もし農家の主がイギリス軍に通報していれば、一巻の終わりだっただろう。

八月二八日、数日間、荒れ狂った嵐が静まった。イギリス軍の前衛部隊はヘッド・オブ・エルクまで進軍する。とにかく情報と新鮮な食料を集めることが急務である。前衛部隊が発見したのは、数頭の牛と民兵の物資の貯蔵所であった。貯蔵所には、タバコやトウモロコシ、オーツ麦などが大量に積まれている。この辺りはまだ開発の手が十分に行き届いておらず、イギリス兵は故国とはまったく異なった荒涼とした地域に目をみはる。

グレーズ丘陵に立ったハウは、将官たちの一団がアイアン丘陵にいるのに気づく。どうやらその一団は、こちらの様子を小型望遠鏡でうかがっているようだ。ハウの部下の一人が、その一団の中にワシントンがいると告げる。ハウは初めてライヴァルの姿をその目で確かめたのであった。当時の新聞は、「ワシントン将軍を破ることができるのは世界でハウ将軍ただ一人であり、ハウ将軍を破ることができるのはワシントン将軍ただ一人である」と伝えているが、言い得て妙である。ただハウはそこまでワシントンの軍事的才能を買っていなかったのだが。

九月三日早朝、ハウはアイアン丘陵の南に位置するエイケン亭に入る。偵察部隊がアイアン丘陵に向けて出発する。一人の大尉が六騎の竜騎兵を従えて先頭を進み、その後に四〇〇人の猟兵部隊が続く。

突然、道の脇の生け垣から銃声が響き、竜騎兵が次々に倒れる。ウィリアム・マックスウェル将軍率いる伏兵だ。大尉は馬を後退させて猟兵部隊に前進を命じる。猟兵部隊が銃剣突撃を仕掛けようとすると、マックスウェルの部隊はすばやく後退して銃撃を続けた。そのまま猟兵部隊はアイアン丘陵を取り囲む。そこへハウ自ら姿を現して、増援部隊を配置するとともに、アイアン丘陵を奪取するように下知する。

突撃命令とともに攻撃が開始され、七時間の激闘のすえ、アイアン丘陵の支配権はイギリス軍に移る。マックスウェルの部隊は追い散らされ、アイアン丘陵の東麓のクーチズ橋に殺到する。そこでも敵軍が待ち構えていたが、マックスウェルは善戦して何とか追い払う。しかし、さらに敵軍が迫るのを見てクーチズ橋を渡って退却する。こうしてフィラデルフィアをめぐる前哨戦はハウの勝利に終わった。

ワシントンは、ホワイト・クレイ川の東岸に兵力を集結させてイギリス軍の襲来に備えた。ホワイト・クレイ川の周辺は険しい丘陵が連なり、その間を縫うように隘路が走っている。防衛には最適である。しかし、作戦会議によってさらに東にあるレッド・クレイ川が防衛線に定められた。九月六日、マックスウェルの部隊をホワイト・クレイ川に残して大陸軍本隊はレッド・クレイ川まで後退した。

九月八日未明、北の空に不思議な光が満ちていた。オーロラである。見慣れない光景に戸惑いながらイギリス軍は進軍を開始する。午前七時、ニューアークの街までやって来た時、ハウは街が放棄されているのを見た。ニューアークからそのまま東進すれば、ワシントンが防備を固めているレッド・クレイ川に至る。しかし、敵軍が手ぐすね引いて待ち構えている所にうかうかと飛び込むようなハウではない。ハウは、正面から大陸軍に向かうように少数の部隊に偽装させる一方で、大部分の部隊を率いて北進する。

ワシントンはハウの画策を見抜いた。北から回りこんで大陸軍の背後に出ようとしているに違いない。もしこのままイギリス軍がペンシルヴェニアの後背地に入りこめばどうなるか。ペンシルヴェニアの後背地には重要な街が点在している。いずれの街にも数多くの製粉所や鉄工所があり、軍需物資を生産する拠点になっている。こうした街がイギリス軍の手に落ちれば、大陸軍の補給は滞り、ついには瓦解してしまうだろう。その結果、フィラデルフィアもイギリスの手に落ちる。これ以上、イギリス軍をペンシルヴェニアに踏み込ませるわけにはいかない。何としてでもイギリス軍の足を止めなければならない。

九月九日午前二時、ワシントンは、さらに東にあるブランディワイン川まで後退する。ブランディワイン川は、鬱蒼と木々が茂った丘陵や峡谷に囲まれた天然の防衛線である。レッド・クレイ川と違って、遥か北まで伸びているので簡単に背後に回りこめない。

幹線道路が通るチャドの浅瀬を見下ろす高台に大陸軍の本営が築かれる。チャドの浅瀬には、グリーンのほか、アンソニー・ウェイン将軍とフランシス・ナッシュ将軍の部隊が陣取る。さらに南の二つの浅瀬にウィリアム・アームストロング将軍率いる左翼、北のブリントンの浅瀬にジョン・サリヴァン将軍率いる右翼が展開する。その他にもいくつかの小さな浅瀬に分遣隊が配置された。士気を上げるために、兵士たちにはラム酒が配られる。

ワシントンは、地元民から周辺の地理に関する情報を集めた。彼らによれば、北方にはジェフェリーの浅瀬があるが、腰までつかる深さであるという。さらにイギリス軍が陣取っているケネット・スクウェアからジェフェリーの浅瀬に通じる道は非常に悪い。最終的にワシントンは、地元出身の士官からの助言も参考にして、ジェフェリーの浅瀬に部隊を配置しなかった。この決定がブランディワイン川の戦いの行くすえを左右する。それがいかに重要な決定であったか、その時はまだワシントンに知る由はなかった。

九月十日、大陸軍は、前日に続いて陣地の補強と前線の偵察に時間を費やした。しかし、上流の浅瀬の重要性に気づく者は誰もいなかった。その一方で、イギリス軍の偵察は徹底していた。先遣部隊の一員として周囲の警戒に当たっていたのがパトリック・ファーガソン少佐である。

ファーガソンは、二騎の騎兵が接近してくるのを発見した。どうやら敵の騎兵のようだが、森の中で視界が悪く、こちらには気づいていない。そこでファーガソンは三人の兵士を呼んで、忍び寄って狙撃するように命じる。しかし、無防備な敵を何の警告もなく狙撃するのはあまり見上げた行為ではないと思い直して、命令を撤回する。

一騎は進路を変えて去ったが、もう一騎はさらに近づいて来る。ファーガソンは、木々の間から騎兵に歩み寄って呼びかけた。ファーガソンの声に驚いた騎兵は馬の足を止めたが、すぐにまた拍車を入れて進み始める。そこでファーガソンは、銃を構えて停止を命じる。しかし、騎兵はファーガソンを無視して、悠然と森の向こうに姿を消そうとしていた。騎兵の後ろ姿に狙いを定めたファーガソンであったが、背後から撃つのは卑怯ではないかと思った。結局、銃は火を噴かず、そのまま静かに降ろされた。

軍営に帰ったファーガソンは、軍医が捕虜から聞き取ったという話を教えられる。捕虜によれば、ワシントンがわずかな騎兵を伴って偵察に出ていたという。そこでファーガソンは、ワシントンの特徴を捕虜に問い質す。すると、自分が声をかけた騎兵がまさにその人だとわかった。あの時、躊躇せずに撃っていればよかったと、ファーガソンはひとしきり後悔した。

もしハウがファーガソンの話を聞いていたら残念がっただろうか。それどころではなかったに違いない。ハウの頭を占めていたのはフィラデルフィアを手中にする計画であった。それにはまず目の前の大陸軍を撃破しなければならない。そこで目をつけたのがジェフェリーの浅瀬である。ただちに作戦は立案された。

ブランディワイン川の戦い

九月十一日未明、マックスウェルの部隊はケネット・スクウェアに向かって進軍を開始する。少しでも敵の足を遅らせるためだ。偵騎がチャドの浅瀬とケネット・スクウェアの中間にあるウェルシュ亭まで先行する。偵騎は居酒屋の表にある横棒柵に馬をつなぐと、ウェルシュ亭に入って待機した。

午前九時、窓の外を行く兵士たちの姿が見えた。ヴィルヘルム・フォン・クニプハウゼン将軍率いる部隊の露払いを務めるクイーンズ・レンジャー部隊とライフル銃兵部隊である。銃弾を放ったかと思うと、偵騎は裏口から出て馬を置いたまま逃げ去った。

厚い霧が辺りを覆っているせいで視界は極端に悪い。クイーンズ・レンジャー部隊とライフル銃兵部隊はそのまま礼拝堂の近くまで進む。突然、墓地の壁の背後から銃弾が飛来する。そこでマックスウェルの部隊が待ち構えていた。両部隊はすぐに反撃する。マックスウェルの部隊は時々、足を止めて反撃しながら整然と後退する。二時間にわたる追撃の後、両部隊は、敵兵が向き直ってマスケット銃を逆さに持っているのを見た。それは降伏の合図である。

安心したイギリス兵は銃を降ろして接近する。すると突然、マックスウェルの部隊は、鮮やかな手つきでマスケット銃を反転させて十二ヤード（約十一m）の至近距離から一斉射撃する。騙し討ちだ。指揮官がとっさの機転で兵士たちに地面に伏せるように命じたので犠牲は少なかったが、それでも三〇人の死傷者が出た。

チャドの浅瀬までたどり着いたマックスウェルの部隊は、森の中に築かれた凸角堡と高台に分かれて陣取って銃撃を浴びせる。ライフル銃兵部隊は一軒の家を盾にして撃ち返す。そこへクニプハウゼン率いる本隊から増援が駆けつける。

小高い丘に登って戦況を俯瞰していたクニプハウゼンは、森を抜けて大きく迂回して左翼を突くように命じる。前線に並べられた四門の野戦砲が凸角堡に砲撃を浴びせる。さらに小高い丘から一隊が下って凸角堡の腹背に迫る。凸角堡に立てこもった兵士たちがチャドの浅瀬に向けて後退を始めた一方で、高地に陣取っ

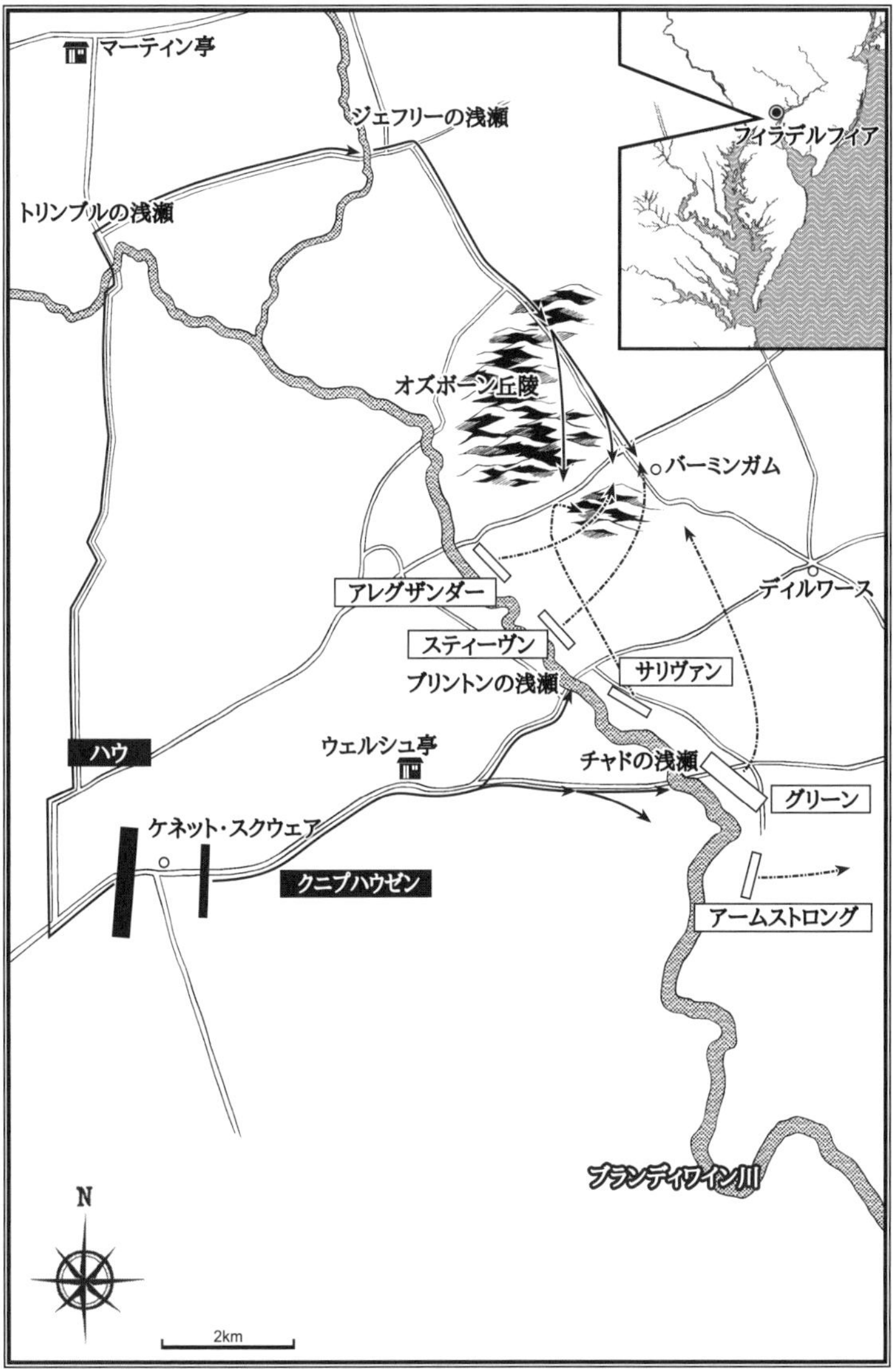
マーティン亭
ジェフリーの浅瀬
フィラデルフィア
トリンブルの浅瀬
オズボーン丘陵
バーミンガム
アレグザンダー
ディルワース
スティーヴン
サリヴァン
ブリントンの浅瀬
ハウ
ウェルシュ亭
チャドの浅瀬
グリーン
ケネット・スクウェア
クニプハウゼン
アームストロング
ブランディワイン川
N
2km

た兵士たちはなおも退かずに執拗に射撃を続ける。

こうしてマックスウェルの部隊が抗戦している間に、西側を索敵するように命じられた国王勅定連隊が出立する。国王勅定連隊は、何の妨害も受けずにブリントンの浅瀬の前まで進軍する。対岸には、サリヴァン将軍率いる部隊が布陣している。

敵軍の姿を遠望するとサリヴァンは、野砲一門とともに一隊を派遣して行く手を阻む。そして、イギリス軍が二門の大砲を配置するまで小競り合いが続く。サリヴァンの一隊は、砲撃を受けて元来た道を引き返す。それを追って国王勅定連隊は、ブランディワイン川を見下ろす高台に陣取ると進軍を停止する。ブリントンの浅瀬に再び静寂が戻る。

頃合いを見計らっていたクニプハウゼンは、広く部隊を展開させてブランディワイン川の西岸の制圧に乗り出す。マックスウェルは、包囲されるのを恐れて東岸に向けて退却する。クイーンズ・レンジャー部隊とライフル銃兵が追撃を開始する。

徐々に霧が晴れ始める。午前十時三〇分、クニプハウゼンは、チャドの浅瀬の南西にある高台に砲兵を配置して、兵士たちを閲兵する。その様子は東岸の大陸軍の陣営からもよく見えた。さっそく、砲弾の応酬が交わされ、浅瀬一帯は硝煙に包まれる。

ワシントンは、クニプハウゼンがいつチャドの浅瀬を押し渡ろうとするか見守っていたが、なぜかまったく動く様子はない。時おり、大砲を放つだけで反応が鈍い。クニプハウゼンは待っていた。いったい何を。ハウとコーンウォリス率いる部隊がその作戦行動を終えるのを待っていた。わざわざ閲兵してみせたのも敵軍の注意を引きつけるためだ。

実はクニプハウゼンの部隊が出発する前、ハウ将軍とコーンウォリス将軍は、濃霧に紛れ、八、二〇〇人を率いて北方に通じるグレート・ヴァレー道に忽然と姿を消していた。クニプハウゼンの部隊はあくまで敵の目をそらせる囮である。

イギリス軍本隊はグレート・ヴァレー道をたどってどこに向かっているのか。北方のトリンブルの浅瀬である。そこでまずブランディワイン川の一つ目の支流を渡る。午前十一時頃のことである。その約三時間後、両将軍の部隊は二つ目の支流をジェフリーズの浅瀬で渡る。実に十七マイル（約二七㎞）に及ぶ迂回行軍である。

霧が晴れわたり、イギリス兵の目の前に豊かな田園風景が広がる。煉瓦造りの農家や水車小屋が点在し、緑なす牧草地が横棒柵で囲われている。森林から切り開かれた果樹園とトウモロコシ畑が見える。

ワシントンにとって不幸なことに、ハウはジョゼフ・ギャロウェーの協力を得てこの周辺の地理に十分に通じていた。ギャロウェーは第一回大陸会議でペンシルヴェニア植民地代表として本国との和解を推進した人物である。和解が望み薄になった後、ギャロウェーはイギリス軍に加担するようになった。

ハウの迂回作戦の目的は何か。大陸軍がクニプハウゼン将軍の部隊を攻撃している隙に、背後から忍び寄って挟撃することだ。ハウの作戦は完全にワシントンの思考の隙を突いている。

戦場で対峙する二つの軍隊は、まさに二人の闘士である。戦闘は闘士の取っ組み合いである。互いに相手を何とか打ち倒そうとする。少しでも有利な体勢を取ろうと何にでもしがみつく。草叢さえも足場になり、ただの壁でも支えになる。あらゆる地形が軍隊という巨人の足を止めたり、逆に進めたりする。そうした一挙手一投足が勝敗を決める。したがって、全責任を負う将軍は、どのような小さな木の茂みでも自分の目でよく調べ、どのような小さな起伏でも研究し、遥か遠くの浅瀬であっても確認を怠ってはならない。

ワシントンが自ら戦場の地形を確認しなかったことが仇になった。もしワシントンが自ら馬を駆って戦場を視察していれば、ハウの企みを看破できたかもしれない。さらに悪いことに、ハウが進軍を開始した頃は朝霧が立ちこめていて視界がきかなかった。こうした条件が重なって、ハウの隠密行動は露顕しなかった。

トリンブルの浅瀬の先に堅固な石造りの居酒屋がある。マーティン亭である。マーティン亭は民兵の溜り場になっていて、ジョン・ハナム大佐とその友人のトマス・チェイニーが泊まっていた。他にジェームズ・スピアー少佐も泊まっていたが、未明に一足早く出発していた。

早朝、マーティン亭を出た二人はグレート・ヴァレー道を南に進んだ。森の中を通る稜線をたどった後、トリンブルの浅瀬を見下ろせる丘までやって来た。二人の眼前に驚くべき光景が広がる。濛々《もうもう》と砂塵が舞っている。その砂塵の下には、イギリス兵の赤い軍服とヘッセン傭兵の青い軍服が見える。まるで溶岩がゆっくり流れ出すように浅瀬を越えてこちらに向かって来る。ハナムとチェイニーは馬首を返して、東にあるジェフェリーの浅瀬に向かう。この状況を何とか大陸軍に伝えなければ。

他にもイギリス軍の接近を察知した者がいた。この付近で警戒に当たっていたジェームズ・ロス大佐である。ロスは総司令官に急報を送る。

一七七七年九月十一日、グレート・ヴァレー道、午前十一時。総司令官閣下、総勢五、〇〇〇人の敵軍の大部隊が十六門から十八門の野砲を伴ってこの道を今、進軍中。この道はブランディワイン川のテイラーの浅瀬とジェフェリーの浅瀬に通じています。[中略]。我々は七〇人で敵軍の後尾に接近しました。シンプソン大尉が二〇人を引き連れて奇襲して至近距離で三回、一斉射撃しました。二人が負傷して一人は重傷です。私は、ハウ将軍がこの部隊の中にいると思います。地元の住民によれば、ジョゼフ・ギャロウェーもいるようです。ギャロウェーは、ハウ将軍が自分と一緒にいると地元の住民に話したそうです。

ワシントンは、ハウの意図が読み取れず困惑する。なぜハウは敵前で兵を二分したのか。何をしようというのか。それでも決断を下さなければならない。ワシントンはチャドの浅瀬に部隊を集結させ、孤立しているように見えるクニプハウゼンの部隊に全面攻撃を仕掛ける準備を進める。それを見ていた者は次のように記している。

作戦が始まる前、彼は戦線の各所を回って兵士たちを激励した。兵士たちは彼の存在で勇気づけられたように見えた。彼らは喝采することでしか感情を表せなかった。喝采が空気を切り裂いた。

ワシントンは数人の随行者を連れて敵陣の視察に出る。小型望遠鏡がチャドの浅瀬の対岸に向けられる。クニプハウゼンの部隊の兵数はあまり多くないようだ。もし今、全軍でクニプハウゼンの部隊を急襲すれば撃破できる。ワシントンはそう確信した。

総司令官の隣に轡《くつわ》を並べていたピカリングは心配になって助言する。

「敵軍がもしこの場所で渡河しようとすれば、このようなやり方で射撃して時間を無駄にするはずがありません。ただ我々を惑わせようとしているだけです。彼らの本隊はきっと別の場所で渡河しようとしているに違いありません」

そこへ近くの住民がやって来て警告する。

「すぐ近くに敵の砲弾が落ちた」

するとワシントンは一行に向き直って言った。

「諸君、我々は敵に狙われているかもしれない。すぐに後退するべきだろう」

実際、ワシントンの姿は敵に目撃されていた。ジェームズ・パーカーという本国支持派は次のように記している。

十二時頃、私は農家からワシントンが出て来るのを見た。私は、将軍たちに彼の姿を指し示して教えた。二本の白い旗のもと、彼は士官たちを従えていた。

パーカーにとって独立支持派は反逆者にほかならない。反逆者のせいで財産を失い、自身は収監され、妻子は路頭に迷った。ワシントンさえ殺せば反逆は終わる。パーカーは砲弾がワシントンの頭上に降り注ぐように祈ったが、すでにワシントンは難を避けた後であった。

正午頃、ブランディワイン川を押し渡って一斉攻撃を仕掛ける命令が各方面の部隊に下る。朝の戦闘で東岸に逃れて来たマックスウェルは、先陣を率いて西岸に舞い戻り、防衛線を築こうとしていた敵兵を追い散らす。グリーン率いる部隊がその後に続こうと渡河の準備を始める。民兵隊がクニプハウゼンの部隊の右翼を突こうと出撃する。ブリントンの浅瀬でもサリヴァンの部隊が渡河を開始して、国王勅定連隊と銃火を交える。

こうして反撃が始まった時、サリヴァンの軍営に新たな報せが飛び込む。それはマーティン亭を未明に出たジェームズ・スピアー少佐であった。スピアーによれば、イギリス軍の姿をまったく見かけなかったという。そこでサリヴァンは、スピアーに報告を預けてワシントンの本営に送り出した。

私は民兵隊のジェームズ・スピアーに会いました。スピアーは今朝、ブランディワイン川の二つの支流の間にあるマーティン亭を出ました。彼はそれからウェルシュ亭に向かいましたが、ブランディワイン川の二つの支流の間で敵について何も聞かなかったそうで、その方面に敵がいないことを確信したそうです。

この報告を仔細に見ると、「今朝」という言葉の前に二重線で消された「昨夜」という言葉がある。つまり、スピアーがマーティン亭を出発した時刻は夜と間違えるような時間、すなわち日が昇る前である。その時点でハウ率いる部隊はケネット・スクウェアを出発したばかりである。見つけられるはずがない。

残念なことに報告を受け取ったワシントンはそうした背景事情に気づかなかった。ジェームズ・ロス大佐からの急報とスピアー少佐の情報は矛盾している。前者が敵影を確認したのにもかかわらず、後者は敵影を見ていない。この矛盾をどう解釈するか。

ワシントンは、ハウが陽動作戦をおこなって有利な位置から大陸軍を釣り出そうとしていると判断した。つまり、いったん北上すると見せかけて大陸軍を西岸に釣り出す。そして、取って返してクニプハウゼンの部隊に合流して大陸軍を攻撃する作戦ではないか。スピアーが敵影を発見できなかったのは、ロスの部隊から攻撃を受けた後、ハウが元来た道を戻ったからではないのか。

こうしたワシントンの判断は間違っていた。なぜなら誤った情報にもとづいていたからだ。誤った情報にもとづく判断が正しいことはめったにない。何が間違いなのか。サリヴァンの報告に記載された「今朝」という言葉が誤解を生んだ。時系列を整理すると、本来、スピアー少佐が敵影を発見できなかった話が先であり、ロスが小競り合いを演じたのは後の話である。ただ報告が届いた順序が逆になったせいで、しかも「昨夜」が「今朝」に修正されていたせいで、ワシントンは、ロスが小競り合いを演じた話が先であり、スピアー少佐が敵影を発見できなかった話が後だと思いこんだ。その結果、イギリス軍本隊がいったん北上した後、また元来た道を戻ったと判断した。それなら辻褄が合う。

イギリス軍本隊がいつ戻って来てクニプハウゼンの部隊に加勢するかわからない。そう考えたワシントンは慎重を期して攻撃命令を撤回する。そして、続報が届くのを待つ。

今度はサリヴァンの副官がやって来て、トリンブルの浅瀬に向かって敵軍が進軍するのを見たと報告する。ハウが陽動を仕掛けているだけだと考えていたワシントンは、それをすぐに信じようとしない。しかし、万が一、右背後に回りこまれた場合に備えて、セオドリック・ブランド大佐に竜騎兵部隊を預けて偵察を命じる。

ハウ率いる本隊はいったいどこを目指しているのか。読者は知っているが、この時、ワシントンはまだそれを知らない。確認が取れるまでの間、兵士たちは武器から手を離して午餐を取る。

午後一時を少し回った頃、鹿毛の駿馬に乗った一人の男がサリヴァンの軍営に駆け込んで来た。汗みづくなうえに帽子も被らず靴も履いていない。その男は、サリヴァンの姿を認めるなり言った。

「ワシントン将軍にすぐに会わせてほしい」

サリヴァンは男の風体を見ると答えた。

「それはできない。おまえのような見慣れない者をワシントン将軍に会わせられない」

なおも男は引き下がらなかった。それはトリンブルの浅瀬でイギリス軍の渡河を目撃したトマス・チェイニーであった。チェイニーは重要な報せを持って来たと訴える。

「今朝、私は早起きして急いで身支度して靴下も履かずに偵察に出ました。丘の上に登ると、一〇〇ヤード［約九〇m］もない場所にイギリス軍がいました。馬首を返して逃げました。奴らは追ってきて私に発砲しました。幸いにも私の馬のほうが速かった。何とか逃げおおせて、今、ここにいます。奴らは浅瀬を渡ってこちらに向かっています。重要な話ではないのでしょうか。もしそうなら私を総司令官に会わせてほしい」

ワシントンの前に出たチェイニーは、サリヴァンに語った内容を繰り返した。最初、ワシントンはチェイニーの言葉に懐疑的であった。笑って首を振った幕僚の一人に向かって、チェイニーは眦《まなじり》を決して言った。

「あなたは今日の戦いに血湧き肉踊っているのだろう。私も同じく戦いに心を砕いているとわかっていただきたい」

それからチェイニーはワシントンに向き直ると言葉を続けた。

「もしあなたが私の言葉を疑うのであれば、私が信用できる人物かどうか確認できるまで私に監視をつけて下さい」

チェイニーの指が地面に図を描く。それはこの付近の地形図であった。イギリス軍を見た場所が指し示される。それでもワシントンはチェイニーの言葉を信じられなかった。

「将軍、あなたは間違っています。あなたは間違っている。命を賭けてもかまいません。絶対にそうです。あなたが間違いとわかるまで私に監視をつけて下さい」

そこへサリヴァンから決定的な報告が入った。

敵がわが右後方二マイル［約三・二km］に迫りつつあるという報告が今、ブランド大佐から入りました。彼が言うには、敵の数は少なくとも二個旅団です。午後二時、一時間以上にわたってその方面で砂塵が舞い上がっていたということです。

サリヴァンの報告にはブランドの走り書きが同封されていた。

私は、フォーク道と呼ばれる道のすぐ近くに住んでいるデーヴィス未亡人の家のすぐ右側にある高台で敵の一隊を発見しました。そこは［バーミンガムにある］礼拝堂から右方に半マイル［〇・八㎞］の地点です。正面にさらに高い丘があります。

ワシントンはついに悟った。イギリス軍がバーミンガムに向かって進軍中なのは火を見るよりも明らかである。バーミンガムは大陸軍の防衛線の右背後に位置する。ブランディワイン川に沿って広く展開した陣地を右背後から突かれれば防衛線全体が崩壊する。ワシントンは、いくつかの浅瀬を守るために分散している兵士たちを集結させてバーミンガムに向かうようにサリヴァンに命じる。

ワシントンのかたわらにいたラファイエットは、サリヴァンを助けに行きたいと志願する。ラファイエットの意気を愛でたワシントンはそれを許可する。

さらに予備として控えていたウィリアム・アレグザンダー将軍の部隊とアダム・スティーヴン将軍の部隊は、サリヴァンの部隊と合流するように命令を受ける。二つの部隊は別々の道に分かれてバーミンガムに向けて急行する。

その一方、命令を受けたサリヴァンは、ブリントンの浅瀬を離れてバーミンガムまで後退する。アレグザンダー、スティーヴン、そして、サリヴァンの三つの部隊は合流を果たして防衛線を築く。

二時半頃、ハウとコーンウォリス率いる本隊は、オズボーン丘陵まで進軍していた。オズボーン丘陵は、小川を挟んでバーミンガムを見下ろす位置にあり、軍を指揮するには最適の場所である。酷暑の中、長い距離を迂回行軍した兵士たちは疲れていた。服も川で濡れたままだ。そこで休息と午餐が命じられる。バーミンガムで展開する敵軍を目にしながら士官たちと午餐を楽しんでいたハウは、いつものような冷静さと自信をもって兵士たちを鼓舞する。その様子を近くの住民が記録に留めている。

彼は直立して背筋を正して馬に乗っていた。鮮やかな真紅の軍服は黄金のレースや肩章で縁取られ、優美さと偉観を添えていた。［中略］。将軍は大柄で恰幅が良く粗野な感じであった。口の動きからすると、どうやら歯を失っているようだ。

まず先遣部隊が敵陣を偵察するために送り出される。三時半頃、先遣部隊は、バーミンガム周辺に大陸軍が布陣しているのを確認する。さらにアレグザンダーとスティーヴンの部隊がこちらに向かって来るのが遠望できた。先遣部隊から報告を受けたハウは、攻撃準備を整えるようにコーンウォリスに命じる。

戦う前から両軍の優劣は明らかであった。イギリス軍は、アメリカ軍の脆弱な側面に剣を突きつけている態勢である。柔らかい脇腹を食い破ろうとハウとコーンウォリス率いる部隊は、みごとに統制された動きを見せる。さらにイギリス軍の十二ポンド砲が唸りを上げて砲弾を発射する。圧倒的な火力を伴ったイギリス軍が堰を切った奔流のごとく荒野に溢れ出る。

それでもサリヴァンは、兵士たちを叱咤して急ごしらえの防衛線を構築する。ここで何とかして怒濤を押

Frederick C. Yohn, Battle of Brandywine Creek (Before 1933)

し止めなければ、大陸軍が壊滅してしまう。サリヴァンの部隊が左翼に布陣する。そして、アレグザンダーの部隊が中央に、スティーヴンの部隊が右翼に陣取る。アメリカ軍の布陣を遠望したコーンウォリスは、「いまいましい反逆者どもはなかなかうまく布陣している」と漏らした。確かにそうであった。丘陵をうまく活かしたアメリカ軍の防衛線は、背後も側面も森で守られている。

午後四時頃、イギリス軍は、三列に分かれてオズボーン丘陵から下り始める。猟兵と軽歩兵が左翼に迅速に展開して、近衛歩兵が右翼を形成する。中央は擲弾兵が固め、ヘッセン傭兵が援護に回る。軍鼓の轟きと高く鋭い鼓笛の音が響きわたる。彩り鮮やかな軍装に身を包んだ兵士たちが森の中に身を潜める大陸軍に猛然と襲いかかる。木々は凄まじい砲声に震え、硝煙が兵士たちの視界を奪う。地面はたちまち両軍の兵士たちの血で染まる。倒れている兵士の大半は大陸軍の兵士であった。

サリヴァンは、中央の砲兵隊を指揮するために左翼を離れた。部隊に残された指揮官はプロドーム・ド・ボレという英語をほとんど話せない年老いたフランス人将軍であった。いち早く戦場に到着したサリヴァンの部隊の前衛部隊は、近衛歩兵の攻撃を受けたが踏み止まって反撃を試みる。一斉射撃の後、近衛歩兵は前衛部隊に銃剣突撃を仕掛ける。

続いてサリヴァンの部隊の後衛部隊が到着したが、敵軍に間断なく射撃を浴びせられて、うまく戦列を形成できない。あまつさえ接近する敵軍を阻止しようとあわてて射撃をおこない、前方にいた友軍に甚大な被害を与えてしまう。前衛部隊は算を乱して後衛部隊の隊列の中に割って入る。混乱は広がる一方だ。ボレはそれをなす術《すべ》もなく呆然と見ているばかりであった。

サリヴァンは副官を派遣して何とか混乱を収拾しようとしたが失敗する。そこで自ら陣頭指揮に立つ。しかし、一隊に戦列を組ませている間に別の一隊が逃げ出すという体たらくである。サリヴァン率いる左翼は完全に崩壊した。アレグザンダーの部隊の側面が無防備にさらされる。

右翼では、スティーヴンの部隊が猟兵と軽歩兵の猛攻を一時間近くにわたって支えていた。擲弾兵が丘陵を駆け上がって防衛線を突破しようと試みる。すかさず大陸軍の大砲が火を噴き、擲弾兵をなぎ払う。一進一退の攻防が展開される。アメリカ軍はいったん後退を余儀なくされたが、五回にわたって戦場を奪い返した。銃口と銃口をぶつけ合う熾烈な戦闘が続く。

アレグザンダーの部隊は、迫り来る擲弾兵と集中砲火の圧力に耐え切れず、じりじりと後退し始める。本営から駆けつけたラファイエットは馬で駆け回って何とか兵士たちを奮起させようと叫んでいたが、耳を貸す者は誰もいない。そこで馬を降りて剣の平で兵士たちの背中を叩く。無我夢中で混乱を鎮めようとしている間に、ラファイエットは左脛《すね》に傷を負う。ブーツから血が溢れ出ていると副官に指摘されるまで負傷に気づかなかったという。応急手当を受けた後、副官の手を借りてラファイエットは馬に跨がる。そして、味方が潰走する中、総司令官の姿を求めて馬に鞭打つ。

機をうかがっていたイギリス軍の別働隊が、アレグザンダーの部隊に突撃を敢行して五門の大砲を奪取する。猟兵も前進を開始する。こうして左翼に続いて中央も突破された。

軽歩兵は、残る右翼の包囲に取りかかる。重囲に陥りながらも、執拗に抵抗を続けていたスティーヴン率いる右翼もついに崩壊する。イギリス軍は、バーミンガム一帯を完全に制圧して、さらに二門の大砲を奪取する。そして、敗退する大陸軍を追って、ディルワースに向けて進軍を開始する。ディルワースにはフィラデルフィアに通じる道がある。そこさえ抑えれば、大陸軍はフィラデルフィアに後退できない。時刻は午後五時頃である。

三〇マイル（約四八㎞）離れたフィラデルフィアでも砲声が聞こえたという。砲音はワシントンの本営でも遠雷のように響きわたっていた。戦況を案じたワシントンは、チャドの浅瀬を守っていたグリーン将軍に、軍を反転して駆け足で右翼の援護に回るように命じる。そして、チャドの浅瀬に残ったマックスウェルとウェインは、できるだけクニプハウゼンの進撃を阻むように指示を受けた。ワシントン自身は、馬に一鞭入れると戦場に馳せ向かう。

最短経路はどこか。ジョゼフ・ブラウンという地元の住民がちょうど見つかる。ワシントンは、ブラウンに道案内を依頼する。年老いたブラウンは、とにかく億劫で道案内などしたくない。さまざまな遁辞を構える。すると額に青筋を浮かべた一人の副官が馬から降り立ち、剣を抜き放って言った。

「すぐに馬に乗って戦場までの最短経路を将軍に教えなければ、この場で轢き殺すぞ」

仕方なくブラウンは馬に乗って案内を務めた。それに一行が続く。馬を疾駆させながらワシントンは「進め、老人。進め」と叱咤する。

戦場の近くまでやって来た時、ブラウンは「銃弾がたくさん飛び交っているので恐ろしい」と言って首をすくめた。もはやワシントンは道案内に何も注意を払っていなかった。そこでブラウンは同行者たちの目を盗んで秘かに姿を消した。

イギリス軍の砲弾がブランディワイン川を越えて、チャドの浅瀬に残った部隊に容赦なく降り注ぐ。午後五時半、厚い硝煙の中、ヘッセン傭兵が静かに渡河を開始する。それと同時に別働隊が下流の浅瀬を押し渡って側面から攻撃を加える。

衆寡敵せず、マックスウェルの部隊は、退却を余儀なくされる。ウェインも果敢にクニプハウゼンの部隊に銃弾を浴びせたが、態勢を立て直すために近くの丘陵まで後退する。その丘陵にも敵軍の手が延びる。ウェインは日没を隠れ蓑にして、チェスターに向けて整然と去る。

こうしてチャドの浅瀬がクニプハウゼンに攻撃されている間も、アレグザンダーとサリヴァンは撤退に次ぐ撤退を続けていた。ディルワース付近で戦列を立て直し、横棒柵の背後に二門の大砲を配置して追いすがってくるイギリス軍に砲撃を加える。イギリス軍は、三門の十二ポンド砲で大陸軍の反撃をすぐに封じた。

午後六時頃、ディルワースからワシントンがグリーンとともに兵士を引き連れて到着する。グリーンは、退却して来た友軍を戦列を割って迎え入れる。そして、戦列を再び組み直すと、徐々に後退しながら敵軍を阻む。その先にはサンディ・ホローという隘路がある。道のすぐ両側に森が迫っていて防衛に最適である。サリヴァンの部隊の残兵が態勢を立て直して右翼を形成する一方で、援軍は左翼に展開する。それから戦闘が四五分間続いた。大陸軍に救いをもたらしたのは夜の帳であった。

この戦いでイギリス軍はアメリカ軍以上に疲弊していた。なにしろ十七マイル（約二七㎞）に及ぶ迂回行軍を終えた後、さらに三マイル（約四・八㎞）以上も追撃したからだ。コーンウォリスは、日没を機に兵士たちを再集結させる。

ワシントンは、夜陰に乗じて全軍を南東のチェスターに退却させる。ピカリングによれば、ワシントンは馬を走らせながら「ああ、完敗だ」と言ったという。イギリス軍に対抗するには兵力が足りない。大陸軍は、兵士たちや大砲、荷馬車などが渾然一体となってチェスターに向かって後退を続ける。敵に追いつかれるのではないかという恐怖と暗闇が混乱に拍車をかける。

失血で青い顔をしながらラファイエットは、途中の石橋に踏み止まって、退却して来る兵士たちを激励していた。青年が鞍からずり落ちそうになっているのに気づいたワシントンは軍医に治療を命じる。軍医は副官とジェームズ・モンローの二人と協力して、ラファイエットを近くの教会に運んだ。ラファイエットはテーブルの上に寝かされて傷の縫合を受けた。容態を見に来た士官に対して、料理と間違えて自分を食べないでほしいと冗談を言ったという。しばらくして教会にやって来たワシントンは、ラファイエットをボートでフィラデルフィアに運ぶように命じて、「わが息子のように扱うように。私は彼をわが息子も同様に愛しているからだ」と言った。

このブランディワイン川の戦いでイギリス軍の損害が戦死者八九人、負傷者四八八人であったのに対して、大陸軍は戦死者約二〇〇人、負傷者約五〇〇人に加え約四〇〇人が捕虜になった。さらに大陸軍は、十一門の大砲と多くの荷馬車を失った。

撤退を滞りなく終えたワシントンは、幕僚を連れてチェスターに本営を構えた。チェスターはデラウェア川を行き来する船の寄留地になっている。四〇軒ほどの煉瓦造りや石造りの家が建ち並ぶ。

誰もが疲れ切っていたが、大陸会議に今回の敗北を報告しなければならない。ワシントンは、書記官のロバート・ハリソンに草稿を準備するように命じる。疲れていたハリソンはピカリングに代役を依頼する。そこでピカリングは別室に引きこもって草稿を準備する。完成した草稿はワシントンに手渡された。内容を確認したワシントンは、とてもよくできているとピカリングを褒めた後、大陸会議の励みとなるような言葉を自ら書き入れた。

不運な日にもかかわらず、私は兵士たちが高い士気を保っているのを見て幸いです。そして、今回こうむった損失を埋め合わせる機会がまたあればと思います。

「兵士たちが高い士気を保っている」というワシントンの言葉は、大陸会議を心配させまいとする嘘だろうか。そうとは言えない。ある士官は次のように軍中の様子を語っている。

私は絶望的な表情を見ることもなかったし、絶望的な言葉を聞くこともなかった。我々は互いに励まし合う言葉をかけていた。「よし、野郎ども、次はうまくやろうぜ」という声がわが小さな軍に響きわたっていた。

戦いが終わった後、サリヴァンは、戦場で誤った判断を下したせいで全軍の敗北を招いたと非難された。大陸会議は、サリヴァンを更迭しようとした。珍しいことにワシントンはそれを拒否して、軍法裁判を開いた。多くの証言から、サリヴァンは無罪となった。確かにサリヴァンに責任はない。サリヴァンは、自分ができる範囲で最善の手を尽くしたからだ。

正確な情報の不足によってイギリス軍の動きが読めなかったことが敗北の主な原因である。サリヴァンには情報を集めるのに十分な数の偵騎が与えられていなかった。したがって、サリヴァンに落ち度はない。それでもサリヴァンは、多くの戦史で批判を受けている不遇の将軍である。

ワシントンの判断の誤りが敗因であることは確かである。ロング島の戦いで敗れた教訓が十分に活かされていないと言える。ロング島の戦いとブランディワイン川の戦いは、イギリス軍が大陸軍の正面を迂回して背後に抜けるという点から見ると、まったく同じ戦術が展開されている。大陸軍はまったく同じ戦術に再び敗れた。ピカリングは、「九月十一日の戦闘の大部分において、［ワシントン］将軍はまるで総司令官というよりも受け身の傍観者のように見えた」と記している。野戦においてハウは一枚も二枚も上手だった。ワシントンがこの手強い好敵手から完全勝利をもぎ取れる日は来るのだろうか。

豪雨の戦い

九月十二日午前四時、大陸会議議長のジョン・ハンコックはフィラデルフィアで敗報を受け取った。二時間後、報せを聞いて飛び起きた大陸会議の代表たちが集まる。すぐに支援を要請する使者が各地に派遣される。混乱の最中、ジョン・アダムズは日記に次のように書いている。

ハウは、我々から十五マイル（約二四㎞）まで迫っている。街［フィラデルフィア］は眠っているか死んでいるかのように見える。邦全体も辛うじて生きているかのように見える。メリーランドもデラウェアも同様である。あらゆる方面で見通しはぞっとするものだ。憂鬱、陰鬱、鬱屈、そして、失意。いつどこから光が射すのか。ヨーロッパから良い報せが届くだろうか。ゲイツが［バーゴインに］一撃を与えたと聞けるだろうか。ワシントンがハウを打ち破れる可能性はあるのか。

大陸会議にとって幸いなことに、ハウは大陸軍を急追しなかった。イギリス軍はブランディワイン川のほとりに五日間とどまった。イギリス軍が滞陣していた一方、大陸軍はスクーキル川の東岸に退却して休息を取る。スクールキル川を防衛線としてイギリス軍の侵攻を食い止めようと思ったワシントンであったが、すぐに作戦を再考する。ハウが北に迂回してペンシルヴェニアの後背地に侵攻しようとしていると考えたからだ。後背地を制圧されてしまえば補給が滞る。イギリス軍の北上を阻止しなければならない。大陸軍はスクールキル川を再び渡ってイギリス軍に向かって進軍する。

九月十五日夜、大陸軍が動き始めたという諜報を受けてハウも進軍を再開する。翌朝、クニプハウゼンも部隊を率いてディルワースから出発する。

その一方で大陸軍の作戦行動はピカリングの提言から始まった。

「マスケット銃兵の報告によれば、イギリス軍が進軍して来ることは明らかです。戦闘陣形はまだ完成していません。この場所で我々が敵軍と戦うなら、兵士たちは戦列をすぐに組まなければなりません。もし渓谷の反対側にある高台を占領したいなら、我々はすぐに進軍を開始しなければなりません。さもなければ、我々が進軍している途中で敵は攻撃を仕掛けてくるでしょう。お願いです。閣下、ご決断を」

ピカリングの提言を受けたワシントンは「進軍せよ」と短く答えた。左翼にウェイン率いる民兵、右翼にマックスウェル率いる軽歩兵が展開して行軍する。

峡谷に差しかかった大陸軍はイギリス軍と突然、遭遇する。イギリス軍は二つに分かれて大陸軍の側面を両側から突こうとする。小競り合いが側面で始まる。大陸軍のすぐ後ろには険しい崖が迫る。退路は狭い二本の道しかない。

その時、集中豪雨が辺りを襲う。雨で発砲できなくなったイギリス軍の猟兵は、剣を抜いて大陸軍に襲いかかろうとした。雨足はさらに強くなる。叩きつける雨滴のせいで目も開けられない。低地はたちまち泥濘と化す。嵐を隠れ蓑に大陸軍は何とか戦場を離脱する。

この戦いは豪雨の戦いと呼ばれる。グリーンの幕僚として従軍していたトマス・ペインは、「最も激しく絶え間のない嵐がほとんど抵抗できない猛威をふるいました」と外交官としてパリに滞在中のベンジャミン・フランクリンに書き送っている。

夜の闇の中、大陸軍の兵士たちはぬかるんだ道を撤退した。泥の中には、破れて使い物にならなくなった靴が転々と残されていた。雨に濡れたまま強行軍を続けたので、疲労で倒れる兵士が続出する。ようやくその日の行軍を終えても、兵士たちは毛布もテントもなく眠りに就かなければならなかった。

朝になって弾薬箱を確認してみると、隙間から入った雨で濡れてしまったせいで四〇万発分の弾薬が使用できなくなった。「我々を襲った最悪の打撃だ」とヘンリー・ノックスは嘆いている。兵士たちの前に増水した川が何本も立ちはだかったが、無事にレディング・ファーネスで弾薬を補給できた。その後、大陸軍はスクールキル川の東岸に移った。

九月十八日、ワシントンは、ハミルトンとヘンリー・リーに一隊を率いてフォージ渓谷の貯蔵所から小麦、蹄鉄、手斧など物資を運び出す手伝いをするように命じた。さっそくハミルトンはリーとともに馬を走らせてフォージ渓谷に向かう。その途中、イギリス軍の一隊と遭遇した。ハミルトンはとっさに川につないでおいたボートに飛び乗り、リーはそのまま馬で逃亡する。ボートが攻撃を受けて沈没したせいで、ハミルトンとその部下たちは濁流に呑みこまれた。

先に本営に帰着したリーは、てっきりハミルトンが溺死したものだと早とちりしてワシントンにそう報告した。するとその報告が終わらぬ間に、ハミルトン本人がずぶ濡れになって姿を現す。幕僚たちの顔に歓喜の涙が光ったと思うと、次の瞬間、濡れ鼠になったハミルトンの様子がよほどおかしかったのか、一同は笑いの渦に包まれた。

血に飢えた銃剣

防備を固める時間を稼ぐために少しでもイギリス軍を妨害しなければならない。敵の足を止めるにはどうすればよいだろうか。思案したワシントンはウェインに一隊を預けてスクールキル川の西岸に残した。もしイギリス軍が渡河を試みれば背後から輜重隊を襲撃せよとウェインは命令を受けた。

ウェインは、「血なまぐさい神は人間の血に飢えている」と兵士たちに呼びかけることで知られていた。そのためウェインには、「狂気のアンソニー」という渾名が冠せられた。イギリス軍という獅子の尻尾を背後から忍び寄って鼠が齧る。そうした果敢な作戦には攻撃的なウェインが適任である。

スクールキル川を渡った後、ワシントンの部隊は、イギリス軍の東進を妨げるべく川沿いに布陣する。渡河の際に最も隙が生じやすいのは兵法の常識である。渡河の真っ最中のイギリス軍をウェインの部隊が後背から、そして、本隊が前方から挟撃を仕掛ければひとたまりもないはずだ。しかし、ワシントンがウェインに送った命令が途中でイギリス軍に奪われたせいで、大陸軍の戦略は筒抜けになった。

ウェインは好戦的な将軍であったが慎重さには欠けていた。発見される危険性を顧みず、パオリ亭から南西に二マイル（約三・二㎞）離れた場所に三〇時間以上も部隊を駐留させた。イギリス軍が布陣していたのは、わずか四マイル（約六・四㎞）先のトレディフリンである。森の中に巧妙に部隊を隠したウェインは、よもやイギリス軍に察知されるはずがないと高を括っていた。イギリス軍の尻尾に食らいつければ、本隊と力を合わせて挟み撃ちできる。ウェインは、「今を逃せば敵に致命的な一撃を加えられる好機はない」とまで断言している。

残念なことにウェインの部隊の動きは地元の本国支持派に見張られていた。すぐにイギリス軍に通報される。ハウは機先を制して奇襲を仕掛けることにした。好機は瞬時にして危機に変わることがある。それが戦略の難しさである。

九月二〇日夜十時、ハウの命令を受けたチャールズ・グレイ将軍率いる部隊が静かにトレディフリンを出発する。兵士たちは銃身から銃弾を抜き、着火に必要な燧石《ひうちいし》を外すように命じられた。作戦は隠密を要するので発砲は厳禁である。敵に悟られてはならない。道中で遭遇した地元の住民はすべて拘束された。

ウォレン提督亭の近くまで来た時、行く手の四つ辻に歩哨が立っているのが見えた。危険を知らせに行かれると面倒だ。狙撃すれば銃声で敵が接近に気づいてしまう。一人のイギリス兵が何気ない様子で歩哨に近寄って合言葉を告げた。密偵から聞き取った正しい合言葉だ。きっと黙って通してもらえるはずだ。

驚いたことに、歩哨はマスケット銃をさっと構えると発砲した。確かに合言葉は正しかったが、訛りが違うことに不審を抱いたのだ。歩哨が駆る馬はあっという間に森の中の小道に消え去る。

まもなくグレイはウォレン提督亭に入った。どの道を行けばよいか迷ったからだ。できれば道案内を確保したい。同行していた副官のジョン・アンドレ大尉は「反逆軍がいることはわかっていたが、その軍営がどこにあるかはまったくわからなかった」と記している。

もう夜更けだったのでウォレン提督亭の主人は就寝していた。ベッドから叩き起こされて階下に降りて外に出る。ポプラの大木の前には拘束された住民の姿が多数あった。道案内を務めるように求められた主人であったが、断ったために他の住民と同じく縄で縛られた。屋内から主人の妻があわてて出て来て夫にズボンを履かせた。外の喧騒で目を覚ました小さな女の子が窓からその様子を不安そうに見ていた。

兵士たちがウォレン提督亭のかたわらにある家から鍛冶屋を連れて来た。鍛冶屋によれば、敵軍の軍営はすぐ近くだという。グレイは鍛冶屋を道案内にして先を急ぐ。四分の一マイル（約〇・四㎞）先に別の歩哨が立っていた。歩哨はイギリス軍の姿を見ると発砲して森の中に駆け去った。

「突撃せよ、軽歩兵」

グレイは陣頭に立って木々の間を揺れ動く灯りを追う。逃げ出した歩哨が持つ灯りだ。それを追っていけば敵の軍営に間違いなくたどり着ける。

必死に馬に鞭を入れて逃げおおせた歩哨は、道から少し離れた小さな池のほとりにある軍営に駆け込んだ。歩哨から警告を受けたウェインは兵士たちを叩き起こすように命じる。士官たちはすぐに陣営内に散って怒鳴る。

「野郎ども、起きろ。イギリス軍がおまえ達を狙ってるぞ」

真夜中過ぎ、軍営の東側面から軽歩兵が銃剣突撃を開始する。暗闇の中で燃える炬火が大陸軍の兵士たちの姿を浮かび上がらせる。闇夜の花火のように、銃火が兵士たちの居場所を示す。発砲した者は軽歩兵の銃剣で即座に刺し殺された。マスケット銃から燧石《ひうちいし》を外している軽歩兵は発砲できない。したがって、発砲する者はすべて敵である。迫り来る銃剣に対して大陸軍の兵士たちは、銃床を振り回して抵抗するしか身を守る術がない。銃剣が付いていなかったからだ。

さらに悪いことに、先に逃げようとした荷馬車と砲兵隊が西側の道を塞いでしまい、ウェインの部隊はすぐに退却できない。軽歩兵は迅速に展開し、ウェインに戦列を立て直す暇を与えない。イギリス軍の後続部隊が次々と軍営に侵入して大陸軍を追う。その中の兵士の一人は、「我々は三〇〇人の反逆者を銃剣で殺した。マスケット銃の点火孔から血が溢れ出るまで、私自身も次から次に豚のように彼らを刺した」と語っている。こうしたイギリス兵の苛烈な攻撃によって、この戦いは「パオリの虐殺」と呼ばれている。

翌朝、ウェインは、イギリス軍のさらなる攻撃に備えて部隊を再集結させる。しかし、昨夜の結果に満足したのかイギリス軍は攻撃して来ない。ウェインの部隊は、死傷者や捕虜となった者をすべて含めて二七二人の損失を出した。その一方でイギリス軍は六人の死者と二二人の負傷者を出したにすぎなかった。

鳴り止んだ自由の鐘

ワシントンは、ハウからのていねいな手紙でウェインの敗北を知った。ウェインの部隊が壊滅したことで、イギリス軍を前後から挟撃する作戦は完全に潰えた。手紙には、負傷した捕虜のために外科医の手配を求める旨が記されていた。

パオリの戦いの数時間後、ワシントンは、スクールキル川に沿って部隊を展開させる。そして、六マイル(約九・七㎞)にわたって東岸に布陣して五つの浅瀬を視野に含めた。これはブランディワイン川の戦いの再現である。イギリス軍の対岸に布陣する大陸軍は、すべての浅瀬を守れず、脆弱な側面を敵軍にさらす態勢である。

ハウの次の目的地はいったいどこか。ハウの思惑が読めないことに加えてワシントンを悩ませていたのは、やはり軍需物資の不足であった。そこでワシントンは、フィラデルフィアの住民から毛布や衣服など軍事物資を調達する任務をハミルトンに与えた。

公庫には引き出せる物資がない。したがって我々は個人の財産に手をつけるしかない。残念ながら私は、不足している物資を供出するように民間人に求めなければならない。そうしなければ我々の物資の不足を補えないからだ。もしそれが改善できなければ大陸軍は破滅して、その結果、おそらくアメリカも破滅するだろう。私にとってそれを命じることは苦痛であり、措置を実行に移すあなたも同じだろうが、フィラデルフィアに早急に向かうように命じる。

命令に従ってフィラデルフィアに入ったハミルトンは、二日間にわたって住民と休みなく折衝した。住民の反感を買わずに物資を集めて回るのはきわめて難しい仕事である。このような困難な仕事をまだ若い副官に委ねたことは、ワシントンがいかにハミルトンを高く買っていたかを示している。ハミルトンはその期待に応えた。何をどれだけ誰から集めたか綿密な帳簿を付けて受領書まで発行した。こうして作戦を続行するのに必要な物資が確保された。

九月二一日、後顧の憂いがなくなったハウは、トレディフリンから出撃して北に進路を取った。それを知ったワシントンは、補給基地があるレディング・ファーネスを守ろうとスクールキル川沿いに軍を北上させる。

翌夜、ハウは、突如、南に転進してフォージ渓谷に向かう。東の空に月が昇る頃、イギリス軍はほとんど何の抵抗も受けずに渡河を開始する。翌朝八時までに渡河が無事に完了した。安全にスクールキル川を渡れるように陽動を仕掛けて一杯食わせたのだ。みごとに引っかかって北に釣り出された大陸軍は、イギリス軍の渡河地点から二〇マイル（約三二㎞）も離れた場所にいた。もし渡河の最中にイギリス軍をすぐに攻撃できれば戦いを有利に運べただろう。しかし、ワシントンは疲弊している兵士たちの様子を見て断念した。強行軍にとても耐えられそうにない。こうしてイギリス軍の前にフィラデルフィアへの道は開かれた。
大陸会議の代表たちは十九日早朝にすでにフィラデルフィアを脱出していた。傷の治療を続けていたラファイエットは脱出に伴う混乱をその目で見ていた。ラファイエットは次のように書き記している。

大陸会議が街を放棄すると決めた同じ夜、膨大な数の住民が茫然自失となった。多くの家族が彼らの財産を捨て去って、不確実な未来だけを当てにして山の中に逃げのびなければならなかった。

もちろんラファイエット自身も逃げなければならない。大陸会議の代表を務めるヘンリー・ローレンスの案内で、フィラデルフィアから船で北東にあるブリストルに移る。周辺の牛はイギリス軍に徴発されないように連れて行かれ、衣服や秣《まぐさ》などイギリス軍に役に立ちそうなものは何でも街の中から運び出された。
さらに安全な北のベツレヘムに移ったラファイエットは、独立戦争が人民に何をもたらしたのかをつぶさに見る機会を得た。アメリカ人は、独立を支持する者とそれに反対する者に別れていがみ合っていた。地方や村、そして、親戚や兄弟が二つの陣営に別れて争うことも稀ではなかった。中には政敵が独立支持派になったからという理由で本国支持派に身を投じた者もいる。たとえば商家の仕事で各地を回っていたエルケイナ・ワトソンは次のような光景を目撃している。

ダンベリーに近づいた時、私は一人の老人が小さな家の廃墟をじっと見つめているのに気づいた。それは最近、焼かれたもののようであった。彼の様子は私に同情を抱かせた。そして、私はなぜそのように困っているのか質問した。家も財産もなく七八歳で世間に放り出されたのだと彼は答えた。廃墟を指で示しながら彼は言った。「私は五〇年間にわたって年老いた妻とともにここに安楽に住んできました。我々のほぼすべての財産がこの家にありました。イギリス軍がやって来た時、逃げるように警告を受けましたが、我々はとどまることを決意しました。イギリス軍士官は、我々に保護を約束してしばらく我々とともにいました。その士官が去った後、［本国支持派の］私の甥が家に入って来て火を放ち、私を捕虜として引っ立てました」

このように独立戦争は、アメリカ人同士の争いや内戦も伴っていた。非常に多くの本国支持派がイギリス軍に身を投じている。大陸軍の士官たちが地方を旅する時、自国であるにもかかわらず、まったく安心できなかった。いつ本国支持派に捕縛されてイギリス軍に売り渡されるかわからないからだ。民家に宿を取っても片時も武器を手放せなかったという。

幸いにもラファイエットは、ベツレヘムで親切な兄弟の看護を六週間にわたって受けることができた。ベツレヘムはモラヴィア派の共同体として知られ、クリスマスを祝う習慣がアメリカに初めて伝わった地でもある。モラヴィア派とはどのような人びとか。中欧から宗教的迫害を受けて逃れてきた人びとである。彼らは平和と音楽をこよなく愛した。モラヴィア派の共同体は、教育を重視した秩序正しい組織であり、銀細工や家具などの巧みな工芸で知られている。彼らの木管を使った簡易水道は新大陸における最も初期の水道の一つである。

日常生活には音楽が溢れていた。収穫期には太鼓やフルートが奏され、棟上げ式ではトランペットが吹かれた。一七五六年にベツレヘムを訪問したベンジャミン・フランクリンは、「オルガンにバイオリン、オーボエ、フルート、そして、クラリネットの良い音色」を聞いたと記している。その他にもモラヴィア派の人びとは、ファゴット、ハープ、トロンボーン、ハープシコード（十六世紀から十八世紀に流行した鍵盤楽器）、クラビコード（十六世紀から十八世紀に流行した打弦楽器）に慣れ親しんでいた。

ベツレヘムだけが特別であったわけではない。このように独自の信仰と風習を守る共同体は各地に散在していた。迫害を受けた人びとが身を寄せる場としてアメリカは最適な場所であったからだ。ただ、中にはアメリカ内部でも迫害されて西に逃れた人びともいる。

牧歌的なベツレヘムに滞在していたラファイエットであったが、頭の中は戦いのことばかりであった。剣を握る代わりにラファイエットはペンを執った。手紙の宛先はフランス植民地の総督たちである。その内容は、アメリカに呼応してイギリスの植民地を攻撃するべきだという提案である。総督たちはラファイエットの提案に乗り気であったが、本国から軽挙妄動を戒める通達が届いたので、結局、何の行動も取らなかった。

接近するイギリス軍の前にフィラデルフィアは守る者もなく取り残されていた。イギリス軍はジャーマンタウンまで進軍して本営を築く。ジャーマンタウンは、フィラデルフィアの北西約六マイル（約九・七㎞）に位置する大きな村である。ハウは、「将官たちは弛《たゆ》むことなく彼らの義務を果たし、地方を行軍する時に直面するすべての困難を克服した」と満足気に記している。

その一方でフィラデルフィアの市民はイギリス軍の動きに対して神経を尖らせていた。ある市民は日記に次のように書き留めている。

夜、住民たちは街に火が放たれるのではないかと不安に怯えていた。街から十一マイル［約十八㎞］以内の距離にいるイギリス軍の存在が騒動の種であり、弱い心を捉えて離さない怯懦を生んでいた。［放火を警戒して］夜一時まで起きていることは私自身にとってもその他の人びとにとっても嬉しいことではない。

市民たちは、何とか自分たちの身を守ろうとイギリス軍の侵入に備えて障害物を築き始める。抵抗すればいったいどのような目に遭わされるだろう。誰もが恐れていた。そこへハウからの布告が届く。曰く、静かに家にこもって待機すれば、フィラデルフィアの市民たちに危害を加えず財産も保障する。市民たちの抵抗の意思は完全に挫かれた。

フィラデルフィアの喧噪から離れた農園にサリー・ウィスターという少女が住んでいた。クエーカー派の富裕な商人の娘である。戦火を恐れて一家とともにフィラデルフィアから身を寄せたばかりだ。疎開先でサリーは日記を付け始めた。友人のデボラ・ノリスに宛てた手紙という形式になっている。さしづめ交換日記のようなものだ。ただサリーの日記は、戦乱の中、実際にデボラに送られることはなかった。友人に語りかけるように日々の出来事を綴ることで不安を紛らわせていたのだろう。「日記文学」とでも言えばよいだろうか。少女が示す筆致は瑞々《みずみず》しく洗練されている。

九月二五日、農園の子供の一人がイギリス軍がフィラデルフィアに向かっているという話を聞きつけてきた。フィラデルフィア市内にいるデボラの身を案じてサリーは次のように綴っている。

どうか決意を振り絞り、心を強くして落ちこまないで下さい。とにかく勇気を持って下さい。私自身にも勇気が必要かもしれませんが、残念なことに私はほとんど勇気を持っていません。

昼頃、サリーが台所に立っていると一人の男がやって来て叫んだ。

「サリー、サリー、軽騎兵がやって来るよ」

その言葉を聞いてサリーは恐怖で足がすくんでしまった。それでもサリーは何とか勇気を奮い起こして玄関に出る。そこには家族が集まっていた。そして、軽騎兵が玄関の前で馬を停めた。

「馬を売ってもらえないか」

サリーの父が前に出て答える。

「黒馬が二頭いますが、それでどうでしょう」

「そうか。でも黒馬は気が進まないな」

そう軽騎兵たちは言うと、ワインを飲んで立ち去った。ひとまず胸をなでおろしたサリーは靴下を編んで午後を過ごす。ただ友人のデボラの身が心配であることは変わらない。


イギリス軍はきっと明日には街を占領してしまうでしょう。何という変化でしょうか。どうか神様があなたをお守り下さるように。


九月二六日、インディペンデンス・ホールの鐘塔から鐘の音は響いてこなかった。かつてレキシントン＝コンコードの戦いの勃発や独立宣言の公布といった数々の出来事をフィラデルフィアの市民に告げてきた自由の鐘は沈黙していた。

市民が鐘塔を見上げた時、そこにあるべき自由の鐘はなかった。イギリス軍に損壊されないようにすでに運び出されていたからだ。街の各所にある教会の尖塔に吊されていた鐘も見当たらない。残しておけば溶かされて銃弾の材料に使われる恐れがあったからだ。

尖塔から鐘を取り外すことは、人間で言えば顔を失うことに等しい。イタリア語で「鐘楼」という言葉から「お国自慢」という表現が生まれたように、教会の鐘は喜びの時も悲しみの時もフィラデルフィアの市民とともにあり、その誇りだったからだ。

柔らかい陽光が降り注ぐ穏やかな秋の日であった。時刻は午前十一時を回ったところである。高く抜けるようにどこまでも澄み切った空のもと、三、〇〇〇人のイギリス兵とヘッセン傭兵が意気揚々とフィラデルフィアに入市する。戦旗が勇ましく翻り、磨き上げた胸甲を身につけた騎兵がたくましい軍馬に乗って次から次へとマーケット通りを進む。マーケット通りは幅一〇〇フィート（約三〇m）。街一番の大通りだ。碁盤目状に整備された道路はまっすぐで、街の端から端まで視界を遮るものは何もない。騎兵に続いて緋色の軍服に身を包んだ歩兵が銃剣を誇らしげに掲げて行進する。そして、ひときわ目を引くのが金色の肩飾りをあしらった華麗な軍服の男である。その精悍な壮年の男はコーンウォリスであった。

馬上からコーンウォリスは、インディペンデンス・ホールの鐘塔に掲げられた国王の旗を満足気に仰ぎ見る。首都が陥落したことで、反逆者は抵抗を断念して屈服せざるを得ないだろう。大陸軍の兵士たちがフィラデルフィアでパレードをおこなってから一ヶ月も経っていない。

数百人の本国支持派がコーンウォリスを出迎えて歓声を送る。

「国王ジョージに万歳。ワシントンに破滅を、そして、反逆者どもに死を」

まばらな歓声を補うように「国王陛下万歳」が盛んに演奏される。中でも最もイギリス軍の到来を喜んだのは、ブランディワイン川の戦いでハウに協力したジョゼフ・ギャロウェーだろう。本国との和解案を大陸会議で否決されて本国支持派に転向したギャロウェーであったが、今やその大陸会議はフィラデルフィアから逃れてしまっている。まるで自分の正しさが証明されたように感じただろう。
行進を終えると兵士たちは、街の南端にあるソサエティ丘陵に軍営を張る。士官たちは、街中にある邸宅を宿所とした。サリーの友人であるデボラ・ノリスの家も宿所に選ばれた。デボラはその日のことを次のように回想している。

早朝、コーンウォリス卿一行が到着して私の母の家を占領した。私の母は、家を占領しに来た一行の数の多さにすっかり驚いてしまったばかりか、同居人を迎えることになって縮み上がってしまった。というのは歩哨が扉に配置され、庭は兵士たちや荷物で埋まったからだ。ロードン卿やその他の副官たちがわが物顔に家の中を歩き回る横柄な様子を私はよく覚えている。私の母がコーンウォリス卿と話したいと申し入れると、彼は客間で母に応対した。母は、自分が置かれた状況を彼に話して、閣下の一行がこのように数が多くては、私たちの居場所がないと訴えた。彼は非常に礼儀正しく母に応対して、迷惑をかけて申し訳なく思っているので、他の宿所を探させているところだと言った。そして、その日の午後、彼らは出て行った。

コーンウォリスは、フィラデルフィア周辺の要塞化をただちに開始するとともに、デラウェア川沿いに大砲を配置した。デラウェア川を遊弋《ゆうよく》するペンシルヴェニア邦水軍の攻撃からフィラデルフィアを守るためである。下流にはイギリス海軍が陸軍との共同作戦を実行するために待機していた。
フィラデルフィアの陥落で大陸軍は完敗を喫したように見えた。ワシントンが大陸軍総司令官の辞令を受け、独立宣言が採択された記念すべき場であるインディペンデンス・ホールもイギリス軍の手に落ちた。それはアメリカの行くすえを暗示しているかのようであった。

しかし、ワシントンは諦めたわけではない。街を守ることよりも大陸軍を維持するほうが重要だと確信していたからだ。「彼らが屈服させなければならないのは無防備な街ではなく我々の軍隊である」とワシントンは述べている。

この頃、フランスから支援を取りつけるためにパリにいたベンジャミン・フランクリンは、ある人から「ハウ将軍がフィラデルフィアを手中にしたそうだ」と聞いた。それに対してフランクリンは、「フィラデルフィアのほうがハウ将軍を手中にしたのです」と澄ました顔で答えたという。アダムズも「彼らがニュー・ヨークに再び舞い戻ってしまうよりは、ここ［フィラデルフィア］に閉じ込められたほうが我々の利益になると思う」と述べている。

ハウは、フィラデルフィアを占領することで今度はそれを守らなければならなくなった。そうなるとカナダからオールバニーに向けて進軍中のバーゴインを支援できなくなる。これがイギリスにとって大きな痛手をもたらすことになる。一人のイギリス軍士官は、「我々が多くの土地を勝ち取れば勝ち取るほど、わが軍は戦場でますます弱くなる」といみじくも言っている。

ハウは、フィラデルフィアを陥落させれば革命の炎が消えてしまうと思っていた。しかし、それは間違いだった。むしろ逆境においてワシントンと大陸軍は鍛えられた。イギリス軍がいくら重要都市を占領しようとも、大陸軍を壊滅させなければ決してアメリカを屈服させられない。

ジャーマンタウンの戦い

一七七七年九月は大陸軍にとって苦難の月であった。ブランディワイン川の戦いで敗れ、さらにフィラデルフィアが陥落し、約三分の一の兵士たちが戦死、病気、脱走などで姿を消していた。二〇〇マイル（約三二〇㎞）にも及ぶ行軍の中で大陸軍の兵士たちは、衣服や靴が擦り切れても代替品を見つけられない。それに毛布も足りない。多くの兵士たちが戦いの際に捨ててしまっていたからだ。

ワシントンは、毛布を手配するように大陸会議に要請する手紙を書いた。大陸会議ができることは、大陸軍総司令官に物資を徴発する権限を与えることだけであった。

ランカスターに逃れた大陸会議の代表たちの中にはサミュエル・アダムズもいた。ある日、代表たちは、今アメリカが置かれている状況について話し合う機会を持った。代表たちの間には陰鬱な空気が漂う。黙ってそれを見ていたアダムズは憤然として声を上げる。

「見通しは絶望的です。確かに絶望的です。もし我々がそのように話すのであれば。我々が憂鬱な顔をしていれば、他の者たちもそうなってしまう。我々が絶望してしまえば、他の者たちは希望を抱けない。指導者が尻ごみすれば、他の者たちは我慢して戦い続けられない。陰鬱な気持ちにならないように、そうなってしまうような話は止めましょう」

アダムズの言葉を聞いて代表たちは、自分たちが諦めてしまっては何も変わらないことを悟らされた。代表たちの心の中に希望が湧く。諦めずに戦い続ければ、アメリカの独立と自由が達成される日がきっと来る。幸いにも明るい兆しが北方から到来する。ホレーショ・ゲイツ将軍が北方でバーゴイン将軍に対して優勢に戦いを進めているという報せが大陸会議に届いたのである。戦いを有利に進めるゲイツと戦績のふるわないワシントンを秘かに比べる者が出ても不思議ではない。

先述のようにハウ将軍の本営は、フィラデルフィアから北西に六マイル（約九・七㎞）離れたジャーマンタウンにあった。フィラデルフィアに睨みを効かせるのに最適の場所にある。職人の街として知られ、フィラデルフィアのさまざまな店舗で並べられている品物が作られている。この村はその名前が示すようにドイツ系の特徴を色濃く残している。家屋を見ると、高く切り立った屋根を暗灰色の石材で作られた壁が支えている。垣根を巡らした石造りの家々に囲まれた表通りは、軍隊の通過を容易に許さない。

遥か北にあるチェスナット丘陵に登れば、周囲の地勢を一望できる。南北に通じるスキップパック道に沿って細長く広がるジャーマンタウンが眼下に見える。その周囲は細流や峡谷が入り組んだ防衛に有利な地形であり、イギリス軍のテントが雨後の筍のように連なっている。さらに南方には、大廈高楼《たいかこうろう》が地平線に霞んでいる。フィラデルフィアの街並みだ。青いリボンのようにうねっているのはデラウェア川である。目をよく凝らして見れば、川の中洲に黒い塊がある。フィラデルフィアの水運を守るミフリン砦だ。

今度は北西に目を転じてみよう。しだいに地勢が険しくなり、うっそうとした森林が地表を覆っている。そして、木々の間を縫うようにスキップパック川が流れている。川幅は髪の毛よりも細く見える。そのほとりに大陸軍は野営地を築いていた。まるで周囲の森と一体化したかのように野営地は静まり返っている。その一方で、ジャーマンタウンのイギリス軍はあわただしく動き始める。フィラデルフィアを占領するためにコーンウォリス率いる部隊が派遣され、続けて新たな部隊が各地にあるアメリカ軍の砦を攻撃するために出動する。ハウの直下にいる兵力は約九、〇〇〇人に減少した。しかもハウは、大陸軍が意気阻喪していると思い込んで、ジャーマンタウンの防備を固めることを怠った。

諜報を通じて兵力の減少と防衛の不備を察知したワシントンは、一気に形勢を覆そうと、ハウの本営を奇襲する作戦を立案する。多くの兵士が失われたとはいえ、大陸軍と民兵隊を合わせれば一万一、〇〇〇人の兵士がワシントンの手元に残っている。

ここでトレントンの戦いとプリンストンの戦いのように乾坤一擲《けんこんいってき》の勝負を挑まなければ、総司令官の威信は地に落ちる。相次ぐ敗北で失われた兵士たちの士気も回復しない。それに時間が経てば経つほど、ハウはジャーマンタウンの防備を固めるだろう。これが冬に入る前に勝利を収める最後の機会である。

追いつめられた時にこそワシントンは不撓不屈の精神を発揮する。作戦会議でワシントンの口から将軍たちに向けて決意の言葉が発せられた。

「今こそアメリカ軍の存在をイギリス軍に知らしめる時だ」

それは運命を組み伏せて自分のものにしようという決意であった。待っているだけでは勝利の女神は微笑まない。挑戦を諦めない心こそ勝利の鍵である。

ワシントンが提案した作戦は、十月三日夜、一万一、〇〇〇人のアメリカ軍が北方から四列に分かれて進軍し、午前五時ちょうどに、一斉に奇襲を開始するという非常に高度な作戦であった。四つの部隊はそれぞれ、サリヴァン将軍率いる三、〇〇〇人、グリーン将軍率いる五、〇〇〇人、ウィリアム・アームストロング将軍率いる民兵隊一、五〇〇人、そしてウィリアム・スモールウッド将軍率いる民兵隊一、五〇〇人であった。

サリヴァンの部隊はチェスナット丘陵を抜けてイギリス軍の左翼を突き、グリーンの部隊は右翼を攻撃する。アームストロングの部隊はスクールキル川沿いを進軍してイギリス軍の左背後に回りこみ、スモールウッドの部隊は右背後に回りこむ。

ワシントン自身は、サリヴァンが指揮する隊列の中に陣取る。パオリの虐殺の復讐に燃えるウェインもその中で一隊を指揮する。大陸軍は五マイル（約八㎞）から七マイル（約十一㎞）にわたって並列に展開する。

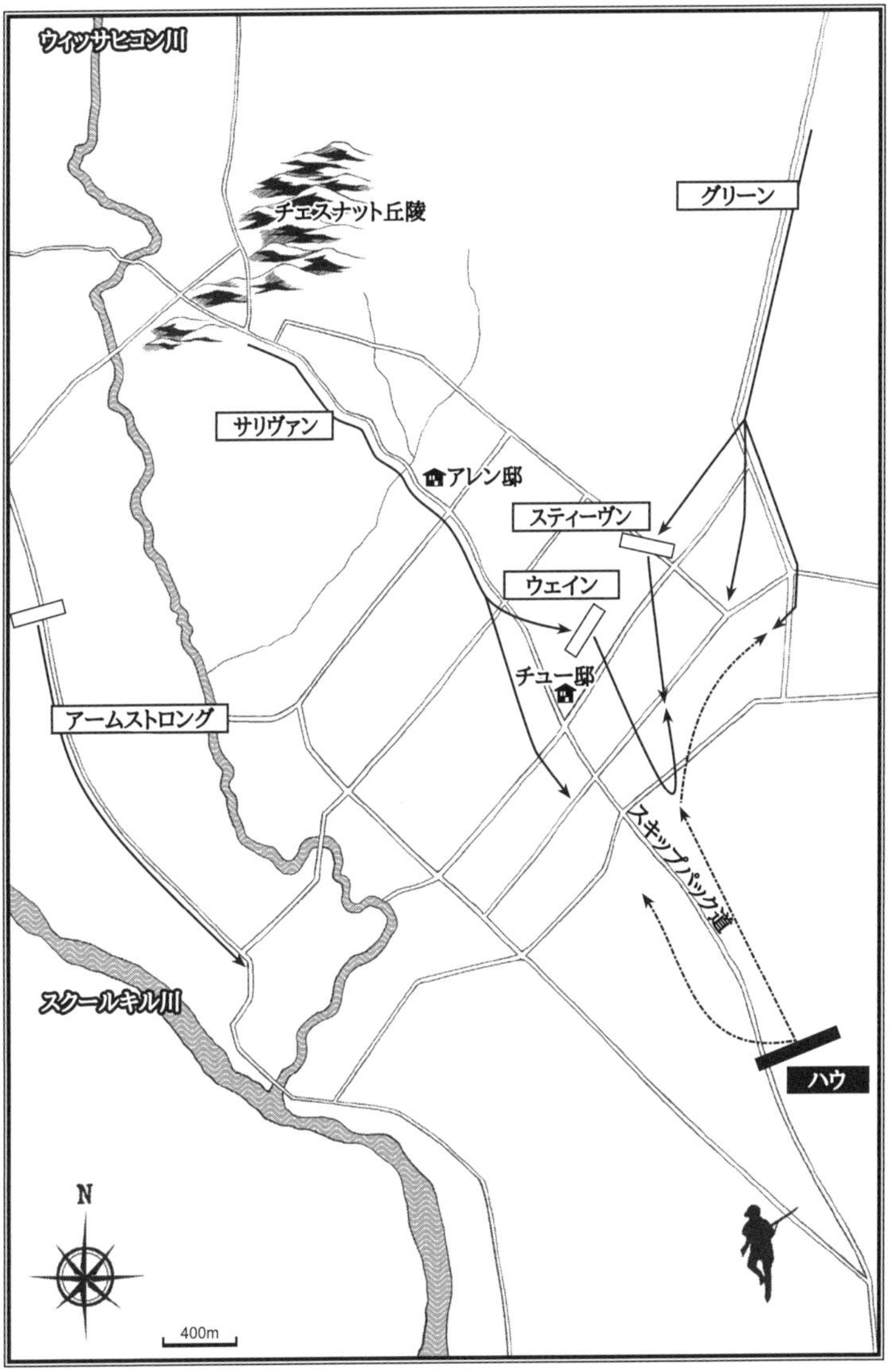
ウィッサヒコン川
チェスナット丘陵
グリーン
サリヴァン
アレン邸
スティーヴン
ウェイン
チュー邸
アームストロング
スキップパック道
ハウ
スクールキル川
N
400m

もし行軍途中でイギリス軍に察知されれば、各個撃破される恐れがある。この周辺は丘陵や小川が錯綜する複雑な地形であり、平坦な場所も農地の囲いによって寸断されている。したがって、友軍が攻撃されても駆けつけることは難しい。いかに迅速に察知されずに進軍できるかが勝負の分かれ目であった。この作戦がいかに高度であったか、ピカリングは次のように述べている。

作戦を実行するためには、全体が一斉に攻撃を開始できるように、各部隊を指揮する士官たちに高度な正確性と進軍を時間通りおこなうことが求められた。こうした目的のために、街道の距離と状態を完全に把握すること、進軍に要する時間を正確に計算すること、そして、街道に精通している案内人を選択することが絶対に必要であった。また、もしある部隊が指定された時刻よりも早く到着した場合、進軍を停止する適切な場所を知っておく必要もあった。

決戦を前にワシントンは秘かに準備を進めていた。偵察隊をくり出して各地に配置されたイギリス軍の歩哨の位置を確認する。そして、ウスターの街で宿営するように見せかけるために偽の防衛線を築く。イギリス軍の密偵を欺くためだ。

十月三日午後六時、スキップパック川のほとりはにわかに活気を帯びていた。ついに進軍の命令が下ったのである。ブランディワイン川の戦いで地に落ちた戦旗が風をはらみ、再び陣頭に翻る。夕食の準備のために使われた篝火がまだ燃えている。軍馬の嘶《いなな》きに驚いた夜鳥の飛び立つ音が聞こえる。

肌寒い闇の中、同士討ちを避けるために兵士たちは帽子に白い紙を付ける。大陸軍には統一した軍服がなく、イギリス兵の軍服を剥ぎ取って着用している兵士さえいたからだ。

四つの部隊は、それぞれ十二マイル（約十九km）から二〇マイル（約三二km）を秘かに進軍しなければならない。景気づけのためにラム酒が途中で振る舞われたが、中には飲みすぎて酩酊状態になった兵士も出た。弾薬を運ぶ役目を担っていた一人の士官が泥酔したせいで、弾薬の供給が遅れてしまった。ワシントンの護衛の一人がその士官の襟首を摑んで叩き起こし、何とか軍務に戻らせた。

進軍は当初の予定よりも長くかかった。特にグリーンの部隊は、道案内の手違いで進路を誤ったために大幅に到着が遅れる。

ジャーマンタウンの周辺に住む農民は、ほとんど音もなく静かに進む兵士の一団を見た。霧の中、わずかな月明かりに照らし出された男たちの姿は、まるで幽鬼の群れのようだ。空が白み始めるとともに濃い朝靄が立ちこめる。

実は大陸軍の動きは事前にイギリス軍に漏れていた。大陸軍が進軍を始めた直後、国教会の牧師がヘッセン傭兵の哨所にやって来た。そして、顔なじみのヨハン・エーヴァルト大尉を見つけると声をかけた。

「友よ、私はアメリカの味方であってイギリス政府の味方ではないが、あなたを見こんで話がある。あなたは兵士がしばしば見失いがちな思いやりを私に示してくれた。あなたは私の財産を守ってくれた。だから感謝を示したい」

牧師は声を落として言葉を続けた。

「あなたの部隊は敵軍が接近すれば真っ先に攻撃されるだろう。あなたの武勲を願うことはできないが、友よ、神があなたの身を守られんことを。友よ、ワシントン将軍がノーリントン［ウスターの南にある村］まで進軍している。さようなら。さようなら」

牧師を見送ったエーヴァルトは、本営に急行して上官に報告した。上官を通じて報告を受け取ったハウであったが、「そんなことはありえない」と一蹴してしまった。

午前五時半頃、ジャーマンタウンの中心から三マイル（約四・八㎞）北に位置するマウント・エアリーにイギリス軍の歩哨が立っていた。マウント・エアリーは、フィラデルフィアの豪商ウィリアム・アレンの農園である。この周辺は、その農園の名前にちなんでマウント・エアリーと呼ばれていた。小高い丘の上にはアレン邸があり、イギリス軍の哨所になっていた。

初秋とはいえ朝靄は冷たく体温を奪う。歩哨は身体を温めようと足を速めて巡回する。しかしその目は、乳白色の世界に包まれて、ほとんど何も見通せない。この一帯を葉脈のように流れる小川から絶え間なく靄《もや》が立ちのぼり、風に乗って次から次へと押し寄せてくる。靄は一向に晴れる気配を見せない。

夜明けが近い。白い幕に覆われたような空に赤味を帯びた月が鈍く光っている。静寂を破って何かの物音が歩哨の耳に届く。まだ仲間の兵士たちは邸内で眠っているはずだ。それに物音は違う方角から聞こえてくるようだ。歩哨は地面に耳を当ててみた。耳に微かな振動が伝わる。

それは忍び寄るサリヴァンの部隊が立てる馬蹄の響きであった。歩哨が気づいた時はもう手遅れであった。剣を抜き放った軽騎兵がアレン邸を取り囲んでいた。朝靄でほとんど視界がなかったので、最初、哨兵たちは小規模な偵察部隊が誤って近づいてきただけだと思いこんで反撃する。しかし、哨兵たちは大規模な部隊が迫っているのをようやく悟って、アレン邸から脱出する。警報のために二発の大砲が放たれる。

追い散らされた哨兵たちを救出するために軽歩兵が後方から駆けつける。本格的な戦闘が始まる。さらにトマス・マスグレイヴ大佐が第四〇連隊を率いて軽歩兵とともに大陸軍の侵攻を食い止める。

思わぬ抵抗に遭ったサリヴァンは部隊を左右に展開させる。右翼を預かるウェインは、パオリの虐殺の復讐に燃えている。「血に飢えた犬を捕まえたぞ。ウェインの復讐だ」と叫びながら苛烈な攻撃を命じる。兵士たちは「夜襲の仕返しをたっぷり味わえ」と言って、慈悲を乞う負傷兵を串刺しにした。あまりの惨状に止めに入った士官もいたが、猛り狂った兵士たちを抑えられなかった。

退却を触れるイギリス軍のラッパが鳴り響く。横棒柵、塀、溝などあらゆる障害物を利用しながら、マスグレイヴの部隊と軽歩兵は整然と後退し始める。サリヴァンの部隊は障害物をなぎ倒しながら猛追する。

銃声を耳にしたハウは、前線に馬を走らせる。そして、兵士たちに檄を飛ばす。

「恥を知れ、軽歩兵。おまえ達が逃げているところなど見たことがないぞ。戦列を組め。戦列を組め。相手は偵察部隊にすぎない」

大陸軍の大砲が放った葡萄弾が炸裂して木々を揺らす。落下するいが栗に驚いてハウの乗馬が嘶《いなな》く。敵が単なる偵察部隊ではないことをハウは悟った。

イギリス兵の軍営は予想外の敵襲に混乱している。兵士たちのテントはそのまま放置され、士官の旅行鞄から小物が散乱している。それが血に染まるのも時間の問題だ。

曙光が差しこむ。しかし、深い霧のせいでその光は分厚い擦りガラスを通して見るかのようにおぼろげだ。スキップパック道に沿って家々が黒い影の塊のように建ち並んでいる。その中にひときわ大きな影がある。もし今、霧が晴れたなら、ジョージ王朝様式の重厚な石造建築だとわかるだろう。ベンジャミン・チュー邸である。

マスグレイヴは、第四〇連隊の兵士たちをすばやくチュー邸に収容する。窓と玄関扉を家具で塞いでしまえば、即席の要塞が完成する。そして、二階と三階の窓に狙撃兵を配置して、スキップパック道を進軍する

Xavier della Gatta, The Battle of Germantown (Circa 1782)

敵に銃撃を浴びせるという寸法である。一階には、敵軍の突入に備えて銃剣を構えた一隊が配置された。マスグレイヴは、大陸軍の接近を静かに待つ。

残りの兵士たちは、発砲しながらジャーマンタウンの奥に向かって退却する。火を放たれた蕎麦畑から煙が立つ。流れる煙は朝霧と交じり合って兵士たちの視界を奪う。道路のかたわらに放棄されているテントや大砲を見てワシントンは、奇襲の第一段階が成功したと確信する。

サリヴァンの部隊は、建物の陰に向かって、時々、一斉射撃しながら慎重に進軍する。ワシントンは、弾薬が切れてしまうことを恐れて、ピカリングを派遣して一斉射撃の回数を減らすように注意を促す。

ワシントンの命令を伝えた帰り、チュー邸の近くを通りかかったピカリングは、窓から銃撃を受けて遠回りを余儀なくされる。敵の姿を認めたピカリングは、チュー邸にイギリス軍が立てこもっているとワシントンに報告した。しばらくして現場に到着したワシントンは士官たちに問いかける。

「諸君、何か意見はないか。このまま街の奥に侵入して敵の本隊をすぐに攻撃するか、それとも強力な拠点になっているこの屋敷からまず敵を追い払うかだ」

ウェインが血塗られた剣を掲げて叫ぶ。

「前進あるのみ。街の奥に前進しましょう。わが兵士たちは、敵を追撃しようと意気盛んです。前進してもう一撃を加えましょう」

ウェインの叫びに合わせてハミルトンのほか、副官たちは口々に言う。

「前進しましょう」

そこにノックスが割って入る。

「後方に敵軍の強力な要塞を残して進軍することは、あらゆる戦術に反しています。まず邸宅にこもる敵を片づけてから街の奥に進むべきです」

ノックスの発言を聞いたジョゼフ・リードは、驚きの声を上げる。

「何とこれを要塞と呼んで好機を逃すのか」

黙ってやり取りを聞いていたワシントンは、最終的にノックスの意見を採用する。まず降伏を勧めるために休戦旗を立てて使者を送ることにした。そこでワシントンは使者として赴く者を募る。進み出た一人の若い士官に休戦旗が託される。

士官は休戦旗を高々と掲げつつゆっくりと

Edward L. Henry, The Battle of Germantown (1874)

チュー邸に近づく。使者の意図を悟ったのか、チュー邸からの銃撃は鳴りをひそめる。士官の目にはしだいに建物が大きく映る。大きな二本の煙突の下に蛇腹軒が見え、幅広く切られた窓の陰からイギリス兵の目が光っている。扉の前には、白大理石製の二匹の獅子が鎮座している。

扉から三〇歩の距離で士官は立ち止まり、休戦旗を振って敵意がないことを示した。そして、士官が再び歩き出そうとした時、命令を発する声が聞こえ、一斉射撃がおこなわれた。後方で成り行きを見守っていた人びとは、まるで糸が切れた操り人形のように士官が崩れ落ちるのを見た。敵の回答は銃弾であった。休戦旗は血に染まり、地に投げ捨てられた。

銃弾でなされた答えは、銃弾で返さなければならない。ワシントンは、すぐに攻撃に取りかかるように命じた。

攻撃が開始されたのは午前七時頃である。まず三〇〇ヤード（約二七〇m）離れた場所に配置された四門の軽砲がチュー邸に対して火を噴く。まだ朝靄が完全に晴れていなかったので狙いは不正確であったが、扉と窓を塞いでいた家具が吹き飛ぶ。全部で二〇回の砲撃が加えられた。しかし、砲弾は、石造りの堅牢な壁を崩せない。

大陸軍の攻撃は何度も撃退される。何しろ攻め口は正面の入り口しかない。周囲に身を隠せる遮蔽物は何もない。邸内から浴びせられる銃撃に絶えずさらされる。何とか入り口にたどり着いても、その先には鋭く研がれた銃剣が何十本も待ち構えている。

膠着状態を打破しようとモーデュイ・デュ・プレッシというフランス人の若者は、ワシントンの副官であるジョン・ローレンスに大胆な計画を持ちかける。

「近くの納屋から藁を集めて扉の前に積み上げて火を放つのはどうか。大砲が効かなくても炎で奴らを追い出せるだろう」

この勇敢だが無謀な二人の若者は、さっそく硝煙に紛れてチュー邸に忍び寄る。恐れ知らずのデュ・プレッシは一階の窓の鎧戸を開けると窓枠によじ登って足をかけた。すると一人のイギリス軍士官がやって来て、まるで妻の寝所に忍び入ろうとしている間男を発見したかのような剣幕で詰問する。

「フランス人がそんな所で何をしている」

デュ・プレッシは微笑を浮かべ暢気な調子で答えた。

「ちょっと散歩に来ただけですよ」

答えを聞いて戸惑いながらも、イギリス軍士官はデュ・プレッシに降伏を要求する。そこへ一人の兵卒が割りこんで即座に発砲する。苦悶の声が漏れる。それはデュ・プレッシの口からではなくイギリス軍士官の口から漏れた声であった。その隙を逃さず、デュ・プレッシは身をひるがえして遁走した。無傷である。怪我をしたのは誤って撃たれたイギリス軍士官であった。

その一方でローレンスは、右手に抜き身、左手に松明を掲げながら、何とか扉までたどり着いていた。内部から剣が針山のように突き出される。ローレンスが串刺しにされたと誰もが思った。幸いにもこの青い目が印象的な小柄な副官は、跳弾で軽傷を負ったほかは軍服にいくつか穴を空けられただけで戻って来た。そして、副官の証である緑の肩帯を三角巾の代わりにして腕を吊った。ローレンスの父ヘンリーは、息子の身を案じて本営で働けば安全だろうと副官の職を斡旋したのだが、あまり効果がなかったようだ。

さらに窓の下に走り込んで身を隠せば、銃弾を避けられるのではないかと考えて一人の士官が挑戦する。しかし、不運なことに地下室とつながる通気口が開いていた。通気口からイギリス兵が撃った銃弾が飛び出して、勇敢な士官の命を奪う。デュ・プレッシと同じく火を放とうと松明を窓から放り込もうとした兵士もいたが、銃剣で口を刺し貫かれて崩れ落ちる。他にも梯子で二階の窓から侵入を試みた者もいたが撃退される。

犠牲者は増える一方であった。特に玄関の争奪戦はものすごかった。玄関周辺には、血で染まった無数の手形がのちのちまで至る所に残っていたという。この時の戦いの様子を一人のイギリス軍士官は次のように記している。

［第四〇連隊の］三〇人の兵士たちが死傷した。私は七五人の大陸軍の死者を確認した。玄関に横たわっている者がいるかと思えば、机の下にも椅子の下にも、そして、窓の下にも死者が横たわっていた。その中には七人の士官も含まれている。部屋は砲弾による穴だらけで血が飛び散っているので、まるで屠殺場のように見える。

二階の一室には、血で描かれた女性の顔が今でも残っている。ここで戦ったイギリス兵が描いたものだという。いまわのきわに死力を振り絞って故郷で待つ恋人の姿を残したのだろうか。壁に見える痕跡は微かであり、その兵士がどのような人生をたどったかを示す史料は何も残されていない。

チュー邸で頑強に抵抗するマスグレイヴの部隊によって大陸軍に混乱が広がる。そのためサリヴァンの隊列に遅れが生じる。この遅れに乗じてイギリス軍は、攻撃態勢を整える時間を稼いだ。大陸軍がチュー邸で足を止めたことは明らかに失敗であった。奇襲に必要なのは最も重要な作戦目標に対する迅速な攻撃である。

ワシントンは、チュー邸から二〇〇ヤード（約一八〇ｍ）離れた場所に立って兵士たちが果敢に侵入を試みるのを見ていた。しかし、もはや時間を浪費できない。チュー邸への攻撃は中断された。そして、一隊が遠

Howard Pyle, The Attack upon the Chew House (Before 1911)

巻きにチュー邸を取り囲むと、残りの部隊は進軍を再開する。

　そこへ騎乗伝令が駆けこんで来てワシントンに一報をもたらす。ハウが陣形を組み直して反抗を開始しようとしているという。またフィラデルフィアからコーンウォリス率いる新手がジャーマンタウンに迫っている。さらにもう一騎が到着して、グリーンの部隊が予定の位置に到達したと知らせた。まだ戦機は失われていないとワシントンは判断した。新手が到着する前にイギリス軍を挟撃して撃破できるか。それともイギリス軍に反撃を許すか。

　残された時間は少ない。一刻でも早く前進しようとワシントンの心は逸《はや》る。白葦毛の馬に跨がったワシントンが陣頭に立つ。それを見たサリヴァンは、安全な後衛に下がるように総司令官に勧める。ワシントンは、サリヴァンに感謝すると、しばらくの間、後衛に引き下がる。しかし、勝敗が今まさに決しようという時におとなしく後方に下がっていられる将軍などいるだろうか。硝煙の中、ひときわまぶしく白く輝く馬身が後衛を走り抜けて前衛に躍り出る。ワシントンの心は勝利の予感で満たされ、逃げるイギリス兵を撃破する大陸軍の様子がありありと浮かび上がっていた。しかし、いくつかの不運な出来事が重なって、幻想は打ち砕かれる。

サリヴァンの部隊と同じくジャーマンタウンに向かっていたグリーンの部隊であったが、道案内の不手際のせいで、三〇分ほど遅れて戦場に到着した。攻撃はすでに始まっていた。そして、サリヴァンの部隊がチュー邸で足止めを食っている頃、戦闘を開始した。軍列の中には兵卒のジョゼフ・マーティンもいる。マーティンは、火にかけられたままの鍋と地面に落ちている衣服を見つけた。おそらく敵があわてて置き去りにしたものだろう。白い靄で視界が悪い。同士討ちを避けるために敵影を十分に確認してから発砲するように命令が下る。マーティンは、一瞬の判断が生死を分ける戦場で、そんな余裕があるだろうかと疑問に思いつつ前進を続ける。

グリーンの部隊から分離したスティーヴン率いる一隊は東に進路をずらした。チュー邸の東側に回ったスティーヴンは、砲門を開くように命じる。

その一方でチュー邸を過ぎたサリヴァンの部隊とウェインの部隊は、南東にあるイギリス軍の本営を目指して進軍していた。両部隊はスキップパック道を挟んで並進していたが、その一帯に濃く立ちこめていた靄のせいで、互いの様子を確認できなかった。背後で響く砲声を敵の反撃だと勘違いしたウェインは、サリヴァンの部隊が危機に陥っているのではないかと思って反転した。その時、悲劇が起きた。

朝靄の中、銃剣を構えた兵士たちの姿をおぼろげに認めたスティーヴンは、敵が現れたと思って発砲を命じる。銃弾を受けたウェインの部隊もイギリス軍の反撃だと勘違いして応戦する。同士討ちである。

両部隊は、数分間にわたって射撃の応酬を交わす。この同士討ちによって、奇襲で完全勝利を収める好機は大陸軍の手からこぼれ落ちた。

大陸軍の混乱に乗じて態勢を立て直したジェームズ・グラント将軍は、サリヴァンの部隊を左側面から攻撃する。背後から響く砲声を聞いて敵が後方に回りこんだのではないかと動揺した兵士たちは、攻撃を支え切れず潰走する。

続いてグラントは孤軍になったグリーンの部隊に襲いかかる。さらにフィラデルフィアから駆けつけたコーンウォリスの部隊がサリヴァンの部隊を追撃し始める。チュー邸で果敢な抵抗を続けていた第四〇連隊も友軍に救出されて追撃に加わる。

グリーンの部隊は、ジャーマンタウンの家々を盾にして、散発的に銃撃しながら後退した。砲車が壊れたのを見たグリーンは、すぐに大砲を荷馬車に積み替えるように命じた。そのまま撤退が続行される。

ワシントンは兵士たちを糾合して退却を押し止めようとした。しかし、兵士たちは空になった弾薬箱を総司令官に見せた。これ以上、戦えないという意思表示だ。戦いが終わった後、ワシントンは弟ジョンに手紙で戦闘の様子を悔しそうに語っている。

我々が今、まさに完全勝利を収めようとした後、わが軍の部隊が恐怖に襲われ大あわてで混乱しながら退却した。

勢いに乗るイギリス軍は、ジャーマンタウン北郊のチェスナット丘陵まで進撃する。大陸軍の殿軍が善戦してイギリス軍の足を遅らせた。そのおかげで大部分の兵士は無事に逃れたが、隊伍から脱落して捕虜となった者も少なくなかった。それでも大陸軍は一門の大砲も失わなかった。十マイル（約十六㎞）の追尾を終えてイギリス軍はジャーマンタウンに戻った。

さて作戦に参加していながらほとんど登場しなかったアームストロングとスモールウッドは何をしていた

のか。アームストロング率いる民兵隊は、作戦開始時刻にイギリス軍の最左翼に到着していた。そこでヘッセン傭兵の一隊が高台に布陣して川沿いの道を監視していた。アームストロングは全軍で攻撃したが、ヘッセン傭兵の一隊は最後まで持ちこたえた。結局、民兵隊は主戦場まで到達できなかった。

その一方でイギリス軍の右背後に回りこもうと進軍していたスモールウッドの部隊は、クイーンズ・レンジャー部隊に発見された。ただちに周囲から援軍が駆けつける。両軍は睨み合っただけでこの方面では大きな戦闘は起きなかった。

大陸軍はペニーバッカーズ・ミルまで逃れてようやく安堵する。一連の交戦によって、イギリス軍は五〇〇人以上の死傷者を出した。アメリカ軍の死傷者も六〇〇人を超える。ほかにも四〇〇人近くが帰還していない。

フィラデルフィアの住民も砲声で戦闘が起きたことを知ったようだ。戦闘が終わった後の夜について、デボラ・ノリスは次のように記している。

夜になると負傷者たちを載せた多くの荷馬車が街に到着した。彼らの呻きと苦しみの声は最も無慈悲な者でさえ哀れみを覚えただろう。アメリカ軍の捕虜たちは邦議会議事堂のロビーに運ばれ、イギリス軍の軍医たちが自軍の兵士たちを治療し終わるまで待たされていた。しばらくすると通りは街の女性たちで埋まった。彼女たちは、物資が不足しているだろうと考えて、[包帯に用いる]リント布、亜麻布、軽食などを豊富に取り揃えて捕虜たちのために持って来ました。私の前で一人のイギリス軍士官が女性たちの中の一人を笑いながら呼び止めて、「反逆者たちに多くの物資を持って来ているのにイギリス軍の病院にはまったく何も持って来ないとはどういうことだ」と咎めた。彼女は「まあ、それはあなたの力で十分にできることでしょう。我々は哀れな同胞が苦しんでいるのを見て何かせずにはいられないのです」と答えた。治療が禁じられることはなかった。

その翌日、イギリス軍は戦場に残された敵兵の遺骸を葬った。墓穴を掘りながら一人のイギリス兵が言う。

「顔を上に向けて葬らないようにしよう。そうすれば顔に埃を被らなくてすむ。彼らもまた母親を持つ息子たちなのだから」

土の中に冷たい骸となって眠ることになるのは、明日はわが身かもしれない。そうした同情の心が兵士にそう言わせたのだろう。

同士討ちを起こす原因を作ったスティーヴンは罷免され、その代わりにラファイエットがスティーヴンの部隊を率いることになった。大陸軍は数で優っていたが、複雑な計画と指揮の乱れ、そして、いくつかの不運が重なって思ったような成果を出せなかった。ピカリングは作戦の失敗について次のように分析している。

我々は真の目的を見誤ってしまった。我々はそのまま軍を推し進めて、その家［チュー邸］の敵を監視するために一隊を残せば十分であった。しかし、我々がそこに停止したことで、敵が態勢を立て直して増援を得る時間を与えてしまった。その結果、我々は退却を余儀なくされた。

どのように緻密に練り上げられた作戦でも、いざ戦闘が始まれば必ず状況に応じた変更を加えなければならない。しかし、短い兵役期間で十分な訓練を受けていない兵士が多い中で、成功まであと少しのところまで複雑な計画を遂行できたことは評価する必要がある。徹夜の夜間行軍、そして、朝靄の中での三時間の戦闘、さらにその後の二九マイル（約四七㎞）にわたる撤退で、大陸軍の兵士たちは優れた忍耐を示した。ジョゼフ・マーティンは次のように記している。

前日の昼から夜にかけて行軍して翌朝に戦った後、さらにずっと行軍した。前日の昼から何も食べず、翌日の午前まで一口も食べられなかった。食べ物も休息もたくさん必要だ。

将兵はただ疲労しただけではない。もう一歩で勝利を収められたはずだと信じて士気を高めた。逆境の中でも諦めずにイギリス軍に一矢報いようとするワシントンの気概も賞賛を集める。ハウは、ブランディワイン川の戦いで手痛い敗北を受けたばかりのワシントンがこのような大胆な作戦を実行するとはまったく予想していなかった。それもイギリス軍の本営を攻撃するという挑戦である。イギリス軍の心胆を寒からしめたことは間違いない。

ジャーマンタウンの戦いについて聞かされたフランス外相のヴェルジェンヌ伯爵は、パリにいたアメリカの使節団に次のように語っている。フレンチ・アンド・インディアン戦争が終結した時に早くもアメリカの独立を予見したヴェルジェンヌ伯爵は今回も炯眼を示している。

人間の手には及ばない不幸な出来事の連鎖のせいでワシントンは大勝利を手にできなかったそうです。ああ、でもアメリカ人は何と立ち直りの早い人たちなのでしょう。今日、やっつけられたかと思えば、明日には立ち上がる。わが親愛なる皆さん、こうした軍事的驚異は、長年にわたる戦争で鍛えられた将軍たちが率いるヨーロッパ屈指の経験と規律、そして、技量を持つ軍隊に対して、わずか一年にも満たない間に集められた軍隊によって成し遂げられたのです。勇敢なアメリカ人は、フランスが支援するのにふさわしい。彼らは最後には成功を収めるでしょう。

フィラデルフィアをめぐる戦いで大陸軍に背を向けていた時勢の流れは、徐々に変化の兆候を示しつつある。しかし、それはまだ目に見えるほど大きなうねりではない。ただ確実に変化が訪れようとしていた。この頃、ワシントンが恐れていたことは、ニュー・ヨークを守るクリントンがハウの部隊と合流して圧倒的な兵力で大陸軍に総攻撃を仕掛けることであった。しかし、希望もある。もし北部方面の大陸軍を率いるゲイツがバーゴインに対して優勢に戦いを進めれば、クリントンはゲイツを警戒してニュー・ヨークから動かないだろう。

ゲイツが北部で決定的な勝利を収めたという噂が軍営で広まっていた。そうした噂がどこから出たかは誰にもわからなかった。そして、確報がないままに日々が過ぎて行った。

ある日の午後、本営でワシントンは幕僚たちとともに仕事に励んでいた。本営は、フィラデルフィアから二〇マイル（約三二㎞）離れた一軒家にある。一通り仕事を終えるとワシントンは、軍中で流れている噂を話題にする。話に興じていた幕僚たちは、馬に乗った急使が北からやって来るのを窓越しに見た。

ウィリアム・ポールフリー大佐が外に出て、ヨークに向かう途中かと急使に尋ねる。ここから西方にあるヨークでは大陸会議が開催されている。急使は大陸会議の代表の一人に宛てた手紙を持っていた。おそらく重要な報せだと思ったポールフリーは、急使から手紙を借りて家の中に戻る。そして、総司令官がいる部屋に入ると手紙を差し出す。

ワシントンは手紙を開封すると声に出して読み上げる。ポールフリーとピカリングは黙ってワシントンの表情を見ている。手紙を読み上げるワシントンの声はしだいにゆっくりになって震え始めた。その手紙はバーゴインの降伏を知らせるものであった。ワシントンはついに読み上げるのを止めてしまい、ポールフリーに代わって続けるように求める。ポールフリーが代読し終わっても、ワシントンはしばらく呆然としていた。いったい自分の感情をどのように表現すればよいのかわからなかったのだろう。

バーゴインの降伏はアメリカにとって喜ばしいことである。しかし、それは同時にゲイツが大陸軍総司令官の座を射止める契機になるかもしれない。そうなれば、ワシントンは大陸軍総司令官の座から追われることになるのだ。歓喜と憤慨、矛盾した感情が生まれれば、誰しも当惑するに違いない。ワシントンは立ち尽くした後、「何とバーゴインが敗れたか」と一言だけ呟いた。

勝報の詳細は、一七七七年十月十七日、サラトガでゲイツ将軍がバーゴイン将軍率いるイギリス軍を降伏させたというものであった。すぐに全軍に通知が行きわたり、パレードが催され、祝砲が轟き、万歳三唱がおこなわれた。ピカリングは妻に宛てて次のような手紙を送っている。

［平和の］見通しは今、かつてないほど近づいている。諸邦、特にニュー・イングランド諸邦を最も恐ろしい災厄からお救いになられた神をいくら崇拝しても崇拝し足りない。タイコンデロガ砦を失ったことでどのような悪いことがもたらされるかと私は恐れていた。しかし、神はそれを良いことのためにおこなわれていた。我々は救われ、無駄に勝ち誇っていた敵軍は我々の手に落ちた。

デラウェア川の攻防

ハウとクリントンは、サラトガで勝利したゲイツが次にどこを攻撃するのかわからずに不安を感じていた。ワシントンは両者の不安をうまく利用した。まずゲイツがフィラデルフィアに向かっているとハウに信じこませる。そうすればハウはフィラデルフィアに釘づけになる。その一方で、ゲイツがニュー・ヨークに向かっているとクリントンに信じこませる。それはクリントンをニュー・ヨークに縛りつけておくためだ。

本当のところ、ゲイツはフィラデルフィアにもニュー・ヨークにも向かっていなかった。ハウとクリントンが全兵力を合流させれば、大陸軍はとうていかなわない。ワシントンはニュー・ヨーク周辺に駐留する部隊にニュー・ヨーク奪還を準備しているように偽装せよと命じた。さらにゲイツが八、〇〇〇人の部隊を南下させようと準備中という偽書がハウの手に落ちるように工作される。戦力は実であり、諜報は虚である。戦争を続ける中、ワシントンは虚実を交えた戦略を編み出していった。ワシントンの表の顔は総司令官だが、裏の顔は密偵頭である。

サラトガの勝報が届いた後、ワシントンは今後の方針を決定するために作戦会議を開いた。そして、軍の一部を南に送るようにゲイツに要請することが決定された。バーゴインを降した今、北部の脅威は去り、ゲイツは多くの兵力を必要としないはずである。それなら余分な兵力を配置転換して有効活用すべきだろう。使者に任命されたハミルトンは、オールバニーまで三〇〇マイル（約四八〇㎞）を五日間で疾走した。途中、パトナムの陣営に立ち寄っている。道草を食っていたのではない。パトナムに南に援軍を送るように伝えるためだ。ハミルトンはパトナムから確約を得た。

ほどなくオールバニーに到着したハミルトンを引見したゲイツは激怒した。このような大事な役目にハミルトンのような若造を寄越すとは何事か。そして、クリントンの北上を警戒しなければならないので兵は割けないとワシントンの要請をすげなく断る。ハミルトンは断固とした口調でゲイツに抗弁する。

強気のハミルトンに閉口したゲイツは、一個旅団を割こうとようやく約束する。しかし、ハミルトンが要求したのは三個旅団である。それではとうてい満足できない。なおもハミルトンは執拗に食い下がる。ワシントンは何者をも恐れないハミルトンの不羈奔放《ふきほんぽう》な性格に期待していたのだろう。その一方でゲイツは、どちらかと言えば押しの弱い性格だったので、ついにハミルトンに押し切られて二個旅団を割くことに同意する。ハミルトンはワシントンの期待に応えてみごとな手腕を発揮した。

成果を手にして帰路についたハミルトンであったが、その途中でパトナムが約束通りに部隊を南に動かしていないのを知って驚く。そこでハミルトンは怒りを露わにした手紙をパトナムに送りつける。自分の子供のような年齢の若者から居丈高な文面の手紙を受け取って、パトナムはさぞ面食らったに違いない。

しかし、パトナムはわざと約束を破ったわけではない。やむを得ない事情があった。給与の遅配のせいで兵士たちが頑として動こうとしなかったのである。それはパトナムの責任ではない。無理がたたってハミルトンは高熱を発したが、軍の移動の監督を怠らなかった。ついに倒れてしまったハミルトンは臨終も近いとまで言われたが、奇跡的に回復する。ハミルトンが本営に帰還するのは年が明けてからになる。

ジャーマンタウンの戦いの後、ハウの戦略目標はデラウェア川の解放に移る。デラウェア川を制する者がフィラデルフィアを制すと言っても過言ではない。イギリス軍の最優先課題は、兵士たちとフィラデルフィアの市民を食べさせていくことだ。迫りつつある冬に備えて暖房用の薪も調達しなければならない。しかし、食料も薪も入手が困難であった。なぜならワシントンがイギリス軍を飢えさせようと周辺地域を抑えていたからだ。デラウェア川もペンシルヴェニア邦水軍と川沿いに築かれた砦によって封鎖されている。

とりあえずイギリス軍は、敵軍の物資を隠し持っていて報告しない者や、許可なく物資を街の外に持ち出そうとする者を厳罰に処すと布告した。そして、密告者には報奨金を与える旨が告知された。物資の不足もさることながら、ハウが期待していたペンシルヴェニアの本国支持派の支援も、期待していたほどではなかった。

失意のハウに追い打ちをかけたのが、サラトガの敗北をめぐる議論である。そもそもサラトガの敗北は、バーゴインがジャーメイン卿から勝手に許可を取りつけて作戦を強行したせいで引き起こされた。それでも糾弾の矛先はハウにも向けられた。バーゴインを支援するためにすぐに北上していればサラトガの敗北を招かずにすんだという糾弾である。囂々《ごうごう》と浴びせられる非難に倦み疲れたハウは、もはや国王の寵を失ったと思って辞職を願い出た。

辞職はすぐに認められるわけではない。それまで責任をまっとうしなくてはならない。まず取り組むべき問題は、フィラデルフィアの防衛である。すでにフィラデルフィアの北方を固めるためにデラウェア川とスクールキル川の間に要塞群の建設が始められていた。

次に取り組むべき問題は補給線の確保である。フィラデルフィアの物価は高騰する一方で、そのまま放置すれば、軍需物資の調達が困難になるだけではなく、市民の不満がさらに高まる恐れもある。もし補給線を確保できなければ、「フィラデルフィアの占領はハウにとって幸運どころか破滅になる」とワシントンは見ていた。

食料を集めるために周辺地域に小隊を派遣することも危険であった。地元の民兵に襲われて捕虜にされるからだ。デラウェア川を自由に航行できれば補給線を維持できる。船で必要な物資を運びこめばよい。しかし、ペンシルヴェニア邦水軍が、いくつかの砦を根城にしてイギリス艦船の航行を妨げている。それを排除しなければフィラデルフィアの占領を続けられない。

第一の障害は、最も下流にあるビリングスポート砦である。砦の隣接水域には防柵が随所に沈められている。防柵とは丸太でできた構築物である。尖った丸太の先端に鉄が被せられている。無理に防柵を突破しようとすれば、船底に引っかかって動けなくなる。そこへ砦から砲弾を浴びせられればひとたまりもない。その一方で、味方の船はあらかじめどこに防柵が沈められているか知っているので自由に航行できる。

十月二日、イギリス軍はビリングスポート砦の下流に上陸する。そして、砦の背後から攻撃を仕掛ける。砦の守備兵は、大砲の火門を塞ぎ、兵営に火を放つと撤退した。ビリングスポート砦はイギリス軍の手に落ちた。イギリス艦隊は防柵を破壊して上流に進む。

最大の障害は、マッド島にあるミフリン砦である。マッド島はスクールキル川の河口付近にあって、フィラデルフィアの玄関とでも言うべき島だ。現在は陸地とつながっていて当時の面影はないが、南半分にミフリン砦があったので要塞島と呼ばれていた。

当時の地図から推計すると、島はそれほど大きくない。端から端まで見通せる広さだ。標高が低く真っ平らな地形なので、増水に耐えられるように堤防がめぐらされていた。堤防の前には、水を遊ばせるための溝がたくさん掘られていて敵の接近を阻んでいる。島の南西端に築かれた堅固な防壁には、まるで針鼠のように大砲が据え付けられている。水上に浮かぶ巨大軍艦とでも言えばわかりやすいだろう。対岸にはマーサー砦があって、ミフリン砦と連携して防備を固めている。

もちろんワシントンもミフリン砦の重要性を見過ごしていたわけではない。イギリス軍がフィラデルフィアを陥落させる前、サミュエル・スミス中佐に三〇〇人の兵士を預けてミフリン砦に送りこんでいる。ワシ

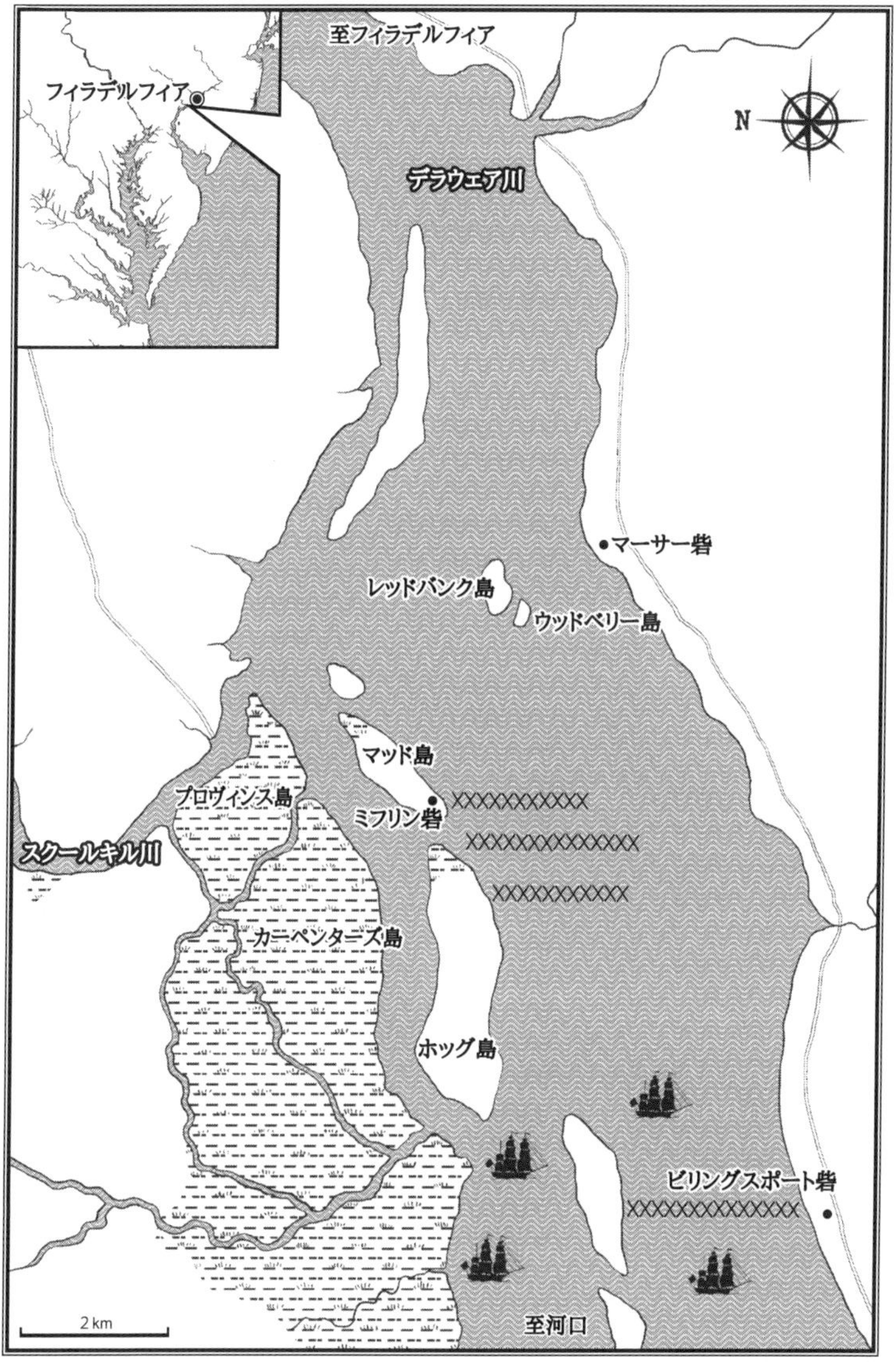

至フィラデルフィア
フィラデルフィア
N
デラウェア川
マーサー砦
レッドバンク島
ウッドベリー島
マッド島
プロヴィンス島
ミフリン砦
スクールキル川
カーペンターズ島
ホッグ島
ビリングスポート砦
2 km
至河口

ントンは、「この砦の堅持はきわめて重要である。きっと君が叡智、気魄、そして、勇気を持って果敢な防衛をしてくれると信じている」と言ってスミスを送り出している。

周辺の陸地がいくつもの水路で分断されているせいで、大規模な部隊を展開できない。そこでイギリス軍は、要塞島に隣接するプロヴィンス島に目をつける。水位が高くなるとプロヴィンス島はほとんど水面下に没するが、二ヶ所だけ高台がある。そこに大砲を据えればミフリン砦を砲撃できる。

十月七日夜、さっそく一隊がプロヴィンス島の占領に向かう。しかし、ミフリン砦とペンシルヴェニア邦水軍の妨害に遭って占領を断念する。ミフリン砦の守備兵の戦意が盛んなのを知ったイギリス軍は、プロヴィンス島を制圧する下準備としてスクールキル川の河口に砲台を築く。そうすればプロヴィンス島への通路を確保できるだけではなく、スクールキル川を抑えられる。

三日後、夜陰に乗じてイギリス軍はプロヴィンス島に上陸をふたたび敢行する。それを察知したミフリン砦から砲弾が飛来する。それでもイギリス軍は諦めずに、さらに隣のカーペンターズ島に渡って砲台を築き始める。カーペンターズ島は一面の湿地で足場が悪く、砲台を築くどころか、自由に動き回ることさえ困難な場所である。水中に沈められている防柵に妨害されて、水上から接近を試みることも容易ではない。こうした地理的な制約のせいで、イギリス軍の作業は遅々として進まなかった。

カーペンターズ島に強力な大砲が配置されれば、ミフリン砦は大きな脅威にさらされる。それだけは何としてでも阻止しなくてはならない。守将のサミュエル・スミス中佐は、ペンシルヴェニア邦水軍の援護のもと、一隊を率いてカーペンターズ島に上陸して敵の大砲の火門を塞ぐ。そして、捕虜をボートに乗せるとマッド島に引き返した。

なおもイギリス軍は諦めない。デラウェア川を開かなければフィラデルフィアで安心して冬を過ごせない。

十月十二日、イギリス軍は軍艦を遡上させ、再度、カーペンターズ島の砲台に人員を配置する。それを見たスミスは、前回と同じく砲台を奪取しようとする。イギリス軍は溝の後ろに陣取って頑強に抵抗する。イギリス軍の別働隊が動き始めるのを見た守備兵は、攻撃を断念してマッド島に戻る。

十月十五日までにイギリス軍はマッド島を砲撃する態勢を整える。ミフリン砦の包囲はその日から始まった。守備兵の一人としてミフリン砦にこもっていたジョゼフ・マーティンは、戦いの様子を次のように記録している。

一晩中、十五分、もしくは三〇分間隔で敵はすべての大砲を発射していた。歩哨が大砲の閃光を見るたびに「砲撃」と叫んで全員に注意を促したが、十分に備えていたにもかかわらず、吹き飛ばされる者が出た。

最終的にイギリス軍が準備した大砲の数は三〇〇門以上になったという。ミフリン砦には十四門の大砲しかない。一発撃てば十発以上撃ち返されるという圧倒的に不利な状況であった。疲れ切った身体に鞭打ちながら守備兵は、大砲で損害を受けた防壁の修理を営々と続ける。

そもそもミフリン砦はデラウェア川の往来を守るために築かれた砦なので、陸上に築かれた砲兵陣地からくり出される強力な砲撃に耐えられるような堅固な造りではない。ただ要塞島は孤立無援ではない。ペンシルヴェニア邦水軍の支援に加えて、二基の浮き砲台とウッドベリー島に設置された二門の大砲が睨みを効かせている。それに対岸にはクリストファー・グリーン大佐が守将を務めるマーサー砦がある。マーサー砦には、チュー邸の攻防で登場したモーデュイ・デュ・プレッシが来ていて、その工学知識を活かして防備に改善を施した。

ミフリン砦を攻略するためには外堀を埋めて孤立させる必要がある。まずハウはカール・フォン・ドノープ大佐率いるヘッセン傭兵部隊をマーサー砦に差し向ける。ドノープは、トレントンの戦いで敗北を招いたという自責の念にかられていた。そこでマーサー砦を奪取して恥辱をそそぎたいとハウに願い出たのである。

マーサー砦の前に到着したドノープの部隊は近くの森の中で食事を摂った。戦いの前にまずは腹ごしらえだ。その間に士官たちは作戦を立てる。ヨハン・エーヴァルト大尉は砦の防備を視察するように命じられ、ライフル銃の射程ぎりぎりまで接近する。エーヴァルトの目の前に砦を取り巻く逆茂木《さかもぎ》が見える。その先には掘割と高さ十二フィート［約三・七ｍ］の胸壁がある。なかなか堅固な構えだ。

エーヴァルトが報告を終えた後、ドノープは決意の言葉を述べた。

「この砦がすぐにドノープ砦と呼ばれるようになるか、それとも私が倒れるかだ」

敵軍の砦を奪取した場合、戦勲を称えて作戦を指揮した者の名前が命名される。ドノープは死を賭して砦に乗り込むつもりだ。ただエーヴァルトは古参兵の目から見て、あまりにドノープは軽率ではないかと思った。砦の守りは堅い。すぐには落ちないだろう。ただエーヴァルトは指揮官の方針に口を挟めるような立場ではない。

包囲戦は降伏勧告から始まる。太鼓の音とともにヘッセン傭兵の士官たちが進み出る。通訳のイギリス軍士官が大声で叫ぶ。

「反逆している臣民にイギリス国王の名のもとに武器を置くように命じる。もし抵抗すれば、助命は認められない」

砦から応対に出た士官が答える。

「我々は助命など求めていないし期待もしていない。砦を最後の最後まで守り抜く所存だ」

砦の中からも大きな声が響く。

「神に誓って断じて否」

これ以上の説得は無意味である。まず砲門が開かれ、激しい砲撃が砦に加えられる。次にドノープは三手に分かれて強襲を命じる。砦にこもる守備兵の数は四〇〇人にも満たない。三方から一斉に強襲すれば、簡単に蹴破れるはずだとドノープは確信していた。ドノープの指揮のもと、硝煙に紛れてヘッセン傭兵は砦に殺到する。


砦の北側に挑みかかった二つの部隊はほとんど抵抗を受けなかった。守備兵が逃げてしまったのかと思って接近する。敵影はなかった。勝利を確信したヘッセン傭兵は、帽子を空中に投げ上げながら「勝利だ」と雄叫びを上げる。そして、前進を命じる太鼓が打ち鳴らされた。

砦の南側に立てこもったグリーンは、胸壁の上から小型望遠鏡でヘッセン傭兵の様子を静かに見ていた。実は砦は胸壁と逆茂木、そして、掘割で南北に二分されていた。北側は完全に捨て石だ。守備兵の数が足りなかったので南側に兵力を集中させ、北側を罠として使った。

砦の半分を占拠できたことに気を良くしたヘッセン傭兵は一気に片を付けようと南側に吶喊する。胸壁から一斉に銃火が噴き出る。驚いたことに側面や背後からも銃弾が飛んで来た。あらかじめ守備兵が抜け穴を使って周囲に身を潜めていたのだ。ただ守備兵は勇敢な者ばかりであったわけではない。無理もないことだ。年端のいかない少年も多く含まれていたからだ。銃眼を使う者はまだよいほうで、壁の上に銃身だけ出して狙いも定めずに発砲する者もいた。それでも的が多ければ命中する。

Frederick C. Yohn, The Repulse of the Hessians under Count Donop at Fort Mercer (Before 1933)

その一方、最初から砦の南側を目指した一隊は障害物に阻まれてなかなか前進できずにいた。斧も鋸もなくマスケット銃と剣で逆茂木を切り開く。ようやく逆茂木を突破したヘッセン傭兵であったが、その前に掘割と胸壁が聳え立つ。梯子はない。それに重い背嚢を背負っているヘッセン傭兵にとって、掘割と胸壁を越えるのは至難の業だ。次から次へと後続の者が押し寄せて来る。たちまち人の塊ができあがる。

それを見たグリーンが大声で命令を叫ぶ。

「諸君、低く撃て。奴らは腰の上にベルトを巻いている。それを狙え」

胸壁から銃弾と散弾が烈風のように奔出してヘッセン傭兵をなぎ倒す。格好の的だ。いちいち狙いを付けるまでもない。

さらにデラウェア川に遊弋するペンシルヴェニア邦水軍が砲弾をヘッセン傭兵に叩きこむ。イギリス艦船がヘッセン傭兵を援護しようと戦場に向かおうとしたが、逆風と防柵に阻まれた。さらに悪いことに、二隻の軍艦が座礁してしまう。一隻は何らかの原因で火薬庫に引火して爆発し、もう一隻は敵軍に捕獲されないように爆破された。

マーサー砦の死闘は実に四〇分間も続いた。ヘッセン傭兵は三度も突撃を敢行したが、いずれも失敗に終わる。ついに諦めたヘッセン傭兵は、戦場に死傷者を残して森の中に身を隠した。

折り重なる死骸の中でドノープは、「誰でもよいからここから私を引っぱり出してくれ」と英語で叫んでいたところを守備兵に救い出されて砦の中に収容された。ドノープが負った怪我は致命傷ではないように見えた。ドノープを取り囲んだ守備兵は、「助命なしと決めたのはどっちだ」と口々に責め立てる。それに対してドノープは、「私は君たちの手の中にある。復讐するがよい」と恐れる様子もなく言い放つ。

その様子を見ていたデュ・プレッシが兵士たちをなだめて、ドノープを手当てするように命じる。デュ・

プレッシの下手な英語を聞いたドノープは、「あなたは外国人に見える。あなたは何者だ」と英語で聞く。「フランス人士官だ」という答えが返ってくるとドノープは、「私は幸せだ。同じ栄誉を持つ手の中で死ねるのだから」とフランス語で言った。

二日後、ドノープは、「これで誇り高い軍歴も終わりだ。私は私自身の野心とわが君主の強欲の犠牲になった」とデュ・プレッシに言って息を引き取った。ドノープの遺体は、マーサー砦の近くにある小高い場所に葬られた。そのまわりには三〇〇人以上の兵士たちがともに眠っている。親友を五人も失ったエーヴァルトは「これまで軍務に就いてきた中で、このような深い悲しみを抱いて戦場を離れたことはなかった」と記している。

こうしてミフリン砦とマーサー砦の攻略に手間取っている間に、フィラデルフィアの物資がいよいよ逼迫してきた。もはや猶予はない。デラウェア川を開いて補給線を確保できなければ、フィラデルフィアを放棄しなければならない。

十一月十日、イギリス軍は、さらに強力な砲列を敷いて一斉砲撃を開始する。スミスは、一人の副官が迫り来る砲弾を見て泥の中に身を隠そうとしたのを見た。スミスの口から「おまえは何を避けようとしているのだ。プロイセン国王は一日で三〇人の副官を失ったというぞ」という叱咤が飛ぶ。副官はおそるおそる頭を上げながら「スミス中佐、それはあまりに多すぎます」と答えた。その日の戦況をスミスは次のようにワシントンに報告している。

［もし包囲が解除されずに］このまま五、六日も砲撃が続けば、砦は完全に真っ平らになってしまってす

べてが破壊されることは間違いありません。兵士たちの半数はすでに絶え間のない疲労で死に瀕しているので軍務に就けません。［中略］。我々は最後の最後まで砦を守る決意をしていますが、砦を完全に破壊して大砲を［ニュー・］ジャージー側の河岸に移すのが最善の策であると考えています。そこに大砲を配置すれば［デラウェア］川の防衛に役立てられるでしょう。

スミスは、副官のように身の安全を考えるべきであったかもしれない。翌日、落下してきた煉瓦のせいで昏倒してしまったからだ。命に別条はなかったが、陣頭指揮を執れなくなった。

そういう場合、次に階級が高い士官が指揮官となるのが通例である。しかし、次位のジャイルズ・ラッセル中佐が指揮を執ることを拒んだので、シメオン・セアー少佐が代わって指揮官となる。その一方でスミスは対岸のマーサー砦に移送される。

十一月十五日早朝、マーティンは六隻の軍艦がミフリン砦の西側に迫ってくるのを見た。ピストルで狙えば届きそうな距離だ。そして、砲撃が始まった。あまりに砲声が絶え間なく続いたせいで砲撃を数えようとした士官はすぐに断念した。少しでも反撃の手を緩めれば、敵が上陸を試みるかもしれない。守備兵は死力を尽くして砲撃と銃撃を続けた。

助けを求めなければならない。いったい誰に。ペンシルヴェニア邦水軍だ。どうやって伝えるか。信号旗を旗竿に吊すしかない。旗竿の代わりに使われていた古いマストがあった。そのマストに翻る砦の旗を降ろして信号機を掲揚する。士官が「誰かやってみる者はいないか」と呼びかけたものの、応じる者はいなかった。誰もが尻ごみする中、一人の軍曹が進み出た。その軍曹は、信号旗を持って器用にマストをよじ登った。それを艦上から見ていた敵は砲撃を止めた。白旗を掲げるのだと勘違いしたからだ。しかし、砦の旗の代わりに翻ったのは信号旗であった。

「旗が揚がったぞ」と砦中から歓声が上がる。戦艦からすぐに砲撃が再開される。砲弾がマストから降りようとしていた勇敢な軍曹を吹き飛ばす。

この小さな島に一時間で一、〇〇〇発の砲弾が打ちこまれたという。報告を読んだノックスによれば、それは「アメリカでこれまであったどのような砲火よりも激しい」ものであった。ミフリン砦は辛うじて破壊を免れた二門の大砲で弱々しく反撃するだけであった。ペンシルヴェニア邦水軍は果敢にもイギリス艦隊に攻撃を仕掛けたが、圧倒的な火力を前にほとんど何も手出しできなかった。

その夜、マーティンは荒廃した砦を見わたしていた。防壁はあらかた破壊されて跡形もない。あらゆる建物が崩れ落ちている。そして、多くの守備兵が「トウモロコシの茎がなぎ倒される」ように落命した。新たに指揮官になったばかりのセアーは、これ以上の抵抗は無意味だと判断した。対岸からマッド砦の攻防を見ていたスミスは、ワシントンに宛てて次のように報告している。


今、砦は瓦礫の山になってしまって、もし強襲を受けた場合、マスケット銃のほかに防衛手段はありません。おそらく敵は四、五日間、攻撃を続けてから強襲を仕掛けてくるでしょう。私の考えでは、もし彼らがそうすれば成功するでしょう。

退却するなら今夜しかない。セアーの命令のもと、大部分の兵士がボートで砦を去った。マーティンは少数の兵士とともに残った。砦を完全に破壊するためだ。闇の中からイギリス艦隊の水兵たちが話す声が聞こえる。

「朝になったら俺たちは反逆者どもにこれをぶちこんでやるんだ」

「反逆者どもは悪魔も思いつかないようなことをやるかもな。俺たちの前から姿を消してしまうんじゃないか」

爆破の準備を終えたマーティンはラム酒の樽を見つけた。持ち出す余裕はないが、せめて水筒にラム酒を満たしておきたい。そこで朝に水筒を貸した仲間を探しに行く。その仲間は冷たい骸となって岸辺に横たえられ、ボートで運び出されるのを待っていた。

三隻のボートに分乗して兵士たちは島を出る。ほどなくして砦は炎に包まれた。明るく照らし出された川面にボートが浮かんでいるのを発見したイギリス艦隊は次々と砲弾を発射する。水柱が林のように立ち、ボートを木の葉のように揺らす。一隻のボートが傾いて沈没したが、何とか兵士たちは対岸まで逃れた。

川岸から少し離れた松林に先に退避した兵士たちが待っていた。無事に合流したマーティンは毛布にくるまって眠ろうとした。包囲が始まって以来、片時もゆっくりと眠れなかったからだ。しかし、目がさえてなかなか眠れず朝を迎える。陽光を浴びて輝く川面にはマッド島が浮かんでいた。そして、マッド島の片隅には焼け落ちた砦が見えた。十一月十六日、ミフリン砦の廃墟はイギリス軍の手に落ちた。マーティンは包囲戦について次のように記している。


偉大な男たちは大きな賞賛を受けるが、卑小な男たちは何も賞賛を受けない。しかし、それがいつものことであり、これからもきっとそうだろう。

マーティンはこのように言っているものの、トマス・ペインは「彼らは勇気と気高い行動以外に何も持たなかった」と賞賛している。

ミフリン砦が陥落して二日後、マーサー砦では作戦会議が開かれていた。出席者には、守将のグリーンのほかに駆けつけた将軍たちも含まれている。ペンシルヴェニア邦水軍とマーサー砦だけではイギリス海軍に抗し得ないという結論が下された。撤退しかない。一刻の猶予も許されない。なぜならミフリン砦が陥落すると同時にハウは、二、〇〇〇人の精兵をコーンウォリスに預けてマーサー砦に差し向けていたからだ。

フィラデルフィアから発ったコーンウォリスは、何の抵抗も受けることなくマーサー砦を占拠して破壊した。十一月二六日、物資を満載した三〇隻の輸送船がフィラデルフィアに到着して兵士たちの飢えを満たす。こうしてイギリス軍は、補給線を確保してフィラデルフィアの防衛を万全なものとした。

ただ別の見方もある。ミフリン砦とマーサー砦の攻略にハウが気を取られたおかげで、ワシントンはジャーマンタウンの戦いの後に態勢を整える余裕を持てた。これから大陸軍は活路を見いだせるのか。ワシントンに勝機はあるのか。そして、アメリカは独立を達成できるのか。この先、さらなる艱難辛苦が待ち受けている。

あとがき

中国の古典『淮南子』に「毛を謹んで貌を失う」という言葉があります。肖像画を描く時に毛を一本一本丹念に描くとかえってその人の特徴がわからなくなってしまうという意味です。歴史を書くのも同じではないかと私は考えています。枝葉末節にわたってすべてを詳細に記述してしまうとかえって全体像がわからなくなってしまいます。たとえばアメリカ独立戦争にインディアンも関与していますが、あまり詳しく述べていません。枝葉末節だから重要ではないというわけではありませんが、やはり本筋から外れてしまうからです。あくまで『アメリカ人の物語』は、アメリカ史の世界へ読者を誘うことを主目的にしています。できるだけわかりやすく読めることを重視しているので本筋から外れないように注意しています。もしあなたが独立戦争とインディアンの関係について興味を持ったらぜひとも他の本にもチャレンジしてほしいのです。もちろん他の問題でもかまわないでしょう。私は、あなたが『アメリカ人の物語』を新しい知の領域に踏み出す足台にしてほしいと願っています。

実は今、私は捕らぬ狸の皮算用をしています。『アメリカ人の物語』がたくさん売れてまとまった印税が入ったら何をしようか。まず大事なことですが、私は印税を読者から信託された基金だと考えています。では印税を何に使えばよいのでしょうか。まず史資料代に使います。私もまだ知らないことが多く、調べてみたいことや学んでみたいことがたくさんあります。調べれば調べるほどわからないことがどんどん増えます。史資料を多く購入できれば続刊の内容が充実するので読者に還元されます。それだけではありません。さらに目標を立てたいと思います。

『アメリカ人の物語』がシリーズ累計で十万部売れたら読者を北アメリカ歴史ツアーに招待したい。『アメリカ人の物語』に登場する舞台を案内したい。実際に目で見て当時の人びとの息遣いを感じてほしいのです。お手元にある愛読者カードを使えば抽選できますね。シリーズは長くなりますから応募は何枚でもＯＫですよ。無い袖は振れないので一〇万部売れたらですが。

さらに『アメリカ人の物語』がシリーズ累計で二〇万部売れたら「アメリカ人の物語記念奨学金」を創設したい。平和で安定した社会でなければ本は売れません。したがって、多額の印税を手にする著者は、それをもたらしてくれた社会に少しは還元すべきでしょう。それは著者の社会的責任です。

『アメリカ人の物語』の読者の中には高校生もいます。『アメリカ人の物語』は一般向けにわかりやすく書いているとはいえ、取っつきやすい作品とは決して言えません。それでも『アメリカ人の物語』を手に取って読もうとしてくれる。私はそうした気持ちを何よりも嬉しく思いました。向学心溢れる若者が増えれば日本の将来は明るくなります。しかし、経済的な事情で進学を断念せざるを得ない学生がたくさんいます。そうした学生に微力とはいえ手を差し伸べたい。だから私は「アメリカ人の物語記念奨学金」を創設して次世代を担う若者に奨学金を給付します。さらに『アメリカ人の物語』の著作権を「アメリカ人の物語記念奨学金」に遺贈すれば私の死後も奨学金を給付できます。

ほかにもやりたいことがあります。『アメリカ人の物語』がシリーズ累計で三〇万部売れたらミュージカル『ハミルトン』の日本公演を実現したい。ミュージカル『ハミルトン』はアメリカ建国を題材にしたブロードウェイ・ミュージカルです。『アメリカ人の物語』で建国の父祖たちのファンが増えれば、日本公演がきっと実現するでしょう。これは個人によるメセナ活動です。もちろんメセナ活動に協力していただける企業も歓迎します。

以上の三つの夢は、今、この文章を読んでいるあなたとの約束です。この約束は単なる夢で終わるのでしょうか。そうではないと私は信じています。なぜなら少数とはいえ熱烈な手紙やメールを送ってくれる読者がいるからです。たとえばある読者はイラスト入りの薄い本をわざわざ送ってくれました。最後の頁には「とにかく一心にアメリカ独立戦争が大好き！　建国史大好き！」と書かれてあり、とても嬉しかったです。また別の読者から「数年もすれば『ローマ人の物語』のようにビジネス雑誌の『経営者お勧め本』として紹介されるのではないか」というお言葉をいただきました。もしそうなれば先に挙げた部数も決して夢ではないでしょう。なぜアメリカは超大国になれたのかという根源的な問いかけは、きっと多くの人びとが関心を持つ問題だからです。

ただ約束を実現できるか否かは私の努力だけではなく、あなたの行動にもかかっています。なぜなら本は著者と読者がいて初めて存在するからです。そんなことを言われても自分は何もできないとあなたは思ったかもしれません。しかし、読者一人ひとりができることはたくさんあります。ＳＮＳやウェブサイトに感想やレビューを投稿する。ちょっとだけなら本のページを写しても大丈夫です。友人や知人に勧めてみる。図書館にリクエストする。一人ひとりの行動は小さなものかもしれません。しかし、小さな行動も集まればやがて大きなうねりになります。本作の主人公であるジョージ・ワシントンも次のように述べています。

十万人が代わる代わる来ても一トンの重さの物を動かすことはできない。しかし、五〇人が力を合わせれば容易に動かせる。

最後に一巻の内容についてお詫びです。三面の地図について訂正点があります。地図のデータは古い地図と現代の地図を見比べながら私が自分で一から作っています。デザイナーさんは体裁を整えるだけなので全責任は私にあります。

八一ページの地図の「レッド・ストーン・クリーク」ですが位置が間違っていました。「レッド・ストーン・クリーク」がモノンガヒーラ川とヨコゲニ川の合流地点に位置していますが、正しくはモノンガヒーラ川沿いのもっと南です。

続けて一三二ページの地図です。「ラウドン砦」とありますが、正しい位置は「ウィンチェスター」のすぐ北になります。古い地図には同名の「ラウドン砦」が複数あります。そこでうっかり別の「ラウドン砦」を掲載してしまいました。単純ミスです。

三つ目は四七六ページの地図です。「礼拝堂」と「ライト亭」の上下が反対でした。「ライト亭」が上で「礼拝堂」が下になります。これも礼拝堂が複数あるので起きた間違いです。

西川秀和

Century)
337頁：Charles McBarron (U.S. Army Center of Military History), Battle of Trenton (1975)
339頁：Henry J. Johnson (Engraving), General George Washington (1879)
340頁：John Trumbull, The Capture of the Hessians at Trenton, December 26, 1776 (Before 1828)
367頁：John Trumbull, The Death of General Mercer at the Battle of Princeton, January 3, 1777 (Before 1831)
370頁：William T. Ranney, Washington Rallying the Americans at the Battle of Princeton (1848)
371頁：Frederick C. Yohn, Battle of Priceton (Before 1933)
403頁：Charles W. Peale, Lafayette in Uniform of An American Major General
428頁：Frederick C. Yohn, Battle of Brandywine Creek (Before 1933)
458頁：Xavier della Gatta, The Battle of Germantown (Circa 1782)
459頁：Edward L. Henry, The Battle of Germantown (1874)
463頁：Howard Pyle, The Attack upon the Chew House (Before 1911)
480頁：Frederick C. Yohn, The Repulse of the Hessians under Count Donop at Fort Mercer (Before 1933)

［これらの図版は、パブリック・ドメインの扱いになっておりますので、どなたでも自由に使用できます。また、上記の図版に加えて、紙数の関係で収録しきれなかった多くの関連図版も弊社ホームページで、カラーで紹介しています。併せてご参照ください。］

図版一覧

1頁：John Ward Dunsmore, John Adams Proposing Washington for Commander-in-Chief (1913)
12頁：Percy Moran, Ethan Allen at Ticonderoga (Circa 1910)
27頁：Percy Moran, Battle of Bunker Hill (1909)
34頁：Unknown, Illustration from "The Story of the Revolution" (1903)
39頁：Frederick C. Yohn, Colonel William Prescott at the Battle of Bunker Hill (Before 1933)
46頁：Ken Riley (National Guard), The Whites of Their Eyes!（20th Century)
48頁：Howard Pyle, Illustration from "Colonies and Nation" (1901)
51頁：John Trumbull, The Battle of Bunker's Hill (1786)
62頁：N. C. Wyeth, Washington Salutes the Flag (1919)
64頁：U.S. Army Center of Military History, The American Soldier, 1775（20th Century)
94頁：Gilbert Stuart, Henry Knox (1806)
105頁：Auguste Millière, Thomas Paine (Circa 1876)
112頁：Gilbert Stuart, Washington at Dorchester Heights (1806)
135頁：U.S. Army Center of Military History, Montreal, 1775（20th Century)
137頁：Frederick C. Yohn, Ethan Allen before Prescott (1902)
156頁：E. C. Peixotto, Illustration from "The Story of the Revolution" (1903)
157頁：Frederick C. Yohn, Illustration from "The Story of the Revolution" (1903)
159頁：John Trumbull, The Death of General Montgomery in the Attack on Quebec, December 31, 1775 (1786)
172頁：Unknown (Circa 1925)
177頁：Alonzo Chappel, Battle of Long Island (1858)
185頁：Jean L. G. Ferris, Betsy Ross, 1777 (Circa 1912)
191頁：Henry A. Ogden, Illustration from "The Story of the Revolution" (1903)
194頁：Frederick C. Yohn, Illustration from "The Story of the Revolution" (1903)
206頁：Unknown, The Passage of British troops from Staten Island to Gravesend Bay (19th Century)
217頁：John Dunsmore, Washington and Staff Watching The Battle of Long Island, 1776 (Before 1945)
222頁：H. W. Ditzler, Illustration from "The Story of the Revolution" (1903)
235頁：John Dunsmore, Mrs. Murray Entertaining the British Officers, Thereby Saving General Putnam's Army, 1776 (1930)
237頁：N. C. Wyeth, Nathan Hale (1922)
241頁：John Dunsmore, Washington at the Battle of Harlem Plains, September 15, 1776 (Before 1945)
244頁：Alonzo Chappel, First Meeting of Washington and Hamilton (1857)
272頁：John Dunsmore, Washington and Staff at Fort Lee, Watching the Battle of Fort Washington, 1776 (1929)
275頁：Thomas Davies, The Landing of the British Forces in the Jerseys on Nov. 20,1776, under the Command of Rt. Hon. Lt. Gen. Earl Cornwallis (1776)
281頁：Emanuel Leutze, Washington Crossing the Delaware (1851)
291頁：Howard Pyle, Illustration from "The Story of the Revolution" (1903)
324頁：Thomas Sully, The Passage of the Delaware (1819)
329頁：Edward P. Moran, Hour of Victory (Before 1935)
335頁：U.S. Army Center of Military History, Alexander Hamilton's Company of New York Artillery Opening the Battle of Trenton at Dawn, 26 December 1776（20th

西川秀和（にしかわ・ひでかず）

「アメリカ史の伝道師」を自ら名乗る。その使命は歴史の面白さを伝えること。現在、大阪大学外国語学部非常勤講師。ジョージ・ワシントンと「合衆国憲法の父」ジェームズ・マディソンに関する国内第一人者。ワシントンに傾倒して、同じ体格（身長 183㎝・体重 79㎏）になるべくトレーニングに励む。主著に『アメリカ歴代大統領大全シリーズ』（大学教育出版、2012 年〜）。最新情報はツイッター（西川秀和@ Poeta_Laureatus）で。『アメリカ人の物語』関連地図集（http://www.american-presidents.info/Maps.html）で掲載し切れなかった地理情報を公開しています。是非とも読書のお供に。

アメリカ人の物語
第2巻
革命の剣　ジョージ・ワシントン（上）

George Washington : Sword of the Revolution

2017年10月12日　初版発行

著　者　西川秀和

地図作成　岡崎幸恵
ブックデザイン　尾崎 美千子
発行者　長岡 正博
発行所　悠書館

〒113-0033 東京都文京区本郷2-35-21-302
TEL. 03-3812-6504
FAX. 03-3812-7504
http://www.yushokan.co.jp/

印　刷　㈱理想社
製　本　㈱新広社

Japanese Text ©Hidekazu NISHIKAWA, 2017　printed in Japan
ISBN978-4-86582-021-8

定価はカバーに表示してあります

西川秀和［著］

アメリカ人の物語

第Ⅰ期　建国期の躍動

第1巻　『青年将校　ジョージ・ワシントン』
第2巻　『革命の剣　ジョージ・ワシントン』（上）
第3巻　『革命の剣　ジョージ・ワシントン』（下）
第4巻　『建国の父　ジョージ・ワシントン』（上）
第5巻　『建国の父　ジョージ・ワシントン』（下）

第Ⅱ期　大陸国家への道程

第6巻　『革命のペン　トマス・ジェファソン』
第7巻　『民主主義の哲学者　トマス・ジェファソン』
第8巻　『ニュー・オーリンズの英雄　アンドリュー・ジャクソン』
第9巻　『演壇のナポレオン　ジェームズ・ポーク』

第Ⅲ期　南北戦争の動乱

第10巻　『民衆の人　エイブラハム・リンカン』
第11巻　『スプリングフィールドの賢者　エイブラハム・リンカン』
第12巻　『偉大なる解放者　エイブラハム・リンカン』(上)
第13巻　『偉大なる解放者　エイブラハム・リンカン』(下)